普通高等教育"十三五"规划教材
"十三五"江苏省高等学校重点教材（2018-2-089）

# 战略管理：实践、理论与方法

石盛林　贾创雄　王　娟　著

北京邮电大学出版社
www.buptpress.com

## 内 容 简 介

本书创新性地提出了以"企业生命周期"为思维主线的实践导向型战略管理课程体系架构,从企业成长阶段所遇到的战略问题——业务选择开始,渐次过渡到成熟阶段的国际化选择、纵向整合或横向整合、多元化选择的总体战略,再到老化阶段的战略变革,将理论导向型战略管理的三个阶段——战略分析、战略制定和战略实施的理论知识,按照企业成长的历程进行重组。围绕企业在成长、成熟、老化阶段所面临的战略问题,展开战略管理的"质疑、探思、求解",通过"质疑"提出战略实践问题,经过"探思"找到解决问题的理论基础,然后以理论为基础"求解"战略实践方法,由此形成战略管理的主体——事业战略,总体战略,战略实施、评价与变革。

本书主要为工商管理本科阶段战略管理课程而写,同时兼顾了社会学习者学习和企业战略管理者实践的需求。

#### 图书在版编目(CIP)数据

战略管理:实践、理论与方法 / 石盛林,贾创雄,王娟著. --北京:北京邮电大学出版社,2019.8 (2024.1重印)

ISBN 978-7-5635-5804-9

Ⅰ. ①战… Ⅱ. ①石… ②贾… ③王… Ⅲ. ①企业战略—战略管理 Ⅳ. ①F272.1

中国版本图书馆 CIP 数据核字(2019)第 163095 号

| | |
|---|---|
| 书　　名:| 战略管理:实践、理论与方法 |
| 作　　者:| 石盛林　贾创雄　王　娟 |
| 责任编辑:| 刘　颖 |
| 出版发行:| 北京邮电大学出版社 |
| 社　　址:| 北京市海淀区西土城路 10 号(邮编:100876) |
| 发 行 部:| 电话:010-62282185　传真:010-62283578 |
| E-mail:| publish@bupt.edu.cn |
| 经　　销:| 各地新华书店 |
| 印　　刷:| 保定市中画美凯印刷有限公司 |
| 开　　本:| 787 mm×1 092 mm　1/16 |
| 印　　张:| 17 |
| 字　　数:| 440 千字 |
| 版　　次:| 2019 年 8 月第 1 版　2024 年 1 月第 4 次印刷 |

ISBN 978-7-5635-5804-9　　　　　　　　　　　　　　　定　价:48.00 元

· 如有印装质量问题,请与北京邮电大学出版社发行部联系 ·

# 前 言

　　战略管理作为工商管理的核心课程之一,一直是工商管理专业最后一学年或最后一学期的唯一必修课,旨在提供一条能够将散落在各门管理课程中的珠子串起来的主线。由于战略管理研究与教学内容的全面性与整合性,该课程被称为商学院课程中的"capstone"[①],以形容其居于最顶端的地位。20世纪60年代之前,这一研究与教学领域称为"经营政策",强调企业内部跨职能管理[②]的知识综合。20世纪60年代,"经营政策"被"战略"这一新称谓取而代之,战略不再仅仅是企业各种职能的总和,而是企业赢得竞争的关键政策[③]。经过40多年的发展,这一研究与教学领域形成了两种战略管理课程体系:一种以理论为导向,如希特的《战略管理:竞争与全球化》、希尔的《战略管理》;另一种以实践为导向,如司徒达贤的《战略管理新论:观念架构与分析方法》、项保华的《战略管理:艺术与实务》。

　　理论导向的战略管理课程体系,通常将战略管理过程分为三个阶段:首先是进行环境分析,包括外部环境分析(识别机会和威胁)和内部环境分析(明确自身的优势和劣势);其次是根据SWOT分析结果制定总体战略,包括经营范围、发展方向、使命目标以及事业战略;最后是实施各层次战略,建立战略实施必需的组织体系、治理结构,对实施过程和结果进行控制和考核。这种体系结构清晰易懂而且合乎理论逻辑,便于学者们的理论研究,也有利于学生们的理论学习,因此是目前本科阶段战略管理教学的主流课程体系。然而,如果将这种决策过程应用于实际,就会发现许多不利于实践者应用、不合乎实际操作之处,如环境分析缺乏针对性、简化的战略分类不利于企业战略创新等[④]。

　　以实践为导向,项保华(2012)认为战略管理中心命题是"做什么、如何做、由谁做",其中,"做什么"涉及目标抉择,"如何做"涉及过程变革,"由谁做"涉及动力激发[⑤]。战略中心命题普遍存在于组织功能结构的各个层次,存在于组织生存过程的各个阶段。围绕中心命题,项保华把战略管理过程分解成逻辑上紧密联系的三部分——"质疑、探思、求解"。质疑的三个根本性问题是企业的业务"是什么、应该是什么、为什么"。探思的核心在于弄清战略问题所涉及的"外部环境、使命目标、内部实力"三假设。求解的关键在于导出切实可行的战略三出路——"特色、取舍、组合",为企业从"现状"向"目标"过渡提供思路、方法与途径的指导。这种课程体系,强调战略管理的问题导向和思维逻辑,更多地重视实践应用的普适性,而较少考虑理论观

---

① Hoskisson R M, Hitt W Wan, Yiu D. Theory And Research In Strategic Management: Swings Of A Pendulum[J]. Journal Of Management, 1999,25(3):417-456.
② 企业管理的五个职能领域通常为:研发管理、运营管理、营销管理、人力资源管理、财务管理。
③ Rumelt R, Schendel D, Teece D. Strategic Management and Economics[J]. Strategic Management Journal,1991,12(S2):5-29.
④ 司徒达贤.战略管理新论——观念架构与分析方法[M].上海:复旦大学出版社,2003:33-36.
⑤ 项保华.战略管理:艺术与实务[M].5版.北京:华夏出版社,2012:15.

点表述的系统性,主要针对 MBA 教学。

对于本科阶段涉世未深的大学生而言,"理论导向型纯粹按照战略理论的分类要求,把针对同一实践问题但角度不同的解答分散到不同的理论部分去阐述"[①],虽然辅以大量的案例,但当学生面对具体的战略问题时,往往不知该按照怎样的逻辑思路展开战略问题的分析思考。针对 MBA 教学的实践导向型战略管理课程体系,强调战略思维的实践性和应用性,而没有过多阐述战略管理的基本理论和方法,但限于本科学生的知识基础和学习能力,在实际教学中不能完全实现预期教学目标。为此,本书以企业生命周期为战略思维逻辑主线,以理论导向型战略管理的知识体系为理论基础,借鉴实践导向型战略管理的思维框架,构建面向本科教学的实践导向型战略管理课程体系架构。

本书以企业生命周期为战略思维逻辑主线,构建面向本科教学的实践导向型战略管理课程体系,主要基于两个方面考虑:(1)从教学角度来讲,作为工商管理的高端课程,战略管理涉及面广,牵扯问题多,教学以企业的"成长、成熟、老化"三阶段展开不同阶段战略管理的"质疑、探思、求解",一条清晰的逻辑主线,有利于学生的理论学习和实践应用能力培养。(2)从企业战略管理实践的角度来看,纵观中外企业发展历程,都有一个普遍规律,在创业期和成长期,企业通常只在一个业务领域展开经营活动,完成企业资源、经验、财富以及网络关系等的积累。当这些积累达到一定规模,在原有业务领域增长缓慢或成长空间有限的情况下,企业便会通过纵向整合、横向整合、国际化、多元化等战略寻求新的业务增长点。不论是单一业务经营还是多业务经营,当战略执行结果与战略目标存在偏差时,战略变革就势在必行,以避免企业的"老化"甚至"死亡"。

以企业生命周期为逻辑主线,借鉴项保华教授把战略管理过程分解成逻辑上紧密联系的三部分——"质疑、探思、求解",本书的战略管理思维也从"质疑"开始,首先要弄清在不同阶段,企业面临的战略问题;紧接着从理论视角"探思"解决战略问题的理论基础;然后在理论指导下"求解"解决实际问题的实践方法。针对企业发展不同生命周期的战略问题展开"质疑—探思—求解",就形成了事业战略、总体战略、战略变革,从而构成面向本科教学的实践导向型战略管理基本架构(图1)。

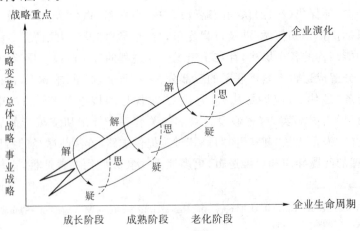

图 1　实践导向型战略管理课程体系架构

---

① 项保华.战略管理:艺术与实务[M].3 版.北京:华夏出版社,2001:自序,2.

基于上述分析,在写作上,本书每篇均由案例引出战略实践问题,接着阐述解决实践问题的战略管理理论,最后给出企业战略管理具体的实践方法。(1)在案例选取上,本书以华为公司为主案例,贯穿于事业战略、总体战略、战略实施、评价与变革的整个过程中,然后在每个章节中再选取本土企业的"隐形冠军"或国内外其他企业案例,从案例中发现"战略问题",也从案例中寻找"实践方法"。(2)在理论分析中,本书尽可能给出目前主流的、能为本科学生理解的、同时兼顾企业战略管理实践者思考的文献,为便于学习,这些文献将以脚注的形式在书中列出。(3)此外,为便于教学,还在每章结尾处给出了本章小结和思考题,这些都是应知应会的知识点和技能点。

作为战略管理学习的开始,第1篇"战略管理导论"从理论、实践两种视角给出了战略、战略管理、战略管理者、战略管理层次的概念,回顾了传统的理论导向型战略管理理论体系,提出了以企业生命周期为思维主线的实践导向型战略管理架构。为了便于本科学生的理论学习、实践应用,还介绍了两种主要的战略管理研究方法——理论研究方法和实证研究方法。

以企业生命周期为逻辑主线,第2篇"成长阶段——事业战略"围绕企业在单一业务领域中创业、成长所面临的战略问题展开。从企业理论的思考"企业是什么?""企业为什么生存?"着手,提出了基于顾客价值的事业战略定位思路;介绍了以取得经营优势为目的的企业盈利模式选择;考虑到企业在经营过程中与有关各方的竞争合作互动,提出了关系定位战略。

当企业不满足于现有经营规模时,第3篇"成熟阶段——总体战略"以企业从"点"到"线"再到"网"的演化过程为主线,围绕企业在国际化经营、纵向整合、横向整合、多元化经营时面临的战略问题展开。从企业国际化经营、整合拓展、多元化经营的动因分析着手,阐述了相关理论,提出了从"点"到"线"再到"网"演化的具体策略。

第4篇"战略实施、评价与变革"以战略实施、战略评价、老化阶段战略变革为主题,分析了战略实施的组织机构、控制系统和企业文化,介绍了绩效评价的关键绩效指标、平衡计分卡以及卓越绩效评价准则,阐述了战略变革的动因、类型与成功要素。

在写作逻辑思路上,本书以华为公司的发展历程作为通篇案例,结合大量其他的本土案例,循序渐进地告诉读者:什么是战略?什么是战略管理?企业在创业阶段、成长阶段、成熟阶段和老化阶段会遇到什么样的战略管理问题?战略分析的理论基础是什么?战略管理问题的解决方法有哪些?在不知不觉中将读者引进了战略管理的知识殿堂,仿佛正经历一家企业从艰辛创业到成长成熟的历史过程,并由众多案例形象地表述,读来引人入胜。这种写作思路对于缺乏实践经验的本科生来说,易于掌握和领会贯通;"质疑、探思、求解"的逻辑思路有利于培养学生的批判性思维能力。

当然,作为学术探索,本书的体系架构只代表作者教学、研究、企业实践的心得感悟,未来的修订、补充与完善还将继续不断地进行。期望与阅读本书的各位教师、学习者或企业战略管理者的相互交流、学习,本书通讯作者的电子邮箱:shenglin.shi@vip.163.com。扫描二维码可登录中国大学慕课下载与本书配套的教学课件及教学资料。

中国大学慕课——战略管理

# 目 录

## 第1篇 战略管理导论

### 第1章 战略与战略管理 ... 4
- 1.1 战略是什么 ... 4
  - 1.1.1 战略目的 ... 4
  - 1.1.2 战略内涵 ... 7
  - 1.1.3 四种战略范式 ... 8
- 1.2 战略管理 ... 10
  - 1.2.1 管理是什么 ... 10
  - 1.2.2 战略管理内涵 ... 10
  - 1.2.3 战略管理发展历程 ... 12
- 1.3 战略管理者 ... 14
  - 1.3.1 管理者 ... 14
  - 1.3.2 战略管理者与战略管理层次 ... 14
  - 本章小结 ... 19
  - 思考题 ... 19

### 第2章 战略管理思考方法 ... 20
- 2.1 理论导向型战略管理思维 ... 20
  - 2.1.1 战略形成阶段 ... 21
  - 2.1.2 战略实施阶段 ... 24
  - 2.1.3 战略评价/反馈 ... 25
- 2.2 企业生命周期理论 ... 26
  - 2.2.1 成长阶段 ... 29
  - 2.2.2 成熟阶段 ... 31
  - 2.2.3 老化阶段 ... 31
- 2.3 实践导向型战略管理思维 ... 32
  - 2.3.1 成长阶段——事业战略 ... 33
  - 2.3.2 成熟阶段——总体战略 ... 34
  - 2.3.3 老化阶段——战略变革 ... 35
  - 本章小结 ... 35

思考题 ································································································· 36

## 第3章　战略管理研究方法 ··········································································· 37

- 3.1　管理研究类型 ···················································································· 37
  - 3.1.1　科学和科学研究 ········································································ 37
  - 3.1.2　战略管理研究的类型 ·································································· 38
- 3.2　理论研究方法 ···················································································· 43
- 3.3　实证研究方法 ···················································································· 44
  - 3.3.1　实证研究方法类别 ····································································· 44
  - 3.3.2　非实验研究 ·············································································· 45
  - 本章小结 ·························································································· 49
  - 思考题 ····························································································· 50

# 第2篇　成长阶段——事业战略

## 第4章　基于顾客价值的战略范式 ··································································· 54

- 4.1　企业理论 ·························································································· 54
  - 4.1.1　新古典经济学企业理论 ······························································ 55
  - 4.1.2　传统产业组织经济学企业理论 ····················································· 55
  - 4.1.3　行为经济学企业理论 ·································································· 55
  - 4.1.4　交易成本经济学企业理论 ··························································· 55
  - 4.1.5　代理理论 ················································································· 56
  - 4.1.6　资源基础观企业理论 ·································································· 56
  - 4.1.7　顾客价值基础观企业理论 ··························································· 56
- 4.2　顾客价值 ·························································································· 58
  - 4.2.1　顾客价值内涵 ··········································································· 58
  - 4.2.2　顾客价值评价 ··········································································· 59
- 4.3　基于顾客价值的战略范式 ····································································· 62
  - 本章小结 ·························································································· 63
  - 思考题 ····························································································· 64

## 第5章　环境分析 ························································································ 65

- 5.1　产业分析 ·························································································· 65
  - 5.1.1　新的市场进入者的威胁 ······························································ 65
  - 5.1.2　产业内既有企业之间的竞争 ························································ 66
  - 5.1.3　购买者的讨价还价力量 ······························································ 66
  - 5.1.4　供应方的讨价还价力量 ······························································ 66
  - 5.1.5　替代品的威胁 ··········································································· 67
- 5.2　宏观环境分析 ···················································································· 67
- 5.3　资源与能力分析 ················································································· 69

|     5.4　SWOT 分析 ································································· 72
|         本章小结 ····································································· 74
|         思考题 ······································································· 75

## 第 6 章　经营优势 ································································· 76
6.1　基本竞争战略 ····························································· 76
　　6.1.1　成本领先战略 ······················································ 76
　　6.1.2　差异化战略 ························································· 79
　　6.1.3　集中化战略 ························································· 82
　　6.1.4　竞争战略评价 ······················································ 83
6.2　经营优势 ··································································· 84
6.3　盈利模式 ··································································· 86
　　6.3.1　盈利模式的内涵 ··················································· 86
　　6.3.2　盈利模式的主要类型 ············································· 88
　　6.3.3　盈利模式保护手段 ··············································· 100
　　本章小结 ········································································ 102
　　思考题 ·········································································· 103

## 第 7 章　关系定位战略 ·························································· 104
7.1　博弈论简介 ······························································· 104
　　7.1.1　博弈及博弈论概念 ·············································· 104
　　7.1.2　博弈的基本要素 ················································· 105
　　7.1.3　博弈论与战略管理 ·············································· 106
　　7.1.4　分析基础 ·························································· 107
7.2　关系类型 ································································· 110
　　7.2.1　博弈模型 ·························································· 110
　　7.2.2　关系类型 ·························································· 111
7.3　关系策略 ································································· 115
　　7.3.1　竞争性策略 ······················································· 115
　　7.3.2　合作性策略 ······················································· 116
　　7.3.3　关系定位战略目标 ·············································· 117
　　本章小结 ········································································ 119
　　思考题 ·········································································· 119

# 第 3 篇　成熟阶段——总体战略

## 第 8 章　国际化战略 ····························································· 124
8.1　国际化动因 ······························································· 124
　　8.1.1　企业国际化主动动因 ··········································· 125
　　8.1.2　企业国际化被动动因 ··········································· 126

## 8.2 国际化理论 ... 127
### 8.2.1 国际化阶段论 ... 127
### 8.2.2 跨国经营的带动论 ... 130
### 8.2.3 国际化的网络模型 ... 133
### 8.2.4 国际化的内外向联系模型 ... 135
## 8.3 国际化策略 ... 137
### 8.3.1 产品出口策略 ... 137
### 8.3.2 契约协议策略 ... 138
### 8.3.3 对外直接投资策略 ... 139
### 8.3.4 国际策略联盟 ... 141
本章小结 ... 144
思考题 ... 145

# 第9章 整合战略 ... 146
## 9.1 整合动因 ... 146
### 9.1.1 横向整合动因 ... 146
### 9.1.2 纵向整合动因 ... 149
## 9.2 整合理论 ... 152
### 9.2.1 企业纵向边界理论 ... 152
### 9.2.2 产业价值链理论 ... 152
### 9.2.3 协同效应理论 ... 153
## 9.3 整合策略 ... 154
### 9.3.1 横向整合 ... 154
### 9.3.2 纵向整合 ... 156
本章小结 ... 163
思考题 ... 163

# 第10章 多元化战略 ... 164
## 10.1 多元化动因 ... 164
### 10.1.1 多元化经营概述 ... 164
### 10.1.2 企业多元化经营的动机分析 ... 165
### 10.1.3 企业实行多元化经营的内部原因 ... 166
## 10.2 多元化理论 ... 168
### 10.2.1 资产组合理论 ... 168
### 10.2.2 委托代理理论 ... 169
### 10.2.3 资源基础理论 ... 169
## 10.3 多元化策略 ... 171
### 10.3.1 同心多元化战略 ... 171
### 10.3.2 水平多元化战略 ... 172
### 10.3.3 整体多元化战略 ... 172

| | |
|---|---|
| 10.3.4 多元化战略的弊端 | 172 |
| 本章小结 | 175 |
| 思考题 | 175 |

# 第4篇 战略实施、评价与变革

## 第11章 战略实施 — 182

### 11.1 建立组织结构 — 182
- 11.1.1 直线型组织结构 — 183
- 11.1.2 直线职能型组织结构 — 183
- 11.1.3 事业部制组织结构 — 184
- 11.1.4 矩阵型组织结构 — 185
- 11.1.5 组织结构演变 — 186

### 11.2 战略控制系统 — 191
- 11.2.1 信息系统 — 191
- 11.2.2 战略规划系统 — 193
- 11.2.3 财务规划和控制系统 — 197
- 11.2.4 人力资源控制系统 — 200

### 11.3 企业文化 — 203
- 本章小结 — 206
- 思考题 — 207

## 第12章 战略评价 — 208

### 12.1 关键绩效指标 — 209
- 12.1.1 关键绩效指标的内涵 — 209
- 12.1.2 关键绩效指标体系的设计 — 210
- 12.1.3 关键绩效指标词典 — 211

### 12.2 平衡计分卡 — 213
- 12.2.1 平衡计分卡特征 — 213
- 12.2.2 平衡计分卡作用 — 214
- 12.2.3 平衡记分卡评价内容 — 214

### 12.3 卓越绩效评价 — 219
- 12.3.1 卓越绩效模式 — 219
- 12.3.2 卓越绩效模式的核心价值观 — 220
- 12.3.3 卓越绩效评价实施要点 — 233
- 本章小结 — 234
- 思考题 — 234

### 第13章 老化阶段——战略变革·····················235

#### 13.1 战略变革动因·······································235
##### 13.1.1 企业的环境·····································237
##### 13.1.2 企业成长·······································238
##### 13.1.3 使命或愿景·····································238
##### 13.1.4 领导者·········································238
#### 13.2 战略变革类型·······································239
##### 13.2.1 渐进式变革、激进式变革和混合式变革···············239
##### 13.2.2 强制式变革、理性或自利式变革、教育或交流式变革·····242
#### 13.3 战略变革成功要素···································245
##### 13.3.1 战略变革发生的障碍·······························245
##### 13.3.2 战略变革成功要素·································246
本章小结·················································251
思考题···················································252

### 主要参考文献············································253

# 第1篇　战略管理导论

本篇由"华为的发展历程"作为学习的开始，分3章分别讨论以下内容：

第1章"战略与战略管理"从质疑企业"为什么成功或失败？"作为思维起点，分析了成功企业的五个共同特征，战略定位的三个明显作用，明确了战略目的，给出了实践导向的战略定义；从管理概念着手，给出了战略管理的技术性定义和实践性描述，并回顾了战略管理发展历程；从组织中管理者的层级划分，分析了战略管理层次，以及不同战略层次的关注重点。

第2章"战略管理思考方法"首先回顾了理论导向型战略管理理论体系，接着介绍了企业生命周期理论，以企业生命周期为逻辑主线，以"质疑、探思、求解"为思维重点，给出了实践导向型战略管理思维方法及课程体系架构。

第3章"战略管理研究方法"首先介绍了管理研究的主要分类，然后分别介绍了战略管理研究的两种主要论证方法——理论研究方法和实证研究方法，同时给出了相应的研究案例。

## 华为的发展历程

华为是全球领先的ICT(信息与通信)基础设施和智能终端提供商,致力于把数字世界带入每个人、每个家庭、每个组织,构建万物互联的智能世界。华为在通信网络、IT、智能终端和云服务等领域为客户提供有竞争力、安全可信赖的产品、解决方案与服务,与生态伙伴开放合作,持续为客户创造价值,释放个人潜能,丰富家庭生活,激发组织创新。华为坚持围绕客户需求持续创新,加大基础研究投入,厚积薄发,推动世界进步。华为成立于1987年,是一家由员工持有全部股份的民营企业,目前有18万员工,业务遍及170多个国家和地区。自成立以来,华为公司相继经历了以下四个发展阶段[①]。

创立阶段(1987—1995年):华为最初通过代理销售产品来维持生存与发展。1993年,华为进行自主创新实践,成功研发出C&C08万门交换机,从而掌握了核心技术知识。随后,华为加大研发力度,拓展产品线,相继进入移动通信、光传输和智能网等多个通信产品领域。在这一阶段,华为公司形成了以任正非、孙亚芳、郭平、徐直军以及胡厚崑等人为代表的高层管理团队。

成长阶段(1996—2003年):1996年,华为开启二次创业新阶段。在技术方面,华为坚持以用户需求为导向,进行持续高强度的研发投入。1998年,华为在中国市场上占据领先地位的同时,积极开拓国际市场。在管理方面,华为与全球多家咨询机构深度合作,在内部推行系统性改革,建立了研发与创新管理体系。在企业文化方面,《华为基本法》集中反映了公司的共享型价值观。

成熟阶段(2004—2010年):华为持续优化产品研发管理体系,实行分权制衡管理。从2003年开始,华为发布了一系列行业领先的产品解决方案,并逐渐形成运营商网络、企业和用户终端三大主营业务。另外,华为通过技术并购、联合研发、成立合资公司等方式,不断提升技术创新能力。2008年,华为专利申请数居全球第一。在这一阶段,华为公司实现了从技术追赶到技术前沿的跨越。

拓展阶段(2011年至今):华为聚焦管道的针尖战略,实行流程责任制。2011年,华为简化组织结构,进行业务重组,积极布局云计算基础设施。随后,华为设立轮值CEO制度,以团队决策的形式实现了内部领导职权的合理配置。2015年,华为公司成为全球规模最大的通信设备制造商。2016年提出"再造一个华为"的目标,向高端产品市场进军。

综合来看,华为公司的发展历程可整理如图1-1所示。

**华为给世界带来了什么?**

**为客户创造了价值。** 华为和运营商一起,在全球建设了1500多张网络,帮助世界超过三分之一的人口实现连接。华为携手合作伙伴,为政府及公共事业机构,金融、能源、交通、制造等企业客户,提供开放、灵活、安全的端管云协同ICT基础设施平台,推动行业数字化转型;为云服务客户提供稳定可靠、安全可信和可持续演进的云服务。华为智能终端和智能手机正在帮助人们享受高品质的数字工作、生活和娱乐体验。

---

① 研究者给出了华为发展阶段的不同划分,考虑到研究视角的多元性,本书在引用时以原著者为准,没有做统一的阶段界定。

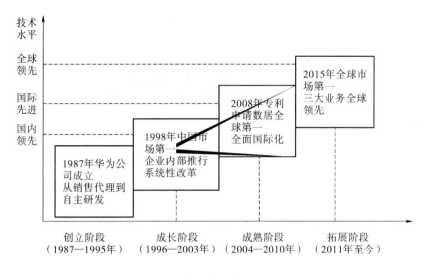

图1-1 华为公司的发展历程

**推动了产业良性发展。** 华为主张开放、合作、共赢,与客户合作伙伴及友商合作创新,扩大产业价值,形成健康良性的产业生态系统。华为加入360多个标准组织、产业联盟和开源社区,积极参与和支持主流标准的制定、构建共赢的生态圈。我们面向云计算、NFV/SDN、5G等新兴热点领域,与产业伙伴分工协作,推动产业持续良性发展。

**促进了经济增长。** 华为不仅为所在国家带来直接的税收贡献,促进当地就业,形成产业链带动效应,更重要的是通过创新的ICT解决方案打造数字化引擎,推动各行各业数字化转型,促进经济增长,提升人们的生活质量与福祉。

**推动了社会可持续发展。** 华为致力于消除全球数字鸿沟,在珠峰南坡和北极圈内,在日本海啸核泄漏、中国汶川大地震等重大灾难现场,都有华为人的身影。华为推进绿色、低碳的环保理念,为客户提供领先的节能环保产品和解决方案。华为的"未来种子"项目已经覆盖108个国家和地区,帮助当地培养ICT人才,推动知识迁移,提升人们对ICT行业的了解和兴趣,并鼓励各个国家及地区参与到建设数字化社区的工作中。

**为奋斗者提供了舞台。** 华为坚持"以奋斗者为本",以责任贡献来评价员工和选拔干部,为员工提供了全球化发展平台和与世界对话的机会,使大量年轻人有机会担当重任,快速成长,也使得十几万名员工通过个人的努力,收获了合理的回报与值得回味的人生经历。

(本案例由作者根据网络资料整理)

**案例讨论:**

1. 华为公司的战略是什么?
2. 华为公司的战略管理者是谁?
3. 华为公司的战略演变过程的内在逻辑是什么?

# 第 1 章　战略与战略管理

"定战略"始终是治理公司的第一要旨。在这里没有一劳永逸,即使是那些最棒的战略也会因时而变。

了解世界正在发生什么事。优秀的管理者都是胸怀大局的人。

——摘自《联想风云》

"战略"是管理者们使用频率非常高的词汇之一,我们经常会听到"经营战略""发展战略""产品战略""合作战略"等诸如此类的表述,那么战略究竟是什么？战略管理究竟要做什么？本章从战略目的的分析开始来探寻问题的答案。

## 1.1　战略是什么

### 1.1.1　战略目的

华为是中国成功企业的代表,在任正非的领导下,华为历经 32 年的风雨历程,成长为一家全球领先的 ICT(信息与通信)基础设施和智能终端提供商,员工人数从创业时的 6 人发展到全球雇员人数超过 18 万人,业务遍及 170 多个国家和地区,年营业收入也从成立之初的几百万元,增长到 2018 年的 7 000 多亿元。然而,诺基亚手机业务却是另一种发展轨迹(案例 1-1)。

案例 1-1

**诺基亚手机的衰落**

诺基亚(Nokia)公司成立于 1865 年,是一家移动通信产品跨国公司,总部位于芬兰。经历一个半世纪的发展后,成为世界上最大的通信设备供应商,是移动通信的全球领先者。诺基亚曾经很辉煌,从 1996 年开始,诺基亚连续 15 年占据市场份额第一的位置。2009 年诺基亚公司手机发货量约 4.318 亿部,2010 年第二季度,诺基亚在移动终端市场的份额约为 35.0%,领先三星和摩托罗拉的市场占有率 20.6%、8.6%;2010 年第一季度,在全球智能手机市场中,诺基亚以 44.3% 的份额仍居首位;2009 年 8 月在中国手机市场份额排行中,诺基亚以 33.3% 位居第一。

但是近年来在智能手机市场,诺基亚的销售远远落后于三星、苹果。自从 2007 年 iPhone

出现后,诺基亚的利润从领先行业的 35 亿美元已经降为 13 亿美元以下,市值也在不断缩水。2011 年第二季度,诺基亚连续 15 年全球销售第一的地位也被苹果和三星超过。诺基亚智能手机长期采用备受批评的塞班系统是致命伤,因此诺基亚 2011 年年初宣布与微软结盟,准备推出一系列搭配微软移动 Windows Phone 7 系统的手机,希望挽回劣势。在过去的几年中,诺基亚股票已经陆续从伦敦、巴黎以及斯德哥尔摩证券市场摘牌退市。

互联网消费调研中心提供的数据显示,2011 年第三季度诺基亚智能手机在中国的品牌关注度为 23.7%,远远超过苹果(8.8%)和三星(16.1%)两大智能手机的品牌关注度。然而,在 2013 年 2 月中国智能手机品牌关注度比例分布发生了翻天覆地的变化。2013 年手机市场品牌关注度分配相对均衡,但三星的关注度比例达到 20.9%,诺基亚的关注度比例下降为 8.3%,与 HTC 较为接近,位居第三位。在短短的一年时间内消费者对诺基亚的品牌忠诚度就已经出现动摇。信评机构惠誉国际已把诺基亚的债务评级,从"BBB+"下调至"BBB-",差一级就与垃圾级别看齐。最终,诺基亚手机业务于 2013 年 9 月被微软收购。

诺基亚失败原因总结如下。

(1) 反应迟缓,错失良机

Strategy Analytics 的分析师亚历克斯·斯贝克特曾说:"当你已经是领头羊时,想要对市场的变化做出敏锐的反应,相对而言困难得多。"诺基亚昔日的成功未能让其把握住智能手机发展的新趋势。2007 年,诺基亚面对苹果推出的第一代 iphone 手机,并未做出及时的回应,直到所有厂商都推出触摸屏手机后,诺基亚在 2011 年才开始改变,同 Windows Phone 建立合作关系。

(2) 故步自封,缺乏创新

德鲁克的《创新的纪律》一书中曾写道:把过去最擅长、最核心的忘掉,才能很快地学到东西。然而,诺基亚却沉溺于昔日的辉煌,完全坚守自己的塞班系统,根本接纳不了像 Android 这样更为开放的操作系统。他们还曾轻蔑地称自己的竞争对手苹果公司为"那个加州的水果公司"。此外,诺基亚还忽视移动互联网创新,尤其是高端手机的创新,它把手机的主要功能还定格在通话上,根本无法融入手机行业的创新思维浪潮。

(3) 市场定位的迷失

诺基亚为了稳固自身地位,采用薄利多销的市场策略来抢占市场占有率。据统计,诺基亚在中国出售的 160 多款产品中,有 60%~70% 属于低端甚至超低端产品。诺基亚市场定位的迷失导致诺基亚的品牌价值受到众多其他低端产品的影响,严重削弱了诺基亚品牌在高端手机市场上的竞争力。然而,诺基亚也有高档奢侈的品牌产品,如 Vertu,其外观精美,但功能极其简单,售价极其昂贵。这种毫无内涵类似暴发户的设计定位违背了众多消费者追求新鲜、多功能智能手机的凤愿,其结果必定失败。

(4) 忽视客户体验需求

处在互联网无限贴近生活的时代,诺基亚却忽视了客户体验需求,其手机功能还主要放在语音、短信等传统的手机应用上,其突出优势主要坚守在"耐摔"的质量上,但却将那些娱乐休闲的移动互联网应用定位为附带品。诺基亚并没有意识到顾客需求的变化,没有注意到用户开始喜欢利用手机查看电子邮件,寻找餐馆信息等。此外,诺基亚还欠缺优秀的售后服务。

(资料来源:张君,吾尔亚提·沙塔尔.诺基亚的衰落对我国电子企业的启示[J].电子测试,2013(20):263-264.)

为什么在激烈竞争的 ICT 行业中华为能够成功,而诺基亚手机业务则由辉煌走向衰落?同样的例子在其他行业中还有很多,在家电连锁零售业中,是什么因素导致了国美的成功,而永乐、大中却被前者并购?在手机市场上,为什么三星可以长期占据和保持强势的市场地位,而波导、金立等却只拥有短暂辉煌?在数据库软件市场上,为什么微软和甲骨文能够在中国市场快速发展,而本土企业却增长缓慢?在空调器制造领域,为什么格力公司能够长期占据领先位置?在保健品市场上,为什么三株、飞龙等昙花一现?在冰箱制造领域,为什么海尔、容声能够长期保持市场占有率前列,而曾经的强者新飞风光不再?为什么方太能够后来居上,成为中国最知名的厨房专家?

探思这些企业成功或失败背后的深层原因,从单一的职能管理领域,如研究与开发、生产运营管理、营销管理、财务管理、人力资源管理等,很难给出满意的答案。此时,就需要从企业整体出发进行分析和思考"企业定的经营目标是否适宜?""采取的竞争策略是否得当?""企业与相关利益者的关系是否融洽?"等诸如此类的问题,这种跨职能思考的综合技能就是战略管理。

通过对成功企业的跨职能综合分析,可以发现它们具有五个共同特征:
(1) 清晰、简单、一致和持续性的目标;
(2) 深刻理解竞争环境,特别是对顾客偏好的准确理解与把握;
(3) 客观评价自身资源与能力,不盲目多元化;
(4) 行之有效的行动策略与贯彻落实[①];
(5) 网络关系的准确定位与把握。

以联想为例,联想在 20 世纪 80 年代的成立初期,主要为美国 AST(虹志)计算机公司做分销商,20 世纪 90 年代初期,公司创始人柳传志前瞻性地预测到中国个人计算机(PC)将会出现爆炸性增长,于是决定生产和销售自有品牌的个人计算机,以此获得比代销国外品牌更高的利润。1999 年联想成为亚太市场顶级计算机商。在此期间,无论是"贸工技"还是"技工贸",联想的主营业务始终都是以 PC 为核心来展开,公司能够充分了解用户需求,特别是最终消费者的需求偏好,很好控制产品销售渠道,根据竞争环境变化适时地调整经营模式。对于联想成功特别重要的是,柳传志能够很好地将新、旧两种体制的优点加以对接、互补,充分利用了中科院、计算机研究所的各种有形资源(如设施、资金、人才)和无形资源(如计算机研究所的专业技术声誉),以及与中科院、计算机研究所密切相关的各种社会关系网络,为联想的资源、能力、信誉积累奠定了坚实的基础和充分的保障。

由上述分析可以看出,在一个企业中,管理者(主要指高层管理者)所追求的目标以及为实现目标所采取的竞争策略[②]对于该企业相对于竞争者的市场表现或财务表现具有重大的影响,这就是人们常说的"战略"——管理者所追求的企业目标及所采取的行动[③],尽管有些企业管理者并不确切地知道"战略"究竟是什么[④]。清晰的战略定位具有以下三个明显的作用[⑤]:

---

[①] 罗伯特·格兰特.公司战略管理[M].北京:光明日报出版社,2001:11-13.
[②] 此处其他研究文献有使用方式(means)、方法(methods)、资源(resources)、要素(element)、策略(tactic)、变量(variable)等,本书统一使用策略(tactic),是基于这样的考虑,竞争策略的实施主要是企业依据对其他市场参与者行为的判断做出的行为选择,有较强的针对性、互动性。
[③] [美]希尔 C W L,琼斯 G R.战略管理[M].孙忠,译.北京:中国市场出版社,2005:5.
[④] 作者在 2006 年 8 月对两家中型国有企业部分中高层管理者的调查结果显示,在回答"您了解战略管理吗"时,76.9% 选择"知道一些",23.1% 选择"听说过但具体内容不清楚"。
[⑤] 司徒达贤.战略管理新论——观念架构与分析方法[M].上海:复旦大学出版社,2003:6.

第一,可以帮助企业在千头万绪的经营管理事务中,选择当前应关注的重点;
第二,可以为组织创造开拓良好的生存空间;
第三,可以指导企业内部各种职能管理的取向。

对于企业来说,在其生命周期的不同阶段,管理者们追求的战略目标是不同的。一般地,在企业创业时期,创始人的首要目标是实现企业生存并开始获利;随着企业的成长,管理者们开始追求业务增长率、市场占有率、销售收入利润率等市场或财务表现。然而,对于大多数企业管理者来说,压倒一切的目标是实现优于竞争对手的绩效,即所谓的超常绩效[①]。如果一家企业的战略产生了比竞争对手更好的绩效,则称该企业拥有竞争优势(或称经营优势[②])。华为的战略在1987—2018年间产生了超常的绩效,因此可以认为,华为公司相对于竞争对手(如中兴通讯)拥有竞争优势。

### 1.1.2 战略内涵

那么,究竟"战略是什么?"在理论上,学者们从不同视角对此做出了合乎逻辑的解释。例如:

> 长期目的或企业目标的决策,行动过程中的选择,实现目标所需资源的分析。
> ——阿尔佛雷德·钱德勒《战略和结构》

> 战略是目标、意图或目的,以及为了达到这些目的而制定的方针和计划的一种模式。这种模式界定了公司当前或将来从事的经营业务,并规定了公司当前或将来所属的类型。
> ——肯尼斯·安德鲁《公司战略思想》

> 战略就是将一个组织的主要目标、政策和行动过程整合为一个整体的方式或计划。一个明确的战略有助于组织根据自己的相对竞争优势和劣势、预期的环境变动以及理智的竞争对手的意外举措来规划和配置资源。
> ——詹姆斯·布莱恩·奎因《应变战略:逻辑增值主义》

明茨伯格回顾评述了战略研究,把战略管理划分为十个学派,其中设计学派将战略形成看作一个概念作用的过程,计划学派将战略形成看作一个正式的过程,定位学派将战略形成看作一个分析的过程,企业家学派将战略形成看作一个预测的过程,认识学派将战略形成看作一个心理过程,学习学派将战略形成看作一个应急的过程,权力学派将战略形成看作一个协商过程,文化学派将战略形成看作一个集体思维的过程,环境学派将战略形成看作一个反应过程,结构学派将战略形成看作一个转变的过程[③]。

也有学者基于实践导向定义了"战略是什么"。例如,战略关注企业的未来方向以及选择何种路线引导企业走向未来。因此,战略就包含对当前形式的认识(我们现在何处)、期望的未来定位(我们想去哪儿)以及将企业从现在带向未来的道路(我们怎样到达目的地)[④]。司徒达贤认为战略是指企业经营的形貌以及在不同时点间这些形貌改变的轨迹。经营形貌的意义相当复杂,简言之,形貌包括了经营范围与竞争优势等重要而足以描述经营特色与企业定位的项

---

① [美]希尔 C W L,琼斯 G R.战略管理[M].孙忠,译.北京:中国市场出版社,2005:5.
② 经营优势概念在第6章讲解。为便于学习,在书中同时使用"竞争优势"。
③ [美]亨利·明茨伯格,等.战略历程:纵览战略管理学派[M].北京:机械工业出版社,2001.
④ [美]约翰·米德尔顿,鲍勃·戈尔斯基.战略管理[M].北京:华夏出版社,2004:10.

目。可以用十分通俗的话形容战略制定的意思：描述企业现在是什么样子？目前的样子将来还能有效延续吗？将来想变成什么样子？为什么要变成这个样子？今天应采取什么行动才可以从今天的样子变成未来理想的样子？[①]项保华将战略中心命题概括为三个方面，即"做什么，如何做，谁来做"。其中，"做什么"涉及目标抉择，"如何做"涉及过程变革，"由谁做"涉及动力激发。他认为战略中心命题普遍存在于组织功能结构的各个层次，存在于组织生存过程的各个阶段[②]。Druck 的事业理论提出了三个问题："我们的业务是什么？我们的业务将会是什么？我们的业务应该是什么？"[③] Rumelt 认为战略管理理论和实践要回答四个基本问题："企业如何行为？企业为什么不同？企业总部的功能和价值是什么？一个企业在国际竞争中的成败的决定因素是什么？"[④]

总结上述分析，本书以实践导向，认为战略就是企业经营管理者清晰界定企业"做什么"和"如何做"两个问题。其中，"做什么"涉及目标选择，需明确回答"我们现在做什么？"和"将来要做什么？""如何做"涉及实现目标的路径选择，需确定企业的盈利模式及具体的行动策略，以及与相关各方的关系定位及应对策略。从纵向时间序列来看，企业在其生命周期的不同阶段对"做什么"和"如何做"有不同的思考；从横向的业务或职能管理领域来看，企业的不同业务部门、不同的职能管理领域对这两个问题也有不同的定位。也就是说，战略管理两个基本问题普遍存在于组织生存过程的各个阶段，存在于组织功能结构的各个层次。

> **战略中心命题：**
> 做什么？目标选择。现在做什么，将来做什么。
> 如何做？路径选择。实现目标的盈利模式和关系定位。

### 1.1.3 四种战略范式

企业战略范式包含了对战略管理研究主题的基本意向，用以描述和分析战略管理研究主题的概念选择，为观察和调查而对战略管理具体现象和问题的挑选，以及在战略管理研究分析过程中所运用的策略。回顾企业战略理论发展历程，按照战略管理研究主题的变迁，形成了四种具有代表性的战略范式。20 世纪 60 年代和 70 年代，"战略形成"是战略管理研究关注的焦点。在这一阶段，"三安范式"占据主导地位，SWOT 分析是该范式的典型分析方法。该范式强调战略匹配或战略契合，认为战略的核心就是企业内部独特的资源与外部环境的合理匹配[⑤]。20 世纪 80 年代，随着市场竞争的日益激烈，学术界和企业界都把关注焦点逐步从"战略形成"转移到企业如何获得和保持"竞争优势"方面，形成了两种主要的研究范式：行业结构范式、资源能力范式。行业结构范式以 Micheal E. Porter 为代表，将战略管理分析重点转向企业外部的竞争环境。按照波特的观点，企业成功的关键在于选择一个有吸引力的行业并且在这

---

[①] 司徒达贤.战略管理新论—观念架构与分析方法[M].上海：复旦大学出版社，2003：14.
[②] 项保华.战略管理——艺术与实务[M].3 版.北京：华夏出版社，2001：15-17.
[③] Druck P F. The theory of the business[J]. Harvard Business Review. 1994，72(5)：95-104.
[④] 周三多，邹统钎.战略管理思想史[M].上海：复旦大学出版社，2002：17.
[⑤] 周三多，邹统钎.战略管理思想史[M].上海：复旦大学出版社，2003：1-4.

个行业中取得相对优越的地位[①]。资源能力范式重新从企业内部来寻找企业成长的动因,认为企业竞争优势的获得是基于其独特的资源与能力[②]。由于企业拥有独特资源与能力,使得企业能够获得比其他资源使用者更高的经营业绩。20世纪90年代以来,顾客价值基础范式受到越来越多的学者关注,该范式也是本书"事业战略"的主导范式,在第2篇中作详细阐述。

本节简要介绍两种主流研究范式:行业结构范式(图1-2)和资源能力范式(图1-3)[③]。需要说明的是,四种范式之间不存在简单的替代,只是战略思维的出发点不同而已。

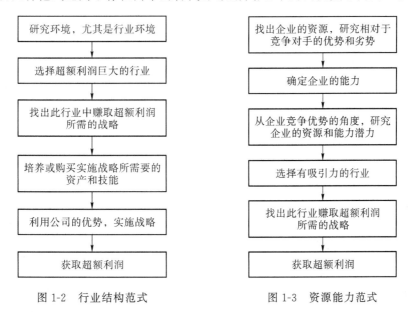

图1-2 行业结构范式　　　　图1-3 资源能力范式

### 1. 行业结构范式

20世纪七八十年代,人们始终认为外部环境是企业获取战略成功的决定因素。行业组织范式揭示了外部环境,特别是行业环境,对战略的决定性影响。同时,它还指出,企业所在行业比管理者做出的内部决定对企业的影响还要大。企业业绩取决于企业所处行业的特性,包括规模经济、市场进入障碍、多元性、产品差异化、企业集中度等。

行业结构范式具有四个前提条件。首先,外部环境的压力和限制决定了获取竞争优势的竞争战略;其次,大多数企业在某一行业或某一领域内互相竞争,因此他们掌握着类似的战略资源,并因此而采取相似的竞争战略;再次,战略实施所需的资源可以在企业之间自由流动,因此企业间的资源差异都不会持续太久;最后,企业的决策者是理性的,并致力于为企业谋取最大利润。行业结构范式要求企业必须进入最有吸引力的行业,因为大多数企业有相类似的战略资源,而且这些资源流动性极强,所以只有企业找到潜在利润最高的行业,并学会如何根据行业结构特点来利用资源实施战略的时候,企业才会获得竞争优势,五种竞争力分析模型可以帮助企业分析行业竞争状态。

---

① Porter M E. Towards A Dynamic Theory of Strategy[J]. Strategic Management Journal,1991,12(S2):95-117.
② Amit R,Schoemaker P J H. Strategic Assets and Organizational Rent[J]. Strategic Management Journal,1993,14(1):33-46.
③ 李玉刚.战略管理[M].北京:科学出版社,2005:5,6.

**2. 资源能力范式**

资源基础观认为,任何一家企业都是资源与能力的独特组合,这些资源和能力是企业战略的基础,也是利润的主要来源。企业不同的绩效水平是由他们独特的资源和能力的组合导致,而不是行业组织结构。资源基础观认为,一家企业可以不断获取不同的资源,发现独特的能力。因此,同行业内的不同企业并非都会拥有同样的战略资源和能力。此外,资源基础观认为,资源不一定在企业间流动,资源的异质性带来了不同的优势。

资源是指企业生产经营过程中的投入部分,如资本、员工技能、专利技术、融资能力、有才干的管理人员、品牌等。能力是指综合利用多种资源用来完成任务或活动的才能。与行业结构范式相反,资源基础观认为,在决定战略行动时,企业的内部环境,如资源和能力比外部环境重要。但并非所有的资源和能力都可以转化为竞争优势,只有当这种资源和能力是有价值的、稀缺的、难以模仿的、无法替代的时候,才可能成为可持续竞争优势的来源。当资源和能力达到以上四个标准的时候,它们便成为核心竞争力。

## 1.2 战略管理

### 1.2.1 管理是什么

为了给出战略管理的定义,首先要弄清"管理是什么?"这是一个既简单又很难回答的问题。其简单在于人们对什么是管理,管理涉及哪些内容,心中都有一个大概的谱;其复杂在于从各种管理专论中找答案,众说纷纭,莫衷一是。学者们给出了多种管理定义,斯蒂芬·P·罗宾斯认为,管理是指同别人一起,或通过别人使活动完成得更有效的过程。过程表示管理者发挥的职能或从事的主要活动。这些职能可以概括为计划、组织、领导和控制[1]。周三多等人认为,管理是社会组织中,为了实现预期的目标,以人为中心进行的协调活动。这一表述包含了五个观点:管理的目的是实现预期目标;管理的本质是协调;协调必定产生在社会组织中;协调的中心是人;协调的方法是多样的,需要定性的理论和经验,也需要定量的专门技术[2]。项保华以实践为导向,认为"管理就是让人做事并取得成果(即通过别人完成任务)"[3]。

本书倾向于这样的定义:管理是管理者为实现组织目标,对组织拥有或控制的各种有形、无形资源及人力资源进行计划、组织、领导、控制的过程。这个定义包含了以下基本内涵:管理的目的是实现组织目标;管理的主体是组织管理者;管理的客体是组织拥有或控制的各种有形、无形资源及人力资源;管理的内容是计划、组织、领导、控制;管理是一个过程。

### 1.2.2 战略管理内涵

将管理概念应用于战略领域,可以得到战略管理的一个技术性定义:战略管理是企业管理者为取得经营(竞争)优势,对企业目标和实现路径进行的计划、组织、领导、控制的过程。以实践为导向,则可将战略管理描述为:企业管理者为取得经营(竞争)优势,对"做什么"和"如何

---

[1] 斯蒂芬·P·罗宾斯.管理学[M].北京:中国人民大学出版社,1997:6.
[2] 周三多,陈传明,鲁明泓.管理学——原理与方法[M].上海:复旦大学出版社,2005:11.
[3] 项保华.战略管理——艺术与实务[M].3版.北京:华夏出版社,2001:1.

做"所进行的"质疑""探思""求解"的过程。

依照上面管理内涵的分析,战略管理定义包含以下基本内涵:

(1) 战略管理的主体是企业管理者,不同层级管理者承担着不同的战略管理职责。

(2) 战略管理的目标是取得竞争优势,尽管企业在不同的职能领域、不同的发展时期有不同的目标设定,但从企业的可持续生存发展来看,竞争优势是最重要的。

(3) 战略管理的客体是"做什么"和"如何做",其中,"做什么"涉及目标选择,"如何做"涉及实现目标的路径选择。

(4) 战略管理的内容是对战略中心命题所进行的质疑、探思、求解。在企业实践中,更多地体现为各层级管理者面对具体管理职能问题的质疑、探思、求解。

(5) 战略管理的过程性。战略管理是动态的过程,而不是静止的状态,其动态性通过目标和路径的不断演化,及质疑、探思、求解的不断循环体现出来。

以谭木匠公司(案例 1-2)为例来理解战略管理的基本内涵。

案例 1-2

## 谭木匠工艺品有限公司

谭传华,重庆谭木匠工艺品有限公司董事长,今年 49 岁。他当过民办教师,1984 年下海经商。1993 年成立谭木匠公司后,一把小小的梳子让名不见经传的谭传华的名字迅速响遍全国。谭木匠公司 2007 年的营业额为 7 549 万元,且近年来每年都以 30%~40%的幅度稳步增长。

梳子被抛光得一根木毛都没有,而且活动的梳齿可以直接拆下来,进行清洗和返修;设计了不同场合用的梳子,既有单件的,也有套装的,把价格也分个三六九等出来。为保持产品的不断创新,谭木匠制定了创意的三驾马车:邀请路易威登等国际奢侈品品牌的设计大师做指导,长期与一些权威的设计杂志、网站、院校等合作征集作品,同时培养自己的设计队伍。每年,谭木匠都会推出 200 多种新产品,10 多年的时间,谭木匠累计开发了 2 500 多种梳子和镜子。黄杨木是一种珍贵的木材,多生于原始森林与高山峻岭间,其生长缓慢,生长约 40 年,树的直径仅有 15 厘米左右,所以有"千年难长黄杨木"之说。但这些木头对皮肤有很好的保健作用,于是谭传华用高价收集了这些木材,制成了黄杨木梳,大受市场欢迎。草木染,利用严格的中药配方,再把这些中药进行压汁,然后把梳子放在里面浸染。这样就制成了谭木匠公司产品中很有名气的一款梳子:"草木染"。

谭木匠从来不做广告,靠的是口碑相传。按照谭传华的解释,广告来得快也去得快,起不了恒定长久的作用,倒不如把这些钱花在更持久的地方,谭木匠编著了《我善治木——谭木匠的 88 个经营秘诀》送给顾客,还投资了一本流传很广的《中华手工》,在这本流淌着古典和国粹的杂志里,没有任何广告,纯粹得连摸上去都那么的淳厚。北方的剪纸、蜀中的傩戏、侗乡的建筑、西北的皮影戏……将你带入纯朴的生活中。这本随着小梳子一起赠送的杂志,将谭木匠的声誉带到了一个前所未有的高度。

截至 2007 年 8 月,谭木匠的连锁店已达 488 家。谭木匠的加盟费是统一的,中心城市两万元,二级城市一万元,而且只交一次。谭木匠的连锁店有严格的规定,分为 20 平方米和 30 平方米两种,就是销售特别火的城市也不例外。用谭传华的话说,"这样做是为了杜绝浮躁介入"。对于各加盟店的选址、方位等,谭木匠都会派出专家协助加盟店确定地址。只要通过申请,双方签订了加盟合同之后,再拿出两万元钱作为装修费,加盟店的店主就可以什么事情都不用操心了。从选材到装修,全部由公司派出的装修队一手包办,公司的 10 个装修队轮流在全国为加盟店做装修,统一的装修风格让所有的加盟店都整齐划一。

　　加盟连锁是件大事情,而其中最重要的还是店员的素质,这是软件,在谭木匠派出装修队的同时,各片区经理和督导就会对加盟店的店员进行培训,包括企业文化、营销技巧等。在谭木匠的加盟店里,店员会根据顾客的需求、喜好以及承受能力,对顾客需要的产品进行分析,当顾客自己挑选了一把昂贵的梳子后,店员总是给顾客推荐一把便宜但可能更适合顾客的梳子。店员也会不厌其烦地给顾客讲解产品的特点,叮嘱顾客应该从哪些方面进行保养。

　　谭木匠加盟店的产品一律不打折,不过会将《中华手工》《我善治木——谭木匠的 88 个经营秘诀》和一些自己制作的漫画书籍作为附加值送给顾客。在产品定价上,不分区域、城市,只要是加盟店,价格一律平等,明码标价。这样就避免了各个加盟店为了自己的利益打价格战的恶性循环。

　　一把小小木梳折射出的商业智慧,让那些动不动自称准备闯入世界 500 强的企业刮目相看。谭传华还是把"右手"藏在裤兜里,用左手给《我善治木——谭木匠的 88 个经营秘诀》那本书签名,这只木匠的手,还要给那些合同签字,还要把自己的木头生意推到全球。

　　(本案例由作者根据网络资料整理)

### 1.2.3　战略管理发展历程

　　从战略管理课程演变过程来看,作为一门课程,它主要是为了适应企业界对于跨职能、综合性管理技能的需要提出的。例如,1911 年,哈佛大学商学院开设了名为"经营政策"的课程。到了 20 世纪 60 年代,美国的绝大多数商学院都开设了经营政策之类的课程。20 世纪 70 年代,美国大学商学院联合会(AACSB)的管理教育资格认可标准正式提出要求,官方认可的学术机构在管理类教学中,不论学生所学的具体专业是什么,在其所学课程中都必须包括一门经营政策与战略这样的综合性课程[①],以便提供一条能够将散落在各门管理课程中的珠子串起来的主线。

　　从战略管理实践与研究发展历程来看,战略管理理论的发展在很大程度上是受企业经营实际需要推动的结果。20 世纪五六十年代,随着企业规模的日益增大和结构的日益复杂,管理协调和保持控制的问题日益突出,公司计划的概念应运而生。这个时期对长期计划的强调,反映了企业在稳定扩张的时期对协调长期投资、使之保持前后一致的重视。随着企业对效率和风险管理的追求,根据对经济发展和市场前景的预测制订长期计划成为企业高层管理人员的核心任务。长期计划的一种典型形式是企业五年发展计划,通过五年发展计划,明确企业发展方向和发展目标,预测市场需求和企业关键绩效指标及其变动趋势(如市场占有率、销售收

---

① John E. Dittrich,The General Manager and Strategy Foundation,John Willey & Sons,Inc.,1988:2. 转引自项保华. 战略管理——艺术与实务[M].3 版. 北京:华夏出版社,2001:4.

入、成本和利润),为企业不同业务领域和不同产品安排先后发展顺序,并合理分配资源①。1963年,美国战略协会的调查发现,美国最大的公司绝大多数都设有计划部门。

随着企业规模扩大,多元化经营的风气日益兴盛,与此相联系,长期计划也日益普及,而且,企业也适应多元化经营不断扩张的要求,开始将重点放到扩张管理上来。伊格·安索夫就这样用多元化决策来描述战略:"战略主要是有关公司外部环境而非内部环境的决策,尤其是对公司将要生产并在市场进行销售的各种产品组合进行选择的决策。"②

然而,到20世纪70年代中后期,情况发生了变化,企业多元化经营根本就没有能带来预期的协同效应,1974年和1979年的石油冲击又使美国进入了一个宏观经济不稳定的时期,日本、欧洲和东南亚企业的实力大大增强,美国企业在国际上面临的竞争更为激烈。日益激烈的竞争环境迫使美国企业放弃长期计划,转而实行更有弹性的战略管理,不再突出多元化经营和规模扩张,而更加注重竞争力。从长期计划向战略管理转变,与企业侧重点的变化密不可分。在新的环境中,企业更倾向于把竞争者作为商业环境的核心特征,更倾向于把竞争优势作为战略的基本目标。正如波士顿咨询公司的创始人布鲁斯·亨德森所说:"战略就是对有助于确立公司当前所处位置和所拥有资源为基础的不断反复的过程。最危险的竞争者就是那些与自己最相似的公司,只要你已在从事经营活动并且能支撑下去,那么,实际上你早就有了某种优势,不管这种优势是多么细微和弱小。你的目标就是扩大你的优势,当然,这得以竞争者的不断失利为代价。"③从20世纪70年代后期起,直到80年代末,人们都把重点放在企业的外部市场环境上,特别强调产业结构和行业竞争的分析。这一时期,波特把产业组织经济学引入战略管理,运用产业组织经济学的方法,对影响企业绩效的决定因素进行分析。

在20世纪80年代后期和90年代早期,随着战略在确立竞争优势中作用研究的深入,理论界和企业界将关注重点转到企业内部环境上来。企业资源、能力等方面的研究进展,使人们形成了新的看法,将企业资源、能力看成了企业制定战略的基础和获得竞争优势的基本源泉。到20世纪90年代末期,竞争动力学、动态竞争优势理论、企业知识、合作竞争以及新型组织形式等方面的研究取得了很大的进展。多学科交叉,企业不断地确认和开发新的竞争优势源泉。表1-1概括了战略管理的发展历程。

表1-1 战略管理发展历程

| 时期 | 20世纪50年代 | 20世纪60年代 | 20世纪70年代 | 20世纪70年代后期到80年代 | 20世纪80年代后期到90年代初 | 20世纪90年代中后期 |
|---|---|---|---|---|---|---|
| 研究主题 | 财务预算计划和控制 | 长期计划 | 公司战略 | 竞争优势 | 竞争优势 | 战略变革 |
| 内容 | 通过预算进行财务控制 | 业务增长计划 | 业务组合计划 | 行业、市场和细分市场及其定位选择 | 企业内部竞争优势源泉 | 战略优势和组织优势 |

---

① 罗伯特·格兰特.公司战略管理[M].北京:光明日报出版社,2001:15,16.
② 伊格·安索夫.公司战略.伦敦:企鹅出版社,1983.转引自罗伯特·格兰特.公司战略管理[M].北京:光明日报出版社,2001:18.
③ 布鲁斯·亨德森.战略的起源[J]. Harvard Business Review,1989(11-12):139-143.转引自罗伯特·格兰特.公司战略管理[M].北京:光明日报出版社,2001:18.

续表

| 时期 | 20世纪50年代 | 20世纪60年代 | 20世纪70年代 | 20世纪70年代后期到80年代 | 20世纪80年代后期到90年代初 | 20世纪90年代中后期 |
|---|---|---|---|---|---|---|
| 主要概念和技术 | 财务预算、投资计划、项目评估 | 预测投资计划模型 | 协同力、组合规划矩阵、经验曲线、市场份额回报 | 产业结构分析、竞争对手分析、PIMS分析 | 资源分析、核心竞争力分析、价值链分析 | 竞争优势动态源泉、标准控制、知识和学习 |
| 组织机构上的应用 | 以财务管理部门为关键 | 公司计划部门和五年计划的兴起 | 多元化、多部门结构、追求全球市场份额 | 更大的行业和市场可选度、行业重构、积极资产管理 | 公司重组和业务流程重组、重点调整和外部资源 | 虚拟组织、公司内部知识、结盟和网络化、追求大批量 |

（资料来源：罗伯特·格兰特.公司战略管理[M].北京:光明日报出版社,2001:19.）

## 1.3 战略管理者

### 1.3.1 管理者

在学习战略管理者之前，首先来回顾管理者的概念。管理者是在组织中工作的，组织是对完成特定使命的人们的系统性安排[①]，如学校、企业、政府机构、事业机构等。任何组织都具有三个共同特征：(1)每一个组织都有一个明确的目的，这个目的一般是以一个或一组目标来表示的，例如企业为了实现超常绩效，追求的目标有销售收入、利润、市场增长率等；(2)每一个组织都是由人组成的，例如企业中的操作工人、销售人员、技术人员等；(3)每一个组织都有一种系统性结构，用以规范组织人员的行为，例如企业中薪酬制度、绩效考核制度、现场管理制度等。组织中的成员并非全部是管理者，管理者是指挥别人活动的人，与之相应的操作者是直接从事某项具体工作或任务，不具有监督其他人工作的职责。

组织管理者按照管理层级可以划分为三个层次：高层管理者、中层管理者和基层管理者。依照管理层级的高低顺序，高层管理者处在组织最高领导职位，通常如董事长、总裁、总经理、副总裁、副总经理等，他们负责企业的总体绩效或其中某一独立经营的产品或服务部门的绩效；中层管理者通常是处于如职能部门经理、地区经理、车间主任等行政职位，他们对某一具体职能领域负责；基层管理者通常是职能部门里的主管或车间里的工段长或班组长。在一家小型企业里，高层管理者同时也时中层管理者。而在一家大型企业里，如联想，则有若干层次的高层管理者和中层管理者。相对于整个集团公司而言，联想中国区总裁处于中层管理者的职位，而相对于联想中国区来说，联想中国区总裁则是高层管理者。

### 1.3.2 战略管理者与战略管理层次

对于绝大多数企业来说，承担战略管理职责通常是这两类管理者：一类是总体管理者，即

---

[①] 斯蒂芬·P·罗宾斯.管理学[M].北京：中国人民大学出版社,1997:4.

总体战略管理者和事业战略管理者,他们关注的是整个公司或事业部的总目标和行动策略,负责的是如何有效运用企业拥有或控制的有限资源取得竞争优势;另一类是职能管理者,即职能战略管理者,他们对某一职能部门的目标和行动负责,其中包括任务、活动或流程,例如企业中的财务、营销、研发、人力资源和制造等。

企业是一系列部门与职能的总和,它们共同协作将产品或服务提供给市场。如果一家企业提供多种不同的产品或服务,它通常会复制这些职能,创造出一系列独立经营的事业部(其中包括完整的职能组合)来管理这些不同的产品和服务。这些事业部的管理者对所在的具体产品或服务负责。

表1-2给出了多事业部企业的组织结构、战略管理者、战略管理层次及其关注重点,由此可以看到三种管理类型:公司总部、事业部和职能部门,构成了战略管理的三个层次,总体战略、事业战略、职能战略。职能战略通常分散在相关专业课程中学习,本书重点关注总体战略和事业战略。

表1-2 组织结构、战略管理者和战略管理层次

| 组织结构 | 战略管理者 | 战略管理层次 | 关注重点 |
| --- | --- | --- | --- |
| 公司总部 | 公司层:<br>首席执行官、其他高级主管、董事会成员 | 总体战略 | 进入哪些(个)产业?如何划分事业领域?资源如何分配?战略中心是什么?如何定位总部功能? |
| 事业部 A/B/… | 业务层:<br>事业部经理与成员 | 事业战略 | 做什么产品/服务?怎样展开竞争与合作?如何取得竞争优势? |
| 职能部门 A/B/… | 职能层:<br>职能经理 | 职能战略 | 各个职能如研发、人力资源、制造、营销、财务等如何展开? |

**1. 总体战略管理者**

总体战略管理者包括董事长(案例1-3)、首席执行官(CEO)、其他高级经理、董事会和公司层职员,这些人占据了组织内部决策的最高点。CEO是总体管理者的核心。在其他高级主管的协助下,总体战略管理者的任务是负责组织的整体战略。这一角色包括定义组织的使命和目标,决定开展哪些业务,在不同的业务间分配资源,制定和实施跨业务的战略,领导整个组织。

 案例1-3

---

### 茅忠群专访:在传承中创新,方太的企业文化修炼之道

(1)二十二年完成了两件事

清瘦儒雅,一副无框眼镜后面是一张比实际年龄更显年轻的脸。见过茅忠群的人都有这样一种感受,神采奕奕而深邃沉稳,像一颗"定心丸",给人以信心。作为文化管理之道的践行和推动者,茅忠群自2008年开始向方太导入中华优秀传统文化,经过十年探索与践行,初步形成了"中学明道、西学优术、中西合璧、以道御术"的方太文化体系,不但驱动方太健康高速发展,还以优秀成绩打造了中国企业管理的新标杆。

20世纪90年代,刚从上海交通大学毕业的茅忠群和其父亲茅理翔一起跳出原有的电子点火枪业务,另起炉灶创办了方太。面对父亲让其接班的诉求——"如何让点火枪业务走出价格战泥潭,重整旗鼓",二十出头的茅忠群毅然决定进入一个全新的领域,创办一个全新的品牌。经过半年的市场调研,茅忠群发现当时的家电行业高端市场清一色都是"洋品牌"。当时,这位看上去温文尔雅的年轻人,表现出来的是超乎表象的巨大能量、超越常人的战略洞察力和近乎"固执"的信念:方太要么不做,要做就做家电行业第一个中国人自己的高端品牌。

去年,方太宣布其2017年厨电销售收入(不含税)突破100亿元,成为国内首家突破百亿的专业厨电企业。这不仅仅是方太自身发展的关键节点,更是整个厨电行业的里程碑事件。在创业至今的二十二年里,茅忠群总结方太获得的两点成绩:一是打造了家电行业第一个中国人自己的高端品牌,实现了创业初心;二是在过去的十年探索实践中,以高度的文化自信导入中华优秀传统文化,初步形成了具有中国特色的方太文化体系,成为把中华优秀传统文化跟西方现代管理相结合的典范企业。

(2) 一个"文化企业"的进阶之路

1996年至2002年,方太一直以党建为特色,三品合一,诚信经营,以人为本,勇于创新的企业文化为消费者打造高品质的产品。2002年,茅忠群再次亲自梳理方太文化,确立了方太的使命和核心价值观,并在2006年提出了"让家的感觉更好"的使命和"成为一家受人尊敬的世界一流企业"的愿景;同时提出著名的"人品、企品、产品"三品合一的企业核心价值观。

2008年,方太集团正式导入中华优秀传统文化,将文化战略贯彻到了企业发展的各个层面,用十年时间让全集团员工吸收中华优秀传统文化,把仁爱之心贯穿于研发、制造、销售及售后服务的每一个环节,初步形成系统的、独特的方太文化体系。

在2018年的年度发布会上,茅忠群提出了方太新的使命——为了亿万家庭的幸福。这个新的使命一方面针对用户,即在十年内助力一千万家庭提升幸福感;另一方面针对企业家,即在十年内助力十万企业家迈向伟大企业。如今,他将自己十年在企业导入优秀传统文化的实践经验形成系统的理论,通过方太文化体验营传递、分享给其他企业。

(3) 用教育熏化的方式让企业文化走进员工心里

茅忠群总结,在企业推进传统文化的过程中,一定要把握好节奏。"修己以安人、修己以安员工",企业家首先要先修炼自己,先学习传统文化,提高自身修养,才能将传统文化逐步推广到整个企业,以更优质的产品和服务让顾客安心。学习传统文化不能只是"学",还要"习",只有在实践中总结学习,以自己的不断精进影响周围的人,家人、员工和企业才会变得更好。"方太2008年刚开始导入传统文化的时候,我自己也是学得很粗浅,就是去上了几个国学班而已。靠着边学习边导入,取得了真正的进步。"茅忠群回顾道。

考虑到传统文化与西式管理的差异,茅忠群并没有以激进的手段推动传统文化落地。起初,他甚至绕过企业高管,直接面向普通员工宣贯传统文化。"因为高管多接受西式教育,学历越高,往往越难接受传统文化。"茅忠群和体验营内的企业家们分享经验:推动文化落地,针对不同的群体要采取不同的方式。比如,方太的一线员工学习《弟子规》,中高层干部学习《论语》《大学》《中庸》和阳明心学。

"这是一个慢慢熏化的过程。古人用熏香熏衣服,衣服上渐渐就会自然带上熏香的味道,推行中华优秀传统文化也是一样。"在推行的过程中,茅忠群采用的方式比较柔和,以润物细无声的方式潜移默化地将传统文化传递到企业中。

(4) 与更多企业家分享传统文化

方太文化的系统讲解、方太集团总部实地参观、茅忠群亲身讲解方太文化体系推进的十年经验,吸引上百名来自全国各地的企业家聚集在方太总部,参加这个名为"方太文化体验营"的课程。将十年实践总结的方太文化体系装进这个为期三天的文化体验营中,它与方太业务无关,仅是与各位企业家分享方太儒道。

未来十年,助力十万企业家成就伟大企业,是方太新使命的一部分。对于茅忠群来说,这是他推行方太文化体系的发心之一。习近平主席在党的十九大报告中指出,没有文化的繁荣兴盛,就没有中华民族伟大复兴。茅忠群希望在推动文化繁荣兴盛中做出一点自己的贡献。"每一个企业家都能影响更多人,所以我们希望从企业家入手,对增强文化自信做出方太的贡献。"

每个企业所处的行业、发展阶段和规模各不相同,对于企业文化的需求也不同。方太文化体验营只以方太自身为案例,分享方太过去十年导入优秀传统文化的经验,让前来学习的企业能够从中吸收符合各自需要的部分。"通过三天两夜的课程安排,希望企业家对传统文化有一种全新的体验和理解,升起对传统文化的向往和信心,这是一个起步。"茅忠群说。

(本案例由作者根据网络资料整理)

**2. 事业战略管理者**

事业单位是一个独立经营的事业部(具备各种职能,比如研发、生产、营销、财务和人力资源部门),为某一特定的业务领域提供产品和服务。事业单位的首席执行官或总经理,即事业部经理,是事业战略管理的负责人(案例1-4)。这些经理的战略角色是将公司层的指示和意图转换成具体的事业战略。公司层的总体管理者关注跨事业领域战略,事业部总体管理者关心具体事业领域的战略。例如,华为公司的目标是成为世界一流的ICT基础设施和智能终端提供商,各个事业领域的总体管理者则据此制定所在部门的具体战略。

案例 1-4

## 华为公司消费者业务CEO——余承东

很多人都知道,华为公司常务董事、消费者业务CEO余承东以敢说敢做的"咸名"闻名于科技界,在余承东的带领下,华为用了6年左右的时间将手机业务做到了全球前三、全国第一,笔记本式计算机、穿戴设备等其他业务也后来居上,取得了不错的成绩。

1969年,余承东出生在安徽六安霍邱县一个普通的农村家庭,农村的孩子早当家,努力学习,考上大学,是农村孩子摆脱贫穷、过上幸福生活的唯一出路。虽然上小学的余承东成绩不错,但那时的他已经显露出了不服输的性格。有一个高壮的小痞子经常到他所在的学校欺负同学,大家都迫于拳头的威力,没有人敢招惹和反对他。有一次,这个小痞子欺负到余承东头上来,余承东虽然身材瘦小,但是被惹毛了,拿起一块砖头把小痞子的头给砸了。对方被砸得头破血流,抱着头跑了,以后再也没出现。余承东后来表示:"我个子不高,却是玩命的那种,打得满脸是血也要继续打。"这个顽强且不肯低头的农村少年从小就有这种不服输、不肯认输的精神,这种性格特质后来始终伴随着他,也指引着他带领华为终端业务披荆斩棘、无所畏惧。

时间进入20世纪80年代,余承东要上中学了,此时的安徽霍邱县农村,还比较贫困,教育水平十分低下。余承东就读的这所乡间农村学校最高只有初二这个年级,因为从来没有人读到过初三,很多人上不了两年就不上了,那时候的农村人,重视教育的不多。但余承东学习不错,也喜欢上学,盼望通过学习改变命运。费尽周折,余承东终于有机会到县城读了初三。上高中成为摆在余承东面前的又一难题,因为他是农村户口,重点高中他读不了。几经辗转,余承东只能在一所普通高中就读,他读的这所高中"普通"到从来没出过大学生,就连大专生都没有出过。余承东骨子里不服输的性格又来了,凭什么我就读不了大学,凭什么农村人就不能去大城市读大学。于是,余承东奋发努力,刻苦学习,希冀走上大学之路。终于,1987年,也就是华为公司创始人任正非在深圳湾畔两间简易房创立华为的那年,余承东以全县理工科第一名的成绩考取了西北工业大学。余承东一夜之间全县闻名,命运就此开始改变。

1991年,余承东从西北工业大学自动控制系精密仪器专业毕业,毕业后,余承东留校在飞机系当了两年老师。随后,余承东以优异的成绩考取了清华大学的研究生。

1993年,余承东利用清华大学的假期到深圳做项目,一次偶然的机会,经过在华为工作的校友的引荐,余承东接触到了华为这家只有200多人的小公司,被华为的文化所吸引,就此与华为结缘,正式加入华为,当时华为的研发人员才20多人。余承东在华为从研发人员起步,他最早做交换机,后来由他牵头创建了华为无线通信部门,历经艰难困苦,无线通信部门成为行业世界第一。再后来,任正非不拘一格用人才,欣赏余承东,将余承东派往欧洲做了欧洲区总裁。余承东没有辜负任正非的期望,用3年时间把欧洲的市场份额从不到3%做到市场份额第一,接近10%。2010年,任正非将余承东调回国内,2011年开始担任华为集团的CMO、战略与Marketing总裁。华为终端业务起步非常艰难,因为此前一直是以运营商定制机的身份示人。

2012年,余承东向任正非主动请缨,开始接手华为终端业务。在余承东的带领下,华为终端业务终于做到了全球前三、全国第一,终端业务收入占到公司全部业务收入的30%以上。2018年3月,凭借卓越的贡献,余承东成为华为公司常务董事、消费者BG CEO。

回顾余承东的成功史,奋斗二字时刻伴随他左右,不服输敢于拼搏的性格支撑着他取得一个又一个看似不能实现的目标。

(本案例由作者根据网络资料整理)

### 3. 职能战略管理者

职能战略管理者,即职能经理,负责组织公司或事业部的具体业务的职能或运营(如人力资源、产品开发、客户服务等等)。职能经理的职责范围通常局限于某一具体的组织活动,而总体管理者则要检查事业部的总体运营。尽管无须为公司的整体绩效负责,但职能层的管理者也有自己的重要战略角色:制定涉及本领域内的职能战略,协助达成事业部和公司总体管理者的战略目标。

在企业发展的不同阶段,其战略管理的重点是不一样的①。创业阶段,事业战略是关注重点,企业会设法在产品线、目标市场、纵向整合等方面追求利基(niche),以求初期存活。创业初期成功,站稳脚跟后,就会逐步在现有事业领域中通过横向整合追求成长。当发现现有产业中成长空间逐渐饱和,并且企业有资源或能力可以跨入其他产业时,就会考虑多元化发展,这时总体战略就成了企业关注重点。

## 本章小结

(1) 成功企业的五个共同点:①清晰、简单、一致和持续性的目标;②深刻理解竞争环境,特别是对顾客偏好的准确理解与把握;③客观评价自身资源与能力,不盲目多元化;④行之有效的行动策略与贯彻落实;⑤网络关系的准确定位与把握。

(2) 战略定位的三个作用:①可以帮助企业在千头万绪的经营管理事务中,选择当前应关注的重点;②可以为组织创造开拓良好的生存空间;③可以指导企业内部各种职能管理的取向。

(3) 战略就是企业经营管理者清晰界定企业"做什么"和"如何做"两个问题。其中,"做什么"涉及目标选择,需要明确回答"我们现在做什么?"和"将来要做什么?""如何做"涉及实现目标的路径选择,需要确定企业的竞争战略及具体的行动策略,以及与相关利益者的关系定位及应对策略。

(4) 战略管理的技术性定义:战略管理就是企业管理者为取得经营(竞争)优势,对企业目标和实现路径所进行的计划、组织、领导、控制的过程。

(5) 以实践为导向,则可将战略管理描述为:企业管理者为取得经营(竞争)优势,对"做什么"和"如何做"所进行的"质疑""探思""求解"的过程。

(6) 战略管理基本内涵:①主体是企业管理者,不同层级管理者承担着不同的战略管理职责;②目标是取得竞争优势;③战略管理的客体是"做什么"和"如何做",其中,"做什么"涉及目标选择,"如何做"涉及实现目标的路径选择;④战略管理的内容是对战略中心命题所进行的质疑、探思、求解;⑤战略管理的过程性。

(7) 从战略管理课程演变过程来看,作为一门课程,战略管理主要是为了适应企业界对于跨职能、综合性管理技能的需要提出的。从战略管理实践与研究发展历程来看,战略管理理论的发展在很大程度上是受企业经营实际需要推动的结果。

(8) 战略管理者可以按照组织结构划分为总体战略管理者、事业战略管理者和职能战略管理者。相应的战略管理层次分别为总体战略、事业战略和职能战略。

## 思考题

(1) 战略是什么?调查一家企业,试描述该企业各层次战略及战略管理者。

(2) 战略管理的含义是什么?根据战略管理的定义分析战略管理应如何展开,试举例说明。

(3) 战略管理思想发展历程主要包括哪些阶段?发展的内在逻辑是什么?各阶段的主要特征有哪些?

---

① 司徒达贤.战略管理新论——观念架构与分析方法[M].上海:复旦大学出版社,2003:25,26.

# 第 2 章　战略管理思考方法

> 找到一条途径，以法律和道德都认可的方式来确认员工的利益。这需要智慧，还需要足够的耐心。
>
> 利用传统制度中的资源，营造一条新兴之路。在新旧制度犬牙交错的环境中，找到一个反抗旧制度但又不立即与其分裂的方法。充分利用两者的长处——旧制度的稳定和新制度的机会，而又避免两者的短处——旧制度的僵死和新制度的风险。
>
> ——摘自《联想风云》

战略管理作为工商管理专业的高端课程，区别于其他专业课程的一个显著特点是其涉及内容的全局性、复杂性和长期性，因此战略管理比其他管理领域更需要强调战略思考方法，然后凭借这些思考方法，从浩瀚的资料与复杂多变的环境中，整理出头绪，把握住重点，并对企业努力方向与资源分配发挥明确的指导作用。为此，本书提出了以企业生命周期为逻辑思维主线的实践导向战略管理思维架构。在学习实践导向思维之前，首先学习理论导向战略思维和企业生命周期理论。

## 2.1　理论导向型战略管理思维

理论导向型战略管理体系结构，清晰易懂而且合乎理论逻辑，便于学者们的理论研究，也有利于学生们的理论学习，因此是目前本科阶段战略管理教学的主流课程体系。学者们通常将战略管理过程划分为战略形成、战略实施、战略评价/反馈三个阶段（图 2-1）[①]；战略形成阶段包含明确使命目标、进行 SWOT 分析、制定事业/总体战略；战略实施阶段包含建立战略实施所需的组织架构并配置相应的资源、指挥/激励下属努力工作；在战略评价/反馈阶段将战略实施绩效与组织目标进行比较，找出绩效与目标之间存在的差距，制定相应的改进及预防措施。这三个阶段之间存在着相互制约、相互影响、相互作用的反馈联系，正确处理好这些阶段之间的关系，对于提高企业战略管理过程的运行效率至关重要。本节简要介绍理论导向战略管理思维方法的内容框架，其中涉及的理论知识在后续相关章节中再做详细阐述。

图 2-1　企业战略管理过程三个阶段

---

① 项保华.企业战略管理：概念、技能与案例[M].北京：科学出版社，1994：4.

## 2.1.1 战略形成阶段

战略形成阶段包含明确使命目标、进行SWOT分析、制定事业/总体战略。案例2-1描述了IBM公司的战略规划过程。

案例2-1

### IBM公司的战略规划过程

IBM(国际商用机器公司)是全球最大的信息技术和业务解决方案公司,其全球雇员超过30万人,业务遍及160多个国家和地区。

(1) IBM公司战略规划管理体系架构

IBM公司战略管理与执行,主要由企业战略团队和战略执行委员会两部分构成,分层承担相关的战略管理职责。战略团队的职责是确定战略方向,有针对性地进行长期规划及战略协同。战略执行委员会在战略市场部高级副总裁的领导下,由来自不同的运营单元和功能模块(如财务、人力资源、研究、业务转型及市场)战略执行主管共同组成。战略执行委员会的核心功能是为各部门执行主管提供平台,促进相互了解,以达成各部门之间战略信息的有效沟通。在IBM公司,各事业部的总裁是战略规划的主要驱动人,他们最重要的责任之一就是带领团队成员就战略议题展开讨论和探索。总裁需要发起新的战略项目,通过项目获取关于市场的新的洞察,设置新的方向,发觉当前所面临的绩效/机会差距。业务单元经理是具体战略规划过程的执行者,各部门的战略主管会给予他们支持和指导。

(2) IBM公司战略规划编制

IBM公司的规划编制分为春季规划和秋季规划两部分。春季规划一般编制3~5年的中长期规划,秋季规划编制下一年度的年度计划。1~6月开展春季战略规划,主要内容包括:事业部制定3~5年财务增长目标以支撑公司股权收益目标要求,事业部刷新支撑长期财务目标的战略规划(包括市场战略、产品战略等);市场开发部与事业部共同制订战略规划,形成长期财务目标(其中第一年为年度预算目标)以及战略规划白皮书。7~12月开展秋季规划,主要是年度计划及预算编制。主要内容包括:向事业部和市场开发部下达年度财务目标,事业部和市场开发部分解目标至区域,区域事业部和市场开发部制订支撑预算目标的年度经营计划,最终形成年度业务计划白皮书。

(3) IBM公司战略规划的监控管理

IBM公司通过月度、季度的财务目标、投资计划、资源计划和销售业绩的回顾和评估,实现对战略目标的监控与管理。

(资料来源:张震,朱兴珊,张品先,等.国内外大公司战略规划管理的经验与启示[J].国际石油经济,2017,25(05):10-16.)

**1. 明确企业使命与和主要目标**

企业使命指的是企业为什么要运营的宣言或描述,即存在的目的或理由,这种目的或理由的阐述应该能够满足将组织自身的业务与其他类似企业的业务区别开来的需要。企业使命的定义要求战略管理者慎重考虑组织当前活动的性质与范围,评估组织当前市场与活动的长期潜力,从而为组织的未来发展描绘出广阔的前景。例如:

联想的使命是为客户利益而努力创新:创造世界最优秀、最具创新性的产品;像对待技术创新一样致力于成本创新;让更多的人获得更新、更好的技术;创造最低的总体拥有成本(TCO)、更高的工作效率。

华为的追求是在电子信息领域实现顾客的梦想,并依靠点点滴滴、锲而不舍的艰苦追求,使我们成为世界级领先企业。为了使华为成为世界一流的设备供应商,我们将永不进入信息服务业。通过无依赖的市场压力传递,使内部机制永远处于激活状态。

企业目标指的是企业在完成基本使命过程中所追求的最终结果,它借助由战略管理者根据企业使命要求选定的目标参数,大致说明需要在什么时间,以什么的代价、依次由哪些人员来完成些什么工作并取得怎样的结果。企业目标为企业的运行指明方向,为绩效评估提供标准,为资源配置提供依据,利用企业目标可进行有效的计划、组织、领导与控制活动。所以,企业目标应该清楚明确、合理可行,具有可量化、可测评、可操作的性质,能够体现时序连贯性、多目标之间协调性和排序性,并具有挑战性以激发员工的奋发向上精神。例如:

华为的(质量)目标是以优异的产品、可靠的质量、优越的终生效能费用比和有效的服务,满足顾客日益增长的需要。质量是我们的自尊心。(人力资本)强调人力资本不断增值的目标优先于财务资本增值的目标。(核心技术)的目标是发展拥有自主知识产权的世界领先的电子和信息技术支撑体系。(利润)目标将按照事业可持续成长的要求,设立每个时期的合理的利润率和利润目标,而不单纯追求利润的最大化。

### 2. 进行 SWOT 分析

(1) 识别潜在的外部机会与威胁

外部分析的起点是找出企业所在的产业,分析产业环境中竞争力量,找出机会与威胁。这里,产业指的是提供相互间密切替代的产品或服务的一组企业,也就是说,这些产品或服务满足相同的基本的顾客需求[①]。一个产业有许多特征可以决定竞争中的激烈程度和盈利水平,波特的行业结构分析模型把一个产业的盈利能力看作由竞争压力的五种源泉所决定,每一种竞争力的强度取决于若干结构性变量[②]。图2-2 给出了波特产业结构分析模型的框架,详细内容在第5章阐述。

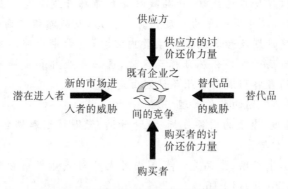

图 2-2 波特的产业结构分析模型

宏观环境也会影响产业的竞争结构,这些宏观环境因素可以概括为政治、社会、经济、技术、人口五个方面,详细内容在第5章阐述。

---

① 希尔 C W L,琼斯 G R.战略管理[M].孙忠,译.北京:中国市场出版社,2005:37.
② 迈克尔·波特.竞争战略:分析产业和竞争者的技巧[M].北京:华夏出版社,1997:2-32.

## 第1篇 战略管理导论

### (2) 弄清企业资源/能力的优势与弱点

企业拥有或控制的资源可以简单地分为三类,即有形资源、无形资源和人力资源[①]。有形资源最容易辨认和评估,并且可以在企业的财务报告中予以估价,即任何可持续资源的价值都是它能够产生的现金流的净现值。它是以下两个价值——所使用资源的价值和把这笔资源卖给其他公司时所能获得的价格——中较大的那个价值。对有形资源的战略评估在于回答下列两个关键问题:存在着哪些可以节约使用资金、存货和固定资产的机遇?更加有利可图地利用既有资产的可能性如何?

能力是体现在具体个人或群体身上的潜在、动态、无形的可以胜任某项工作或活动的主观能动条件[②],能力只有通过在使用或协调各种资源实现目标的过程中才能体现出其价值。考察企业能力,首先需要对企业的活动进行分类,职能分类和价值链分析是两种常用的方法,详细内容在第 5 章学习。

事实上,企业中许多组织能力是由更专业化的能力整合而成的。所以,组织能力倾向于等级排列。有些能力高度专业化,与一项专业化的任务相关;此外,更高水平的能力是由包括许多更专业化的能力整合而成的[③]。例如:

一所治疗心脏病的医院的组织能力依赖于一些相关能力的整合,这些相关能力包括病情诊断、心血管手术、术前与术后护理,此外还包括各种与管理和救护相关的能力。

丰田的生产能力通常指其支柱产品体系非常复杂的组织能力,这需要大量非常专业的能力的整合。专业能力涉及特定零部件和辅助品的生产、焊接和组装流程、质量控制程序、管理革新和晋升制度等,还包括从供应商到组装企业,以及组装企业内部的零部件和原材料的及时流通机制。

### (3) SWOT 综合分析

SWOT 分析思想是由安索夫于 1956 年提出的,后来经过许多人的发展而成为一种战略分析的实用思想和方法,SWOT 分析的主要目的在于对企业的内外环境做出综合评价,以识别企业自身的优势和劣势,以及企业外部环境的机会和威胁。这种方法是企业对某一业务已经有了初步的选择意向,在内外环境分析基础上做综合分析,考察拟进入的业务领域是否适合企业在其中经营,是否能够建立竞争优势。SWOT 分析内容如表 2-1 所示,在实际应用时企业需要根据自身拟选择进入的产业进行取舍或增加新的分析内容。

表 2-1 SWOT 分析内容(示例)

| 环境类别 | 潜在的外部威胁 | 潜在的外部机会 |
| --- | --- | --- |
| 外部环境 | 市场增长较慢<br>竞争压力增大<br>不利的政府政策<br>新的竞争者进入<br>替代产品的销售正在逐步上升<br>用户讨价还价能力增强<br>用户需要和偏好逐步转变<br>其他 | 市场增长迅速<br>可以增加互补产品<br>可以进行纵向一体化<br>能争取到新的用户<br>有进入新的市场的机会<br>在同行业中竞争业绩优良<br>出现新的行业或新的需求<br>其他 |

---

① 罗伯特·格兰特.公司战略管理[M].北京:光明日报出版社,2001:117-122.
② 项保华.战略管理——艺术与实务[M].3 版.北京:华夏出版社,2001:76.
③ 罗伯特·格兰特.公司战略管理[M].北京:光明日报出版社,2001:124-126.

续表

| 环境类别 | 潜在的内部劣势 | 潜在的内部优势 |
|---|---|---|
| 内部环境 | 竞争劣势<br>设备老化<br>战略方向不同<br>竞争地位恶化<br>产品线范围狭窄<br>技术开发滞后<br>管理不善<br>营销水平低<br>战略实施的记录不佳<br>资金拮据<br>产品成本高<br>其他 | 产权优势<br>竞争优势<br>成本优势<br>特殊能力<br>产品创新<br>规模经济性<br>良好的财务资源<br>高素质的管理人员<br>公认的行业领导者<br>买主的良好印象<br>适应强的经营战略<br>其他 |

**3. 制定事业战略/总体战略**

（1）事业战略/竞争战略

事业战略/竞争战略的核心问题是企业在行业中的相对位置，竞争位置决定企业的获利能力，即使在总体利润率较低的行业中，处于竞争优势的企业，仍能获得较好的投资回报。根据迈克尔·波特的《竞争战略》，谋求竞争优势是所有战略决策的目标，在与五种竞争性力量的角逐中，蕴涵着三类成功的竞争战略：成本领先战略、差异化战略、集中化战略，三种基本竞争战略之间的比较如图 2-3 所示。

|  |  | 竞争优势 | |
|---|---|---|---|
|  |  | 顾客视角的独特性 | 低成本及低价格 |
| 竞争范围 | 整体产业范围 | 差异化战略 | 成本领先战略 |
|  | 特定细分市场 | 集中差异化战略 | 集中成本领先战略 |

图 2-3 三种基本竞争战略的比较

（2）总体战略

考察一家企业的发展历程，通常都经历了从"点"到"线"再到"网"的演化过程。在这里，所谓"点"就是指企业的所有资源与能力都集中于单一业务，如单一产品、生产线、市场或技术领域等，通过市场开发、产品开发、或市场/产品开发谋求企业的增长发展，通常称为集约成长战略。所谓"线"就是指对点的连续拓展，通常称为整合战略，可进一步分为纵向整合与横向整合两类战略。其中的纵向亦称垂直，是指沿着企业业务所在产业链的方向，向企业买方所在业务领域拓展，称为"前向整合"；或者向企业供方所在业务领域拓展，称为"后向整合"；横向亦称水平，是指沿着与企业现有业务呈相互竞争或相互补充关系的活动领域拓展。所谓"网"是指在现有企业中增加新的产品或事业部，使企业能够向更为广泛的业务领域拓展，通常称为多元化战略；根据与现有业务的相关程度，多元化战略又可分为相关多元化和不相关多元化。

### 2.1.2 战略实施阶段

**1. 建立战略实施所需的组织架构**

为实施事业战略或总体战略，企业首先需要建立一个"纵横交错"的组织结构，其中纵向组织结构是管理的层级化设置,即确定由上到下的指挥链以及链上每一级的责权利关系;横向组织结构是组织的部门化设置,即确定每一个部门的基本职能,每一位主管的控制幅度,以及部门之间的任务接口。组织部门化方式包括职能部门化、产品部门化、顾客部门化、区域部门化、流程部门化等。图2-4是一个典型的组织结构示意图。

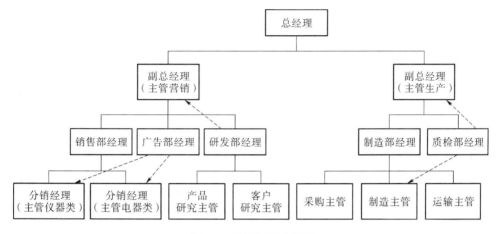

图2-4 组织结构示意图

在组织结构建立后,就需要根据战略实施需要配备各种有形资源、无形资源和人力资源,这些活动体现在具体的职能战略(如研发战略、制造战略、营销战略、人力资源战略和财务战略)中。

**2. 指挥/激励下属**

在战略实施需要的资源配置好后,就需要通过管理的领导职能进行组织运作,即通过管理者对各种资源的有效指挥、协调和激励,实现战略使命和目标。其中,指挥是指管理者帮助组织成员认清组织所处的内外环境,为下属指明活动的目标和达到目标的路径;协调是指管理者协调组织内外各种资源朝着使命和目标努力;激励是指管理者通过影响组织成员的需要激发组织成员为实现使命和目标而努力的过程。在战略实施中,管理者对下属的激励与沟通对于使命和目标实现至关重要,体现的是战略的执行力。要通过激励促成组织中人的行为与组织期望一致,管理者就要对某种激励措施可能引起行为的效价和期望值有清晰的了解。适时的沟通有助于管理者及时了解组织内外环境的变化,确保战略有效执行。

有效的领导,从组织角度来说,需要组织进行适度的分权与集权;从管理者角度来说,不仅要有合法的权力,更要具备非制度性权力(如感召性权力、专长性权力以及灵活的授权)。此外,还要塑造与企业使命、目标及竞争战略实施相适应的企业文化。

### 2.1.3 战略评价/反馈

**1. 实施绩效与组织目标进行比较**

战略评价对应的是管理的控制职能,即将战略实施绩效与组织使命、目标进行比较,检验战略实施效果,找到存在的问题。战略评价的基础是使命和目标,通常控制、评价的重点是对战略绩效影响显著的关键环节、领域和项目等。例如,美国通用电气选择八个对企业经营成败起决定作用的关键绩效领域进行控制:获利能力(利润)、市场地位(市场占有率)、生产率(各种资源的利用效果)、产品领导地位(产品的技术先进水平和功能完善程度)、人员发展(人员培训)、员工态度(离职率、缺勤率)、公共责任(企业社会责任)、短期目标与长期生存目标的平衡。在建立战略评价的绩效标准时,应确定一个误差范围,一般情况下,只要企业战略实施的实际绩效在误差范围内,就可以认为战略实施过程运行正常,否则,就要分析没有达到计划水平的原因。

评价、控制的目的是保证战略实施,实现使命和目标。为此,有效的控制应具有以下特征:适时控制,可以借鉴质量控制图作为一个简单的预警系统;适度控制,防止控制过多或控制不足,处理好全面控制与重点控制的关系,使花费一定费用的控制得到足够的控制收益;客观控制,控制过程中采用的检查、测量的技术手段必须能正确地反映企业经营在时空上的变化程度与分布状况,使之符合现实的要求。

**2. 找出问题并制定相应的纠正和预防措施**

针对战略评价/反馈中存在的问题,制定相应的纠正和预防措施,并落实在以后的战略形成、战略实施过程中。这实际上涉及的是战略变革问题,日常控制问题的纠正和预防可以归为渐进式变革,而重大控制问题(如某种危机)的纠正和预防可以归为激进式变革。

在企业生命周期的预期时间内,战略形成—战略实施—战略评价/反馈是一个逻辑上循环往复的过程,一个战略循环目标的实施结束就意味着下一个战略循环的开始,如图2-5所示。对多元化经营的大型企业集团公司而言,企业战略管理的过程可以发生在企业集团公司、事业部(或子公司或战略经营单元)、职能部门等层次,并且这些层次之间在战略形成、实施、评价等阶段之间存在着相互反馈联系:上一层次形成的战略为下一层次的战略管理提供指导,下一层次的战略形成为上一层次的战略实施提供保证;上一层次的战略实施会对下一层次提出制订相应战略方案的要求,下一层次战略实施后的评价结果影响和决定着上一层次战略目标的实现。

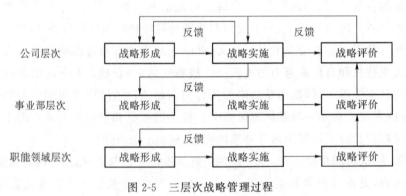

图 2-5 三层次战略管理过程

## 2.2 企业生命周期理论

首先考察腾讯公司的发展历程(案例2-2),然后学习企业生命周期理论。

案例 2-2

# 腾讯发展历程

腾讯公司于1998年年底成立于深圳,目前已经成长为中国互联网企业中具有举足轻重地位的企业,其创始人为马化腾。腾讯在开曼群岛注册并于2004年在香港上市。腾讯公司逐步成长为一个极具责任心的企业,该公司的愿景是成为"最受尊敬的互联网企业"。目前,腾讯将战略目标制定为为顾客提供"一站式在线生活服务",全方位一站式地服务于消费者,提供增值服务、广告服务等。

(1) 初创期

腾讯公司成立于1998年,是一家民营互联网企业。在成立之初,受到ICQ启发的腾讯,专注于建立开发面向企业的网络寻呼系统的软件;仅仅在成立几个月后,腾讯就拓展了该项服务,开通即时通信。在腾讯的初创期,由于当时中国的互联网还处于起步阶段,缺乏成功的互联网先行者案例,腾讯公司一直处于徘徊的发展阶段。利用对ICQ的模仿和创新,腾讯公司的QQ迅速吸引了数以万计的网络用户。QQ用户群的快速扩张并没有给腾讯公司带来销售收入,不仅如此,公司还需要承接其他小型的项目以获得资金,投入产品的市场推广与维护,在财务压力下企业几乎要将QQ的所有权出售。2000年5月,腾讯公司与联通联合推出"移动OICQ"服务。同年8月,腾讯与移动通信公司签订了"即时通——移动OICQ"业务试运行协议,其后,随着移动梦网的发展,腾讯的移动OICQ业务蒸蒸日上。到了2001年,随着北京、四川、浙江等省市的移动公司相继推出了"移动OICQ"服务,此服务占到了整个移动梦网短信业务的一半以上,甚至到70%的比例,获利能力实在惊人。

(2) 成长期

从1998年创建公司到2001年,腾讯通过探索初步找到了一个适合自身发展的模式。腾讯相继推出广告业务、移动QQ业务及付费QQ会员制。2001年年初,QQ这项业务取得里程碑式的飞跃,在线用户超过千万人,注册用户达到五千万人。2001年年底,腾讯实现了1 022万元人民币的纯利润。

作为成立于20世纪90年代末的互联网企业,腾讯目睹了门户网站、搜索引擎、网络游戏等业务的成长,这些业务巨大的发展前景吸引了无数的互联网企业竞相跟随。腾讯谋取新的发展遇到更多的挑战。2002年腾讯公司进一步发展壮大,并走在中国互联网规范发展的前端,签署了《中国互联网行业自律公约》,这一行动是腾讯公司做出的表率,腾讯公司为中国互联网行业发展的规范化和健康化做出了贡献。

为了进一步满足互联网用户的需求,腾讯于2003年8月推出"QQ游戏"。以休闲游戏为核心的互动娱乐业务在吸引大量网络用户并提供高质量的互联网娱乐体验的同时,也为腾讯增加了丰厚的收入。为了争夺互联网入口,腾讯先是开通了QQ电子邮件,紧接着于2004年10月推出了腾讯TT浏览器,试图掌握更多的互联网资源。2004年,腾讯在香港联交所主板上市。腾讯控股公布2004年业绩财报,腾讯实现营业额11.44亿元,上升55.99%;实现净利润4.46亿元,上升38.6%。

为了应对阿里巴巴、百度等平台企业的竞争，2005年9月，腾讯公司布局电子商务市场，开通了C2C网站拍拍网并推出了一款功能类似于支付宝的财付通。2005年年底，腾讯在成长期的业务布局基本完成，按照业务的需要，公司将新的业务体系划分成5个业务系统：互动娱乐业务、互联网业务、无线增值业务、网络媒体业务、互联网增值业务。

(3) 成熟期

2006年11月，腾讯推出超级旋风，提供下载加速服务；12月推出QQ医生，专门针对QQ提供更好的网络安全保护，标志着腾讯开始进入互联网安全领域；2007年推出QQ拼音输入法，继续争夺互联网的入口权。QQ空间、朋友网、腾讯微博的相继推出，使腾讯网络社区化的概念越来越清晰。腾讯移动互联网的战略思路是：第一步，先发制人、抢占市场，通过在较短时间内推出多种手机移动业务，抢占移动终端的互联网市场，而积累用户资源；第二步，平台间嫁接业务，随着移动终端的迅猛发展，市场的差异化越来越明显，腾讯的软件平台能够非常方便地在众多操作系统上运行，便于产品的迅速推向市场；第三步，开发自有手机操作平台，形成一个内容丰富、使用便捷、运行优秀的QQ生态圈，使一站式生活社区成为可能。

2011年1月21日，腾讯推出具有零资费、跨平台、移动即时通信、发照片等功能的微信产品。之后在这一年进行了几次重大投资，包括腾讯入股华谊兄弟传媒股份有限公司，购买金山软件股份等。在这样的投资下，腾讯的规模进一步扩张，资金运作更为熟练。

随着微信用户规模的进一步扩大，腾讯拥有了手机端的利器。2013年，微信支付向支付宝发起挑战，在一系列手机支付领域抢夺用户。随着在无线互联网方面的业务成功开展，腾讯公司的业务初步整合成功，形成面向三大端口的七大业务模块，构建成一个较为便捷、全面、开放的网络社区平台。

(资料来源：[1]吴昊.QQ教父马化腾传奇.北京：中国经济出版社,2011:10-15；[2]袁茵,钟锐钧.腾讯"微革命".中国企业家,2012(1):50-52；[3]张军杰.中国互联网企业发展模式探析——以腾讯为例.经济与管理,2011,25(002):43-46；[4]张初愚,张乐.美国在线与腾讯的战略管理比较.经济管理,2013(10):026；[5]李鹏炜.市场细分与国内门户微博战略——以新浪、腾讯、搜狐、网易网为例.新闻前哨,2012(6):14-16.)

由案例2-2可以看到腾讯发展不同阶段的特征。美国管理学家伊查克·艾迪思博士于1989年率先全面系统地阐述了企业生命周期理论。艾迪思认为，企业组织和生物一样，具有固定的生命周期，即出生、成长、老化、死亡。随着生命周期的不断演化，组织体系将会展现出可以预测的行为模式，在迈向新生命阶段时，组织体系都将面临某种阵痛。此时，组织若能通过程序的制定以及有效的决策来克服困难，促成转型的成功，则所面临的问题均属过渡性的正常现象；反之，如果组织只是一味地走老路，那么更多的异常问题将随之而来，而且一再重复，将妨碍组织的发展能力。在《企业生命周期》一书中，艾迪思分析了企业从诞生到衰退的各个阶段的特征、存在的问题和对策。

艾迪思认为企业的生命周期包括三个阶段十个时期(图2-6)：成长阶段，包括孕育期、婴儿期、学步期、青春期；成熟阶段，包括盛年期、稳定期；老化阶段，包括贵族期、官僚化早期、官僚期、死亡期。每个阶段的特点都非常鲜明。

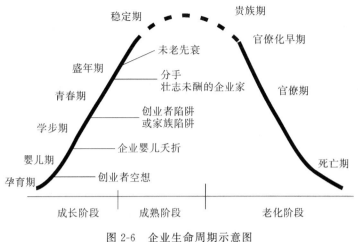

图 2-6 企业生命周期示意图

## 2.2.1 成长阶段

(1) 孕育期

这个阶段属于企业的梦想期,充满创意以及未来的可能性。创始人应该以满足市场需求、创造价值与意义作为自我追求的目标。此时存在的问题有:创业者对承担的义务未进行现实性检验,只有不切实际的幻想,利润导向,只考虑投资回报,所承担的义务与风险不相当,创业者的控制地位不稳固等。因此,创业者在面对质疑时,也应该针对产品与服务所具有的功能提出辩护,回答要做什么,怎么做,何时做,由谁来做。追求其所作出的承诺必须经过现实的检验,并且以强化客户服务及有效满足需求为出发点,才有实质的意义。

(2) 婴儿期

这个时期的企业处于刚成立阶段,就像襁褓中的婴儿一样,抵抗力很弱,随时都有生病的可能。此时,企业存活的关键在于摄取足够的营养(营运资本),以及父母的照顾(创办人的承诺)。此时的企业不论政策、制度、程序或预算都十分有限,创办人必须事必躬亲。虽然拥有主控权,却常常觉得自己的收获和付出不成正比,很容易失去对企业的热忱和专注。此时企业员工数量少,企业用人多数在创业者周围的圈子里寻找;企业的年营业额低,企业资产数量也不多。从企业发展后劲上看,婴儿期的企业情况很不乐观,除产品市场前景还算过得去外,其他方面的情况都可以用"不足"来表达。除创业时可能带有一两项专利技术外,企业不论是财务资本、人力资本、技术水平、治理结构和管理制度都十分有限,而品牌、商誉等无形资产则根本无从说起,可以说是一片空白。

在婴儿期,企业缺乏规章制度,创业者在经营管理上唱"独角戏",并且常常出差错,因而控制力也比较弱。但这还不是婴儿期企业存在的主要问题。因为此时企业在规模上不足以负荷团队合作的工作形态,企业创办人大权独揽反而是比较有效率的,加之企业的想法很简单,只要能生存下去,然后赚点钱,创业者就会推着企业往前走,而且步步小心谨慎,犹如父母一样细心呵护着婴儿。此时,企业一般不会也没有能力去做超出自己经营规模和范围的事。

所以矛盾的主要方面是创新力的不足的问题。只有在产品设计、市场开拓上有所建树,并以取得现金的能力作为成长基础,企业方能在激烈的市场竞争中站住脚跟,因为一旦企业失去资金的支持,婴儿期组织将难逃夭折的命运。

**（3）学步期**

艾迪思认为,在孕育期,只有一幅创业的构想;在婴儿期,构想变成了现实;到了学步期,创业的构想开始真正体现出价值,企业已经克服了现金入不敷出的困难局面,产品或服务开始被市场所接受,销售节节上升。企业不仅存活下来,而且充满了活力。但是,也正因为这种觉得自己无所不能的心理,使得某些企业做出一些不明智的决策或承诺,甚至进入一知半解的领域,导致力量过渡分散。

相对于创新力来说,学步期的企业控制力很弱。究其原因:一是学步期的企业容易被眼前的机会所驱使,缺乏战略眼光,特别是初步的成功往往冲昏企业创办人的头脑,觉得自己无所不能,这就容易导致某些初生之犊的企业做出一些不明智的决策与承诺,甚至连一知半解的领域也一头钻进去。二是缺乏一种系统化的制度。如果说婴儿期是根据危机进行管理,在学步期管理则成为危机。刚刚创建的企业,往往缺乏明确的行为方针、系统的规章制度和健全的预算体系,除家长式的创业主管外,没有等级观念,没有组织系统图,企业往往不稳定,容易受挫折。三是缺乏科学化的授权体系。在学步期企业规模逐渐扩张时,创业者大多也是想授权给下属的,授权的本意是由上到下地分配任务,并让下属对所承受的任务产生义务感,发挥下属的积极性。但结果常常事与愿违,产生离心力,学步期企业易成为"家族制"企业,而在一定程度上阻碍了企业的进一步发展壮大。

所以,这时企业必须学习区分事情的轻重缓急,制定规则与政策,判断什么事情该做,什么事情不该做,有所为,有所不为。那些未能建立管理、领导制度的学步期组织将会掉入"创办人陷阱",也就是所谓的"富不过三代"。

**（4）青春期**

这一时期是企业成长最快的阶段,技术水平和产品设计能力迅速提高,生产成本下降,规模效益开始出现,市场开拓能力也迅速加强,市场份额扩大,产品品牌和企业的名声已为世人所知晓。青春期的企业资金剩余情况很乐观,足以支撑企业的快速发展。随着高素质人才进入企业,企业的整体素质提升了很多,给公众的印象是该企业呈现一片欣欣向荣的局面。因此企业的创新能力是非常强的。

这个时期的企业像一个正在想方设法摆脱家庭而独立的小伙子。但是值得注意的是,比起婴儿期企业再生来说,青春期企业再生过程会更为痛苦,时间也会拖得更长。青春期最显著的行为特征是矛盾与缺乏连续性。比如,新人与旧人合不来,企业目标缺乏连续性,工资与激励机制缺乏连续性等。此时企业容易出现的问题有:开拓型人才离去,行政型人才掌权;创业者被排挤出企业;企业在赔钱,而员工却因表现突出而受到奖励;由于权力变来变去使企业日常工作瘫痪;相互之间的信任与尊重飞速丧失;董事会解雇了创业人员等。艾迪思认为,之所以出现这些问题,主要是因为职权授予,领导风格的变更,企业目标的替换。当然,有些企业在青春期以后会得以再生。

进入青春期后,企业组织也开始由人员导向向结构导向调整,企业的各种管理制度逐渐完善,控制力也得到加强。但企业的成功往往使创业人的声望、威信如日中天,不可怀疑。创业者和企业员工都充满自信,甚至有些骄傲。资金收入的增加使企业有了进一步扩张的实力。在这样的情况下,企业很容易失去控制,很容易陷入多元化扩张的陷阱。

除多元化决策外,青春期的企业还会遇到的另一个重要问题是企业管理人员的使用问题。这实际上是企业能否顺利进行管理创新的问题。很多创业者明明知道职业化经理人员的重要作用,却难以放手让他们去运营企业,造成新来的经理人员不能顺利地开展工作。

因此，企业应从以下几个方面进行努力：一是继续加大技术产品和市场的创新力度，特别要警惕那种满足于老产品、老经验、老管理，不求上进、小富即安的情况，这些情况很容易使企业失去活力；二是建立团队，以免组织过度受制于创办人。应该让员工了解，他们不需要事事都依赖公司的创办人。一旦大家建立起了合作的默契，认清组织的使命与宗旨，所有团队成员知道公司的发展方向，自然能够按部就班地达成目标；三是针对不同领域设立专门业务单位，将企业运作予以制度化，让组织既有团队合作的形态，又有明确的分工与制度框架，方可将创办人的企业精神贯彻到整个组织。

### 2.2.2 成熟阶段

（1）盛年期

当管理与领导的制度成功建立后，企业便进入盛年期。这是企业生命周期中最理想的时期，此时企业的自控力与灵活性达到了平衡，企业拥有完整的创意政策、规划与监控能力，营收与获利持续增长。盛年期的企业有如下特征：企业制度和组织结构能够充分发挥作用；视野的开拓与创造力的发挥已经制度化；注重成果，企业能够满足顾客需求；能够制定并贯彻落实计划；企业表现超群是预料中的事；无论是从销售能力还是盈利能力来看，企业都能承受增长带来的压力；企业分化出新的婴儿期企业，衍生出新的事业。此时应主要关注的问题是企业容易骄傲自大。盛年期的企业如果背离了创新精神，只是利用而不滋养这种发展势头，就会丧失增长率，最终导致企业活力丧失。

（2）稳定期

稳定期是企业生命周期中的第一个衰老阶段。此时企业依然强健，但是开始丧失灵活性。这是增长停止、衰退的转折点。从组织形式上讲，一种只要没有出大问题，就别去碰它的消极态度困扰着企业，整个企业开始丧失创造力、创新精神以及鼓励变革的氛围，但恰恰是这些因素造就了盛年期的企业。

稳定期企业有以下几大变化：在预算方面，用于发展的投入增加，用于研究的投入减少，市场调研方面的预算也削减了，管理方面的培训代替了管理上的整体发展。企业中权力的更迭。财务人员的地位超过了市场营销、工程和研发人员的地位。投资回报成为衡量业绩的最为重要的标准，而且这种衡量取代了对一些基本问题的思考。此时企业根本不去冒险，维持原有的发展眼光，不再具有什么激励措施。

稳定期的企业有以下一些行为特征：对成长的期望值不高；对占领新市场、获取新技术的期望值也越来越少；对变革产生疑虑；工作中肯听话的人受到表扬；对人际关系的兴趣超过了对冒险创新的兴趣。"如果创造力沉睡时间过长，就会影响企业满足顾客需要的能力。企业将在不知不觉中滑入下一个生命周期阶段——贵族期"。

### 2.2.3 老化阶段

（1）贵族期

在贵族期的企业具有以下特征：钱被花在控制系统、福利措施和一般设备上；强调做事方式，而不问所做的内容和原因；越来越注重形式，拘泥于传统；作为个人虽然关系企业活力，但就整体而言，处事的信条却是"别兴风作浪，少惹麻烦"，这成了企业中司空见惯的现象；企业内部越来越缺乏创新，企业把兼并其他企业作为获取新产品和新市场的手段，甚至试图通过这种兼并方式买到创新精神；企业资金充裕，但开始成为潜在的被兼并的对象。

从盛年期就开始出现的灵活性下降的现象,对企业会产生深远的影响,最终必然会导致企业获取成效能力的下降。由于企业在面对长期机会时反应不够积极,它对短期需求作出反应的能力也随之下降了。企业虽然仍有成果,但却没有积极向上的风气。此时企业实际上已经开始衰败了,一步步走向下一个生命周期阶段——官僚化早期。

(2)官僚化早期

在官僚化早期,最为明显的行为特征是:强调是谁造成了问题,而不去关注应该采取什么补救措施;企业只是强调制度,已经没有了明确的方向;各种冲突、内部斗争激烈;偏执狂束缚了企业,每个人不再承担应负责任;企业的注意力都集中到了内部的争权夺利上,顾客需求被忽视;等等。在这种情况下,如果是大型企业,企业面临的结局是接受政府补贴,或被政府收归国有,或成为完全官僚化的企业,如果事情不断循环恶化,企业破产是情理之中的事情。

(3)官僚期和死亡

在官僚化阶段,企业根本无法自力更生。能够证明企业存在不是企业运营良好,而是它还活着这一事实。"企业成了为活着而活着,只是靠人为的支持救护手段在苟延残喘"。官僚化阶段企业的行为特征是:制度繁多,行之无效;与世隔绝,只关心自己;没有把握变化的意识;要想与企业行之有效地打交道,顾客必须想好各种方法或者打通层层关节。在官僚期,在企业中的成功不是如何令顾客满意,而是看其政治手腕。厚厚的规程手册、大量的文书工作、规则、政策等窒息了革新和创造力。官僚化的企业也可能在长期昏睡中存活下去,出现这种情况的原因是他们能够在与世隔绝的环境中运行,但延长这类企业的生命代价十分高昂。此时,如果没有人为企业承担义务,企业就进入了死亡。

## 2.3 实践导向型战略管理思维

纵观中外企业发展历程,在成长阶段,企业通常只在一个业务领域展开经营活动,完成企业资源、经验、财富以及网络关系等的积累。当这些积累达到一定规模,在原有业务领域增长缓慢或成长空间有限的情况下,企业便会通过国际化、一体化、多元化等战略寻求新的业务增长点。不论是单一业务经营还是多业务经营,当战略执行结果与战略目标存在偏差时,战略变革就势在必行,以避免企业的"老化"甚至"死亡"。

以企业生命周期为逻辑主线,战略管理从"质疑"开始,首先要弄清在不同阶段,企业面临的战略问题;紧接着从理论视角"探思"解决战略问题的理论基础;然后在理论指导下"求解"解决实际问题的实践方法。针对企业发展不同阶段的战略问题展开"质疑—探思—求解",就形成了事业战略、总体战略、战略变革,如表2-2所示。

表2-2 以企业生命周期为主线的战略管理体系

| 企业生命周期 | 战略重点 | 战略问题 | 理论基础 | 实践方法 |
| --- | --- | --- | --- | --- |
| 成长阶段 | 事业战略 | 进入哪个产业?<br>做什么产品/服务?<br>怎样展开竞争与合作?<br>如何取得经营(竞争)优势? | 企业理论<br>产业组织经济学<br>资源基础观<br>顾客价值基础观<br>博弈论 | 三种基本竞争战略<br>盈利模式<br>关系定位战略 |

续 表

| 企业生命周期 | 战略重点 | 战略问题 | 理论基础 | 实践方法 |
| --- | --- | --- | --- | --- |
| 成熟阶段 | 总体战略 | 如何划分事业领域？<br>资源如何分配？<br>战略中心是什么？<br>如何定位总部功能？ | 交易成本经济学<br>委托代理理论<br>国际化理论<br>整合理论<br>多元化理论 | 国际市场进入策略<br>纵向整合策略<br>横向整合策略<br>多元化策略 |
| 老化阶段 | 战略变革 | 达到预期业绩水准了吗？<br>业务停滞/下滑的原因是什么？<br>如何使企业重新焕发生机？ | 委托代理理论<br>组织生态学<br>演化理论 | 关键业绩指标<br>平衡计分卡<br>卓越绩效评价<br>战略变革 |

## 2.3.1 成长阶段——事业战略

在成长阶段，企业从梦想成为现实，由于刚开始创业，企业的竞争能力还很弱；当企业能够在竞争中生存下来，就进入成长阶段。在此阶段，企业创始人需要解决的主要战略问题有：

(1) 进入哪个产业？
(2) 做什么产品或服务？
(3) 怎样展开竞争与合作？
(4) 如何取得经营（竞争）优势？

这些问题都是事业战略的思考重点[①]。围绕第一个问题，运用反诘法，需要思考：我们可以进入什么行业？我们能够进入哪个行业？回答这两个问题，前者主要基于对外部环境，特别是顾客价值的分析判断，从中找到创业机会；后者主要基于对自身资源能力的分析，从中找到自身的优势。回答第二个问题，有两种思路：一是由内向外，在选定的事业领域，依据自身的资源能力开发产品或服务；二是由外向内，在选定的事业领域，依据顾客需求开发相应的产品或服务。前者是以企业为中心的思考，后者是以顾客为中心的思考。事业战略的第三个问题包含三种情况：一是如何与对手展开竞争；二是什么时候应该和对手合作；三是在不用时间、不同地点、不同层面如何同时展开竞争和合作。第四个问题是事业战略的核心，即企业采取什么策略与对手展开竞争或合作，才能够取得超常业绩。

解决事业战略问题的理论基础和实践方法主要来自产业组织经济学、资源基础理论、博弈论等。例如，以产业组织经济学为理论基础，波特在《竞争战略》中提出了一个用以了解产业结构及其竞争者的分析框架，描述了决定产业吸引力的五种竞争作用力；提出了三种具有内部一致性的基本竞争战略，用以建立独特产业位置并获得竞争优势。在《竞争优势》中，波特基于传统产业组织经济学哈佛学派企业理论，提出了企业是一组价值活动集合体的观点，并引入价值链作为基本工具分析企业竞争优势来源，认为企业正是通过比其竞争对手更廉价或更出色地开展这些价值活动来赢得竞争优势的。而资源基础理论则用资源位置壁垒分析资源和业绩关系，资源位置壁垒被定义为"一个资源的拥有者能够影响其他资源使用者的成本和收益，从而

---

① 司徒达贤.战略管理新论——观念架构与分析方法[M].上海：复旦大学出版社，2003：131-137.

保护自己的竞争优势"①。形成资源壁垒的资源具有如隐性、独特、不可见、复杂、路径依赖等特征。格兰特总结了资源基础理论,建立了一个基于企业资源基础理论的战略管理实践框架②。

### 2.3.2 成熟阶段——总体战略

成熟阶段是企业生命周期中最理想的时期,资源、能力、信誉都有了一定程度的积累,收入与利润持续增长。在此阶段,当企业在现有行业细分市场的成长空间有限,或在现有细分市场遇到成长瓶颈时,便开始尝试进行业务的纵向整合、横向拓展、国际化或多元化经营,此时企业面临的主要战略问题有:

(1) 如何划分事业领域?
(2) 资源如何在不同事业领域分配?
(3) 企业战略中心是什么?
(4) 如何定位总部功能?

所有这些都是总体战略的思考重点③。解决第一个问题有多种思路:是按照业务划分事业部? 还是根据地区来划分? 各项业务要细分到什么程度? 每个战略事业单位(SBU)的独立程度? 在公司可以控制的资源总量一定的情况下,第二和第三个问题的回答密切相关,首先需要确定现在及将来各个SBU的比重与发展方向,然后根据主次轻重缓急进行资源分配。第四个问题涉及总部与SBU的责权利划分:总部给事业部下放那些权责? 那些权责要由总部统一掌控?

解决上述战略问题的理论基础和实践方法主要来自组织经济学中的交易成本经济学和代理理论等。交易成本经济学认为交易的三个主要维度:资产专用性、不确定性/复杂性、交易频率,决定了企业在纵向一体化、长期合同的准纵向一体化、现货合同之间做出选择。如果资产专用性低并且不确定性也低,那么现货合同比较有效。如果资产专用性高并且不确定性/复杂性高,那么纵向一体化是比较好的选择。而实施相关多元化的一个重要理由是范围经济的存在。当两种产品联合起来生产比两者单独生产成本低时,范围经济就会存在。导致范围经济的普通生产要素有以下几种:专用的不可分的物质资产、技术诀窍、组织诀窍、品牌等。然而,正如Williamson所言,拥有多个不相关业务单位的集团企业可能也会具有优势,如在分配现金流以达到高效利用方面比外部市场更有效④。Hill和Hoskisson认为不同类型的交易费用效率与不同的战略选择相关。例如,纵向整合可以实现垂直联合效益,相关多元化与协同效益相关,不相关多元化主要获得财务效益⑤。代理理论则认为代理人为了分散自身的雇佣风险,有多样化经营的动机,特别是不相关多样化⑥。此外,由于企业利润和经理人报酬是高度相

---

① Wernerfelt,Birger. 1984. A Resource-based View of the Firm[J]. Strategic Management Journal,5(2):171-180.
② Grant,Robert M. The Resource-Based Theory of Competitive Advantage:Implications for Strategy Formulation[J]. California Management Review,1991(3):114-135.
③ 司徒达贤.战略管理新论——观念架构与分析方法[M].上海:复旦大学出版社,2003:97-119;Porter. From competitive advantage to corporate strategy[J]. Harvard Business Review,1987(3):43-59.
④ 塞特斯·杜玛,海因斯·赖德.组织经济学:经济学分析方法在组织管理上的应用[M].北京:华夏出版社,2006:131-137.
⑤ Hill,Charles W L,Hoskisson,Robert E. Strategy and Structure in the Multiproduct Firm[J]. Academy of Management Review,1987,12(2):331-340.
⑥ Hoskisson,Robert E,Turk,Thomas A. Corporate Restructuring:Governance and Control Limits of the Internal Capital Market[J]. Academy of Management Review,1990,15(3):459-477.

关,经理人倾向于通过多元化增加企业规模获得高水平的个人报酬[1]。

### 2.3.3 老化阶段——战略变革

当企业规模不断扩大时,企业开始进入老化阶段。此时,管理者们往往沉迷于过去的成功,将更多精力花费在内部权利争夺上,注重形式、传统、制度,而越来越缺乏创新。在此阶段,为成功实施事业战略、总体战略,预防企业"老化",企业需要适时进行战略变革,此阶段的主要战略问题有:

(1) SBU 或总体战略达到预期业绩水准了吗?

(2) 业务停滞/下滑的原因是什么?

(3) 如何使企业重新焕发生机?

回答这些问题涉及事业/总体战略执行、企业绩效管理、员工薪酬管理、企业治理结构等。项保华从战略实践思维角度出发,对战略变革所提出的管理难题做了十个方面的归纳,并提出了解决问题的建议[2]。

解决这些问题的理论基础和实践方法主要来自委托代理理论、组织生态学和演化理论等。委托代理理论认为所有者与经营者的冲突会影响企业创新。因为研发投资的风险较高,经理人不愿承担风险开展创新活动,结果导致企业失去竞争力、绩效降低。在组织生态学中,组织被假定为具有相对惯性,也就是说,它们很难尽快地对环境的变化做出反应。这种惯性之所以存在是因为人们对组织有可靠性、责任感以及可复制性等要求。选择的结果将会支持那些结构具有较高惯性的组织。尼尔森和温特的经济变化的演化理论集中关注组织惯例。惯例是指有规律的、可以预测的企业行为模式,惯例可以解释组织为什么会抵制变化。他们对组织惯性的强调已经被扩展到了对企业特定的动态能力的强调,这些能力决定了一个企业可以做好什么事情,并随着时间推移不断地被企业的战略和结构所调整,但是企业的核心能力也有"自己的演化方式"[3]。

## 本章小结

(1) 理论导向战略管理过程划分为战略形成、战略实施、战略评价/反馈三个阶段:战略形成阶段包含明确使命目标、进行 SWOT 分析、制定事业/总体战略;战略实施阶段包含建立战略实施所需的组织架构并配置相应的资源、指挥/激励下属努力工作;在战略评价/反馈阶段将战略实施绩效与组织目标进行比较,找出绩效与目标之间存在的差距,制定相应的改进及预防措施。

(2) 企业使命指的是企业为什么要运营的宣言或描述,即存在的目的或理由,这种目的或理由的阐述应该能够满足将组织自身的业务与其他类似企业的业务区别开来的需要。企业目标指的是企业在完成基本使命过程中所追求的最终结果,它借助由战略管理者根据企业使命要求选定的目标参数,大致说明需要在什么时间,以什么代价,依次由哪些人员来完成些什么工作并取得怎样的结果。

---

[1] Tosi Henry L, Gomez-Mejia Luis R. The Decoupling Of CEO Pay And Performance: An Agency Theory[J]. Administrative Science Quarterly, 1989, 34(2): 169-189.

[2] 项保华. 战略管理——艺术与实务[M]. 3 版. 北京:华夏出版社,2001:280-290.

[3] 塞特斯·杜玛,海因斯·赖德. 组织经济学:经济学分析方法在组织管理上的应用[M]. 北京:华夏出版社,2006:242.

（3）产业指的是提供相互间密切替代的产品或服务的一组企业，也就是说，这些产品或服务满足相同的基本的顾客需求。波特的五种竞争力量模型把一个产业的盈利能力看作由竞争压力的五种源泉所决定，每一种竞争力的强度取决于若干结构性变量。

（4）企业拥有或控制的资源可以简单地分为三类，即有形资源和无形资源和人力资源。任何可持续资源的价值都是它能够产生的现金流的净现值。无形资源大部分还是不可见的，如品牌和其他商标、商誉、技术。其中品牌价值反映了消费者愿意为品牌商品所支付的、高于非品牌商品或非知名商品的溢价。

（5）企业能力在企业在协调各种资源实现组织目标的过程体现出来。考察企业能力，首先需要对企业的活动进行分类，职能分类和价值链分析是两种常用的方法。

（6）企业在与五种竞争性力量的角逐中，有三种取得竞争优势的战略，即成本领先战略、差异化战略和集中化战略。

（7）总体战略的三种主要形式，国际化战略、整合战略（纵向整合、横向整合）和多元化战略（相关多元化、不相关多元化）。

（8）艾迪思认为企业的生命周期包括三个阶段十个时期：①成长阶段，包括孕育期、婴儿期、学步期、青春期；②成熟阶段，包括盛年期、稳定期；③老化阶段，包括贵族期、官僚化早期、官僚期、死亡期。每个阶段的特点都非常鲜明。

（9）以企业生命周期为逻辑主线，战略管理从"质疑"开始，首先要弄清在不同阶段，企业面临的战略问题；紧接着从理论视角"探思"解决战略问题的理论基础；然后在理论指导下"求解"解决实际问题的实践方法。针对企业发展不同阶段的战略问题展开"质疑—探思—求解"，就形成了事业战略、总体战略、战略变革。

### 思考题

（1）描述理论导向战略管理思维的过程。

（2）调查一家企业的发展历程及其主要竞争战略。

（3）描述实践导向战略思维的过程。

# 第3章 战略管理研究方法

> 在商品的买卖之间有一种东西能唤醒人们的梦想和激情。一些优秀的人被训练成商人,并且开始以商业准则来衡量自己的行为,这没有什么不好。
>
> ——摘自《联想风云》

战略管理思维方法提供的是一种把握和运用战略管理理论体系的技能,战略管理研究方法强调的则是使用科学的研究方法发现、分析、解决企业实践中遇到的问题。为此,本章简要介绍实证研究和理论研究两种论证方法,为本科学生开展战略管理问题研究提供指引。

## 3.1 管理研究类型

### 3.1.1 科学和科学研究[①]

(1) 科学的定义

科学的定义可以分为静态定义和动态定义两种形式。不论何种形式,科学均与"事实"有关。

科学的静态定义是在某一个"时间点"上来对科学进行认识,指的是"现有的定律、知识、假设与原理,是存量的概念"。例如,《辞海》中的定义:"科学是关于自然、社会和思维的知识体系""科学的任务是揭示事物发展的客观规律,探求客观真理,作为人们改造世界的指南"。《高级汉语词典》中的定义:"科学指发现、积累并公认的普遍真理或普遍定理的运用,已系统化和公式化了的知识"。《韦氏字典》中的定义:"科学是从观察、研究、实验导出来的一门有系统的知识"。《牛津大辞典》中的定义:"科学是由精确观察与正确思考所获得并经证实的,关于事实、规律与最可能原因的知识"。由此可见,科学的静态定义强调人类对自然界认识的真理性(客观性)和知识的体系性,并未强调科学的历史性和活动性。

科学的动态定义是在某一个"时间段"上来对科学进行认识,它把科学当作一种"活动"或"过程"来加以认识。"科学本质上是一种探索活动",而知识只不过是"科学的产物"而已。科学的动态定义不仅仅指知识定律的本身,科学本身还代表着"方法"或方向,代表取得知识的原则、方法和途径,代表科学家的作为。例如,《不列颠百科全书》中的定义:"科学是对物质世界及其各种现象无偏见的观察和系统实验的所有智力活动。通常,科学涉及对知识的追求,包括追求各种普遍真理或各种基本规律"。《美国传统词典》中的定义:"科学是对现象进行观察、认知、描述、实验性的研究及理论上的解释"。科学的动态定义既指科学研究,用于目标调查或研究的活动;也指方

---

[①] 西宝.管理科学研究方法[M].北京:高等教育出版社,2008:2-4.

法论的活动、原则或研究。科学发展到今天,科学史和科学实践赋予科学动态的含义,既包含结果(知识体系),也包括过程(探索活动),还包括工具(方法论),更包括方向(价值)。

(2) 科学研究

科学研究(scientific research),也称科学探究(scientific inquiry),就是发现和创造知识的有组织、系统的探究活动。

所谓知识,就是我们已经获得的对某事物及其规律的认识,是所提出的、获得共识的对有关问题的答案。知识有创造、扩散和应用三个不同的阶段,科学研究处在"创造知识"这个阶段。所谓"发现"是指知识的客观性,是独立于研究者而存在的。而"创造"则是指知识的主观性,是指所谓的"知识"都是由人来认识并提出的。因此,知识同时具有主观性和客观性。科学研究是不断地摒除主观性而逼近客观性的过程。"科学知识"是利用科学方法所获得的知识。这种科学方法是显的、公开的、可靠的和客观的。

现在我们所理解的科学,已不仅仅是知识本身,而是涉及知识发现和创造过程中的一系列原则和方法论体系。即所发现和创造的知识只有符合这些原则,才可以说是科学知识。也就是说,科学的本质就是运用科学的方法去发展组织化、系统化的知识。

正如科学的含义有研究程序和知识体系两方面一样,科学研究就是这两个方面的互动探究的结果。研究程序部分,包括对研究领域的理解、有效的研究方法论的应用;知识体系方面,包括关于研究领域的知识、关于研究方法论的知识。而建立在知识体系基础上,利用科学研究程序所形成的结果,最终必将推动知识体系的不断扩展、新知识的增加。科学研究框架如图3-1所示。可见,具有坚实的科学知识和专业知识对于科学研究是非常重要的。

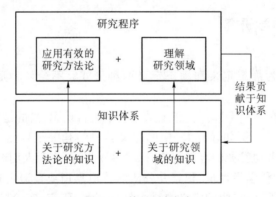

图3-1 科研研究框架

## 3.1.2 战略管理研究的类型[①]

战略管理属于社会科学研究的范畴,战略管理领域的问题错综复杂,然而任何一个复杂的战略管理问题都可以从不同观察角度和不同层次去研究。探索新知识的视角和层次不同,研究方法就不同,这意味着管理研究可以归结成不同的类型。

(1) 按照用途分类

管理研究按照用途可分为基础研究和应用研究。

基础研究旨在探讨和创新管理学科规律性的知识,证实现有理论,或证伪现有理论并提出

---

① 贾怀勤.管理研究方法[M].北京:机械工业出版社,2006:9;李怀祖.管理研究方法论[M].西安:西安交通大学出版社,2000:35-40.

新的理论,从理论上对管理行为、机理和现象做出解释。基础研究收集和发现带有共性的信息,而忽略一些个性的信息,不要求研究成果用来直接解决实际的管理问题。基础研究也不能脱离现实,它需要通过对管理现实问题的观察、概括和抽象来寻求普遍性、规律性的知识。

应用研究旨在对现实存在于社会、某一类组织乃至某一特定组织的管理问题,做出分析结论,提出解决问题的建议,而建议的落实有可能为社会、特定组织和群体带来实际利益。绝大多数管理研究属于应用研究。

(2) 按照研究目的分类

管理研究按照研究目的分为三类:描述型研究、解释型研究和规范型研究。

描述型研究是使用文字和数据对事物和现象的状况做出描述,回答 who、what、where 和 how much 之类的问题,也就是要解决"知其然"的问题。全国工业普查是一项描述型研究工作,可以弄清全国以及各省市自治区工业的组成及特征。市场调查也是属于这一类型,描述使用和将使用某种产品的人数、构成。对事件未来发展的描述起预测作用,如供求预测的研究。盖洛普(Gallup Geomge Horace)民意预测、兰德公司等这些咨询研究机构的工作多半属于描述型的研究。

解释型研究是在描述清楚事物和现象状况基础上寻求它们之间的关系,回答 why 的问题,也就是解决"知其所以然"的问题。例如,工业普查各城市企业亏损状况、企业所有制结构等,弄清城市的亏损企业比重、非公有企业比例等状况,这是描述型研究的结果;进而探究这类比重、比例差异的原因以及形成条件则是解释型研究。因果研究和相关分析都属于解释型研究。

规范型(方案型)研究是为所研究的问题提出解决方案,回答"应该怎样"的问题。三类研究具有递进关系,描述型、解释型研究结果是做出"诊断",规范型研究则是作决策,旨在对所诊断和研究的问题给出一个解决方案。

(3) 按照论证方法分类

管理研究按照论证方法分为理论研究和实证研究。

实证分析和理论分析都具有对研究假设进行论证的功能,但两者的方法论是不同的。实证分析是运用统计推断的方法,根据假设去寻求论据,从大量经验数据来证实或证伪所提出的假设。理论分析则相反,从更高抽象层次的公理、定律、法则或学说出发,运用逻辑推理(包括数学推导)对研究假设进行论证,其论证的工具形式是形式逻辑和辩证逻辑,得出支持或否定假设的结果。实证研究眼光向下,寻找事实;理论研究则眼光朝上,寻找公理、原理[①]。

实证研究和理论研究两种途径分别反映归纳法和演绎法的思维方式。归纳法表现为实证方式,以观察事实和归纳逻辑为基础,透过现象的描述和解释概括出理论命题。而演绎法是从已知的法则、理论和演绎逻辑推演出新的知识,包括原创性地提出无法验证的公理以及根据已有公理、理论推演出某种命题。理论和实证研究两者并行不悖,可以独立动作,也可相互配合(图 3-2)。

(4) 按照属性类别分类

管理研究按照属性类别分为定量研究和定性研究[②]。

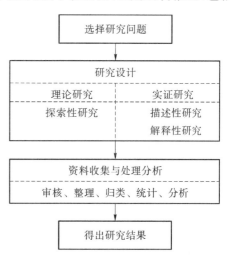

图 3-2 管理研究的基本过程

---

① 贾怀勤.管理研究方法[M].北京:机械工业出版社,2006:157.
② 西宝.管理科学研究方法[M].北京:高等教育出版社,2008:128-134.

定量研究是建立在演绎逻辑基础上的。演绎性地使用理论,将理论放在研究的开始。在通过对组织现实观察的基础上,进行抽象和概念化,形成理论。在理论的基础上,构建假设或提出问题,并在此基础上形成变量,这属于概念化阶段。要完成理论和假设的检验,就要将变量进行明确的定义,并使之可测量,这属于操作化阶段。然后利用测量工具对变量进行观察或测量,以获得有关数据。再利用取得的经验数据对理论进行检验,并形成对组织现实的解释、推论或预测。定量研究目的主要为检验或验证理论,而非发展理论。定量研究的演绎逻辑如图 3-3 所示,研究案例 3-2 日本和美国企业竞争战略的对比。

定性研究是建立在归纳逻辑的基础上的。首先是通过定义研究什么问题,什么样的研究设计能够回答这个基本问题,这决定了是采用访谈、观察方法,还是其他组合方法来实施。之后,要进行实地的资料提取工作,通常采用的是对研究对象询问开放式问题,并进行详细的实地记录,包括个人访谈、问卷、焦点群体、系统观察、搜集文献、录音带、录像带等。接下来要按照一定的主题或类别对资料进行分析,包括利用统计模型、结构分析、内容分析(编码、索引)、符号分析、修辞分析、语篇分析等。然后可以从主题或类别中寻找到主要的模式、普遍规律或理论。定性研究的归纳逻辑如图 3-4 所示,研究案例 3-1 基于企业家企业理论的事业战略理论模型。

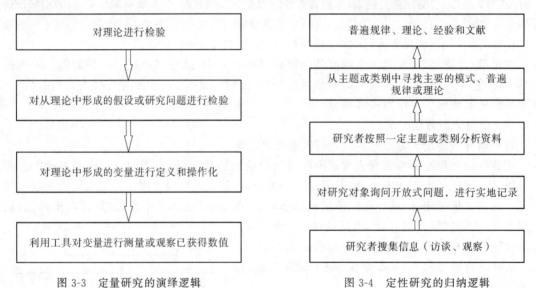

图 3-3　定量研究的演绎逻辑　　　　图 3-4　定性研究的归纳逻辑

定量研究与定性研究的比较如表 3-1 所示。

表 3-1　定性与定量研究方法的比较

| 属性类别 | 定量研究 | 定性研究 |
| --- | --- | --- |
| 哲学基础 | 实证主义 | 人文主义 |
| 研究范式 | 科学范式 | 自然范式 |
| 逻辑过程 | 演绎推理 | 归纳推理 |
| 理论模式 | 理论检验 | 理论建构 |
| 主要目标 | 确立变量的相互关系和因果关系 | 理解社会经济现象 |
| 分析方法 | 统计分析 | 文字描述 |
| 主要方式 | 实验、调查研究 | 实地研究 |
| 资料收集技术 | 量表、问卷、结构式观察 | 参与观察、访问等 |
| 研究特征 | 客观 | 主观 |

## 基于企业家企业理论的事业战略理论模型

### 1. 问题提出

事业战略(或称业务层战略、竞争战略)聚焦某一特定的业务领域,是一个独立经营事业部的目标和路径选择。事业战略中最具影响力的是波特提出的竞争战略理论。自波特提出三种基本竞争战略以来,质疑与争议就一直不断。从哲学视角反思,基于传统产业经济学理论与方法的竞争战略理论,体现的是西方战略管理学者的功能主义范式本体论,强调客观实证的认识论,以及"价值无涉"的价值论。事实上,企业是企业家创建的有机生命体,战略管理理论既包含战略管理学者的实证研究发现,也包含战略管理学者的主观建构成分,而且在实证研究和主观建构中,战略管理学者必然会受到自身世界观、价值观以及所处的制度环境的影响。本文基于企业家企业理论,在石盛林等通过百度李彦宏认知行为研究构建的事业战略理论框架基础上,依据复制扩展逻辑,通过华为案例研究,并借助研究者的卷入诠释,建构基于企业家企业理论的事业战略理论模型。

### 2. 研究设计

(1) 研究方法

本文以企业家作为建构事业战略理论的逻辑起点,根据石盛林等通过百度李彦宏认知行为研究提出的事业战略理论框架,采用理论导向式案例研究,依据复制扩展逻辑,同时透过研究者的"理论触觉"和主观建构,对核心范畴及其包含的概念进行深入分析,理清概念、范畴及彼此之间的逻辑关系。研究主要包括五个环节:明确理论基础,确定研究样本,搜集资料,分析资料,建构理论。

(2) 研究样本

选择的研究样本是华为公司,主要基于三点考虑:第一,华为公司自1987创立以来,聚焦于信息与通信设备事业领域,是全球领先的信息与通信技术解决方案供应商,为运营商客户、企业客户和消费者提供有竞争力的信息与通信技术解决方案、产品和服务,2015年实现销售收入3 950亿人民币。符合事业战略理论研究要求。第二,华为公司是中国大陆最成功的全球化公司,唯一一家海外收入超过国内收入的中国企业,业务遍及170多个国家,服务全球超过1/3的人口,支撑1 500多张网络的运营。华为公司战略管理成功实践值得挖掘、提炼、上升到理论层面,在企业界、学术界学习与传播,助力中国企业持续生存与发展。第三,华为公司创始人任正非的讲话、传记、研究论文等资料丰富,为基于企业家企业理论的事业战略理论研究提供了丰富的素材。

(3) 资料搜集

本文在研究设计、资料搜集和资料分析过程中充分考虑了构念效度、内部效度、外部效度和信度。具体而言:①在构念效度方面:首先是使用多重证据来源的多角验证,资料来源包括了任正非公开讲话、媒体报道、传记作家作品等。其次是建立证据链,搜集任正非讲话资料的时间跨度从1987年到2015年。②在内部效度方面:根据石盛林等建构的事业战略理论框架,按照企业家"为什么创建企业""选择什么事业""在选择的事业领域如何做""为什么要这样做"的问题导向逻辑,进行资料的搜集和分析。③在外部效度方面:把任正非讲话资料分析结果和石盛林等初步构建的事业战略理论框架进行比较分析,尽可能提高研究的外部效度。④在信度方面:准备了周详的案例研究计划,按照规范的案例研究方法开展研究,尽可能多地搜集整理任正非的讲话资料,概念和核心范畴提炼尽可能达到理论饱和。

(4) 资料分析

资料分析参照郑伯埙和黄敏萍、刘志成和吴能全的做法,包括五个步骤。

①建立原始资料:任正非讲话资料的誊写与摘记。

②定义现象:仔细阅读原始资料,分解为一个个独立的事件,赋予每个事件一个所指或代表现象的名称。

③发展概念:把具有共同特点的现象进行归类,提炼出完整的概念。

④发展范畴:比较分析概念的内涵,把有相似或接近内涵的概念聚拢成为概念群,提炼出范畴。

⑤建构理论:整合所有资料、现象、概念、范畴,发展范畴之间的关系,建构理论框架。

具体分析结果如表 3-2 所示,限于篇幅,本文每个概念只给出了一条原始数据资料。

表 3-2 任正非讲话资料分析(示例)

| 原始数据 | 现象 | 概念 | 范畴 |
|---|---|---|---|
| a11 华为追求在电子信息领域实现顾客梦想,使我们成为世界级领先企业 | a11 实现顾客梦想 | a1 追求 | A 使命 |
| a21 华为为了成为世界一流设备供应商,将永不进入信息服务业 | a21 永不进入信息服务业 | a2 专注 | |
| a31 华为以产业报国、科教兴国为己任,为祖国繁荣昌盛,为中华民族振兴,为自己和家人幸福而努力 | a31 以产业报国、科教兴国为己任 | a3 责任感 | |
| a41 我们的道路多么宽广,我们的前程无比辉煌,我们献身这壮丽的事业,无比幸福,无上荣光 | a41 献身壮丽的事业 | a4 成就感 | |
| a51 我们总有一天,会在世界通信的舞台上,占据一席位子 | a51 在世界通信舞台占据一席位子 | a5 荣耀感 | |

### 3. 研究发现

研究提炼出了 20 个概念,按照企业家对企业"如何建立""为何存在""做什么""如何做"的认知行为过程,借助研究者的"理论触觉"和卷入诠释,归纳为 5 个核心范畴(详见表 3-3),事业战略以企业家为逻辑起点,思考逻辑为:企业家"使命"驱动,选择"热爱的事业",找到"盈利模式";建设"内部环境和机制"确保能够做"热爱的事业",洞悉"外部环境和趋势"确保"盈利模式"的适宜性和有效性。

表 3-3 核心范畴和概念

| 核心范畴 | A 使命 | B 热爱的事业 | C 盈利模式 | D 内部环境与机制 | E 外部环境与趋势 |
|---|---|---|---|---|---|
| 概念 | a1 追求<br>a2 专注<br>a3 责任感<br>a4 成就感<br>a5 荣誉感 | b1 热爱的事业<br>b2 投入资源<br>b3 学习<br>b4 技术创新<br>b5 管理创新 | c1 客户<br>c2 客户价值<br>c3 竞合关系<br>c4 经营优势 | d1 文化<br>d2 制度<br>d3 机制 | e1 行业环境<br>e2 宏观环境<br>e3 趋势 |

**4. 研究结论**

企业家是建构事业战略理论的逻辑起点,企业家创建了企业,确定了企业的使命,决定了企业所从事的事业,建立了企业文化和运作机制,企业家对外部环境的深刻洞见,决定了企业的盈利模式。归纳案例研究发现,得到基于企业家企业理论的事业战略理论模型,简称 MFPIE 模型。MFPIE 模型有一个中心,两对关系,范畴之间相互影响彼此制约。一个中心是"使命",两对关系分别是"内部环境与机制"对"热爱的事业"的支撑保障、"盈利模式"与"外部环境与趋势"的适应协调。需要指出的是,MFPIE 模型是一个有机生命体的动态演化学习过程,模型中的一个范畴的动态演化都会引起整个模型内涵的变化,这些变化可能是企业家主动发起的,也可能是客户需求等其他因素引致的。

(资料来源:石盛林,王娟,张静.基于企业家企业理论的事业战略理论模型[J].南京邮电大学学报(社会科学版),2017,19(02):46-55.)

## 3.2 理论研究方法

理论分析的核心作用是对研究假设进行论证。此外,理论分析还有其他的作用:

(1) 对各种来源、各种性质的资料进行综合整理分析,建立起内在联系。一项管理研究,往往要从各个方面取得大量的资料,对于其中大量的文字性资料,需要使用抽象思维的方法对其进行综合分析,去伪存真、去粗取精。

(2) 在理论上为定量分析的结果做出解释或提供理论基础。在管理研究中,通过对大量数据进行汇总和加工,得到研究对象的规模、状态、速度和关联程度等的描述数量,达到了"知其然"。而要"知其所以然",还需要进行理论分析。

(3) 由典型的案例资料上升到理性认识。在此过程中,要善于从个案材料中抓住本质的东西,带倾向性的问题,不要为非本质的或支流性的现象扰乱思维。同时要通过对手头所掌握的资料进行概括整理,由个别到一般,提高到全局层次来认识问题[①]。

理论分析的一般方法。一类是逻辑思维方法;另一类是与研究问题相关的专门学科的方法。逻辑思维方法又可以分为形式逻辑思维方法和辩证逻辑思维方法[②]。

**1. 形式逻辑思维方法**

(1) 证明。逻辑证明由论题、论据和论证三个部分组成。论题,是其真实性需要加以证明的判断。要求论题必须明确,否则会犯"论题模糊"的错误;论题必须同一,否则会犯"偷换论题"或"转移论题"的错误。论据,是用来证明论题真实性的一些判断,要求其必须真实而充分,否则会犯"虚假论据"或"理由不足"的错误。论证,是论题与论据之间的逻辑关系和证明方式,要求其真实性不能依赖于论题的真实性,否则会犯"循环论证"的错误;论证必须符合推理规则,否则会犯"推不出来"的错误。

(2) 对比和分类。对比是确定事物之间异同点的方法。对同一时间内不同对象的对比为

---

① 贾怀勤.管理研究方法[M].北京:机械工业出版社,2006:158,159.
② 贾怀勤.管理研究方法[M].北京:机械工业出版社,2006:160-162.

横向对比法,对不同时期的同一现象进行对比是纵向对比法,如果是在两个或两类事物的对比中已知推出未知则是类比推理。分类则是在对比的基础上,将所研究的事物区分为不同种类的方法。

(3) 分析和综合。分析就是在思维中把客观事物分解为各个要素、各个部分或各个方面,然后逐个加以考察、研究的方法。综合就是在思维中把对客观事物的各个要素、各个部分、各个方面分别考察后的认识联结起来,然后从整体上加以考察的思维方法。

(4) 抽象和具体。任何一个完整的认识过程,都是由感性具体到抽象,再由抽象上升到思维具体的过程。抽象就是从客观事物或感性材料的整体中抽取出一定的方面、属性、特点或关系进行相对独立的研究,在此过程中暂时撇开其他方面、属性、特点或关系。思维具体就是客观事物各个方面质的规定性有机组合而成的统一整体在思维中再现。

**2. 辩证逻辑思维方法**

(1) 矛盾分析法,就是用对立统一规律来分析客观现象,其主要方法是:分析事物内部的对立与统一,揭示事物发展的内因和外因,认识矛盾的普遍性和特殊性。

(2) 质量分析法,就是用质量互变规律来分析客观现象,把握事物的质,识别事物的量,探求事物的量变、质变及其相互关系。

(3) 辩证否定分析法,就是运用否定之否定规律来分析客观事物,既不能肯定一切,也不能否定一切,按着肯定-否定-否定之否定的阶段性发展规律研究事物发展的表现和特征。

## 3.3 实证研究方法

### 3.3.1 实证研究方法类别

实证论证方法是建立在事实观测的基点上,通过一个或若干个具体事实或证据而归纳出结论。实证方法根据其观测的模式可分为不同类型,按研究对象的可控性分为实验研究和非实验研究。在实验研究的情况下,研究者控制和设计研究对象的行为,如无法控制研究对象的行为则属于非实验研究。在非实验研究中,研究者和研究对象之间保持沟通和直接接触则划归有干扰研究一类,即统计调查研究。无沟通和无直接接触情况下则属于无干扰研究(图3-5)[①]。

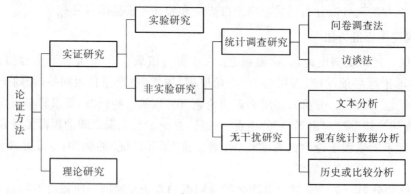

图 3-5 实证研究方法类别

---

① 李怀祖.管理研究方法论[M].西安:西安交通大学出版社,2000:128.

统计调查研究(survey research)和社会调查(social survey)的概念密切相关。社会调查一般指向研究对象样本询问问题的方法。由于它离不开通过统计抽样和问卷收集资料的方法,译作"社会统计调查"较为贴切,而 survey research 则相应译为"统计调查研究"。统计调查研究是以研究样本(被调查者)回答问题的数据为基础辨析总体现状的研究方法。总体现状,一般指个体的态度、意见和特征信息。统计调查研究方法包括两类资料收集方法:问卷法和访谈法。而按调查对象规模,又可分为抽样调查和普查两种。抽样调查指研究者根据抽取的样本信息推断出总体信息,普查则需要获取总体中每个个体的信息。统计调查研究要收集样本或总体中所有个体规范化的定量信息,为了数据的可比性,应对所有被询问者提出同样的问题。

无干扰研究可分三类:文本分析、现有统计数据分析和历史或比较分析。文本分析借助各种文件报纸期刊和书籍等书面出版物发现和分析问题。现有统计数据分析,顾名思义,利用所能收集到的统计数据进行论证,历史和比较研究旨在从历史记录掌握关键情节[①]。

### 3.3.2 非实验研究

**1. 非实验研究的内涵**

非实验研究是一种采用自填式问卷或结构式访谈或搜集统计资料数据的手段,获得研究问题的信息,直接系统地研究无法控制实验对象行为的问题,并通过对资料的统计分析来定量描述研究对象的现状特征及变化规律。

非实验研究按照是否与研究对象保持沟通和直接接触可以分为统计调查研究和无干扰研究。统计调查研究通常称为调查研究,无干扰研究通常采取的是文献研究或统计资料分析等研究方式。

(1) 调查研究

调查研究包括意向调查、市场调查、过程调查、问题调查等,是一种采用自填式问卷或结构式访问的方法,直接系统地从一个取自研究对象群体的样本中收集资料,并通过样本资料的统计分析来估计研究对象总体的特征和规律。

自填式问卷是一种调查者将调查问卷发送给(或者邮寄给)被调查者,由被调查者自己阅读和填答,然后再由调查者收回的方法。自填式问卷采用统一设计和印制,以完全相同的方式面对每一个被调查者。自填式问卷可以采用:个别发送法(将问卷逐个发送到被抽的对象)、集中填答法(把被调查对象集中起来)、邮寄填答法(将问卷邮寄给被抽的对象)等。

结构访问法是一种调查者依据结构式的调查问卷,向被调查者逐一地提出问题,并根据被调查者的回答在问卷上选择合适答案的方法。结构访问可以采用:当面访问法(调查员逐个找到被调查对象)、电话访问法(调查员逐个找到调查对象电话)、发 E-mail 访问法(调查员逐个找到调查对象 E-mail)等。

(2) 文献研究

文献研究是一种通过收集和分析现存的以文字、数字、符号、画面等信息形式出现的文献资料,来探讨和分析研究对象行为与关系方面的问题。

---

① 李怀祖.管理研究方法论[M].西安:西安交通大学出版社,2000:160.

### (3) 统计资料分析

统计资料分析是一种通过搜集公开了的统计资料数据（所用资料数据别人已收集好），借助定量分析方法技术来研究现实问题的特征与规律。在利用官方统计资料时，一方面对统计资料的内容、对象、范围、特点等应有清楚明确的认识；另一方面对各种统计指标的实际含义、计算方法等应十分清楚。

调查研究往往是研究者根据自己的研究目的去实地收集第一手资料，也可以说调查研究是先"创造"出资料，然后再对这些原始信息资料进行处理分析；统计资料分析研究者自己不去进行实地调查，只是根据自己的研究目标在别人"创造"的各种统计资料中去"寻找"合适的资料进行重新分析；文献研究的研究者可以"创造"资料（一次分析），也可以对他人"创造"的资料进行重新分析（二次分析）。

### 2. 非实验研究收集资料面临的问题

非实验研究面临的主要问题有：

(1) 问卷的回收率有时难以保证。由于被调查者对调查缺乏兴趣、责任心、时间、精力和能力等而无法完成问卷填答工作。

相应的措施：①用跟踪发信或提醒电话帮助提高回收率；②争取职能部门的支持和帮助。

(2) 问卷的填写质量有时难以保证。被调查者的文化水平、填写态度和填写内容的真实程度以及问卷问题的表述是否难以理解等都会影响问卷填写的质量。

相应的措施：①一定要把问卷设计好（包括封面信、填答说明、问题及答案和编号等），避免填写者难以理解，出现各种错答、误答、缺答、乱答。需特别注意的是，封面信要说明调查者的身份、调查的大致内容、调查目的和调查对象的选取以及对调查结果保密的措施。②把收回的问卷进行有效性初审，对有问题的问卷可进一步发放调查表进行针对性调查，或打电话了解进一步的情况。

(3) 官方部门的资料（或某机构的资料或他人创造的资料）需要购买或保密或进行处理后方能运用。

相应的措施：现在的好多数据库都要求买，这说明研究问题要有经费支持；保密数据的运用要采用相对数，绝对不能使用绝对量，还要征得保密部门的同意；进行处理后才能用的数据要告诉读者数据处理的方法和资料来源。

### 3. 非实验研究的程序

(1) 确立主题（给出要研究的问题、研究对象以及研究的假设）；

(2) 明确变量（确定描述问题的变量、衡量指标和变量间的结构关系等）；

(3) 确定获取资料的方法（抽样调查、对别人的资料进行运用、用官方统计数据等）；

(4) 选择合理的量化分析方法（均值与方差、分布、检验、误差校正等）；

(5) 进行数据资料的分析处理。

案例 3-2

## 日本和美国企业竞争战略的对比[①]

Allen 等人对日本和美国竞争战略进行了比较研究。他们使用包含 25 种竞争策略的问卷调查了两国企业的参加过 MBA 课程学习的管理人员,获得 226 个美国有效样本和 101 个日本有效样本,使用 SPSS 进行主成分分析。美国样本分析结果显示:(1)集中低成本的竞争策略有控制产品/服务质量、提供良好的售后服务、提高操作有效性、广泛地培训一线员工、严格地监督一线员工;(2)成本领先的竞争策略有严格降低成本、严格控制管理费用、分销成本最小化。日本样本的分析结果表明,日本企业成本领先实施的策略主要是:控制产品/服务的质量、提供良好的顾客服务、提高操作的有效性、严格追求成本降低、严格控制管理费用。同时他们的研究发现,美国和日本企业都有采用成本领先战略的迹象,样本中美国 45.4% 的企业、日本 41.4% 的企业都明显地采用成本领先战略。他们认为,成本领先战略是日本企业最常见的竞争战略。例如,日本制造业中的电子产品、汽车和钢铁行业在世界上都处于领导地位,这是因为他们严格地控制产品的质量和成本,因此在全球市场的竞争中,都能具有明显的竞争优势。

**1. 提出问题**

日本的经营战略根源于二战以后出现的全面质量管理理论。全面质量管理一直被认为是日本在 20 世纪后 50 年经济迅速复苏并成为世界经济强国的主要原因。但是目前日本正经历着经济震荡,股市低迷并且失业率不断上升。很多企业进行改组,减少岗位并且进行革新。预计在 2006—2010 年之间日本经济增长率仅为 0.8%。临时解雇使年轻人放弃了终生就业的希望。长期的经济衰退已经影响到日本管理者们对经济体系的信心。管理者们开始搜寻新的途径,突破长期统治日本经济的传统管理体系,发现波特的三种基本竞争战略已经成为变革和复兴的推动力。

本文的研究目的是评估日本企业是否采用了波特的三种基本竞争战略,并且将日本和美国所实施的战略进行比较。由于一系列原因,本文认为日本企业经历一个缓慢的由传统的成本领先战略向差异化和集中化战略的转化过程。因为这些原因,我们相信日本企业坚持他们成本领先战略而避开差异化和集中化战略的可能性更大。

**2. 理论及相关研究回顾**

波特的战略理论:低成本和成本优势主要来源于技术革新、学习曲线、规模经济等,当企业在设计、生产和市场方面都比其他竞争对手更有效率时,低成本或者低成本领先战略就得到了有效实现。

产品差异化。产品差异化通过调整产品或者服务来满足顾客独一无二的要求,允许企业收取额外价格去获取市场份额。通常企业通过向顾客提供不同的产品质量、特征和售后服务获取额外利润的时候,差异化战略是有效的。质量上的差异可能是真实的,也可能是通过外观、商标的外部因素产生的。企业采用差异化战略可以控制高的价格、交货体系、服务质量或者分销渠道。差异化战略要求顾客对产品有一定要求并且愿意为之付出高的价格。

---

① Allen Richard S, Helms Marilyn M, Takeda Margaret B et al. A Comparison of Competitive Strategies in Japan and the United States[J]. SAM Advanced Management Journal, 2006, 71(1):24-34.

集中化战略。集中化战略是第三个一般战略,是在行业中采用狭小的竞争机会。集中化战略通过操作小的或者没有很大吸引力的市场,或者被大的竞争者忽略的市场来增加市场份额。企业可以通过差异集中战略和成本领先集中战略实现集中化战略。

### 3. 研究设计及研究方法选择

本文研究的问题是日本企业采用波特战略的情况。日本长期采用了成本领先战略。相反地,最近日本政府开始推进其他战略。所以必须假设其他战略(也就是差异化和集中化战略)已经在日本被实施,假设美国具有长期实施波特战略的历史。

假设:

(1) 在美国和日本的企业里实施成本领先战略的可能性没有差异;

(2) 日本企业采用产品差异化战略的可能性明显小于美国企业;

(3) 日本企业采用集中化战略的可能性明显小于美国企业。

根据美国实施各种战略的情况,设计了包含 25 个题目的问卷进行调查。在本次研究中,也采用相同的问卷对日本的企业进行调查。文章列出了一份公司实施事件频率的调查问卷(表 3-4)。

表 3-4 公司实施事件频率调查表(节选)

| | 从不<br>(0%) | 几乎不<br>(0%~20%) | 有时<br>(20%~40%) | 一半<br>(40%~60%) | 大部分<br>(60%~80%) | 几乎全部<br>(80%~100%) | 全部<br>(100%) |
|---|---|---|---|---|---|---|---|
| 严格追求成本降低 | 1 | 2 | 3 | 4 | 5 | 6 | 7 |
| 提供突出的顾客服务 | 1 | 2 | 3 | 4 | 5 | 6 | 7 |
| 提高运作的有效性 | 1 | 2 | 3 | 4 | 5 | 6 | 7 |
| 控制产品质量/服务 | 1 | 2 | 3 | 4 | 5 | 6 | 7 |
| 严格监督一线员工 | 1 | 2 | 3 | 4 | 5 | 6 | 7 |
| 发展品牌 | 1 | 2 | 3 | 4 | 5 | 6 | 7 |
| 进行特殊市场细分 | 1 | 2 | 3 | 4 | 5 | 6 | 7 |
| 提供专业的产品或服务 | 1 | 2 | 3 | 4 | 5 | 6 | 7 |

调查样本:被调查者必须在经过培训之后继续在公司工作至少半年,有充分的组织理论能精确完整地完成调查问卷。他们必须是两国企业的管理人员并且在大学时候至少参加过 MBA 课程的学习。样本的选择非常专业,因为他们必须对公司战略活动有充分的高水平的理解。由于缺乏相应经验而取消资格的只有 5 个人。因此,可用的回答包括 226 个美国人和 101 个日本人。

**4. 数据分析**

主要采用 SPSS 软件对数据进行主成分分析。在对所有组成因素分析之后,各个因素的结果都符合波特的四种基本竞争战略的框架。因素 1 代表产品差异化战略,因素 2 代表成本领先集中战略,因素 3 代表成本领先战略,因素 4 代表产品差异化集中战略。

分析结果表明,美国和日本企业都有采用成本领先战略的迹象。在样本中,美国 45.4% 的企业、日本 41.4% 的企业都有明显的采用这个战略的迹象。美国企业和日本企业没有明显的差异。这一发现支持第一个假设:在美国和日本的企业里实施成本领先战略的可能性没有差异。产品差异化战略在美国有 39.3% 的企业实施,而在日本只有 7.6% 的企业实施。这个发现符合第二个假设:日本企业采用产品差异化战略的可能性明显小于美国企业。

至于第三个假设,日本企业使用集中化战略的可能性显著地小于美国企业,没有得到证明,这是因为日本样本里没有包含集中化战略的代表性因素。事实上,集中化战略尽管在日本被采用,但因很少发生而没有被发现。

**5. 讨论**

(1) 成本领先战略:这是日本企业最常见的战略。例如,日本制造业的电子产品、汽车和钢铁行业在世界上都处于领导地位,这是因为他们严格地控制产品的质量和成本,因此在全球市场的竞争中,都能具有明显的竞争优势。在日本,顾客服务的定义和西方略有不同,日本将顾客服务定义为通过产品价值向顾客提供服务。尽管并不降低价格,却通过好的质量导致全面的低成本。

(2) 产品差异化战略:差异化战略也会在日本样本中出现,但是被采用的频率明显低于其他的战略。事实上,仅有 7.6% 的企业采用这一战略。

(3) 集中化战略:和美国样本不一样,调查结果分析表明,日本企业还没有实施波特的这一战略。

显然,在日本和美国的企业中实施的经营战略是有明显差异的。美国企业更加愿意坚持波特的战略理念,而日本比较倾向于实施成本领先战略。如前面提到的,日本政府企图推广波特的战略以提高日本企业的全球竞争力。这些发现表明,差异化战略和集中化战略还没有在日本被广泛采纳。如果日本企业继续依靠低成本战略,经济可能仍然处于阻滞状态。

## 本章小结

(1) 管理研究按照用途可以分为基础研究和应用研究,按照研究目的分为描述型研究、解释型研究和规范型研究,按照论证方法分为理论研究和实证研究。

(2) 实证分析是运用统计推断的方法,根据假设去寻求论据,从大量经验数据来证实或证伪所提出的假设。理论分析则相反,从更高抽象层次的公理、定律、法则或学说出发,运用逻辑推理(包括数学推导)对研究假设进行论证。实证研究和理论研究两种途径分别反映归纳法和演绎法的思维方式。

(3) 理论分析方法有两类:一类是逻辑思维方法;另一类是与研究问题相关的专门学科的方法。逻辑思维方法又可以分为形式逻辑思维方法和辩证逻辑思维方法。形式逻辑思维方法如证明、对比和分类、分析和综合、抽象和具体。辩证逻辑思维方法如矛盾分析法、质量分析法、辩证否定分析法。

（4）实证方法按研究对象的可控性分为实验研究和非实验研究。在实验研究情况下，研究者控制和设计研究对象的行为，如无法控制研究对象的行为则属于非实验研究。在非实验研究中，研究者和研究对象之间保持沟通和直接接触则划归有干扰研究一类，即统计调查研究。无沟通和无直接接触情况则属于无干扰研究。

（5）非实验研究按照是否与研究对象保持沟通和直接接触可以分为统计调查研究和无干扰研究。统计调查研究通常称为调查研究，无干扰研究通常采取的是文献研究或统计资料分析等研究方式。

（6）调查研究包括意向调查、市场调查、过程调查、问题调查等，是一种采用自填式问卷或结构式访问的方法，直接系统地从一个取自研究对象群体的样本中收集资料，并通过样本资料的统计分析来估计研究对象总体的特征和规律。

（7）文献研究是一种通过收集和分析现存的以文字、数字、符号、画面等信息形式出现的文献资料，来探讨和分析研究对象行为与关系方面的问题。

（8）统计资料分析是一种通过搜集公开的统计资料数据（所用资料数据别人已收集好），借助定量分析方法技术来研究现实问题的特征与规律。在利用官方统计资料时，一方面对统计资料的内容、对象、范围、特点等应有清楚明确的认识；另一方面对各种统计指标的实际含义、计算方法等应十分清楚。

（9）非实验研究面临的主要问题有：①问卷的回收率有时难以保证。②问卷的填写质量有时难以保证。③官方部门的资料（或某机构的资料或他人创造的资料）需要购买或保密或进行处理后方能运用。

（10）解决非实验研究收集资料问题的措施有：①用跟踪发信或提醒电话帮助提高回收率；②争取职能部门的支持和帮助；③把问卷设计好（包括封面信、填答说明、问题及答案和编号等），避免填写者难以理解；④把收回的问卷进行有效性初审，对有问题的问卷可进一步发放调查表进行针对性调查，或打电话了解进一步的情况；⑤研究问题要有经费支持；⑥保密数据的运用要采用相对数，还要征得保密部门的同意；⑦进行处理后才能用的数据要告诉读者数据处理的方法和资料来源。

（11）非实验研究的程序：①确立主题（给出要研究的问题和研究对象以及研究的假设）；②明确变量（确定描述问题的变量，衡量指标和变量间的结构关系等）；③确定获取资料的方法（抽样调查，对别人的资料进行运用，用官方统计数据等）；④选择合理的量化分析方法（均值与方差、分布、检验、误差校正等）；⑤进行数据资料的分析处理。

## 思考题

（1）理论研究有哪些常用方法？分析一篇论文使用的理论研究方法。

（2）实证研究有哪些常用方法？其一般思路是什么？分析一篇论文使用的实证研究方法。

# 第 2 篇　成长阶段——事业战略

本篇由"华为的事业战略"作为学习的开始,围绕企业在单一业务领域中创业、成长所面临的战略问题,分四章分别讨论以下内容。

第 4 章"基于顾客价值的战略范式"从质疑企业"是什么""为什么"作为思维起点,简要回顾七种主要的企业理论;基于顾客价值基础观,对顾客价值的内涵做了综述,并给出了本书的顾客价值定义,分析了两种视角的顾客价值评价方法;提出了基于顾客价值的企业战略范式。

第 5 章"环境分析"从与"顾客价值基础战略范式"直接相关的产业着手,介绍了波特的产业结构分析模型(五力量模型),以及影响产业竞争结构的宏观环境因素的五个方面。分析了企业拥有或控制的资源分类、主要特征、关键评估指标,阐述了识别和评价企业内部环境优势和劣势的价值链分析法。

第 6 章"经营优势"首先简要评述了取得竞争优势的基本竞争战略,阐释了经营优势的基本内涵,提出了基于企业自身资源与能力的特色策略组合——"盈利模式",介绍了常见的 15 种盈利模式。

第 7 章"关系定位战略"简要介绍了博弈论的基本概念,回顾相关研究,然后通过构造一个完全信息静态博弈模型,提出了合作竞争的四种关系类型,即竞争-竞争关系、竞争-合作关系、合作-竞争关系、合作-合作关系,以及相应的两类应对策略,即竞争性策略(如对抗策略、差异策略、占优策略)、合作性策略(如避让策略、共生策略、联盟策略)。

**开篇案例**

## 华为的事业战略

1987年,任正非被辞退,在出租房里,他咬牙做出了一个重要决定:创业!从此,一个属于他的时代拉开了帷幕。那年10月,在深圳的两间简陋的"简易房"里,任正非和他人合伙投资2.1万元创办了一家小公司,取名"华为",注册为集体企业,经营小型程控交换机、火灾警报器、气浮仪开发生产及相关的工程承包咨询。后来有人问华为公司名字的含义,任正非曾经这样回答:"华为华为,中华有为。"

虽然注册的是技术公司,但在创业初期,华为经营的生意其实与"技术"二字并不沾边,他们做的是贸易,也就是俗称的"倒爷"。为了生存,什么赚钱他们就倒卖什么。有一次,一位朋友给任正非介绍生意——卖墓碑!墓碑生意的确是稳赚不赔,一块墓碑的坯料买来不过百八十元,可是刻上字,一转手,就是三五百元,精雕细琢一点的就是上千元。虽然这买卖利润很高,却不是长久之计,任正非仔细思考后还是拒绝了。后来,经过朋友介绍,他开始代销火灾警报器、气浮仪等厂矿所需的工业仪器。不过,这些产品的订货量非常少,根本难以维持公司的基本运转。

为了让公司活下去,任正非开始寻找新的出路,这时,香港鸿年公司的小型HAX程控交换机进入了他的视野。这种小型交换机在国内的矿山、公司和医院等小型单位非常受欢迎。但捉襟见肘的他到哪里去筹集一大笔资金付给香港鸿年公司当作供货费?所幸的是,香港鸿年公司及时为任正非提高了授信额度。原来,这家公司的老板在与任正非打交道的过程中,被他的一身正气、诚恳的谈吐折服了。正所谓英雄惜英雄、好汉惜好汉。就这样,任正非可以不用付现金就能拿到该公司的HAX小型程控交换机。华为公司靠打价格差,通过售卖HAX小型程控交换机赚取了不菲的利润。据说当时任正非拿到了2 000万元进价的货物,仅仅在3个月的时间里,他就卖出了4 000多万元。任正非创业道路上的第一桶金就是这样赚到的。

在任正非的经营下,华为的生意逐渐走上了正轨,尽管如此,有一个遗憾却一直笼罩在任正非的心头,让他久久都不能忘怀。在那个年代,交换机市场完全掌握在国外公司手中。那时,中国的通信行业遭遇的是如同"八国联军"一般的欺辱,业内人士都将其称为"七国八制"。何谓"七国八制"?这指的是20世纪80年代中国通信市场上占据统治地位的八种制式的机型,分别来自七个国家:日本的NEC和富士通、美国的朗讯、加拿大的北电、瑞典的爱立信、德国的西门子、比利时的BTM和法国的阿尔卡特。

华为一定要做出自己的产品,创造民族品牌,打破"七国八制"的僵局!任正非在心里默默地下定了决心。于是,1991年9月,任正非在深圳宝安县蚝业村工业大厦租下了一整层楼作为研制程控交换机的工厂,五十多名年轻员工与他一起驻扎进了这栋破旧的厂房中,开始了他们充满荆棘的研发之旅。

1991年12月31日,对所有参与华为创业的人都是最难忘的一天。经过一年的研发试制,华为终于自主研发出BH03型号自主产权的用户交换机,并通过了邮电部的验收,取得了正式的入网许可证。当初价值100万元的8台BH03用户交换机,全部是工程师们一台一台地调试、修改、再测试,测试通过了,再拿给公司其他人贴标签和包装,在华为的办公室里出货。

这次破釜沉舟、背水一战的胜利,是华为崛起之路上至关重要的一步。从那之后,任正非带领着华为人在技术研发的道路上一路高歌,从未停下前进的脚步。

第一款产品历尽千辛万苦终于做出来了,而且很受客户的欢迎,那么接下来该怎么办呢?坐吃山空?当然不行!

在郑宝用的带领下,华为在1991年又开发出了自己的空分用户交换机HJD48系列产品,并利用已经建立的销售网络取得了一定的销售业绩。1992年,凭借自己开发的HJD48空分用户交换机系列早期的单位用户机产品,华为的销售额首次突破1亿元。自主研发的决策被证明是正确的、有效的。

1993年年初,在深圳蛇口的一个小礼堂里,华为召开了1992年年终总结大会,全体员工参加。当时员工有270多人,会议开始后,任正非只说了一句"我们活下来了",就泪流满面,泣不成声。一个铮铮铁骨的男人和一帮年龄只有他一半的年轻人,一起奔波在市场的一线、生产的现场,为了企业的生存什么都干过;他为了企业的生存所付出的艰辛、所承载的委屈之重可见一斑。

(资料来源:黄伟芳,李晓阳.华为正传:华为的企业管理和战略精髓[M].北京:红旗出版社,2017:48-63.)

**案例讨论:**
1. 华为的事业领域是如何选择的?是由谁做出的选择?
2. 华为选择事业领域的最初想法是什么?
3. 华为在选择的事业领域采取了哪些策略才得以生存?

# 第4章 基于顾客价值的战略范式

　　最好的东西不一定是用户所需要的,只有最适合用户的东西才是最好的。市场的选择和实验室里的选择是完全不同的两回事。在实验室里可以不遗余力地追求完美,但是在市场上,用户不在乎你的技术是否完美,他们只关注自己的需要。

——摘自《联想风云》

　　在企业的初期状态,目标是一个暗藏的、朦胧的意识。因为你还很弱小,对瞬息万变的市场和企业还缺乏把握,无论你具有怎样的信心,目标对于初创企业至多是一个远大抱负因而无法量化与明确。

——柳传志

　　由华为的事业战略案例可以看出,在企业创办之时,企业创始人已经有着"做什么"产品或服务的思考,以及对创业时企业所处的内外环境的判断。而之后确定具体的战略措施"如何做",以及对于企业今后的发展方向和目标的控制把握,成功与否很大程度上取决于"做什么"思考判断的正确性和准确性。为此,从理论上讲,正确把握"做什么",首先要弄清"企业为什么存在?""什么决定了企业边界和规模?"以及"为什么企业之间存在业绩差异?"[1]而这恰恰是企业理论关注的主要问题。从战略管理思维逻辑来看,企业理论对于"企业为什么存在?"的回答,即从根本上阐明企业未来目标与存在理由,恰恰是解决战略管理问题的逻辑思维起点[2]。从战略管理发展历程来看,企业理论的每次创新都从理论和方法两个方面促进了战略管理的发展和完善,使战略管理更为规范和科学,"企业理论提供了一种将企业概念化的方法,以便研究我们关注的一些现象,特别是竞争问题"[3]。本章首先阐述事业战略研究的理论基础——企业理论,然后讨论顾客价值的内涵及其评价方法,最后给出顾客价值基础战略范式。

## 4.1 企业理论[4]

　　基于不同的假设,从古典经济学企业理论、传统产业经济学企业理论、组织经济学企业理

---

[1] Slater Stanley F. Developing a Customer Value-Based Theory of the Firm[J]. Academy of Marketing Science,1997,25(2): 162-167;Conner Kathleen R. A Historical Comparison of Resource-Based Theory and Five Schools of Thought Within Industrial Organization Economics:Do We Have a New Theory of the Firm? [J]. Journal of Management,1991,17(1):121-154.

[2] 项保华. 战略管理——艺术与实务[M]. 3版. 北京:华夏出版社,2001:21.

[3] Seth Anju,Thomas Howard. Theories of the firm:implications for strategy research[J]. Journal of Management Studies,1994,31(2):165-166.

[4] 石盛林. 战略管理理论演变:基于企业理论视角的回顾[J]. 科技进步与对策,2010,27(08):156-160.

论、企业资源基础观、顾客价值基础观,学者们对企业理论的三个主要问题做出了各自的阐述。本节简要回顾七种较有影响力的企业理论。

### 4.1.1 新古典经济学企业理论

在新古典经济学完全竞争市场条件下,企业仅仅是目标函数利润最大化中的一个生产函数,是将劳动、资本等投入转化为产品产出的资源集合体。假设企业具有完全的理性,并掌握完全的信息。资源是同质和完全流动的,可以快速流向更高价值使用者。企业行为遵循边际收益等于边际成本准则,追求利润最大化。企业边界由技术选择及其相关的管理行为限定。对于给定产品,企业最适宜规模取决于单位产出的平均成本。企业内部的结构、组织秩序及其治理不予考虑,出现问题全部由法庭解决,并相信法庭是万能的。新古典经济学企业理论没有充分解释企业业绩和边界差异[①]。

### 4.1.2 传统产业组织经济学企业理论

传统产业组织经济学哈佛学派代表人物贝恩(Bain,1958)在吸收和继承马歇尔的完全竞争理论、张伯伦的垄断竞争理论和克拉克的有效竞争理论的基础上,提出了结构-行为-绩效分析范式。贝恩认为,新古典经济理论的完全竞争模型缺乏现实性,同一产业内不同企业之间不是完全同质的,存在规模差异。不同产业具有不同的规模经济要求,因而它们具有不同的市场结构特征。市场竞争和规模经济关系决定了某一产业的集中程度,一旦企业在规模经济的基础上形成垄断,就会充分利用其垄断地位与其他垄断者共谋限制产出和提高价格以获得超额利润,同时,产业内的垄断者通过构筑进入壁垒使超额利润长期化。在贝恩看来,企业依然是一个利润最大化的"生产函数",一组功能和子功能的集合体,由工业技术所能达到的范围来给企业划定"自然边界",外生的产业组织的结构特征(规模经济要求)是企业长期利润的来源。至于企业内部是如何运作的,贝恩将此问题推给了管理科学。

### 4.1.3 行为经济学企业理论

与新古典经济学企业理论、传统产业组织经济学企业理论不同,行为经济学企业理论扩展了新古典经济学企业理论的完全理性、目标一致性和利润最大化假设,将企业视为具有有限理性的个人或群体的结合,如股东、员工、经理、供应商及顾客等,每一个参与者有自己的目标,而且这些目标通常是不一致的。马奇、西蒙和西尔特共同发展了这一理论(Cyert & March,1963;March & Simon,1958;Simon,1957)。该理论认为企业目标由参与者协商决定,企业经理们更关注企业生存,或者实现一个包含较少风险或折中参与者利益冲突的满意利润水平。行为经济学企业理论提供了企业内部决策制定过程的有益解释,但较少解释企业为什么生存和企业之间的业绩差异(Slater,1997)。

### 4.1.4 交易成本经济学企业理论

交易成本经济学以科斯(Cose,1937)的原创性论文《企业性质》为开端,由威廉姆森(Williamson,1975)加以发展并完善。该理论以有限理性和机会主义假定为理论前提,把交易作为

---

① Slater Stanley F. Developing a Customer Value-Based Theory of the Firm[J]. Academy of Marketing Science,1997,25(2):162-167.

基本分析单位,认为市场和企业是协调资源配置的手段,选择市场还是企业是基于各自的交易成本。一项交易的成本取决于交易的三个关键维度:资产专用性、不确定性以及交易频率,资产专用性、不确定性以及交易频率高的交易倾向于在企业内部而不是通过市场进行。该理论将企业视为"一种控制结构"[1],其存在是因为在某些情况下企业内部协调成本要低于市场交易成本。企业规模被界定在这样一个定点:企业将倾向于扩张直到在企业内部组织一笔额外交易的成本,等于通过在市场上或在另一个企业中组织同样交易的成本为止[2]。

### 4.1.5 代理理论

代理理论主要汲取了产权理论和交易成本理论的研究成果,形成两个主要流派:实证代理理论和委托代理理论。实证代理理论主要研究契约怎样影响委托人(股东)和代理人(管理者)的行为,委托代理理论的中心问题是委托人怎样设计代理人的薪酬结构,并且通过正式的数学模型来解决[3]。该理论认为由于现代企业所有权和经营权的分离,委托人和代理人之间存在利益上的分歧。代理理论假设人是有限理性、自私的和机会主义的,因此代理人将寻找最大化自己利益而可能损害委托人利益。在代理理论中,企业被视为"契约的连接",基本分析单位是契约。代理理论试图进入"黑箱"以解释委托人和代理人的冲突原因和后果,以及为减轻两者冲突的各种控制方式的有效性。

### 4.1.6 资源基础观企业理论

将企业视为"资源集合体"的观点可以追溯到Penrose(1959)和Selznick(1957),Penrose认为企业是异质性的,可利用的或可能的企业资源导致企业生产或服务独有的特征。沃纳菲尔特(Wernerfelt,1984)最终确立了资源基础观的企业理论研究范式[4]。企业资源基础观将企业资源定义为"全部资产、能力、组织过程、企业特性、信息、知识等被企业控制并能用于企业战略规划和实施以改进效率和效果"[5]。与新古典经济学企业理论相似,资源基础观企业理论将企业视为资源集合体,然而,资源基础观不包含新古典经济学的完全信息、同质性资源和资源流动性假设[6]。按照该理论,企业的异质性主要产生于企业所积累或拥有的资源差别,正是对那些有价值的、稀缺的、难以模仿和难以替代的特殊资源的理性认识和选择利用,导致了企业的业绩和规模的差异。

### 4.1.7 顾客价值基础观企业理论

将企业视为顾客需求的集合体。顾客价值基础的思想产生可以追溯到Alderson(1957)、

---

[1] Seth Anju, Thomas Howard. Theories of the firm: implications for strategy research[J]. Journal of Management Studies,1994,31(2):168.

[2] 刘凤芹,谢适汀.论企业的边界与规模:近期文献的一个评述.东北财经大学产业组织与企业组织研究中心工作论文,2006.

[3] 杜玛·塞特斯,斯赖德·海因.组织经济学:经济学分析方法在组织管理上的应用[M].北京:华夏出版社,2006:111,112.

[4] Wernerfelt Birger. A Resource-based View of the Firm[J]. Strategic Management Journal,1984,5(2):171-180.

[5] Barney Jay. Firm Resources and Sustained Competitive Advantage[J]. Journal of Management,1991,17(1):99-120.

[6] Conner Kathleen R. A Historical Comparison of Resource-Based Theory and Five Schools of Thought Within Industrial Organization Economics: Do We Have a New Theory of the Firm? [J]. Journal of Management,1991,17(1):121-154.

Drucker(1973)、Anderson(1982)、Woodruff(1997)[①]等,Slater(1997)最终确立了企业顾客价值基础观。该理论认为企业存在的目的是满足顾客需要,企业是顾客需求的集合体,超常业绩是企业为顾客提供超常价值的结果。企业应致力于聚集在一个独特的细分市场或者有一种与众不同的独特价值主张,为目标顾客提供超常价值。为此,企业经营有着广泛的经济目标和为实现目标的多种战略选择。该理论认为企业之间业绩差异的原因是企业拥有了解和把握顾客价值及其变化趋势并不断创新的企业文化,而资源在这里扮演相对较弱的角色。企业业绩影响着企业规模与范围,业绩超常或潜力巨大的企业能够产生扩张所需的资金或获得足够的外部资金支持。

从企业立身之本来考虑,企业最终的回报来自顾客。"企业的价值活动、核心能力、战略资源,从本质上看,都只不过是顾客需求的衍生物,是因为能够满足顾客的需求而存在、而有价值"[②]。美国美智(Mercer)咨询公司四位资深专家通过对12家当今最成功企业的研究表明,"在新的环境中,成功的企业是那些以客户为中心进行思维,认识到客户的关键需求,并以新的企业设计来满足这种需求的企业"[③]。美国学者 Robert B. Woodruff 认为,顾客价值已经成为竞争优势的新来源。德鲁克认为,企业只有一个利润中心,那就是顾客钱袋,经营只有一个目标,那就是造就顾客[④]。W. Chan. Kim 和 Renée. Mauborgne 的研究也表明了顾客价值创新能为企业带来更高的回报(表 4-1)[⑤]。

表 4-1 扩张性投资与价值创新投资比较

| 参数 | 扩张性投资 | 价值创新投资 |
| --- | --- | --- |
| 投资百分比 | 86% | 14% |
| 收益百分比 | 62% | 38% |
| 利润百分比 | 39% | 61% |

可见,思考"企业为什么存在?"的思维基点是顾客,更准确地说是顾客价值。例如,华为公司以客户为中心的战略和联想使命与核心价值观。

(1) 华为公司秉承以客户为中心的战略
- 为客户服务是华为存在的唯一理由;客户需求是华为发展的原动力。
- 质量好,服务好,运作成本低,优先满足客户需求,提升客户竞争力和赢利能力。
- 持续管理变革,实现高效的流程化运作,确保端到端的优质交付。
- 与友商共同发展,既是竞争对手,也是合作伙伴,共同创造良好的生存空间,共享价值链的利益。

(资料来源:华为官方网站。)

---

[①] Woodruff Robert B. Customer Value:the Next Source for Competitive Advantage[J]. Journal of the Academy of Marketing Science,1997,25(2):139-153.
[②] 项保华.战略管理——艺术与实务[M].3 版.北京:华夏出版社,2001:368.
[③] 亚德里安·J·斯莱沃斯基,大卫·J·莫里森,劳伦斯·H·艾伯茨,等.发现利润区[M].北京:中信出版社,2000:16.
[④] 彼德·F·德鲁克.公司绩效测评(《哈佛商业评论》精粹译丛)[M].中国人民大学出版社,哈佛学院出版社,1999:19.
[⑤] Kim W Chan,Mauborgne Renée. Value Innovation:The Strategic Logic of High Growth[J]. Harvard Business Review,1997,75(1):103-112.

(2) 联想使命与核心价值观

• 企业定位

联想从事开发、制造及销售最可靠的、安全易用的技术产品。

我们的成功源自不懈地帮助客户提高生产力,提升生活品质。

• 使命

为客户利益而努力创新;

创造世界最优秀、最具创新性的产品;

像对待技术创新一样致力于成本创新;

让更多的人获得更新、更好的技术;

最低的总体拥有成本(TCO)、更高的工作效率。

• 核心价值观

成就客户——我们致力于每位客户的满意和成功。

创业创新——我们追求对客户和公司都至关重要的创新,同时快速而高效地推动其实现。

诚信正直——我们秉持信任、诚实和富有责任感,无论是对内部还是对外部。

多元共赢——我们倡导互相理解,珍视多元性,以全球视野看待我们的文化。

(资料来源:联想官方网站。)

## 4.2 顾客价值

### 4.2.1 顾客价值内涵

在探讨顾客价值基础战略范式之前,先来剖析企业创造的产品或服务的总价值。作为最一般的考虑,可将企业所创造的产品或服务的总价值定义为顾客价值与企业价值之和,其中的顾客价值就等于顾客认知利益与顾客认知价格的差,企业价值就等于企业实现收益与企业成本支出的差(图4-1)[①]。

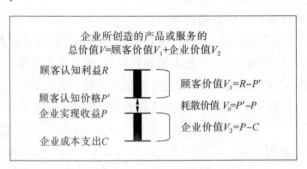

图 4-1 企业价值构成

顾客价值理论由 Valarie A. Zeithaml 在 1988 年首先提出[②],表 4-2 列出了目前文献中具有代

---

① 项保华. 战略管理——艺术与实务[M]. 3 版. 北京:华夏出版社,2001:169.

② Valarie A Zeithaml. Consumer perceptions of price, quality, and value: a means-end model and synthesis of evidence[J]. Journal of Marketing,1988,52(3):2-22.

表性的顾客价值定义。这些定义包含了学者们普遍认同的顾客价值内涵,即顾客价值是"顾客视角的顾客认知利益与顾客认知价格的差",其数值可以通过对顾客在感知产品或服务收益与支出时所涉及的感知要素(即顾客价值要素)的主观评分值反映出来。顾客价值要素可以分为两类(罗海青和柳宏志,2003)[①],一类是基础性顾客价值要素,这类感知要素是绝大多数顾客都认为是重要的顾客价值要素,如品质、服务;另一类是竞争性顾客价值要素,这类感知要素是顾客认知态度差异性较大的顾客价值要素,如体验、绿色、价格、品牌、信息、时尚、归属。根据双因素理论,基础性顾客价值要素属于保健性因素,只能消除顾客的不满意,不能提高顾客价值感知;而竞争性顾客价值要素才属于激励因素,能提高顾客价值感知。基础性要素是前提,竞争性要素在基础性要素基础上发生作用,企业间的模仿及顾客价值偏好的动态变化会使两类要素发生转化。

表 4-2 顾客价值的代表性定义

| 学 者 | 顾客价值的内涵 |
| --- | --- |
| Zeithaml(1988) | 顾客价值就是顾客所能感知到的利得与其在获取产品或服务中所付出的成本进行权衡后对产品或服务效用的整体评价。 |
| Monroe (1990) | 购买者的价值感知代表产品的感知质量或感知利得与产品价格的感知利失相权衡。 |
| Andersonetal(1993) | 组织市场中的价值是购买方企业参照可供应商的产品和价格,对某一产品为其带来的经济、技术、服务和社会利益(benefit)中所获溢价(worth)的感知。 |
| Woodruff (1997) | 顾客价值就是顾客对产品的某些属性、属性的性能以及在具体情形中有助于(或有碍于)达到其目标和意图的产品使用结果的感知偏好和评价。 |
| Kotler (1999)[②] | 顾客让渡价值是指总顾客价值与总顾客成本之差。总顾客价值就是顾客期望从某一特定产品或服务中获得的一组利益。总顾客成本是在评估、获得和使用该产品或服务时引起的顾客的总预计费用。 |
| 项保华(2001) | 顾客价值等于顾客认知利益与顾客认知价格的差。顾客认知利益是指顾客感觉到的收益总和,它可以通过顾客对于品种、价格、质量、服务、信誉、速度等要素的综合感受得到反映;顾客认知价格指的是顾客感觉到的支出总和,它可以通过顾客在消费产品或服务过程中涉及的时间、金钱、心理等成本的高低得到反映。 |

## 4.2.2 顾客价值评价

顾客价值分析评价有两种视角:一是企业视角的顾客价值评价,即企业自身对为顾客提供产品或服务价值的评价;二是顾客视角的顾客价值评价,即顾客对企业为自己提供产品或服务价值的评价(图 4-2)。在战略实践中,不仅要从企业自身视角进行分析,而且还须将注意力由企业内部转向企业外部的顾客,从顾客视角,通过与顾客的直接而广泛接触,而不是仅凭零星的数据和资料,发现顾客价值偏好,尽可能缩小企业视角顾客价值与顾客希望价值的差距。为更好地把握顾客价值偏好,还需要拓宽发现顾客的视野,不仅要关心直接顾客的价值偏好,而且还要关注产品或服务价值链上的两个至三个,甚至四个顾客群[③]。由于顾客价值偏好会随着时间推移不断发生变化,企业需要建立扁平化的直接面向顾客的组织架构和顾客信息系统,把握顾客需求的动态变化。

---

① 罗海青,柳宏志.顾客价值评价实证研究[J].经济管理,2003(24):63-67.
② 菲利普·科特勒.营销管理:分析、计划、执行和控制[M].上海:上海人民出版社,1999:35,36.
③ 亚德里安·J·斯莱沃斯基,大卫·J·莫里森,劳伦斯·H·艾伯茨,等.发现利润区[M].北京:中信出版社,2000:28.

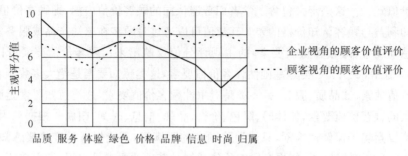

图 4-2　两种视角的顾客价值要素评价

## 亚马逊:地球上"最以客户为中心"的公司

1994 年,贝索斯浏览一个网站时看到一个数字:2 300%——这是每年使用互联网人数的增长速度。他两眼放光,也渴望成为互联网浪潮中的弄潮儿。一年后,在美国西雅图郊区的车库里,"网上书店"亚马逊(Amazon.com)诞生了。之所以用全世界最大的一条河来命名公司,贝索斯说希望它能成为图书行业的"亚马孙"。

今天的亚马逊不仅成了名副其实的"亚马孙",而且在它没有边界的业务版图里,还有更多"可能性"的未来。几年前,曾有媒体问贝索斯:亚马逊的目标是什么?他的回答一点都不浮夸:我们的理想是成为"地球上最以客户为中心的公司"。他还期望能成为其他完全不同行业企业的模板,让其他行业的企业也能说出"希望在我们自己的行业也实现那样卓越的客户体验"。"客户至上"思维将亚马逊带上了疾速成长的道路,其对客户体验彻头彻尾的贯彻执行也成为商界经典的教科书。

(1) 别老盯着对手

1990 年代,当很多人还不知道电子商务是何物时,贝索斯已经开始用自己的行动验证电子商务的强大了。从 1995 年 7 月成立到 2000 年 1 月,五年不到的时间,亚马逊以惊人的成长速度创造了一个电商神话。他早早开辟了一个零售的全新经营模式——只要轻轻点击一下鼠标,网上下单,都能收到自己想要的书。网上书店以前所未有的体验,吸引着人们对它的频频买账,推动了亚马逊的快速崛起。

贝索斯说,很多企业都奉行"close following(紧随其后)战略",也就是密切关注竞争对手的动向,观察对手的行动是否顺利,如果顺利就马上模仿。"对于采取这种战略的公司,我觉得不应该加以指责。但与此同时,他们什么都没有创造。"在商业竞争上,他认为跟在别人的后面就表示不是以客户,而是以竞争对手为中心的。为此,亚马逊践行了看似所有公司都懂,却并没有真正落到实处的"客户至上"这一思维,使亚马逊开展的所有业务都围绕它进行,并且创造了业界无可匹敌的优势。

在瞬息万变的零售业,贝索斯认为永远不变的只有三件事:一是无限选择;二是最低价格;三是快速配送。所以,他把焦点放在客户身上,始终站在长远角度考虑问题。例如,在 2006 年,亚马逊前瞻性地推出基于云计算的服务(Amazon Web Services,AWS),如今已经成为其最赚钱的业务,还超越了 IBM。

(2) 杜绝"一封该死的邮件"

"亚马逊是一家客户公司。"贝索斯说。为了给客户提供最简捷的方式,让其得到最好的体验,亚马逊通过500多个量化的指标来衡量运营表现。其中,80%以上的指标围绕客户需求来制定。贝索斯始终认为,客户总是对的。亚马逊有一个不成文的传统:公司开会时,通常会刻意留下一把空椅子,提示与会人员必须考虑正坐在这把椅子上的客户的感受。"为客户带去好的体验,是一家企业能够永远坚持下去的事情。"贝索斯说。为了不让客户体验失分,亚马逊还设定了一个十分特别的角色:"提高客户体验专员"(Customer Experience BarRaiser),这些专员由受过专门训练的员工来担当。提高客户体验专员一旦有"情报",亚马逊的员工就会感到紧张。

(3) "这个产品对客户重要吗?"

2004年,亚马逊的一名工程师提出一个创意:在60秒内给客户提供任何一本曾经出版的书。理由是:未来移动时代,客户需要这样的终端设备,以及由该设备提供的与服务紧密结合的客户体验。亚马逊花费了数年时间开发这个产品,最终使得电子书Kindle问世。2008年,贝索斯在给股东的一封信中说道:亚马逊通过"逆向工作法"来了解客户需求,耐心探索,不断磨炼,直至找到解决方案。搞清楚客户需要什么,再进行逆向操作,这就是亚马逊推崇的"逆向工作法"。这早已成为了亚马逊独特的公司文化。像Kindle这样的创新产品,开发的出发点就不是工程师的品位,而是客户的需求。在产品诞生之前,从副总裁到初级研发人员,无一例外都会在一起共同讨论。如果不是客户想要的产品,那么就必须"消失"。事实上,亚马逊Kindle的诞生,不仅对客户来说是惊喜,也给开发者、出版业、作者等多方带来极大的好处。贝索斯的目标是用kindle打造一个生态圈,涉足影视、音像市场。这可能成为苹果iTunes生态系统最强有力的竞争对手。

(4) 永远坚持"长期利益"

1997年,亚马逊上市,股价、市值一路飙升。贝索斯在致股东的一封信中,提到两个重要的层面:一,不懈地专注于客户;二,专注于成长为长期市场领导者,而非短期盈利能力或者市场反应。"长线思维"是贝索斯永远要坚持的。他说,如果你做的每一件事把眼光放到未来三年,和你同台竞技的人很多;但是如果你的目光能放到未来七年,那么可以和你竞争的就很少了。"如果把客户放在第一位,那么其他利益相关者也都会受益。只要他们以长期眼光看问题。"为此,他可以任性地用7年时间等待一个新产品带来利润。比如Kindle、WebServices和Amazon Prime,无一不是经过了漫长的酝酿期。Kindle的销售在亚马逊的业务版图中根本不赚钱。但贝索斯有一个基本预期:通过Kindle,和客户建立一个持续性的关系,这样他们就会来购买亚马逊的内容产品,如电子书、音乐、电影、电视剧、游戏和应用等。他曾说过,"在旧世界,人们利用30%的时间打造优秀的服务,将70%的时间用来吆喝叫卖。在新世界,这个比例关系要颠倒过来。"

作为一家公司的CEO,贝索斯说:"如果你在做创新和开拓的工作,你就要乐于长时间地被人误解。"但即使被人误解,贝索斯也会觉得"这很有趣",为此他一直带领亚马逊制造更多的惊喜。在互联网界,这是一种探索者的心态。比如,2016年已经取得专利的亚马逊无人机送货服务,绝不是玩噱头,贝索斯要把它变成"看得见"的客户体验。这意味着,全球网络零售巨头亚马逊向"空中快递"迈进了一大步。

(本案例由作者根据网络资料整理)

## 4.3 基于顾客价值的战略范式

在战略实践中,企业可以借助顾客价值判定程序(Customer Value Determination,CVD)(图4-3)确定企业在已经选择的业务领域究竟要提供哪些顾客价值,并由此获得对当前目标顾客的准确判断。

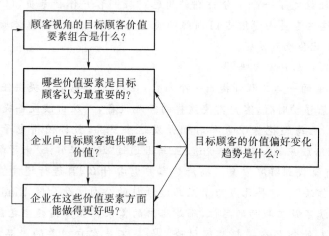

图4-3 顾客价值判定程序(CVD)

由图4-1可以看到,企业价值的实现是以企业为顾客创造价值为前提的。所以,企业战略定位须以顾客价值为基础:第一,借助顾客价值判定程序(CVD)分析确定企业所从事事业领域的顾客价值偏好结构;第二,从中选择那些企业希望为之提供价值,同时又可以为企业带来价值的顾客作为目标顾客;第三,分析确定企业需要哪些资源和能力才能为顾客提供价值并创造企业价值;第四,分析确定自身的经营优势,即提供哪些比竞争对手更高的顾客价值;第五,选择并实施顾客价值和企业价值创造战略,创造并保持经营优势(图4-4)。

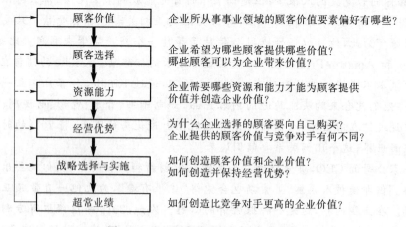

图4-4 基于顾客价值的企业战略范式

 案例 4-2

## 海底捞的差异化战略

随着国际知名餐饮企业不断地涌入我国的餐饮市场,中国餐饮业开始认识到危机的影响。根据中国烹饪协会的一份调查问卷,消费者满意度最高的是菜品质量的评价,而满意度最低的是服务态度。可知,中国的餐饮企业更加重视产品的问题,而不重视其服务质量。海底捞却通过差异化战略在国内餐饮行业脱颖而出,不断发展壮大,取得了高额利润。其差异化战略主要体现在以下两点。

(1) 利用产品和服务的独特性建立口碑营销

口碑营销是指企业利用消费者对本企业产品的印象并将其印象告知他们的朋友、亲戚等其他潜在消费者进而达到口口相传的效果,使企业的产品及其品牌为更多人所熟知。海底捞已经将标准化、信息化很好地融入其工作体系中,例如在材料的选用、厨房的工作、店内卫生等工作。而在服务方面,海底捞就做得更加无微不至,在服务的过程中消费者时时刻刻都在体验海底捞所带来的"变态"的优质服务。海底捞将把产品和服务完美地结合在一起,相互发挥各自优势,就成了大家口口相传的"海底捞"。海底捞几乎不用折扣吸引消费者,它只是利用了其产品的独特和服务的独特使消费者高度满意,消费者满意度高,他就会将海底捞火锅的信息尤其是它的独特之处告诉他的亲友,进而吸引更多的消费者,达到口碑营销的效果。

(2) 人性化管理促成服务差异化

海底捞能够让员工和消费者都满意,源自它的人性化管理。海底捞尊重和公平地对待每一位员工,让每一位员工都感到自己不只是一名员工,更是海底捞大家庭的一员,从而真正地融入企业当中。全心全意为企业为顾客服务的员工,成为海底捞的一个差异化竞争优势。海底捞不管是在员工的管理方面还是在对消费者的服务方面都做到了以人为本,达到了真正的人性化。而想要有效地实施人性化的情感营销,就必须让消费者深刻体会到其付出的情感,但这个情感并不是用标准化、单一化的管理就可以做到的,必须从海底捞管理高层到管理中层再到一线服务人员一层层地渗透以人为本的企业价值观并贯彻执行人性化管理。因此提升服务水准的关键不是培训,而是对员工人性化的管理。

(资料来源:叶家.浅谈海底捞火锅差异化战略[J].商场现代化,2016(06):65.)

## 本章小结

(1) 从战略管理思维逻辑来看,企业理论对于"企业为什么存在?"的回答,即从根本上阐明企业未来目标与存在理由,恰恰是解决战略管理问题的逻辑思维起点。与战略管理研究相关的企业理论有古典经济学企业理论、传统产业经济学企业理论、组织经济学企业理论、企业资源基础观和顾客价值基础观。

(2) 顾客价值是"顾客视角的顾客认知利益与顾客认知价格的差",其数值可以通过对顾客在感知产品或服务收益与支出时所涉及感知要素,即顾客价值要素的主观评分值反映出来。

(3) 顾客价值要素可以分为两类:一类基础性顾客价值要素,这类感知要素是绝大多数顾客都认为是重要的顾客价值要素;另一类是竞争性顾客价值要素,这类感知要素是顾客认知态度差异性较大的顾客价值要素。

(4) 顾客价值分析评价有两种视角:一是企业视角的顾客价值评价,即企业自身对为顾客提供产品或服务价值的评价;二是顾客视角的顾客价值评价,即顾客对企业为自己提供产品或服务价值的评价。

(5) 基于顾客价值的企业战略范式思路:第一,借助顾客价值判定程序(CVD)分析确定企业所从事事业领域的顾客价值偏好结构;第二,从中选择那些企业希望为之提供价值,同时又可以为企业带来价值的顾客作为目标顾客;第三,分析确定企业需要哪些资源和能力才能为顾客提供价值并创造企业价值;第四,分析确定自身的经营优势,即提供哪些比竞争对手更高的顾客价值;第五,选择并实施顾客价值和企业价值创造战略,创造并保持经营优势。

### 思考题

(1) 顾客价值的基本内涵是什么?举例说明。

(2) 调查分析一种产品或服务的顾客价值要素构成情况,并对不同厂商或品牌的产品或服务进行比较。

(3) 基于顾客价值的企业战略范式思路是什么?举例说明。

# 第 5 章　环境分析

把国家的大潮流用好用足。利用"天时"和"地利"去实现市场计划。

——摘自《联想风云》

顾客价值偏好会随着环境的变化而改变,因此,有必要了解环境分析内容与方法,以便能够更好把握顾客价值或创造新的顾客价值偏好。在第 2 章中学习理论导向战略管理思维的时候已经初步了解了相关内容,本章就产业分析、宏观环境分析、资源/能力分析、SWOT 分析作详细阐述。

## 5.1　产业分析

外部分析的起点是找出企业所在的产业,分析产业环境中的竞争力量,找出机会与威胁。波特产业结构分析模型是产业竞争环境分析的经典方法。波特认为,五种力量决定了产业竞争状况,这五种力量分别是新的市场进入者的威胁、产业中既有企业之间的竞争、购买者的讨价还价力量、供应方的讨价还价力量、替代品的威胁。

### 5.1.1　新的市场进入者的威胁

新的市场进入者是当前不在行业内但是有能力进入本行业的公司。某一行业被入侵的威胁的大小主要取决于行业的进入障碍,影响行业进入障碍的因素主要有:规模经济、经验优势、顾客的品牌忠诚度、专有技术或专利、进入的资本成本的高低、政府的法规政策等。

(1) 规模经济。已进入者由于拥有一定的市场占有率和稳定的客户群,一般具备了相当的规模,其单位成本随着固定成本的大量分摊而下降,因而具有一定的成本优势。新进入者面临两难的处境:要么进行大规模的投资以便使产能超过已进入者,这样就面对较高的市场和投资风险;要么控制投资规模,逐步扩大产能,这样就面临较高的产品成本。

(2) 经验优势。已进入的企业积累了新进入企业所不具备的本行业经验,一方面表现在作业人员的熟练程度高,有更高的劳动生产率;另一方面表现在管理人员在研发、制造、营销等方面拥有更丰富的管理经验和技巧,使管理费用下降,并且企业的整体运营风险也会随之下降。

(3) 顾客的品牌忠诚度。已进入者不仅拥有稳定的客户群,而且形成了一批忠诚客户,他们已习惯于购买某一品牌的产品。新进入者要说服消费者改变购买习惯,转而购买他们的产品,需要在产品和营销方面投入更多的资源,从而面临更大的风险。

(4) 专有技术或专利。如果已进入者掌握和拥有专有技术或专利,因此形成较高的技术壁垒,新进入者风险倍增。

(5) 进入的资本成本的高低。企业在进入一个新的市场时,会系统地研究和评估面临的风险。特别是在研发、广告、营销网络建设等投入大、收效却存在不确定性的关键环节,由于资本的本质是追逐利润,且资本本身是有成本的,因此投资者在进入前会对风险作审慎的评估。

(6) 政府的法规政策。即使在市场经济的时代,政府仍然可以用各种调控手段影响经济运行。政府根据国家利益的需要对某个行业或市场制定相应的法规和政策,或者直接采用配额、许可证等手段调控经济,这也是新进入者必须考虑的因素。

### 5.1.2 产业内既有企业之间的竞争

现有企业间的竞争状态取决于如下因素:集中度、竞争者分散度、过剩生产能力和退出障碍、成本条件、现有竞争者的力量和数量、产业增长速度、固定或库存成本、生产能力增加状况、竞争对手类型、战略利益相关性等。

(1) 产业增长速度。如果产业增长平稳或较慢,但竞争对手多且新进入者增加较快,就会使竞争压力加大,为了保住自己的市场份额,企业往往会通过降价来提高销售量。在市场萎缩的时候,价格竞争会更加激烈。

(2) 固定或库存成本。在企业的固定成本或存货成本较高的时候,企业为了分摊较高的固定成本,会千方百计地增加销售量,以便使单位成本下降。而使销售量增加的最直接、最有效的方法就是降价。尤其是在企业的产能未得到充分发挥的时候,一般都会采用价格竞争的方式。

(3) 顾客转换成本。如果顾客改变购买行为的转换成本比较低,也就是说从购买某一品牌的产品变为购买另一品牌的产品非常容易,且不必付出其他成本,那就说明该市场产品同质性明显,此时产品的竞争更多表现为价格的竞争。

(4) 现有竞争者的力量和数量。现有竞争对手的数量和竞争力决定了市场竞争的强度,这种竞争一般表现在价格、产品、广告、售后服务各个方面。在一个完全竞争市场,如果产品没有太大的差异性,价格竞争往往成为主要手段,这会使行业的整体赢利水平下降。

### 5.1.3 购买者的讨价还价力量

购买者的影响因素主要有:买方是否大批量或集中购买、买方这一业务在其购买额中的份额大小、产品或服务是否具有价格合理的替代品、买方面临的购买转移成本的大小、本企业的产品或服务是否是买方在生产经营过程中的一项重要投入、买方是否有"后向一体化"的策略、买方行业获利情况、买方对产品是否具有充分信息、价格敏感性等。

(1) 批量大小和集中的程度。买方购买的数量越大,购买越集中,讨价还价的能力就越强,因为对卖方而言,此类客户就是主要客户,在这种情况下,买方议价能力较强。

(2) 产品的重要程度和转换成本。如果产品对买方非常重要,而且产品的差异性较大,寻找替代品不易或者寻找成本较高,买方议价能力就会受到影响。

(3) 买方掌握信息的程度。市场中的信息越不对称,对卖方就越有利,如果买方掌握了有关产品的价格、成本、库存等关键信息,买方在讨价还价中就占有优势。

(4) 买方采用一体化战略。买方无论采取前向一体化还是后向一体化,都会使买方讨价还价的能力显著增强。

### 5.1.4 供应方的讨价还价力量

供应方的影响因素主要有:要素供应方行业的规模和集中化程度、要素替代品行业的发展状况、本行业是否是供方集团的主要客户、要素是否为该企业的主要投入资源、要素是否存在差别化或其转移成本是否低、要素供应者是否采取"前向一体化"的威胁、要素供应者的信息。

（1）供应方提供的产品对买方来说非常重要，并且具有不可替代性，比如资源型产品或技术垄断性产品，这种情况供方的议价能力较强。

（2）对供应方来说，买方数量多且每个买方购买总量比较均衡，没有数量特别大的购买者，这种情况对供方讨价还价有利。

（3）对买方来说，供应方数量有限，没有多少选择的余地，或者选择的机会成本高，都会使买方的议价能力大打折扣。

（4）供应方实施前向一体化战略，自己消化初级产品，进入买方市场，对买方造成供应和竞争的双重威胁。

### 5.1.5　替代品的威胁

替代品的威胁主要包括如下内容：哪些产品是替代品，购买者对替代品的购买倾向，替代品的相对性能价格比，替代品的可获得性。由于提供的产品和服务的种类不同，企业分属于不同的行业。顾客在购买产品和服务时，出发点是为了满足自己的需求，他们并不关注产品和服务所属的行业。因此，任何产品都可能被其他同样能满足顾客需求的产品所取代。替代品的威胁程度取决于以下条件：

（1）存在很多方法能够满足顾客的相同需求，而且不存在技术上的困难，成本也能为顾客所接受。

（2）顾客放弃使用原来的产品，转而使用替代品的转换成本或者说机会成本很低，比如不存在使用和售后方面的问题。

（3）顾客对价格敏感，而替代品有明显的价格优势，会导致顾客的转向。

（4）顾客的品牌忠诚度低，替代品的威胁增加。

## 5.2　宏观环境分析

宏观环境也会影响产业的竞争结构，这些宏观环境因素可以概括为政治/法律、社会、经济、技术、人口五个方面。

政治/法律环境包括一个国家的社会制度，执政党的性质，政府的方针、政策、法令等。不同的国家有着不同的社会性质，不同的社会制度对组织活动有着不同的限制和要求。企业必须研究目标市场国家或地区与企业经营有关的政策法律，如反垄断法、税法、劳动合同法、消费者权益保护法等，政府在这些方面的政策会影响到每一个企业的运作和利润[①]。中国的特征样例如下[①]：

为深入贯彻落实党的十九大精神，进一步激发民间投资活力，引导民营制造业企业转型升级，加快制造强国建设，2017年10月27日，工业和信息化部、发展改革委、科技部、财政部、生态环境部、商务部、人民银行、工商总局、质检总局、知识产权局、工程院、银监会、证监会、保监会、国防科工局、全国工商联日前联合印发了《关于发挥民间投资作用 推进实施制造强国战略

---

① 李玉刚.战略管理[M].北京：科学出版社，2005：24-30.

的指导意见》(以下简称《指导意见》)。

《指导意见》按照"市场主导、问题导向、协同推进、公平共享"的原则,从民营企业反映强烈、制约民间投资、影响提质增效升级的突出问题出发,提出了八项提升民营制造业转型升级的主要任务,提升创新发展能力、提升信息化和工业化融合水平、参与工业基础能力提升、提升质量品牌水平、推动绿色制造升级、优化产业结构布局、促进服务化转型、鼓励国际化发展。

为保障各项工作任务落实到位,《指导意见》提出了五个方面的保障措施,包括改善制度供给,优化市场环境;完善公共服务体系,提高服务质量水平;健全人才激励体系,提升企业管理水平;加大财税支持力度,发挥引导带动作用;规范产融合作,创新金融支持方式。促进制造业民营企业持续健康发展。

社会文化环境包括一个国家或地区居民的教育程度和文化水平、宗教信仰、风俗习惯、审美观点、价值观念等。文化水平会影响居民的需求层次;宗教信仰和风俗习惯会禁止或抵制某些活动的进行;价值观念会影响居民对企业目标、企业活动以及企业存在本身的认可;审美观点则会影响人们对企业活动内容、活动方式以及活动成果的态度。各个国家和民族都有其各不相同的传统,但人们为适应环境进行的变换所进行的种种努力,使传统发生了变化,这种变化对企业经营也产生影响。例如,妇女参加工作使双职工家庭普及,这不仅影响企业的劳动资源,而且激发了对许多产品和服务的需求,包括用于减轻家务劳动负担的洗衣机、冰箱、微波炉、包装食品、托儿所等。又如,老年人在人口中所占比例的增加则使老年医疗、滋补品、精神生活等成为一种不可忽视的需求。中国的特征样例如下:

2015年党的十八届五中全会决定全面实施一对夫妇可生育两个孩子政策后,2016年和2017年我国出生人口和出生率有大幅提高。虽然2018年我国出生人口和出生率比2017年有所下降,但从育龄妇女的生育水平看,仍高于"单独两孩"和"全面两孩"政策实施前的水平;从生育孩次看,出生人口中二孩及以上出生人数和比重也明显高于一孩。"全面两孩"政策对促进生育水平起到了积极作用,二孩出生数量在很大程度上缓解了一孩出生数量减少的影响,有利于改善人口年龄结构,促进人口均衡发展。

经济环境主要包括宏观和微观两个方面的内容。宏观经济环境主要指一个国家的人口数量及其增长趋势,国民收入、国内生产总值及其变化情况以及通过这些指标能够反映的国民经济发展水平和发展速度。微观经济环境主要指企业所在地区或所服务地区的消费者的收入水平、消费偏好、储蓄情况、就业程度等因素。中国的特征样例如下:

2018年居民消费价格比上年上涨2.1%,其中食品价格上涨1.9%。

2018年城乡居民人民币储蓄存款余额182.52万亿元,同比增长7.8%。

2018年全年农村居民人均可支配收入14 617元,增长8.8%,扣除价格因素,实际增长6.6%;城镇居民人均可支配收入39 251元,增长7.8%,扣除价格因素,实际增长5.6%。农村居民家庭恩格尔系数(即居民家庭食品消费支出占家庭消费总支出的比重)为30.1%,城镇居民家庭恩格尔系数为27.7%。

技术环境指的是有关具体产业的一般环境因素。技术进步会给企业提供有利的发展机会,也会给某些企业带来威胁。静电印刷技术的发展促进了复印机的发展,导致了复写业的衰落,半导体的发明急剧地改变了视听行业的竞争形势。某项新技术突破,有时会诞生一个新兴行业,但同时也会影响现有产品的生产周期以致摧毁一个传统行业。目前,技术进步的速度越来越快,投入研究开发的经费高速增长,技术创新的机会和途径更为广泛,局部的、渐变的改革增长迅速,重要的技术突破可能不再是个人的发明创造,而是有计划的研究和局部改革积累的

结果,从而带来了某种程度的可预测性。中国的特征样例如下:

2018年我国研究开发费用支出占GDP比重预计为2.15%,研发人员总量预计达到418万人年,居世界第一。

新技术的应用带来产品和服务的更新,如等离子技术、液晶显示技术给彩电行业带来的影响。

网络技术的成熟,高速局域网技术迅速发展,更高性能的互联网的发展,使得网络已经渗入商业、金融、行政、医疗、科研、教育等各个部门。

人口环境与总人口的数量、年龄结构、地理分布、各民族构成以及收入分布有关。企业应在全球的基础上分析人口因素,不仅局限于国内。人口因素也像其他因素一样为企业带来机会和威胁,并且可能对组织产生重大影响。中国是世界上人口最多的国家。2005年1月6日,中国第13亿个公民降生。20世纪80年代中期以来,出生人口性别比开始攀升,人口老龄化进程加快。根据国际社会惯例,65岁以上人口占总人口的7%或60岁以上人口比例超过10%的社会被称为老龄社会或老年型人口国家。2018年年末,我国60周岁及以上人口达24 949万人,占总人口的17.9%,其中65周岁及以上人口达16 658万人,占总人口的11.9%。中国的特征样例如下:

2018年年末中国大陆总人口(包括31个省、自治区、直辖市人口,不包括香港、澳门特别行政区和台湾地区人口以及海外华侨)139 538万人,比上年年末增加530万人。其中,城镇常住人口83 137万人,乡村常住人口56 401万人。男性人口71 351万人,女性人口68 187万人。0~15岁人口24 860万人,占总人口的17.8%;16~59岁人口89 729万人,占总人口的64.3%;60岁及以上人口24 949万人,占总人口的17.9%,其中,65岁以上人口16 658万人,占总人口的11.9%。

当前我国人口发展处于重大转折期,随着年龄结构的变化,自2012年起,我国劳动年龄人口的数量和比重连续7年出现双降,7年间减少了2 600余万人。受劳动年龄人口持续减少的影响,劳动力供给总量下降,2018年年末全国就业人员总量也首次出现下降,预计今后几年还将继续下降。

# 5.3 资源与能力分析

企业拥有或控制的资源分类、主要特征、关键评估指标如表5-1所示。

**表5-1 资源的分类和评估**

| 资源分类 | | 主要特征 | 关键评估指标 |
|---|---|---|---|
| 有形资源 | 金融资产 | 企业的借款能力和内部筹资能力决定了它的投资能力,并使它能够应付需求和利润随时间而发生的波动 | 权益负债率;<br>净现金流量与资本支出的比;<br>贷款利率 |
| | 物质资产 | 厂房与设备的大小、位置、技术先进性及灵活性;<br>土地、建筑物的位置和替代用途;<br>原材料储备限制企业生产可能性组合的物质资源和决定企业成本位置的重要性 | 固定资产的变现价值;<br>资本设备的寿命;<br>厂房规模;<br>厂房与设备的灵活性 |

续表

| 资源分类 | | 主要特征 | 关键评估指标 |
|---|---|---|---|
| 无形资源 | 技术 | 以专有技术(专利、版权、商业秘密)形式保有的技术储备、技术运用中的专业知识(方法);<br>用于创新的资源,如研究设备、科技人员 | 专利的数量和意义;<br>来自专利和许可的收益;<br>研究开发人员占总人员的百分比 |
| | 商誉 | 通过商标所有权、与顾客的关系而建立的顾客信誉;<br>企业因产品服务的质量、可靠性而享有的声誉;<br>企业在供应商(包括零部件供应商、银行及其他借款人、雇员及潜在雇员)、政府、政府机构、以及所在社区中的信誉 | 品牌识别;<br>与竞争品牌的差价;<br>重复购买率;<br>企业业绩的水平和持续程度;<br>对产品性能的目标测量 |
| | 人力资源 | 对雇员的培训和雇员所拥有的专业知识决定了企业可以利用的技能;<br>雇员的适应性是决定企业战略灵活与否的关键因素;<br>雇员的投入和忠诚决定了企业能否实现并保持竞争优势 | 雇员在教育、技术及职业方面的合格证;<br>相对于同行业的损失赔偿水平;<br>关于劳动争端的记录;<br>雇员换岗率 |

固定资本和运营资本这样的有形资源对企业的重要性渐渐地趋于弱化了,这一点可以从它们对为增加企业价值所做出的贡献和作为导致竞争优势的基本因素的作用中看出。但是,就企业的财务报告而言,无形资源大部分还是不可见的。

品牌和其他商标都是商誉资产的一种形式——它们的价值在于扎根于消费者心中的信任。这一价值反映了消费者愿意为品牌商品所支付的、高于非品牌商品或非知名商品的溢价。品牌价值的估计值衡量了这一溢价,如果把它乘上这种品牌的年销售量,最后通过对未来的品牌收益运用贴现因子的方法,我们便可计算出它的净现值。除品牌外,商誉也许还被附着在企业本身的价值上。除商誉外,技术形成了无形资源中最为重要的一种资源。评价技术资源的中心问题是所有权。

在正常情况下,资源不能独自发挥作用。大多数生产任务需要各种资源在一个团队中紧密合作,这种协调各种资源实现组织目标的过程体现出的是企业能力。为了考察企业能力,首先需要对企业的活动进行分类。分类的方法通常有两种:职能分类和价值链分析。职能分类揭示了与企业的每一个主要职能相关的组织能力,价值链分析法(图 5-1)则把企业的经营活动分解成一个时间序列链,是识别和评价企业内部环境优势和劣势的有效方法。

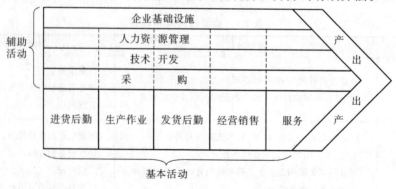

图 5-1　价值链分析模型

价值链分析法将企业的生产视为一个创造价值的过程,这个过程由两种类型活动组成:一类是基本活动,主要涉及如何将输入有效地转化为输出,这部分活动直接与顾客发生各种各样的联系;另一类是支持性活动,主要体现为一种内部过程。

(1) 企业基本活动。包括以下内容:①内部后勤。内部后勤包括资源的接收、储存和分配活动,也包括材料的处理、库存控制和运输等。②生产作业。这一活动过程是将各种输入转化为最终的产品和服务,如制造、工艺调整和测试等。③外部后勤。外部后勤包括产品接收、储藏和分销活动。④市场营销。主要包括消费行为研究、广告和促销等。⑤售后服务。这项基本活动包括安装调试、培训、维修和提供备件等。

(2) 支持性活动。主要包括以下几类活动:①企业基础设施。企业基础设施包括全面管理、计划、财务、会计、法律、政府事务和质量管理等活动。基础设施与其他辅助活动不同,通常支持着整个价值链,而不是单项的活动。②人力资源管理。人力资源管理由对各类人员的招聘、雇佣、培训、开发和报酬所包括的活动组成。③技术开发。每项价值活动都包含技术,无论是技术诀窍、程序,还是在工艺设备中所包含的技术。技术开发由一系列的活动组成,这些活动可以大致划分为致力于改进产品和致力于改进工艺两种。④采购。采购指的是购买用于企业价值链的投入的职能,而不是指外购投入本身。外购投入包括原材料、零配件和其他消耗品,以及机器、试验室设备、办公室设备和房屋建筑等资产,虽然外购投入通常都与基本活动相联系,但外购投入存在于各项包括辅助活动在内的价值活动中。采购往往分散在企业的各个部门。

在企业内部,与个人任务相关的专业能力组合成更为宽广的机制能力,包括市场营销能力、生产能力、研发能力等。最高水平的整合是需要宽领域交叉作用整合的能力。因此,新产品的开发能力需要研发、市场营销、生产制造、资本运作和战略规划的整合。图 5-2 展示了一个通信交换设备制造商的组织能力结构。

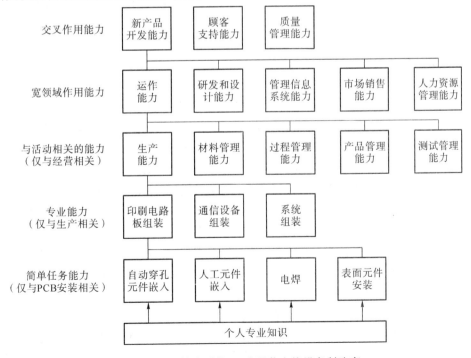

图 5-2 组织能力系统:一个通信交换设备制造商

## 5.4 SWOT 分析

基于顾客价值进行战略定位的时候,环境分析是重要的考虑因素,SWOT 分析提供了一个将产业环境、宏观环境、企业资源/能力进行综合分析的框架。SWOT 分别代表优势、劣势、机会和威胁。优势和劣势是针对企业资源/能力的分析,机会和威胁是针对外部产业/宏观环境的分析。SWOT 分析涉及的基本内容在第 2 章中已经做了介绍,本节以苏宁云商为例来探讨 SWOT 分析方法的具体应用。

案例 5-1

### 苏宁云商 SWOT 分析

苏宁云商 1990 年创立于中国南京,是中国最大的商业零售企业。2004 年 7 月,苏宁云商(苏宁电器(002024))在深圳证券交易所上市,成为国内首家 IPO 上市的家电连锁企业。但是,随着政府对家电零售业补助的撤销和市场化的发展,家电零售业的发展越来越困难,整个产业发展遭遇增长的难题,传统家电连锁卖场的疲软现象已经成为定局。因此发展转型,构建多元化增长点就变成了国内众多家电零售业的首要选择。

苏宁云商既是苏宁开启跨越式"去电器化"发展新旅程的第一步,也是其商业模式的创新以及企业组织架构系统变更的一种信号。苏宁云商自 2012 年以来逐步从原来以单一电器销售模式为主导的企业转变为多产品经营的企业,将线下 1 600 多家门店和线上苏宁易购相结合,并逐步取得了国际快递业务,建立了物流系统等产业链,其目的就是将"云服务"的模式和"O2O 模式"更加深入地贯彻到企业策略中,满足消费者一站式购物的需求,提高消费者对苏宁平台的认同和黏性,最终实现苏宁云商转型的目的。

**1. 优势分析**

(1) 规模方面。苏宁店面覆盖中国大陆 273 个地级以上城市,在中国大陆地区拥有连锁店 1 568 家,连锁店面积合计达 662.90 万平方米。同时公司还持续优化香港、日本市场店面布局,目前公司在香港地区拥有连锁店 31 家,在日本市场拥有连锁店 11 家。

(2) 品类方面。苏宁除现有传统家电、消费电子外,在百货类产品、日用产品,尤其是面向消费者的整体家庭智能家具的解决方案、面向小企业的办公解决方案中发力。

(3) 战略方面。"超级店"模式和"旗舰店"模式使得苏宁云商在销售业绩和用户体验方面走在同行竞争对手的前面。2012 年又实施了"旗舰店+网络平台"的战略,逐步推进"超级店+旗舰店+乐购仕生活广场"的模式。

(4) 物流方面。苏宁云商加大对物流基地的投入,已在南京、北京、天津等 11 个城市建立了物流基地,在广州、长沙、上海等 16 个城市的物流基地正在建设中。同时公司还申请国际快递执照,是目前拥有快递执照最多的电商。

(5) 人才方面。苏宁云商自建立以来就非常注重人才的培养和提拔,现有专业化技术人员近 3 000 人,其中,高级人才 109 人,中级人才 316 人,初级人才 2 500 多人。

**2. 劣势分析**

(1) 政策方面。2012年以来,国际经济环境复杂多变,国内经济转型发展趋势严峻,家电行业的疲软和家电惠民政策的退出使得公司在一二线发达城市销售受到影响,加之人工成本和门店租金等方面的成本,影响了公司的利润。

(2) 网络交易方面。2013年苏宁易购虽然排名第三位,但是仅占我国B2C网络零售市场的4.9%,表明苏宁云商在网络销售平台的交易额与天猫和京东相比还差很多。

(3) 服务方面。苏宁云商虽然一直以客户为中心,但是在服务质量已越来越成为消费者选择零售商的关键的时代,不少客户抱怨苏宁云商快递速度慢,用户体验不到位,苏宁显然在这方面仍未能得到全面的发展。

(4) 技术方面。苏宁云商物流后台管理,线上线下会员的数据融合,支付融合,线上线下打通技术等问题的存在,苏宁云商是否具备这样的技术支持能力,能否在不损害顾客利益的前提下完美地将线上线下融合,仍是亟待解决的问题。

(5) 成本方面。虽然在家电消费品领域苏宁云商已经形成了规模经济,降低了采购成本,但是在日用产品、金融衍生品等领域苏宁云商仍是新进企业,在成本控制和经验上相比于其他成熟企业不具有优势。

**3. 机会分析**

(1) 国家转型期。目前我国正处于经济转型期,很多行业都在重新整合,国家鼓励并支持企业转型发展。互联网、物联网,尤其是智能终端的不断变化和快速运用,为整个零售行业消费市场打开了巨大的发展空间,目前的形势对零售行业来说机遇和挑战并存。苏宁云商在现阶段转型适应了我国的基本国情,为自身的转型带来便利。

(2) 电商模式。目前家电产品市场的竞争已进入以客户服务为主体的时代,网络营销、线上线下融合、建立一体化云平台成为企业的发展趋势。苏宁选择"店商+电商+零售服务商"的云商模式,在发展转型过程中着眼于供应链拓展、团队组织建设、互联网营销能力、服务基础建设的提升,不断开拓市场,大力发展网络与实体店相结合的模式是正确的选择。

(3) 营销模式。苏宁的产品向多元化不断扩张,其经营的商品包括八个种类、上千个品牌、20多万个规格型号;苏宁采用多种定价策略,在不同的时期对价格做出相应的调整,牢牢把握顾客的消费心理;苏宁采取多种促销方法,如明星代言、户外媒介、营业推广中的限时特卖会、家电下乡以旧换新等公共关系策略提高知名度;苏宁将市场划分为不同的种类,然后分别采取不同的进入方式和分销渠道,其中就包括直营店铺和特许加盟。

(4) 平台模式。苏宁云商的线上平台是区别于阿里巴巴、京东和天猫的一种全新的模式。苏宁易购不仅为第三方商户提供了平台,同时也为自己的产品提供平台,在这样一个不单纯依赖自营产品也不单纯依赖第三方产品的平台上,苏宁易购能够更好地扩大市场,与集团进行融合,放弃传统的平台使用费、技术使用费、佣金等收费模式,采用自营赚取差价、销售提成、物流服务、金融服务、引流服务、推广服务、数据服务、售后服务等盈利模式。

**4. 威胁分析**

(1) 现有企业间竞争激烈。行业增长速度放慢,尤其是一二线城市市场趋于饱和。一方面,零售网点数量不断增加,单个企业规模不断扩大;另一方面,行业平均利润率不断降低,实体零售关店频现。同时国内新生力量不断崛起,国外零售业加快步伐抢占中国市场,50家世界大型零售商75%已经在中国"抢滩登陆"。

(2) 利润增长率和增长速度矛盾。从表面上看,苏宁云商正在逐步实施走向"去电器化"转型企业的宏伟蓝图,然而,苏宁云商每年的销售额能否支撑其大规模的投资扩张,其股东和债权人能否和决策者一样对苏宁云商的未来持较高预期,这些对于目前大肆发展扩张的苏宁云商都形成威胁。

(3) 线上业务不规范。过去十年,电子商务虽然在飞速发展,但是绝大多数平台商家没有在工商局备案登记,这样就使得电子商务领域管理混乱,出现真空状态。假货、劣质商品肆虐,使得消费者对于网络购物持不信任态度,这对于苏宁云商实施线上线下相结合的战略存在着潜在的威胁。

(4) 物流滞后。虽然目前苏宁云商投入大量资金扩建物流基地,但是,物流平台的建设速度与连锁网络的拓展速度相比具有一定的滞后性,这在一定程度上可能导致二三线城市的服务质量有所下降,导致消费者不满意,从而影响了企业向二三线城市渗透的策略。

| 内部环境<br><br>外部环境 | 优势(Strengths)<br>一、规模方面<br>二、品类方面<br>三、战略布局方面<br>四、物流方面<br>五、人才方面 | 劣势(Weakness)<br>一、政策方面<br>二、网络交易方面<br>三、服务方面<br>四、技术方面<br>五、成本方面 |
|---|---|---|
| 机会(Opportunities)<br>一、国家转型期<br>二、电商模式<br>三、新的销售模式<br>四、平台模式 | SO 战略<br>一、人才留用战略<br>二、市场化战略<br>三、"O2O 模式"战略 | WO 战略<br>一、关注用户体验<br>二、拓展新兴领域<br>三、提高售后服务水平 |
| 威胁(Threats)<br>一、利润增长率和增长速度<br>二、企业间不正当竞争<br>三、线上业务不规范<br>四、物流滞后 | ST 战略<br>一、建立完善的物流平台<br>二、保障产品质量,减少中间环节<br>三、保护股东权益,树立信心 | WT 战略<br>全面提升业务水平,以及服务质量,重点关注顾客需求,减少成本,保障质量 |

图 5-3 苏宁云商 SWOT 分析

(资料来源:何丹涛.基于 SWOT 分析的苏宁云商转型战略研究[J].现代商贸工业,2015,36(03):107-109.)

## 本章小结

(1) 波特产业结构分析模型是产业竞争环境分析的经典方法,该模型包含的五种力量分别是供应方的讨价还价力量、新的市场进入者的威胁、替代品的威胁、购买者的讨价还价力量、产业中既有企业之间的竞争。

(2) 宏观环境也会影响产业的竞争结构,这些宏观环境因素可以概括为政治/法律、社会、经济、技术、人口五个方面。

(3) 企业拥有或控制的有形资源、无形资源、人力资源有各自不同的主要特征、关键评估指标。在正常情况下,资源不能独自发挥作用。大多数生产任务需要各种资源在一个团队中紧密合作,这种协调各种资源实现组织目标的过程体现出的就是企业能力。考察企业能力,通常使用两种方法:职能分类和价值链分析。

(4) SWOT分析提供了一个将产业环境、宏观环境、企业资源/能力进行综合分析的框架。SWOT分别代表优势、劣势、机会和威胁。优势和劣势是针对企业资源/能力的分析,机会和威胁是针对外部产业/宏观环境的分析。

## 思考题

(1) 波特产业结构分析模型的主要内容是什么?试用该模型分析一家企业的产业环境。

(2) 分析自己所熟悉的一个地区(省、市或县)的宏观环境要素的主要特征。

(3) 运用SWOT分析,并结合第(1)题和第(2)题的内容,对一家企业作综合分析。

# 第6章 经营优势

> 斗智斗勇。这世道的许多事情并不在于一时一事的秉公周正,而在于维系大局的平衡。所以既然不能"智取",那就认罚。
>
> 技术当然是推动企业前进的力量,但若仅仅凭借技术,那就一事无成。因为任何技术都是短命的,真正使公司生生不息的,是创新技术和把技术推向市场的能力。
>
> ——摘自《联想风云》

企业生存之本是"四满意",其核心是顾客满意。考虑在企业现实经营活动中,企业与竞争对手之间存在着既竞争又合作的互动关系,单纯强调竞争优势可能使得企业过分关注竞争者而忽略了顾客,容易引起"战略近视症"。本书比较认同项保华的提法,认为以顾客价值为战略管理出发点,企业战略目标是构建"经营优势",即致力于向顾客提供比竞争对手更高的产品或服务价值。同时考虑到 Porter 基本竞争战略的简单分类不利于企业战略创新,本书提出"盈利模式"的概念,为了向消费者提供比竞争对手更有价值的产品或服务,企业应致力于从"成本领先战略"和"差别化战略"的诸多实施策略中找到一种恰当的策略组合,本书将这种基本竞争策略组合称为"盈利模式"。不同于波特的基本竞争战略,企业的特色策略组合体现得更多的是企业自身资源、能力以及资源与能力的整合。

本章首先简要评述基本竞争战略,然后提出经营优势的概念,最后分析实现经营优势的盈利模式。

## 6.1 基本竞争战略

波特教授在其经典著作《竞争战略》中提出了如何采取三种基本竞争战略——成本领先战略、差异化战略、集中化战略(或称目标积聚战略)抵抗五种竞争力量的威胁。在第 2 章中已经了解了三种基本竞争战略,本章对这些战略作简要评述,为后面的盈利模式学习做准备。

### 6.1.1 成本领先战略

企业通过采用一系列具体策略在产业中赢得成本领先地位。采取成本领先战略要求企业积极地建立起达到有效规模的生产设施,全力以赴地降低成本,抓紧成本与管理费用的控制,以及最大限度地减少研发、推销、广告等方面的成本费用,但又不能忽视质量、服务等。

实施成本领先战略可以获得许多优势。例如,面对强有力的购买者要求降低产品价格的压力,仍可以有较好的收益;由于对原材料或零部件的需求量大,也便于和供应商建立稳定的协作关系;在规模经济或成本优势方面形成进入障碍,削弱了新进入者的进入威胁;在与替代品的斗争中,可用削减价格的办法稳定现有顾客的需求,使之不被替代产品所替代。

成本领先战略的局限性包括：(1)投资较大。企业必须具备先进的生产设备,才能高效率地进行生产,以保持较高的劳动生产率。(2)技术变革会导致生产过程工艺和技术的突破,使企业过去大量投资和由此产生的高效率一下子丧失优势,并给竞争对手造成以更低成本进入的机会。(3)将过多的注意力集中在生产成本上,可能导致企业忽视顾客需求特性和需求趋势的变化,忽视顾客对产品差异的兴趣。(4)由于企业集中大量投资于现有技术及现有设备,提高了退出障碍,因而对新技术的采用以及技术创新反应迟钝甚至采取排斥态度。

成本领先战略有一定的适用范围,需要对市场和产品进行具体的分析。如果产品和市场具备以下特征,采用成本领先战略会更有效力。

(1)市场需求具有较大的价格弹性。所谓价格弹性,就是价格变化引起的销售量的变化程度。《管理经济学》中严格的表达为:价格每降低1%,销量会增长百分之多少。由于价格与销量是反向运动的,因而价格弹性一般为负数。我们可以想象,如果价格降了1%,而销量的增长多于1%,企业不会因降价而减少收入。因为降价引起的收入减少会因销量的增长得到弥补甚至有余。所以一般而言,只要价格弹性小于1,或其绝对值大于1,并且只要价格在成本之上,降价就有利于企业。

(2)标准化产品。所处行业的企业大多生产标准化产品,一般由价格竞争决定企业的市场地位。

(3)产品差异化小。没有出现完全的细分市场,顾客需求基本同质,实现产品差异化的途径较少,多数客户对产品的功能诉求趋同。

(4)转换成本低。顾客购物从一个品牌转向另一个品牌时,不会发生转换成本,因而特别倾向于购买价格最优惠的产品。

(5)品牌忠诚度低。顾客对价格的敏感高于对品牌的敏感,价格成为顾客购买决策的首选因素。

 案例 6-1

### 沃尔玛的成本领先战略

**1. 贯彻节约开支的经营理念**

沃尔玛的经营理念蕴含于其"天天平价,始终如一"的经营策略中。沃尔玛在零售这一微利行业,力求比竞争对手更节约开支,这一看似平实但实际上效果显著的经营理念,成为沃尔玛在零售行业保持领先的关键所在,为其确立并成功实施成本领先战略提供了先决条件,它使沃尔玛在采购、存货、销售和运输等各个商品流通环节想尽一切办法降低成本,并能够在包含高科技的计算机网络方面和信息化管理方面不惜代价,投入重金打造其有助于降低整体物流成本的高科技信息处理系统。

**2. 从物流循环链条看沃尔玛如何实施成本领先战略**

物流成本控制水平是衡量零售企业经营管理水平的重要标志,也是影响零售企业经营成果的重要因素。快捷的信息反馈和高效的物流管理系统,可以使商品库存量大大降低,资金周转速度加快,企业成本自然降低。沃尔玛将涉及采购、存货、运输等在内的各个物流循环链条,作为实施成本领先战略的载体,并通过对该链条的集中管理,把整个链条中各个点的成本降至行业最低。

(1) 购货环节采取向工厂直接购货、统一购货和辅助供应商减少成本等方式来降低购货成本

①直接向工厂购货方式

很多商家采取的是代销的经营方式,以规避经营风险,沃尔玛却实施直接买断购货政策,而且对于货款结算采取固定时间决不拖延的做法。沃尔玛的平均应付期为29天,竞争对手凯玛特则需45天。这种购货方式虽然使沃尔玛需要冒一定的风险,但供应商的利益得到了保护,大大激发了供应商与沃尔玛建立业务的积极性,赢取了供应商的信赖并同供应商建立起友好融洽的合作关系,从而保证了沃尔玛的最优惠进价,大大降低了购货成本。据沃尔玛自己的统计,沃尔玛实行向生产厂家直接购货的策略,使采购成本降低了2‰～6‰。

②统一购货方式

沃尔玛采取中央采购制,尽量由总部实行统一进货,特别是那些在全球范围内销售的高知名度商品,如可口可乐、柯达胶卷等,沃尔玛一般将一年销售的商品一次性签订采购合同,由于数量巨大,其获得的价格优惠远远高于同行,形成他人无法比拟的低成本优势。

③辅助供应商减少产品成本方式

沃尔玛通过帮助供应商改进工艺、提高质量、降低劳动力成本、分享沃尔玛的信息系统等,辅助供应商实现最低成本,从而提高收益率。

(2) 存货管理环节降低包装成本和存货成本

沃尔玛的商品多以大包装出售,以减低单独包装的成本。同时,将信息系统运用于分销系统和存货管理。公司总部有一台高速计算机,同20个发货中心及1 000多家商店连接。通过商店付款柜台扫描器售出的每一件商品,都全自动计入计算机。当某一货物减少到某一数量时,就会发出信号,使商店及时向总部要求进货,总部安排货源后,送往离商店最近的分销中心,再由分销中心的电脑安排发送时间和路线。在商店发出订单后48小时,所需的货品就会全部出现在货架上。这种高效的存货管理,使公司既能迅速掌握销售情况,又能及时补充存货不足;既不积压存货,又不使商品断档,加速资金周转,大大降低了资金成本和库存费用。

(3) 分销配送环节沃尔玛自身拥有车队,有效地降低了运输成本

在整个物流链条中,运输环节是最昂贵的部分,如果运输车队省下的成本越多,那么整个物流链条节省的钱就会越多。为降低运输成本和提高效率,沃尔玛采取了自身拥有车队的方法,并辅之全球定位的高科技管理手段,保证车队总是处在一种准确、高效、快速、满负荷的状态。沃尔玛各店铺从向总部订货到实现补货,仅需2天,而竞争对手需要4～5天才能实现补货一次。据沃尔玛自己的统计,沃尔玛的商品运往商店的成本,即进货费用占商品总成本的比例只有3‰,而竞争对手则需要4.5‰～5‰。这就保证了沃尔玛能以快速的服务和低廉的价格获得与竞争者同样的利润。

**3. 利用发达的高科技信息处理系统作为战略实施的基本保障**

沃尔玛的高科技信息处理系统不仅包括发达的计算机网络体系,还包括全美最大的私人卫星通信系统和世界上最大的民用数据库。沃尔玛所有店铺、配送中心的购销调存以及运输车队的详细信息,都可以通过与计算机相连的通信卫星传送到总部的数据中心,数据中心为沃尔玛各店铺、配送中心、供应商和车队进行通信联系和信息交流提供了便利。在先进的高科技信息处理系统的支持下,各店铺、配送中心、供应商和运输车队利用空中信息轨道及时联络,使快速移动的物流循环链条上的各个点实现了光滑、平稳、顺畅的低成本衔接。

**4. 与供应商建立战略伙伴关系**

企业如果能够打破供应链伙伴之间传统的交易关系,积极寻求与供应商、分销商、顾客等供应链外部参与者的合作或联盟,就可以以广泛的团队,通过共担风险、共享收益、共享信息、共同完成长期目标,实现对顾客需求的快速反应和供应链总利润的最大化。沃尔玛与供应商建立战略伙伴关系,整合零售企业的上游价值链,促进零售企业与供应商双赢的效果,一方面增强与供应商的管理能力,另一方面又降低物流费用、交易费用、提高物流效率、提高顾客满意度。

(本案例由作者根据网络资料整理)

### 6.1.2 差异化战略

企业为客户市场提供差异化的产品或服务,形成在全产业范围内的独特性优势。实现差异化战略有许多方式:设计或品牌形象、技术特点、外观特点、客户服务、经销网络及其他方面的独特性。最理想的情况是公司使自己在几个方面都与竞争对手具有差异化。应当强调,差异化并不意味着企业可以忽略成本,但此时成本不是企业的首要战略目标。差异化战略利用客户对品牌的忠诚以及由此产生对价格的敏感性下降使企业得以避开价格竞争。

差异化战略的实施条件包括:(1)企业具有很强的研究与管理能力,员工创新能力强。(2)企业具有以其产品、质量或技术领先的良好声誉。(3)很强的市场营销能力。(4)产品开发、市场营销等职能部门之间要具有很强的协调性。(5)企业能吸引高级研究人员、创造性人才和高技能职员。

实施差异化战略的竞争优势有:(1)利用顾客对差异化产品的偏爱和忠诚,降低对产品的价格敏感性,使企业避开价格竞争,在特定领域形成独家经营的市场。(2)顾客对差异化企业(或产品)的忠诚可以形成强有力的进入障碍。(3)产品差异可以产生较高的边际收益,增强企业对付供应者讨价还价的能力。(4)由于购买者别无选择,对价格的敏感度又低,企业可以运用产品差异战略来削弱购买者的讨价还价能力。(5)由于企业具有特色,又赢得了顾客的信任,在特定领域形成独家经营的市场,便可在与替代品的较量中,比其他同类企业处于更有利的地位。

产品差异化战略也有自身不足:(1)保持产品的差异化往往以高成本为代价,因为企业需要进行广泛的研究开发、产品设计、高质量原料和争取顾客支持等工作。(2)并非所有的顾客都愿意或能够支付产品差异所形成的较高价格。同时,买主对差异化所支付的额外费用是有一定支付极限的,若超过这一极限,低成本低价格的企业与高价格差异化产品的企业相比就显示出竞争力。(3)企业要想取得产品差异,有时要放弃获得较高市场占有率的目标,因为它的排他性与高市场占有率是矛盾的。

**案例 6-2**

### 小米的差异化战略

小米科技(全称北京小米科技有限责任公司)由前 Google、微软、金山等公司的顶尖高手组建,是一家专注于新一代智能手机软件开发与产品研发的公司。米聊、MIUI、小米手机是小米科技的三大核心产品。小米科技成功的秘诀在于:避开与竞争对手拼杀的红海,实行差异化的营销战略。

**1. 差异化定位**

市场定位,也被称为产品定位或竞争性定位,是根据竞争者现有产品在细分市场上所处的地位和顾客对产品的某些属性的重视程度,塑造出本企业产品与众不同的鲜明个性或形象,并传递给目标顾客,使该产品在细分市场上占有强有力的竞争位置。

小米手机将产品属性定位于发烧友手机,核心卖点是高配置、低价格和软硬一体。小米定位的具体策略是:首先对目标消费者的需求进行分析。智能机除具备普通手机最基本的短信和通话功能外,还具备了掌上计算机的许多功能,特别是可用网络的浏览器和可安装的各种特色功能的应用软件,为用户提供了很大便利,也使得智能手机成为一个功能强大的手持终端设备,包括语音通话、影视娱乐、视讯短信、信息管理、无线网络接入等功能,这对青年人是具有很大吸引力的;其次对顾客的购买模式进行分析。快速发展的网络技术改变了消费者的许多行为习惯,使得越来越多的人开始使用计算机和移动通信工具上网,也进行网络购物。小米手机一开始就将自己定位为"高性能发烧手机"。创始人雷军解释了其中原因:当前 Android 的深度用户基本都是发烧人群,MIUI 的受众构成也是如此。借助新浪微博、人人网等各种渠道,信息传播的速度很快,对专业人群和发烧友的选择和使用将起到一个比之前更强的示范作用。雷军在做小米手机时就想要成为苹果那样的公司,用产品唤起用户的热情,培养了一圈忠实的"米粉"。

**2. 产品差异化策略**

产品差异化是指产品的特征、工作性能、一致性、耐用性、可靠性、易修理性、式样和设计等方面的差异。也就是说企业生产的产品,要在质量、性能上明显优于同类产品的生产厂家,从而形成独立的市场。

小米创始人雷军多次阐明了互联网手机的逻辑:与之前比拼硬件的传统手机不同,现在手机市场已经进入了综合比拼硬件、软件和服务的"铁人三项赛"。他将小米公司的战略称为"铁人三项"加 CPS。"铁人三项"指的是硬件、操作系统、云服务,而 CPS 则是通讯录、电话和短信。从长期来看,小米公司的核心竞争力不是一款手机即时通信软件,而应该是小米手机从硬件到云端的整个链条。

近年来,以 iPhone 为代表的智能手机的出现,带来了用户行为和个人终端市场的巨大变革,然而,智能手机普遍偏高的价格却也让大量消费者望而却步。在这样的市场背景下,售价仅为 1 999 元的小米手机一经推出便受到极大关注。小米手机坚持"为发烧而生"的设计理念,将全球最顶尖的移动终端技术与元器件运用到每款新品。由于具有极高的性价比,和用户的要求完美契合,并且成功地运用一系列营销模式,小米手机自上市以来备受热捧,使以前只有在苹果手机首次发售时才会产生的哄抢局面首次在国产机上演。

**3. 差异化的市场推广**

一个新产品要想打开市场,不仅需要产品自身先进的技术和可靠的质量,还需要与竞争对手不同的市场推广策略。小米手机的市场推广特点表现在以下几个方面。

(1) 产品未出,先闻其声

小米科技凭着自身的技术优势,在手机未出来之前,先从软件上为其做了铺垫。2011年8月小米科技发布基于 Android 的手机操作系统 MIUI,MIUI 很快就得到了刷机爱好者的认可,同年年底,小米推出手机聊天软件米聊,模仿 Talkbox 式即时通信软件的米聊,一开始就获得了 Android 用户关注,迅速积累起大量用户。

(2) 饥饿营销

饥饿营销是指商品提供者有意调低产量以期达到调控供求关系,制造供不应求的假象,维持商品较高售价和利润率的目的。关键点在于产品对消费者的吸引力,以及如何让消费者感受到供不应求的紧迫感。饥饿营销一般借助三类因素:一是把握市场节奏,推出适合市场、具备强大竞争力的产品;二是通过各种媒介宣传造势;三是产品本身具备核心竞争力,并不容易被复制仿造。小米技术采用的策略是:(1)高调发布产品信息,吊足消费者胃口。小米手机的正式版尚未发布,确先预售了工程纪念版。而且小米手机工程机采用秒杀的形式出售。2011 年 8 月 29—31 日三天,每天 200 台限量 600 台,比正式版手机优惠 300 元。此消息一出,在网上搜索如何购买小米手机的新闻瞬间传遍网络,让更多的人对小米手机充满了好奇,越来越多的人想买一台,貌似拥有一台小米手机就是身份的象征似的。(2)分批开放、限量发货的模式。这种模式让小米手机总能在很短时间销售一空。小米在手机的营销运营上可谓花足了心思,从秒杀、预售,到 F 码、小米之家,各种手段频出,加上产品本身立得住,产生了惊人的传播效果。

(3) 促销渠道的差异化策略

没有电视广告,没有专卖店,没有促销员,网上一样卖手机,这就是小米手机。以微博、论坛、专业网站评测配合电子商务销售,成为独特的小米手机促销模式。小米手机采用线上直销销售方式,小米手机官网、凡客诚品官网都可以完成一站式的订购。最近货源地发货的一站式物流体系,大大缩短了物流所耗费的时间,并提供七天退货保障,十五天换货承诺。小米手机出现以前,手机市场的销售方式是传统的实体店铺销售,小米手机通过网购手机的方式,降低了用户的时间成本、体力成本和精神成本。

**4. 差异化传播**

在营销传播上,小米利用自身的网络优势,实施了与传统手机厂商不同的策略。雷军和乔布斯一样相当关心用户体验。互联网时代,社交媒体将日益成为趋势,可以让消费者获得与实体店购买同等的体验。创业至今,一直自诩为互联网企业的小米深谙此道。"和'米粉'做朋友"是小米的口号。为此,小米成立了由 400 名自有员工组成的呼叫中心,专门负责在小米社区、微博以及对于米粉来电的互动和反馈,并以此和米粉建立直接联系,加深米粉对于小米的体验。

(1) 微博传播

微博是一个新兴的媒体,以方便快捷、影响面大而备受欢迎。小米手机在正式发布前,其团队通过雷军的微博与关注小米的人群进行交流,同时通过 IT 界名人的微博充分为小米手机造势,微博的影响力被小米运用到极致。网络是培育"米粉"的平台,微博是小米聚合"米粉"的利器。小米几乎把微博玩到了极致。

(2) 小米手机论坛

小米手机论坛是小米科技公司的品牌虚拟社区,该社区成立的时间比较短暂。该社区主要分为论坛、同城会等,以论坛板块为主体,同城会等板块主要负责组织线下交流。小米品牌虚拟社区在让成员获取信息、交流互动、活动回报等方面成绩显著,在营销策略上极具特色。小米社区是小米公司为用户提供服务的重要场所,用户界面及搜索便利可以提升社区效率,而主题内容则彰显价值。

(3) 线上线下开展活动,广泛与消费者沟通

为了给成员提供丰富多彩的社区生活,社区应开辟线上活动区,不定时举办活动,提供米粒(小米社区虚拟币)、手机配件甚至手机等相应奖励。社区在线下发起了"爆米花""同城会"等活动,在活动中大家以现实身份进行交流,拉近了成员之间的距离,满足了人们内心渴望接触新朋友的欲望。线上线下活动的结合增强了用户的愉悦感,提升了社区的社交价值,使得社区成员间的互动质量与社交临场感得到提高与深化,同时社区对这些活动的成果予以展示,使得更多成员有意愿参加社群活动,对公司的形象和产品形象起到了良好的宣传作用。

(资料来源:袁小明.小米科技公司的差异化战略[J].企业改革与管理,2013(11):43-45.)

### 6.1.3 集中化战略

企业主攻某个特定的顾客群、某产品系列的一个细分区段或某一个地区市场。低成本与差异化战略都要在全行业范围内实现其目标,集中化战略则是围绕着为某一特定目标提供产品或服务。这一战略的前提是公司能够以更高的效率、更好的效果为某一狭窄的战略对象服务,从而超过在更广阔范围内的竞争对手。其结果是企业或者通过较好地满足特定对象的需要实现了差异化,或者在为这一对象服务时实现了低成本,或者二者兼得。

实施集中化战略具有以下几个方面的优势:经营目标集中,可以集中企业所有资源于特定战略目标之上;熟悉产品的市场、用户及同行业竞争情况,可以全面把握市场,获取竞争优势;由于生产高度专业化,在制造、科研方面可以实现规模效益。

集中战略也包含风险,主要是注意防止来自三方面的威胁:(1)以广泛市场为目标的竞争对手,很可能将该目标细分市场纳入其竞争范围,甚至已经在该目标细分市场中竞争,它可能成为该细分市场潜在进入者,构成对企业的威胁。(2)该行业的其他企业也采用集中战略,或者以更小的细分市场为目标,构成了对企业的威胁。(3)由于社会政治、经济、法律、文化等环境的变化,技术的突破和创新等多方面原因引起替代品出现或消费者偏好发生变化,导致市场结构性变化,此时集中战略的优势也将随之消失。

 案例 6-3

#### 格力空调的集中化战略

格力空调是唯一一家坚持集中化经营战略的大型家电企业,著名财经杂志美国《财富》中文版揭晓的消息表明:作为我国空调行业的领跑企业,格力电器股份以7.959亿美元的营业收入、0.55亿美元的净利润,以及6.461亿美元的市值再次荣登该排行榜第46位,入选《财富》"中国企业百强",成为连续两年进入该排行榜的少数家电企业之一。不仅多项财务指标位居家电企业前列,而且在2002年空调市场整体不景气的情形下,格力空调的销售实现了稳步增长,销量增幅达20%,销售额及净利润均有不同程度的提高,取得了良好的经济效益,充分显示了集中化经营的魅力。

波特曾经指出"有效地贯彻任何一种战略,通常都需要全力以赴"的战略原则,指出"如果企业的基本目标不止一个,则这些方面的资源将被分散"的战略后果。正因为如此,许多企业在商战中选择和确定了自己的集中化发展战略,并且运用这种发展战略取得了明显的经济效益。格力就是一个这样的企业。

格力的集中化战略并不是"一篮子鸡蛋"的战略。把集中化战略当成"一篮子鸡蛋"的战略完全是理论上的糊涂、逻辑上的混乱。近年,当不少厂家都在为产品的出路犯难,甚至为吸引消费者的眼球不惜祭起降价大旗的时候,格力向北京、广州、上海、重庆等大中城市投放了一款高档豪华的空调新品——"数码2000",它以其智能化的人体感应功能、安全环保的一氧化碳监测功能和独具匠心的外观设计,受到了各地消费者特别是中高收入阶层的空前欢迎,掀起了一轮淡季空调市场少有的抢购热潮。

缘何在众多空调降价之时,价格昂贵的格力"数码2000"却能在淡季热销?就因为格力"数码2000"已经不再是"一篮子普通的鸡蛋"。它的过人之处在于采用了世界独创的人体感应和一氧化碳感应两项新技术,使空调步入了感性化时代,具有了智能化和环保两大优势。当你推开家门,不用动手,空调就会自动开启,徐徐凉风或阵阵温暖随之而来;您忘记关空调或房间没有人活动时,空调会自动关机;空调还能感知室内有毒气体——一氧化碳的含量,当其即将达到危害人体健康的浓度时,会自动连续不断地发出阵阵蜂鸣般的警报声,提醒您注意打开门窗通风换气,以降低"煤气中毒"事件的发生率。不仅如此,该产品还将"彩色背光液晶显示技术""塑料外观电镀镶件技术"以及"直流变频技术"等国际领先技术在世界上首次运用到了格力"数码2000"上。历经5年的潜心研究、技术攻关和360多天恶劣环境的可靠性试验,凝聚了众多新技术的"数码2000"这款新品以功能卓越、外观精美、稳定性技超群雄的风貌成为销售市场的亮点。

面对空调市场混乱无序的竞争,一贯坚持集中化经营的格力,其产品涵盖了家用空调和商用空调领域的十大类五十多个系列五百多种品种规格,成为国内规格最齐全、品种最多的空调生产厂家,形成了业内领先的主导优势,充分地显示了十多年来,该企业的专业化技术积累、雄厚的技术开发实力和经济效益再增值的潜在能力。

如果说格力在经营上取得了骄人的成绩,那么首先是格力在发展战略上取得了成绩。这种成绩突出地表现在他们对集中化战略认识上的深刻、贯彻中的坚定和实践中的准确把握。

(本案例由作者根据网络资料整理)

## 6.1.4 竞争战略评价

自波特(1980)提出三种基本竞争战略以来,质疑、争议就一直不断。Jones 和 Butler(1988)认为成本领先和差异化并不是两种相互排斥的战略,他们把成本分为制造成本和交易成本,将两者纳入一个业务战略分析框架之中,认为战略的选择是企业基于制造成本和交易成本之和最小化而做出的[①]。Murray(1988)认为波特基本竞争战略缺乏与外部环境的有效联

---

① Jones Gareth B, Butler John E. Costs, Revenue, and Business-Level Strategy[J]. Academy of Management Review, 1988,13(2):202-213.

系,提出了一种"权衡观",认为每种竞争战略是与一系列战略手段(strategic means)相联系的,而这些战略手段选择涉及企业所处的特定外部环境。例如,存在较高的交易成本或者较高的制造输入成本差异时,可以通过纵向整合实施成本领先战略[①]。Campbell-Hunt(2000)[②]利用在 ABI-Inform 中检索到的 17 篇关于"competitive strategy"和"generic strategy"与企业绩效关系实证研究文献的数据,采用主成分因子分析、聚类分析和多元回归分析的结果表明,基本竞争战略可以分为四种类型:强调成本领先、强调差别化、混合战略和没有明显强调。其中混合战略和没有明显强调的战略在企业绩效方面没有明显差异。

此外,简化的战略分类不利于企业的战略创新。企业生存的内外环境处在动态变化过程中,过去成功的战略方案或经验,是在当时的具体情景下实现的。依据成功案例归纳而成的简化的战略分类不仅会束缚企业战略创新,而且可能造成竞争趋同。例如,"差异化"当然是重要的战略选择,但每个产业差异化方式不同,各家企业必须针对自身条件再做取舍。某一企业的成功经验,其他人当然可以参考,但绝不能在战略上做得一模一样。第一,由于市场竞争的存在,先进企业不一定会真的放心让你学,因而可能在介绍经验时有所保留。第二,不同的企业有各自不同的具体情况,先进经验对本企业是否适应?第三,简单地通过学习他人经验,不仅不可能使企业成为领先,还有可能由于过度强调跟在人家后面学,从而影响到企业自身长处的发挥和特色的建立。第四,在有效需求不足的市场上,不求特色的相互攀比学习,不仅会造成竞争趋同,无助于整个行业生存状况的改善,而且极可能引发恶性竞争循环。

## 6.2 经营优势

理论导向型战略管理范式关注的是企业如何获得和保持竞争优势,其战略思维是以竞争为导向,以竞争者为中心展开的,战略管理目标是建立超越竞争者的优势地位,并借此获得超常业绩。以"竞争优势"为研究主题的思维,一方面可能会使企业患上"战略近视症";另一方面也忽略了竞争者存在的价值以及和竞争者合作弥补自身不足或提升自身实力的可能性。

以顾客价值为战略思维出发点,战略管理研究主题是如何取得、保持和提升企业"经营优势",并借此获得超常业绩。本书之所以提"经营优势",而没有像一般战略管理文献那样提"竞争优势",主要基于这样两点考虑:首先,经营优势是顾客对企业为其提供价值的评价;其次,正如项保华教授所认为的,强调"优势"概念本身的中性无价值判断特征,它既可用于合作,也可用于竞争。按照项保华教授的定义,经营优势指的是企业所处的这样一种状态,即以自身资源、能力、信誉等综合实力为基础,能够提供被顾客认为是更具价值的产品或服务。例如,在图 6-1 中显示的,企业的经营优势体现为质量、服务、体验、品牌和信息。经营优势涉及三层意思:一是建立在企业资源能力基础之上,二是需要得到顾客的最终认可,三是相对于竞争对手做得更好[③]。在战略实践中,限于自身资源能力的制约,企业没有可能在所有顾客价值要素方

---

① Alan I Murray. A Contingency View Of Porter's "Generic Strategies"[J]. Academy of Management Review,1988,13(3):390-400.

② Colin Campbell-Hunt. What have we learned about generic competitive strategy? A meta-analysis[J]. Strategic Management Journal,2000,21(2):127-154.

③ 项保华. 战略管理——艺术与实务[M]. 3 版. 北京:华夏出版社,2001:171.

面都做到更好,为此,可以通过顾客价值判定程序(CVD)选择目标顾客认为最重要的若干价值要素,然后在这些顾客价值方面建立自己的经营优势。

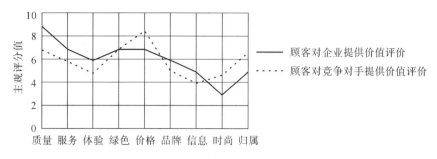

图 6-1　顾客价值要素评价图

经营优势与竞争优势相比:一是评价者不同,经营优势是顾客视角的企业竞争优势评价,是顾客认为本企业比竞争者做得更好;二是内涵不同,经营优势强调"优势"概念本身的中性无价值判断特征,它既可用于合作,也可用于竞争,或者同时与竞争者既合作又竞争;三是本质不同,经营优势强调的是企业自身的不断自我超越,不断为顾客提供超过其期望的价值。企业经营优势建设需要以顾客价值为导向,从自身资源和能力建设着手,并随着顾客价值偏好与竞争格局的变化进行动态调整。

为了在提供目标顾客期望的价值偏好的同时能获得相应的利润回报,企业除必须拥有或能够利用传统意义的资源(如资本设备、员工技能、专利技术、融资以及有才干的管理人员)外,还须关注对企业利润有贡献的顾客资源,将其纳入企业资源管理范畴。相关研究表明,在对顾客不加区别的无差异营销中,企业40%的营销投入的销售额回报为零,50%的营销投入仅仅产生40%的销售回报,真正发挥作用的只有10%的投入,产生了60%的收益回报。这也说明,对于企业而言,真正有价值的顾客事实上只占到总体顾客数量的一小部分。对许多公司的盈利分析也显示,有10%～15%的顾客对于企业来说是无利可图的,他们得到了企业的产品或服务,但未能为企业提供相应的回报[1]。基于上述分析,根据顾客对企业当前价值贡献与潜在价值贡献,可将整个顾客群分成四类(图6-2)。显然,A类和B类顾客是企业首选的顾客资源,C类顾客是企业潜在的顾客资源,而D类顾客则可以考虑放弃。

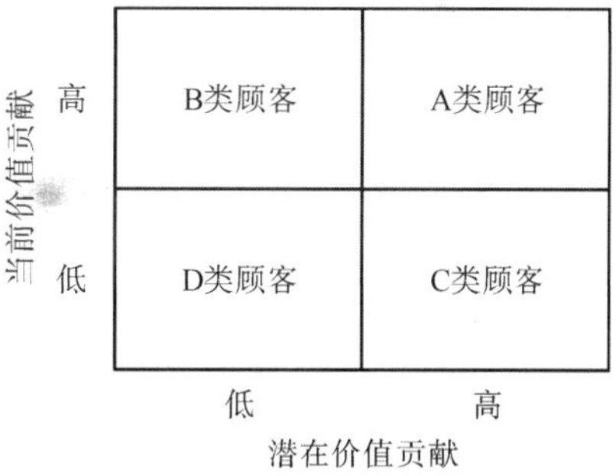

一个能够持续的经营(竞争)优势,至少应该满足下面六准则[2]中的一个或多个:

第一,无法学。这主要表现在拥有不可流动的稀缺与专用资源及能力上。例如,创业者所具有的敏锐市场洞察力及预见力,使得企业总能抓住先机;拥有一项生产所必需而其他企业不可能得到的专用资源;通过企业的努力,构造了很高的行业进入障碍,这种障碍至少在短期内甚至是很长一个时期内,其他企业都不可能突破。

图 6-2　顾客分类矩阵

---

[1]　亚德里安·J·斯莱沃斯基,大卫·J·莫里森,劳伦斯·H·艾伯茨,等.发现利润区[M].北京:中信出版社,2000:52.
[2]　项保华.保持竞争优势的六个准则[J].企业管理,2002(7):34,35.

第二,学不全。这主要表现为企业拥有不可模仿的意会性经验、知识与做法,这是经过企业内部员工长期相互磨合,最终逐步累积而成的,对其他企业来说要真正掌握与理解颇费时日,有时甚至是不可能的。

第三,不愿学。这主要表现在放低姿态、悄悄积累实力上。在这里,"做人低姿态,办事高水平",对于小企业的经营尤为重要。隐形冠军的成功就是最好的写照。

第四,不怕学。这主要表现在抓住先占优势,培养忠诚顾客,不断进行产品、技术等的创新,使得后来进入的竞争者在产品、技术、市场规模等方面始终处于劣势。

第五,不敢学。这主要表现在采取信息发布、先声夺人等战略性行动,使潜在竞争对手事先对参与竞争望而却步,主动采取回避或谦让做法。

第六,难替代。这主要表现在通过各种途径的努力,使竞争对手很难生产功能相近的替代品。

从长期的观点看,一个企业能够真正持续拥有的经营(竞争)优势,也就是永远都不会有竞争的优势,这种动态优势只有通过不断创新,时刻把握先机才有可能实现。企业通过不断创新,创造顾客新价值,抓住市场新机会,既可以做到不与其他企业直接对抗,又有助于顾客价值的提升。

## 6.3 盈利模式

### 6.3.1 盈利模式的内涵

理论导向型战略措施以波特提出的三种基本竞争战略最具代表性。类似的战略分类方法,在学术研究上是有价值的,但在企业战略实践中,这些分类方法对个别企业的帮助不大,每家企业都独一无二,与众不同,必须有另外的架构来处理每家的个别战略[1]。项保华由"企业总价值=顾客认知利益-企业成本支出-耗散价值"导出了取得、保持和提升经营优势的三条基本路径:一是增加顾客认知利益,二是降低企业成本支出,三是减少耗散价值损失,即认知有特点、运作低成本、服务个性化。三条路径反映的是一种开源、节流、定制的思想[2]。

基于顾客价值,借鉴项保华的分析方法,为取得、保持和提升经营优势,其思考逻辑是:顾客价值—经营优势—特色的战略组合。特色的战略组合是基于目标顾客价值偏好和企业经营优势构建需要而采取的各种战略措施。与简单的战略分类相比,特色的战略组合是由网络定位战略、企业各个层次战略、各种竞争战略、各种职能领域战略组成的一个相互关联的有机整体。对于只从事一种事业领域的企业而言,其战略组合可以是网络定位战略、研发战略、营销战略、制造战略、财务战略和人力资源战略的有机组合。其中,网络定位战略决定了企业经营的生态环境,以及在此环境中应和哪些利益相关者建立怎样的关系。在网络关系中有些是竞争的,有些是合作的,有些是在不同层面同时展开竞争与合作,而且这些关系应随着内外环境变化动态调整。各种职能领域战略应根据顾客价值偏好、经营优势构建、网络定位战略来决定,而且要将五个职能领域视为一个统一的整体做出系统的战略安排。本书将这种特色战略组合称为"盈利模式[3]"。

---

[1] 司徒达贤.战略管理新论——观念架构与分析方法[M].上海:复旦大学出版社,2003:36.
[2] 项保华.战略管理——艺术与实务[M].3版.北京:华夏出版社,2001:172-175.
[3] 亦可称为营利模式(台湾贝斯科技集团刘助博士)、利润模式、利润模型。

关于盈利模式的描述主要见于美国 MERCER Management Consulting 公司亚德里安·J·斯莱沃斯基等著的《发现利润区》和《利润模式》以及台湾贝斯科技集团刘助博士关于"营利模式设计"的有关论著，概括起来盈利模式就是指价值获取的途径，即企业如何获得盈利。斯莱沃斯基将盈利模式分为七大类：巨型模式（Mega）、价值链模式（ValueChain）、客户模式（Customer）、渠道模式（Channel）、产品模式（Product）、知识模式（Knowledge）、组织模式（Organization），并进一步细分为30种。斯莱沃斯基认为，由于"顾客变得比产品更重要""人才变得比资源更重要"，因此"组织模式将成为今后5年中最重要的模式之一"。

盈利模式的基本特征有：(1)盈利模式是企业经营优势的具体实现形式，是从运营战略视角对经营优势的分析，每一种盈利模式的建立都是以经营优势为目标。(2)盈利模式应以客户需求为导向，发现、创造并满足客户需求是构建盈利模式的前提。(3)盈利模式不仅仅考虑输入资源在价值链各环节的投入产出比例关系，更关注资源的产出效率，将资源配置到投入产出效率更高的环节。(4)作为价值获取途径，今天的盈利模式，明天可能变成是无利润的。企业要随着客户需求的变化不断寻找新的盈利模式。(5)作为资源运营方式，盈利模式的建立需要有相应的企业设计、制度安排等作为基础。

案例 6-4

### 百度盈利模式：客户导向、推出竞价排名

百度将注意力放在数量庞大的中小企业客户上，2001年10月基于搜索引擎第三定律——自信心定律，推出全新商业模式——搜索引擎竞价排名，并最终依靠此模式在2003年的第二季度开始盈利。根据自信心定律，搜索结果的相关性排序，除词频统计和超链分析外，更注重的是竞价拍卖。谁对自己的网站有信心，谁就排在前面。有信心的表现就是愿意为这个排名付钱。简单地说，竞价排名就是搜索关键词竞价拍卖。它可将公司的网站排在百度搜索结果前列，同时出现在各大搜索引擎的搜索结果中。当网民搜索"计算机"时，会产生大量的搜索结果，位居结果前列的最能吸引网民注意，也最能带来潜在购买力。这种盈利模式的秘密在于规模效益。网站除收取每次点击费0.3元外，还要收取企业之间的竞价费。企业为了排个好名次，就要竞价。每个价位1分钱，前进10位就是1角钱。如2004年4月中旬，南京一个化妆品经销商参与竞价，一直从0.31元竞价到98元才被排在第三位。自信心定律开创了真正属于互联网的收费模式。

百度一直致力于推动搜索引擎市场的培植和发展，联合了各大门户网站的搜索引擎，一起通过竞价排名系统为数十万网站的拥有者，特别是广大的中小企业客户提供一个展示自信心，吸引潜在客户，发现销售线索的平台。目前，百度的竞价排名业务已经占到其总收入的80%，每天大约有300家左右的企业主动加入，目前已拥有6万客户。百度一直津津乐道的典型案例是上海一家宾利汽车华东地区总代理的案例。2003年，这家公司在报纸等媒体投放大量广告，结果无一辆车售出。2004年3月，他们参与了百度网络竞价广告，花费了500元，两个星期后得到一笔2 400万元的订单。此次销售让代理商对竞价排名刮目相看，并由此加大了网络推广投资，把百度上的关键词都买了下来。

（资料来源：本案例由作者根据网络资料整理）

### 6.3.2 盈利模式的主要类型

《商界》杂志概括了中国企业盈利的 15 种黄金模式：跟进尾随模式、产品金字塔模式、卖座"大片"模式、独特产品模式、速度创新模式、原料控制模式、行业标准模式、配电盘模式、客户发掘模式/客户解决方案模式、专业化利润模式、基础产品模式、地区领先模式、稀缺资源占有模式、利润乘数模式、最优成分系统模式。下面分别作介绍。

（1）跟进尾随模式

后劲十足的企业在较长一段时间内，企业在实力不济的时候，可以紧随行业领头羊而行，不要急于向行业领先者叫板。这有利于节约成本，又快又省力地壮大自身实力，并逐渐掌握领先者的优劣势，在其劣势的区域赚取利润，尽量避免在其优势区域短兵相接。时机成熟，也可取而代之。

**案例 6-5**

#### 和其正的追随战略

王老吉的成功，在为自己带来巨大的商业成就的同时，也开启了一个巨大的蓝海市场——凉茶市场。之前在微博里有一番经典的话，大致的意思是，在中国，一位行业的开拓者或先行者在某一个行业取得了成功，后面就有大量的跟风者或抄袭者蜂拥而至，导致同质化竞争严重和资源的浪费。王老吉红火之后，不可避免地，大量的跟风者蜂拥而至。

在这么多的跟风者中，和其正凉茶无疑是显眼的一支。和其正凉茶是福建达利集团推出的一款凉茶。借助集团公司在生产、管理、渠道资源、品牌等方面的综合优势，和其正试图在凉茶市场占据一席之地。种种迹象表明，它的竞争对手就是王老吉。下面，我们以和其正为例，就饮料行业中，行业的跟随者应该如何开展自己的工作，从而在激烈的市场竞争中占据一席之地，展开探索。

作为饮料而言，最重要的是口味。因此，就同一个行业或同一个细分领域而言，行业的领导品牌或领先者，它的口味就应该成为该细分领域的标杆。就是说，就凉茶这个细分领域而言，王老吉是领导品牌，那么，它的口味就应该是凉茶这个品类的基本口味，或标准口味。那么，经过这么多年的市场培育，在消费者的心目中，只有符合王老吉这种口味的，才能称得上是地道或正宗的凉茶。这就要求作为凉茶市场的跟随者，在口味上，必须要以王老吉的口味为准，或者无限接近它的口味。只有这样，才能够从凉茶这个细分市场中分得一杯羹。

在渠道终端方面，和其正凉茶的渠道策略和王老吉的类似，都是采取密集分销的策略，尽可能多地占据更多的有效终端网点。因此，在有王老吉出现的零售终端，就有和其正的存在。

同时作为凉茶比较知名的品牌，对于相当一部分消费者而言，价格相对实惠一些的和其正，会占一些便宜，更讨巧。

在品牌的传播上,和其正的跟随策略体现得更加明显。无论是从广告创意,还是高举高打的传播策略,借助明星代言在中央电视台上做广告,它一登场就尽显华丽。在广告创意方面,它的创意和王老吉的差不多,都围绕着"清火""去火"等与上火有关的概念。在传播上,和王老吉一样,也是在央视这个级别的媒体平台上做广告。这样容易在消费者心目中建立一种和王老吉差不多的品牌形象,从而拉近和王老吉的品牌差距。另外,和其正在诉求凉茶共同的核心价值"去火"之外,又增加了一个"养元气"的价值主张,从而建立起自己的品牌个性,区别于王老吉。

(本案例由作者根据网络资料整理)

(2) 产品金字塔模式

为了满足不同客户对产品风格、颜色等方面的不同偏好,以及个人收入上的差异化因素,建立以用户为中心的产品体系设计。从而形成产品金字塔,在塔的底部,是低价位、大批量的产品,力求做"量";在塔的顶部,是高价位、小批量的产品,力求利润。每一个档次的产品所定位的客户群一定要明确,并把它们分别投放到各自适合的市场中去。大多数利润集中在金字塔的顶部,但塔底部的产品也具有重要的"防火墙"作用,可以有效阻碍竞争者的进入,保护顶部产品的丰厚利润。该模式最适宜应用在钟表、汽车、信用卡、计算机等领域。

 案例 6-6

## 欧莱雅金字塔模式

欧莱雅在中国已逐渐发展了 17 个品牌,既涵盖了兰蔻、碧欧泉等高端产品,也有欧莱雅、美宝莲等中低端系列,还涉及理肤泉、薇姿之类的药妆。在集团中国区 CEO 盖保罗看来,公司旗下各品牌百年来顺畅运行的奥秘在于集团清晰的多品牌理念——那就是明确的品牌结构定位,高效的品牌运作团队与源源不断的品牌创新。

要管理好这棵复杂的品牌大树,欧莱雅成功的秘诀在于各个细分品牌的定位与布局。集团将这种全方位的品牌结构称为"金字塔式战略",即按照价格,欧莱雅在中国从塔底到塔尖都有对应的品牌:在塔底的大众消费领域,集团拥有巴黎欧莱雅、美宝莲、卡尼尔与小护士;在塔中,集团推出了薇姿、理肤泉等保健化妆品牌;在塔尖的高档品牌中,集团旗下的兰蔻、碧欧泉、羽西与赫莲娜占据了一席之地;此外,在专业美发领域的细分市场,卡诗与欧莱雅专业美发和美奇丝为人们熟知。

"向不同层次的消费者提供相应的不同层次的产品"是欧莱雅的基本策略,在这个基础上,欧莱雅赞成旗下不同品牌间有条不紊地相互竞争。在集团内部,各业务单元的负责人自行发展着合作或竞争关系。

(本案例由作者根据网络资料整理)

(3) 卖座"大片"模式

在创新十分重要的行业,掌握速度模式对企业十分必要。在研究和开发上投资巨大、产品推介成本高、产品生命周期有限的行业,主要是那些制药公司、出版商(书籍、音乐 CD)、制片商、软件公司,则更应侧重于卖座"大片"模式。当产品开发成本固定(通常较高)、开发之后的边际制造成本较低时，获得高利润的最好方式是增加产品的销售数量。企业最好力推几个产品成为该行业具有支配地位的领袖，而不是在相当多的产品上维持一般的市场地位。千万注意产品的生命周期，企业的"卖座大片"不要断档，否则，很可能会步沈阳飞龙、广东太阳神之后尘。

案例 6-7

### 华谊兄弟卖座"大片"模式

华谊兄弟传媒股份有限公司是由王中军和王中磊兄弟在1994年创立，1998年作为投资方分别投资了冯小刚的影片《没完没了》、姜文导演的影片《鬼子来了》，由此正式进入了中国电影行业，逐渐成为中国大陆有名的民营娱乐集团。目前，华谊兄弟投资和经营三大业务板块：影视娱乐版块，主要以经营电影、电视剧和艺人经纪为代表；品牌授权和实景娱乐板块，主要以电影公司、文化城市和主题公园为代表；互联网娱乐版块，主要以游戏、新媒体和粉丝社区业务为代表。

华谊兄弟已经逐步发展成为一家具有基本完整的生产体系的影视传媒公司，实现了从编剧、导演、制作到市场推广、院线发行等的一体化运营。华谊兄弟依靠自身财力，每部影片都是大制作。从当前的影视娱乐模式来看，只有大投入才能获取大的收益。目前，华谊兄弟已经形成自己独有的投资模式，大致可以概括为"三大"，即大制作、大手笔、大明星，因此华谊兄弟在电影制作和发行方面投入了大量资金。华谊兄弟独有的竞争优势就在于其拥有实力雄厚的艺人资源，并且每年艺人呈现出10%的增长态势。另外，华谊兄弟与冯小刚、张继中等一线导演签约，华谊兄弟拥有强大的明星阵容，这不仅保证了公司制作的影视作品，也保证了高票房收入。

（资料来源：张娜. 文化传媒企业盈利模式研究[D]. 天津财经大学, 2017.）

（4）独特产品模式

独特产品指的是既有非同一般的生产工艺、配方、原料、核心技术，又有长期市场需求的产品，如家传秘方、进入难度很大的新产品等。鉴于该模式的独占性，掌握它的企业将获得相当高的利润。企业应积极探索现代工艺技术与传统工艺的有效融合；如果独特性表现在原料产地固定上，企业应在原料产地建立规模化生产基地；注意对独特产品的工艺配方、核心技术采取高级别保密措施。

案例 6-8

### 云南白药独特产品模式

云南白药为曲焕章于1902年创制出的专门用于伤科治疗的中成药散剂，后演化为"三丹一子"（即普通百宝丹、普生百宝丹、三生百宝丹、保险子），因其神奇独特的疗效，其"伤科圣药"声誉逐渐由国内走向港、澳、新加坡、雅加达、仰光、曼谷、日本等地。问世百年来，云南白药历经"北伐""长征""抗日战争""解放战争"等关系中国命运的重大历史事件，其药效无数次被证明。

新中国成立后,曲焕章的家人将这一秘方献给国家,由昆明制药厂生产,改名"云南白药"。1956年,国务院保密委员会将云南白药处方及工艺列为国家级绝密资料。1971年云南白药厂成立;1993年改制为云南白药实业股份有限公司,在深交所挂牌上市;1995年云南白药被列为20年保护期一级的中药保护品种,这是目前国家对中药的最高级别的保护,直到今天,云南白药处方仍然是中国政府知识产权保护领域的最高机密。

云南白药集团股份有限公司充分认识到"伤科圣药""保密配方"这一品牌既是云南白药的独门绝技,更是企业成长和发展壮大的宝贵财富。因此公司一直努力聚焦"伤科第一品牌"进行品牌资产的全面构建,在多个产品线上延伸利用了一百多年的名药历史和大众口碑,将这一百年品牌做大做强,云南白药品牌价值不断增加。

2010年7月5日,胡润研究院发布《2010胡润品牌榜》,这是胡润研究院连续第五年发布该榜。云南白药作为唯一入选的医药品牌继续入选"2010胡润品牌榜"。云南白药在"2010年胡润中国品牌榜"上的排名为第74位,品牌价值为38亿元,比2009年21亿元增加了17亿元。

(资料来源:杨丹华.云南上市公司成长路径探析——以云南白药集团股份有限公司为例[J].云南电大学报,2012,14(03):41-45.)

(5)速度创新模式

创新速度高于行业平均水平的企业总是具有先行优势,推出的新产品总能获得超额回报,随着效仿者的跟进,利润开始受到侵蚀。此时创新者的速度优势再次发挥出来,又推出新的产品获得另外的利润,效仿者又跟进的时候,创新者又推出新的产品……周而复始,这样的企业所获得的利润率总是超过行业平均利润率很多,而且始终处于行业的龙头地位。选择该模式的企业本身应是学习型企业,适应新事物的能力强。研发投入会相当高,技术人才储备充足。创新的速度不仅表现在深度上,还表现在广度上。速度太快,技术太超前,不一定能被广大客户认同。在新产品推出之前,先设计好原有产品的退出步骤,避免撞车和不必要的库存积压。

 案例6-9

## 华为的专利取胜

美国有苹果,韩国有三星,中国有华为。华为从几年前的追赶者一跃而成为领跑者,绝非偶然,这从三者的专利关系即可看出一二。而华为的成长则描绘出了中国创新驱动的路径。国家知识产权局公布的最新许可备案登记信息显示,2015年华为向苹果许可专利769件,苹果向华为许可专利98件,同时,华为与苹果达成一系列专利许可协议,覆盖GSM、UMTS、LTE等无线通信技术。

世界知识产权组织(WIPO)2016年3月16日宣布,华为公司以3 898项专利技术申请量蝉联专利技术条约第一。该条约允许公司和大学同时申请技术专利。通过该系统申请的专利数量代表了申请组织的科技实力和国际化程度。韩国三星电子和LG 2016年专利数量大幅增加,分别排名第四和第七。中国、日本和韩国公司在前十中占据了6个席位。美国仍然是申请专利最多的国家。中国2015年专利数量与2014年相比增长了17%,美国下降了7%,

日本仅有4%的增长。东亚地区占据了专利总量的43%,这一数字是2005年的两倍。WIPO主席弗朗西斯·格非称:"世界创新地图不断迁移和进步,亚洲,尤其是日本、中国和韩国,逐渐成为世界创新主力。"华为则逐渐成长为世界信息通信技术创新的引领者。

作为中国创新的领军者,华为已经在信息通信技术领域取得了重大突破。华为创始人、总裁任正非在2016年的全国科技创新大会上做汇报发言时指出,华为这些年逐步将能力中心建立到战略资源的聚集地区去。现在华为在世界建立了26个能力中心,逐年在增多,聚集了一批世界级的优秀科学家,他们全流程地引导着公司。这些能力中心自身也在不断地发展中。

(本案例由作者根据网络资料整理)

(6) 原料控制模式

控制了行业必需的上游资源,企业既有了做大做强的可能,又在行业内占据了一览众山小的地位,有产成品定价的话语权,就能在保证自己高利润的同时,强有力地打击对手,并能团结相当一批同行联手开拓市场,成为行业"盟主"。该模式更适合那些对后来者实施沉重打击的行业领先者。首先企业应审视要"囤积居奇"的原料对控制下游市场而言是否有价值,如果该原料有诸多的替代品,应放弃控制计划。并不是有了资金就能买到一切,领先企业在实施该模式之前,首先要审视与绝大部分原料供应商的关系是否够"铁",然后再考虑是否有能力封住原料出货口,让对手"断炊"。

**案例 6-10**

## 木业大王的植树经

1994年成立的上海新高潮(集团)有限公司的主业是木业深加工。到了1999年,木材滥伐问题被媒体炒翻了天,新高潮准确地预测到离国家禁伐令颁布之日已为时不远,于是早早与5个原木出口国达成稳定供货协议。不出所料,国家禁伐令颁布之后,原木产量急剧下降,价格打着滚地往上翻,许多木业加工公司因顶不住成本压力而纷纷转产或倒闭。而新高潮手握充足的原木,将其他无力出货公司的市场份额轻松揽入怀中。1999年集团销售额猛翻一倍多,达到41亿元,利润率首次超过10%。

此后,新高潮集团北上内蒙古、黑龙江、吉林、辽宁等地承包共建林业,建立自己的原木供给基地,根据国内外原木资源日趋匮乏的现状,该集团公司与南京林业大学共同开发成功"新高潮一号"速生杨树。从2000年起,每年投入6 000万元,在上海市郊扩种植速生杨树10万亩,计划到2005年累积植树60万亩。集团以每棵树苗10元的价格出售给种植户,7年以后则以每棵105元的价格收购成材树。从2006年起,每年以10万亩的规模采伐和更新,并长期保持这一成材林规模,形成集团公司自有林材基地。

2001年集团销售突破55亿元,利润率依然在10%以上,成为国内最大的木业生产加工企业。

(本案例由作者根据网络资料整理)

(7) 行业标准模式

在一个尚未成熟的行业里,如果能使自己的企业标准具有先进性和可参照性,就尽可能使它成为行业标准。这能使企业处于极为有利的位置。最有价值的企业设计类型恰恰是那种在事实上成为某类行业标准的企业设计。它能带来丰厚的利润,带来高度的利润保护能力,带来递增的规模收益,并使企业处于整个行业的核心地位。

案例 6-11

### 好孩子规划儿童乘用车系列产品国际标准

2017年6月12日,一场国家标准委员会主导的授牌仪式在著名孕婴童品牌公司好孩子举行。经国际标准化组织(ISO)批准,受国家标准化管理委员会委托,江苏省质量技术监督局标准处副处长钱亚洲代表ISO,授权好孩子成立ISO/PC 310儿童乘用车国际标准项目委员会联合秘书处,秘书处主席由好孩子国际高级副总裁竺云龙博士担任。据钱亚洲介绍,该秘书处作为制定全球儿童乘用车国际标准的组织者和领导者,将负责规划及立项包括婴儿推车、电动车等在内的儿童乘用车系列产品所需制定的国际标准,并组织和领导全球行业专家对相关标准的技术要求和测试方法进行研究、规范和确定,以建立全球儿童乘用车的国际标准体系。

中国作为世界最大的儿童乘用车消费国和生产国,以及最大的儿童乘用车出口国,正为全球行业所瞩目。若论行业发展,可以说是世界在看中国,而中国则看好孩子。自1989年成立以来,在"改善儿童生存环境、提升儿童生活品质"的使命感召下,好孩子依靠创新研发、标准研究、品质制造,1993年便成为中国婴儿车销量冠军,并相继于1999年、2006年成为美国和欧洲的销量冠军,且市场地位至今无人能撼。2009年的一项第三方市场调研表明,在欧洲、美国、中国三大儿童用品主流市场,每2.9辆婴儿车就有一辆来自好孩子。

好孩子作为国家级工业设计中心、国家级企业技术中心、国家级技术创新示范企业、国家级知识产权示范企业,在全球建立了七大研发中心,截至2016年年底累计创造专利8 116项,比竞争对手前十名的总和还要多,迄今已获得包括红点至尊奖、iF金奖、中国优秀工业设计奖金奖、中国专利金奖在内的国内国际工业设计大奖26个。

(本案例由作者根据网络资料整理)

(8) 配电盘模式

在某些市场,供应商与客户交易的成本很高,这就会导致高价值的中介业务出现。这种业务的作用类似于配电盘,其功能是在不同的供应商与客户之间搭建一个沟通的渠道或是交易的平台,从而降低买卖双方的交易成本。参与交易的供应商和客户越多,这个平台就越有价值。

此模式广泛适用于百货流通业、展览业、旅行社、明星经纪等领域。

 **案例 6-12**

### "红星"路线

在 1996 年以前,中国红星家具集团旗下的连锁家具城主要卖自产的家具,也代理其他品牌,生产和流通的各个环节都由自己完成,占用资金很大,而且人才储备、管理方式都跟不上迅猛发展的步伐,企业出现危机,虽然 5 年销售额从 600 万元上升到 1.5 亿元,但是利润率却直线下降,到了 1996 年竟有 60%的连锁店出现亏损。

从 1997 年起,车建新采取了一种"虚拟商业模式",这种模式实际上就是配电盘模式。他果断地砍掉了大多数不赢利的商城,集中资金将余下的家具城改扩建到每家 2 万平方米以上,有了规模的保证,车建新大胆打破只卖家具的传统,引入"家居"概念,从而形成了家具、装饰、建材、家电等多位一体的综合性大卖场;在盈利模式上,车建新变租赁场地为买断或自建商城,变获取产品价差(批发价和零售价之间的价差)为提供经营场地和服务,收取租金和管理费;在管理方式上,红星不再负责经营中的物流进出货,各个卖点由入驻厂家自主管理经营。以"名品进名店"为原则,要想进入红星,务必是质量、服务都过得硬的知名品牌。与此同时,红星把一切售后服务都揽过来,"一律负责到底",既提高了入驻厂家的经营效率,又使消费者得到了满意的服务。

目前,至少有 2 000 个国内知名厂家的知名品牌紧密团结在红星的周围,家居必备的所有物品都可以在红星的家具城里一站购齐。到 2001 年,红星集团已有 12 家超级家具大卖场陆续开业,营业总面积超过 50 万平方米。年销售额达到 36 亿元,集团光是场地租金收入就近 2 亿元,利润高达 1 亿元,占到集团利润总额的 80%。而且红星的卖场每开到一地,因其众星荟萃、品种繁多而成为消费者的家居购物首选;红星每兴建一家卖场,尚未建成,营业场地就已预订一空,基本没有招商广告投入。

(本案例由作者根据网络资料整理)

(9) 客户发掘模式/客户解决方案模式

采纳这种模式的企业先期会投下巨资,用于了解客户的业务特点,然后设计出能够适合客户业务需求的产品;或是了解它们的客户如何购买和使用产品,然后寻求办法来帮助客户克服遇到的困难和不便,完成这个过程耗时耗力。但前期发掘的客户将为以后公司带来丰厚的利润回报,并且后期维持客户关系的费用较低,而客户的忠诚度又极高。企业应该为自己的客户建立长期档案,专人管理,并定期访问,回馈用户。

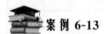 **案例 6-13**

### 力控科技提供解决方案

始于 20 世纪 90 年代初的力控科技,历经二十余年的发展,如今已然成长为推动中国工厂自动化及信息化软件发展的重要力量。借由智能制造掀起的"软件潮流",原本就专注于工业软件领域的力控科技可谓如鱼得水,坚持以信息化引领生产方式革新,在智能制造、智慧城市等领域,为客户提供实用、先进的两化融合系列产品及系统解决方案。

经过长时间的积累,力控科技为智能工厂的建设在异构设备集成互联、信息物理技术融合、精益生产管理、综合信息展示、数字化车间虚拟镜像、工业大数据、工业云(工业互联网、工业云应用)等方面进行了扎实的技术储备,精益生产解决方案助力用户实现精益化经营,为用户提质增效发挥关键核心作用。

随着新的业务发展战略的进一步实施,仅仅提供自动化软件产品已经远远不够,力控科技新的产品及业务格局可为集成商用户提供服务于工厂用户的综合解决方案。事实上随着业务转型速度的加快,用户基于优化业务流程的考虑,对解决方案的需求已经非常迫切。力控科技的目标不仅仅是成为优秀的自动化软件产品提供商,同时也要成为优秀的业务综合解决方案供应商。

站在两化融合的前沿,力控科技以助力中国产业转型升级为己任,始终致力于"生产过程智能化"环节,为制造业提供以工厂模型为核心的全集成信息化系统,按照"数据、信息、知识、经验、智慧"五个梯度逐级进阶来构架,满足了数字化车间、数据挖掘及决策支持、专家系统、人工智能、智能工厂、集团管控等多层次的需求,搭建企业信息系统,助力企业完成数字化、智能化转型,建设智能工厂生态系统。

(资料来源:杨子琳.力控科技:为客户提供全方位、立体化的产品和解决方案[J].自动化博览,2017(08):32,33.)

(10)专业化利润模式

在多数情况下,专业化厂商的赢利是"万金油"型厂商赢利的数倍,前者比后者更容易获得成功。例如,青岛金王出口 3 支蜡烛的利润就抵得上一台冰箱的利润。毕竟,专业化分工协作已成为当今国际工商界的一大趋势。专业化厂商获利丰厚的原因是:低成本、高质量、优良的声誉、较短的销售周期、更高的资金使用效率。专业化公司应力求树立该专业的权威地位,并通过不断推陈出新来延长该产业的生命期。

案例 6-14

## 万科专注房地产

万科成立初期,没有战略制定的意识和相应的组织结构支持业务发展,企业家都是根据自身能力和经济环境来进行企业经营,因此投资扩张是当时大多数企业的选择。万科最初的发展顺应经济发展形势,进行了多种产业的经营和投资,经营项目的数量多和分散程度高决定了万科集团初期的发展模式,当时万科不存在自身的核心业务,因此资源的分配没有集中,也未将资金主要投入到投入产出比较大的产业,主要是进行分散经营,因此万科初期出现了规模不断扩大但经营效益差的尴尬局面。

万科集团面临创业初期多元化经营的窘境,开始进行战略转型。万科转型期间的主要特征是将城市居民住宅确立为主导产业,其他非核心业务剥离,形成集团的管理模式,并成立财务结算中心,总体来讲万科管理层对于公司的管理更加集中。为了进行战略转移,万科进行了一系列的减法,对于非核心业务进行关、停、并、转。例如,万科卖掉了国内最大的蒸馏水生产厂——怡宝企业股份,协议转让了深圳万科工业扬声器厂等。进行一系列的减法后,万科的公司数量和涉及的行业发生锐减,从 105 家企业到 30 多家,从涉足 18 个行业到 2 个行业。从这一系列动作中能够看出万科对于专业化战略实施的决心和行动力,对于房地产以及相关业务的支持力度之大。

专业化战略实施以后,万科将主要精力放在了房地产以及相关产业的横向扩张上。对于房地产业务进行不断投资,是为了进一步确立其主导地位,同时也是为了确立内部资本市场运作方式,即将主要资本统一注入房地产这一业务中。因此,房地产业务的扩张也是内部资本市场运行的一部分,同理,与之相对应的非核心业务的剥离也是同样的目的。根据专业化经营理论,万科形成的专业化战略主要特征有三个方面:一是由多元化业务向房地产主营业务发展;二是由品种复杂经营向品种单一(即住宅)发展;三是由多区域开放向区域集中发展,主要区域集中在北京、上海、深圳和天津四大城市。万科专业化战略之路走的不仅是经营产业范围的集中专业化,也是对经营地域范围的集中化。

(资料来源:纪欢丛.专业化战略下的内部资本市场运行机制及运行效果分析[D].青岛大学,2018.)

(11)基础产品模式

一种最有利可图的赢利模式是能够带来长期后续业务的基础产品模式。厂商首先推出一个可以扩展的基础产品,在以后的使用中,一直要与其后续产品搭配才能发挥功效。用户购买了基础产品后,不得不长期购买其后续产品。基础产品的销售额和利润可能都不高,但其后续产品的利润却是持续稳定而极具吸引力的。基础产品模式如表 6-1 所示。

表 6-1 基础产品模式

| 基础产品 | 后续产品 |
| --- | --- |
| 电热灭蚊器 | 灭蚊片 |
| 剃须刀 | 剃须刀片 |
| 电梯 | 电梯维护业务 |
| 软件 | 软件升级 |
| 复印机、打印机 | 墨盒 |
| 照相机 | 胶卷 |

首先是找到具有巨大后续潜能的基础产品,然后是生产的基础产品要经久耐用,而后续产品应该是低值易耗品。把握好基础产品与后续产品的产量比例,避免库存积压。在基础产品推广的每一个阶段,这个比例都在变化。最好将基础产品与后续产品的接口特殊化。

案例 6-15

# 吉列模式

1917 年,美国向德、奥宣战,美国士兵开始源源不断地向欧洲战场开拔。这是美国历史上第一次较大规模地向海外派遣军队。为了向世人展示美国军队的整齐与威严,美国政府特别重视士兵的军容和仪表。传统的剃须刀需要使用磨刀的皮条和磨刀石,只有吉列的剃须刀可避免上述麻烦。吉列与政府达成协议,以特优惠的价格向政府大批量提供安全剃须刀,新型剃须刀顺利地成为每个美国大兵的必备品。

吉列的举动固定了特定和潜在的消费群,战争期间,士兵们保持着刮胡须的习惯;战争结束后,他们将这种习惯带回国内,影响并带动周围的人,开始购买并使用这种新型剃须刀,吉列剃须刀的影响力迅速蔓延开来。

吉列在各报刊上大做广告,把新型剃须刀当作最佳赠品来宣传。当人们纷纷向商店询问这种赠品的时候,吉列就乘机把剃须刀以低廉的价格批发给商店。得到赠品的人们自然而然就成了吉列的潜在顾客,因为他们并不是使用一次就完了,他们需要不断地购买吉列刀片来替换。

吉列剃须刀这个商业模式,跟设备免费送的商业模式,道理其实是差不多的,他把剃须刀亏本送,然后通过刀片来赚钱,因为你要持续购买吉列的刀片。关键是他送给的是政府,政府送给的是打仗的士兵,这些士兵要去很多地方,所以这些士兵就成了吉列的"推销员"。这一个举动让他创造了1.3亿片剃须刀片的销售神话。吉列放弃了设备的利润,迅速打开市场,靠后端的耗材赚取利润。

(本案例由作者根据网络资料整理)

(12) 地区领先模式

不是每个企业都适合做全国甚至全球性的企业。当地球遭受灾难的时候,巨型的恐龙是最先灭绝的动物,而小型的蜥蜴却活到今天。多数企业可能做到的是,在一个区域市场内做到行业领先地位。地区性企业一方面可以抵御强敌,力保根据地城池不失;另一方面又能实现比恐龙型企业更高的利润率。因为全国性企业的运输及销售成本比地区性企业大得多。当然,我们并不是提倡丢掉进取心,而是在根据地固若金汤之后,再脚踏实地地做下一个市场。

案例 6-16

## 五星电器的区域领先战略

五星电器公司成立于1998年12月18日,是按照现代企业制度的规范要求组建的大型电器流通企业,从事空调、冰箱、洗衣机等各类大小家电的经营业务。前身是江苏省五交化总公司,总部设在南京,是按照现代企业制度的规范要求组建的大型家电流通企业,2001年正式开始从事家电产品的零售、连锁和品牌代理经营业务,是中国专业从事家用电器经营的全国性家电零售连锁企业。五星电器在观念、体制、机制和业态创新中超常规发展,确立了强势的行业地位。五星电器在家电经营领域坚持走专业化、规模化、连锁化道路,以"做中国最优秀的家电通路商"为经营目标。公司通过两条途径来实现这个目标,一是抓好上游优质商品的代理,二是快速开设卖场控制终端。2001年4月公司学习跨国连锁企业的经营理念,创造性地在院子里开设山西路大卖场。五星电器采取"区域领先"和"低成本"的营销战略,大力推进五星电器连锁计划,首先成为华东市场的领导者并于2005年向全国扩张。公司在快速而稳健的发展中着力于企业核心竞争力的培育,把人才作为企业战略资源,为员工成长创造机会,投入巨资建立信息化管理平台,有效地整合了企业的人、财、物资源。公司倡导连锁企业的"工业化管理",从而达到工作流程的科学化、规范化、精细化。

"五星"的含义之一是要为顾客提供五星级的产品和服务以提升消费者的生活品质。公司把"不仅使顾客满意,还要使顾客感动"作为服务理念创新的基本要求。2006年5月五星电器与世界最大家电销售企业百思买成功合资,成为其旗下的全球连锁企业之一。2009年2月五星电器成为全球最大的家电连锁零售企业美国百思买旗下的外资企业。

(资料来源:都振民. 江苏五星电器有限公司营销战略研究[D]. 苏州大学,2009.)

（13）稀缺资源占有模式

稀缺资源包括资金、土地、罕有实物、进入门槛极高的项目、具有特殊能力的人才等。物以稀为贵,企业掌握了稀缺资源,就掌握了利润的源泉。这里资源占有的前提是在充分的市场竞争状态下,政府性的资源垄断不在讨论之列。

案例 6-17

### 利润惊人的航母

1998年年底德隆集团投资 8 000 万元成立深圳明斯克航母世界实业有限公司,并以 540 万美元的价格成功购得苏联航母"明斯克"号,落锚深圳沙头角大鹏湾。开始筹建世界独一无二的航母军事主题公园,随后的一年多时间,斥资 3 亿多元将其整葺一新。

为了寻找更多的稀缺资源,明斯克公司派员坐镇莫斯科,寻找当年"明斯克"号的遗迹。不仅顺利买到了原舰搭载的 2 架退役报废武装直升机及 2 架米格-23 歼击机,还从处于困境中的俄罗斯航天博物馆和中央海军博物馆廉价租得一大批相当珍贵的文物,其中包括世界第一颗人造地球卫星、第一艘载人飞船、月球土、宇航服在内的大量罕有实物。与此同时,他们还争取到了解放军免费捐赠的一批退役火炮、水陆两栖坦克、战机等重型武器。

2000年9月明斯克航母世界正式开园。10月接待游客 40 多万人,门票收入就达 4 000 多万元。即使在非假期,每天的游客仍在 6 000 人以上。至 2001 年 10 月门票累计收入已突破 2.5 亿元,而舰体维护、人工费、水电费等所有成本合计每月平均成本在 600 万元左右,利润惊人。照此计算,预计两年即可收回全部巨额投资。

(本案例由作者根据网络资料整理)

（14）利润乘数模式

对于拥有强势消费娱乐品牌的公司来说,利润乘数模型是一个强有力的赢利机器。一旦投入巨资建立了一个品牌,消费者就会在一系列的产品上认同这一品牌。企业就可以用不同的形式,从某一产品、产品形象、商标或是服务中,重复地收获利润。

美国迪士尼公司是这一模式的缔造者和实践者。它将同一形象以不同方式包装起来,米老鼠、米妮、小美人鱼等卡通形象出现在电影电视、书刊、服装、背包、手表、午餐盒、主题公园、专卖店上,每一种形式都为迪士尼带来了丰厚的利润。

 案例 6-18

### 迪士尼的利润乘数模式

香港迪士尼乐园是中国第一个迪士尼乐园,也是让亚洲家庭共同感受迪士尼奇妙力量的一大胜地。在美国动画大师华特·迪士尼的倡导下,1955年7月17日,世界上第一座迪士尼乐园在美国加利福尼亚州的阿纳海姆市建成并正式开园。迪士尼乐园是大型主题游乐公园。所谓主题公园,就是园中的一切(从环境布置到娱乐设施)都集中表现为一个或几个特定的主题。香港迪士尼乐园,是继日本东京和法国巴黎之后第三个非美国本土的迪士尼乐园,也是美国迪士尼公司"胃口"最大的一次,目标游客群体辐射中国内地和东南亚地区。香港也积极配合迪士尼公司,做了大量基础设施建设工作,而迪士尼则仰仗着品牌价值获得了多方面的优惠。

迪士尼的赢利模式被称为利润乘数模式:源头是迪士尼的动画制作,通过发行录像带,迪士尼赚到了第一轮收入。在这轮收入中,迪士尼从美国以及海外市场,收回了数亿美元,从而解决了成本回收的问题。接着,主题公园的创收构成其第二轮收入。世界各地的迪士尼乐园能够吸引大量游客游玩消费的原因是品牌产品和连锁经营。迪士尼在美国本土和全球各地授权建立了大量的迪士尼商店,通过销售品牌产品,迪士尼赚进第三轮收入。这一轮收入大约占到迪士尼利润的40%。而早在迪士尼公司决定建立香港迪士尼乐园的时候,就有分析人士指出,公司投资香港迪士尼乐园的目的主要是借助游乐园,搭建一个能加速其进入中国内地市场的跳板。

(本案例由作者根据网络资料整理)

(15) 最优成分系统模式

对于很多企业来说,其生产和销售系统分成若干个子系统,每个子系统都具有完全不同的获利能力,在保持低利润区子系统的充分竞争的前提下,尽量参与高利润区子系统的业务,将会使企业赢利水平迅速提升(表6-2)。比如房地产开发商,他们投入15亿元的一个项目,利润率一般在10%左右,即1.5亿元,可是他们最先启动项目的自有资金投入也许只有5 000万元,其余的资金以抵押贷款的方式解决,实际上利润率高达300%,这就是房地产业的高利润区。

表6-2 最优成分系统模式

| 行 业 | 基本利润区 | 高利润区 |
| --- | --- | --- |
| 包装饮料 | 超市 | 饭店、酒吧、自动售货机 |
| 影视制作 | 复件销售 | 融资、跟片广告业务 |
| 个人计算机 | 计算机整机 | 自选配件、附件 |
| 房地产 | 房产销售 | 房地产升值、融资 |
| 咖啡 | 食品店 | 西餐厅、咖啡屋 |
| 轿车 | 新车销售 | 保险、保养服务、融资 |

案例 6-19

## 比亚迪最优成分系统模式

比亚迪公司成立于1995年2月,主要从事二次充电电池业务、手机部件生产组装业务、传统燃油汽车及新能源汽车业务。它从"十一五"开始就已经注意到了新能源汽车趋势,在2003年收购秦川汽车不久后就开始了新能源汽车之旅。作为新能源汽车竞争市场的先入者,比亚迪成为我国新能源汽车产业发展的行业标杆,并对中国未来汽车产业的整体结构产生强有力的影响。

比亚迪的主要收入来源是汽车业务,比亚迪的汽车业务相对稳定,手机部件生产组装业务的收入波动相对较大,二次充电电池业务的收入逐年降低。汽车业务逐渐发展为比亚迪的王牌业务得益于比亚迪在新能源汽车领域取得的成就。比亚迪超过50%的营业收入来源于汽车业务,2016年比亚迪汽车的销量同比增长69.85%,销量全球第一,这与近年来中央政府出台新能源汽车的相关政策密不可分。2012年中国国家开发银行与比亚迪股份有限公司就已达成协议,授信比亚迪300亿元人民币,为比亚迪新能源汽车推广的零首付方案提供信贷支持。2015年年初比亚迪向日本出口电动公交车,为日本民众提供清洁、快速的城市交通体验。比亚迪2016年年报显示,2016年比亚迪在全球的新能源汽车市场份额为13%,在中国的新能源汽车市场份额为23%。

(资料来源:刘修睿.浅析新能源政策影响下比亚迪公司战略定位及商业模式[J].中国集体经济,2018(36):63-65.)

### 6.3.3 盈利模式保护手段

企业能进入赢利区尚属来之不易,保证长期稳定的利润增长更是难上加难。公司在创建赢利模式的同时,必须寻求和建立自己的战略控制手段,以保护企业设计带来的利润流,使其免受竞争对手和用户势力的侵蚀。一项赢利模式如果没有战略控制手段的支持,就好像一艘漂亮的航船底部有一个漏洞,会使船很快地沉没。

企业可选择的战略控制手段有很多:品牌、专利、版权、1~2年的产品开发提前量、20%的成本优势、控制价值链(如原料供应商、分销渠道、产品体系等)、独特的企业文化等。每一种控制手段都有助于使公司更长时间地留在利润区,防止竞争对手偷走这里的利润。

在每一个行业,选择控制手段都有不同的侧重。品牌不一定对所有的行业都适用,如基础资源行业;控制价值链也可能是难以做到甚至是没有必要的,如供不应求的商品供应商。因此,在决定如何实现战略控制之前,须对相关的控制手段的作用强度进行划分。

每一个好的企业设计都至少有一个战略控制手段,最好的企业设计往往有两个以上的控制方式。不妨举几个国外优秀企业的案例:

- 英特尔公司就有两年的产品提前量、控制价值链、品牌等战略控制手段;
- 可口可乐公司有品牌、低成本的支撑系统、控制价值链、市场支配地位等;
- 通用电气公司拥有低成本优势,同时在许多领域拥有成熟的客户关系,向用户提供完备的服务和解决方案;

- 微软公司拥有行业标准,在若干市场上的绝对支配地位和品牌等战略控制手段……

对于上市公司来说,及早建立战略控制手段尤为重要,因为证券分析师们在评价股票时,最重要的一个准则是可预测性。企业战略控制的强度越高,业绩的可预测性也就越高;可预测性越高,对其股票的评价也就越高,就会得到股民的青睐,股价会稳步上升,企业的公众形象也会越来越完美。

此外,企业还应重点关注销售利润率、利润增长率等财务指标。如果这其中的一个或几个指标开始恶化,就表明原有的企业设计正在脱离用户的偏好,开始滑到利润区之外。此时,如果未能更新企业赢利模式,公司的前景必将每况愈下。

案例6-20

## 华润怡宝:体育营销,成就品牌进阶之路

2015年怡宝品牌30周年之际,怡宝品牌主张升级为"心纯净,行至美",开启刷新品牌形象的进阶之路。

运动场景,已经成为中国饮料主要的消费场景之一。怡宝以体育营销作为品牌升级的重要载体,一方面,与主要消费场景进行强关联,倡导全民健康的生活方式,强化怡宝"健康、纯净"的功能价值。另一方面,体育运动承载的"专注、行动、协同、超越自我"等精神内涵,与怡宝品牌理念高度契合,丰富了怡宝的品牌内涵。

向热衷运动的中国消费者,尤其年轻人,传递更纯净、更美好的价值观、情感、态度,推动中国大众体育的蓬勃发展,展现了怡宝作为饮用水行业领导者的企业担当,也有助于怡宝扩大在年轻人市场的影响力,实施品牌年轻化战略。

体育营销的概念看似浅显,但是想要深入理解其奥义,需要经过不断的实践和经验累积。2012年以来,怡宝借势中国马拉松运动的爆发式增长,累计赞助跑步赛事超过1 000场,2016年赞助176场赛事,2017年赞助271场赛事,近三年赞助饮用水及饮料超过3 000万瓶,是国内进入马拉松赛事最早、赞助场次最多的饮用水品牌,常年为北马、上马、厦马等国内各大城市马拉松赛事提供专业补给,全程赞助赛事志愿者、啦啦队、加油站、赛后休息区等,一路陪伴中国马拉松,为赛事保驾护航。

除深度参与城市马拉松的全民推广外,怡宝进一步整合了玄奘之路商学院戈壁挑战赛、TNF100、八百流沙极限赛、高黎贡超级山径赛 by UTMB等优质的体育IP资源,在赞助跑步赛事的类型上,基本实现了从大众马拉松、越野跑、青年校园跑、精英挑战赛到顶级专业跑步赛事的全覆盖,以全人群、专业化、体系化的"跑步运动绿色领跑者"形象,全面领跑中国。

目前,怡宝已由赞助跑步运动,进一步扩展到骑行、足球等大众体育赛事。在足球方面,携手亚洲最高级别的俱乐部赛事——亚洲冠军足球联赛,通过球场广告、球赛话题互动、牵手球童活动等形式多样的内容营销,覆盖超过1亿位球迷;在骑行方面,成功抓住世界顶级赛事——环法自行车赛首次进入中国举办赛事的契机,在中国运动自行车爱好者中刷爆人气。

时至今日,怡宝推动大众体育的身影已遍及全国,并始终以对体育纯粹的热爱,充分把握中国社会的体育热点,系统布局,做强做深,建立起了属于怡宝粉丝的体育互动平台,不断扩大怡宝品牌的影响力。

有了优质的体育IP资源,怡宝接下来需要与各个领域最强的平台进行深度合作。把CCTV、腾讯体育、咕咚等作为怡宝承载这些体育IP的重要传播平台,再根据不同体育IP受众的特点,匹配更精准的传播平台,以达到深度与广度兼具的传播效果。

中国互联网体育人口已经超过3.5亿人,"体育+社交"成为大势所趋。2017年伊始,怡宝与咕咚达成了战略合作,依托其全国最大的运动社交平台,推出了一系列惠及中国体育爱好者的行动:整合怡宝覆盖全国马拉松的名额资源,在咕咚开通跑马名额的绿色通道,跑者通过参与马拉松助力赛或者直接抽奖的方式,获得免费的赛事直通名额;针对体育爱好者第一位的痛点——缺乏专业运动指导,怡宝推出跑步知识视频公开课"金牌训练营";结合环法中国赛,推出怡宝专属的线上趣味晒轨迹活动……以体育爱好者的需求与痛点为导向,是开展体育社交的关键。

此外,怡宝的自媒体,也逐渐成为跑者、球迷、骑友的"集结地""自治区",打破线上线下的界限,通过丰富的话题、社群互动、线下联动,让体育营销成为怡宝和消费者沟通互动的重要纽带。

体育IP资源和体育媒体资源,都只是体育营销的外部条件,如何利用好这些资源,怡宝总结多年来体育赛事运营的经验,形成了以"圈层营销"与"大众传播"为双核驱动的体育营销思路。

在圈层营销方面,影响力人物营销是行之有效的手段。怡宝签约国内外运动选手,打造"怡宝梦之队",赞助国内知名商学院精英战队……

在大众传播方面,内容营销则是一切成败的关键。挖掘好体育IP资源,讲好怡宝与体育的故事,让广大大众体育爱好者,乃至不爱运动的人士,都能在怡宝体育营销的广告运动中,在情感、价值观、态度上有深层次的共鸣,激发他们参与体育运动的热情,最终形成自带势能的品牌影响力。"精神引领大众"是让体育营销真正深入人心的品牌之路。

做体育营销,既要打透体育运动圈,又要跳出体育,进入公众视野,释放品牌声量,煽动体育营销的圈层营销与大众传播的这两只翅膀,传递体育精神魅力,从而提升品牌认知,引发品牌传播的蝴蝶效应。

体育运动贵在坚持,体育营销策略要有长期性。体育营销作为怡宝长期坚持的品牌战略,未来将更深入地参与大众体育事业,整合全球顶级赛事,依托强势的体育媒体,加强营销创新与传播模式的探索,让更多人深刻感受怡宝对体育纯粹的热爱,以行动来践行美好,相伴携手,成就怡宝品牌基业长青。

(资料来源:陈越.华润怡宝:体育营销,成就品牌进阶之路[J].经贸实践,2018(21):26,27.)

## 本章小结

(1) 如果产品和市场具备以下特征,采用成本领先战略会更有效力:①市场需求具有较大的价格弹性;②标准化产品;③产品差异化小;④转换成本低;⑤品牌忠诚度低。

（2）差异化战略的实施条件包括：①企业具有很强的研究与管理能力，员工创新能力强。②企业具有良好声誉。③企业具有很强的市场营销能力。④企业的产品开发、市场营销等职能部门之间要具有很强的协调性。⑤企业能吸引高级研究人员、创造性人才和高技能职员。

（3）实施集中战略要注意防范来自三方面的威胁：①以广泛市场为目标的竞争对手，很可能将该目标细分市场纳入其竞争范围。②该行业的其他企业也采用集中战略，或者以更小的细分市场为目标。③由于社会政治、经济、法律、文化等环境的变化，技术的突破和创新等多方面原因引起替代品出现或消费者偏好发生变化，导致市场结构性变化。

（4）经营优势指的是企业所处的这样一种状态，即以自身资源、能力、信誉等综合实力为基础，能够提供被顾客认为是更具价值的产品或服务。企业可以通过顾客价值判定程序（CVD）选择目标顾客认为最重要的若干价值要素，然后在这些顾客价值方面建立自己的经营优势。

（5）经营优势与竞争优势相比：一是评价者不同，经营优势是顾客视角的企业竞争优势评价，是顾客认为本企业比竞争者做得更好。二是内涵不同，经营优势强调"优势"概念本身的中性无价值判断特征，它既可用于合作，也可用于竞争，或者同时与竞争者既合作又竞争。三是本质不同，经营优势强调的是企业自身的不断自我超越，不断为顾客提供超过其期望的价值。企业经营优势建设需要以顾客价值为导向，从自身资源和能力建设着手，并随着顾客价值偏好与竞争格局的变化进行动态调整。

（6）一个能够持续的经营优势，至少应该满足如下六个准则中的一个或多个：无法学、学不全、不愿学、不怕学、不敢学、难替代。

（7）盈利模式是基于目标顾客价值偏好和企业经营优势构建需要而采取的各种战略措施的组合，这种组合是由网络定位战略、企业各个层次战略、各种竞争战略、各种职能领域战略组成的一个相互关联的有机整体。

（8）盈利模式的基本特征有：①盈利模式是经营优势的具体实现形式。②盈利模式应以客户需求为导向。③盈利模式更关注将资源配置到投入产出效率更高的环节。④企业要随着客户需求的变化不断寻找新的盈利模式。⑤盈利模式建立需要有相应的企业设计制度安排等作基础。

（9）《商界》杂志概括了中国企业盈利的15种黄金模式：最优成分系统模式、利润乘数模式、稀缺资源占有模式、地区领先模式、基础产品模式、专业化利润模式、客户发掘模式/客户解决方案模式、配电盘模式、行业标准模式、原料控制模式、速度创新模式、独特产品模式、卖座"大片"模式、产品金字塔模式、跟进尾随模式。

（10）企业可选择的盈利模式保护手段有很多：品牌、专利、版权、1～2年的产品开发提前量、20%的成本优势、控制价值链（如原料供应商、分销渠道、产品体系等）、独特的企业文化等。

## 思考题

（1）经营优势的基本内涵是什么？分析一家企业的经营优势。

（2）什么是盈利模式？试举例说明。

# 第 7 章　关系定位战略

> 你在为自己争取活路的同时,也必须让别人活。那种只顾自己不管别人的做法,必然会遭到顽强的反击。
>
> 每做成一笔生意,就交到一个朋友。不仅要让自己赚钱,还要让客户获益,让代理商赚钱。生意做得越多,朋友也越多,做生意的机会也就越多。
>
> ——摘自《联想风云》

战略关注企业的未来方向以及选择何种路线引导企业走向未来。目前主要有三种研究思路:一是由外到内的外部机遇或顾客价值定位,关注的重点是外部环境,特别是顾客价值;二是由内到外的内部资源能力定位,关注的重点是内部优势建设;三是内外结合的内外匹配定位,特别重视机会与实力结合研究。这三种战略定位思路尽管理论基础和研究视角不同,但从其核心要素来看,关心的都是如何进行独特的且有价值的位置定位。

然而,从博弈论视角来分析,上述位置定位存在两点明显的不足:(1)位置定位战略是一种静态分析方法,没有考虑参与博弈各方,如企业、顾客、供应方、竞争者、替代者、潜在进入者之间关系定位与战略选择的相互联系、相互影响、相互依存;(2)以产业结构分析模型为基础的一般竞争战略,以及特色竞争策略组合的盈利模式,强调的都是竞争与威胁,总是将战略选择定位在竞争上,试图通过削弱或减少其他参与者的收益来增加自己的收益。此外,在战略实践中,准确的位置定位并不能确保企业的持续生存和发展,因为如果在错误的时间、错误的地点,与错误的对象展开错误的竞争或合作,必将会给企业造成战略损失[①]。例如,青岛啤酒在济南市场的三战三败[②],TCL 和阿尔卡特的手机"联姻"失败[③]。显然,此时面临的问题是"如何界定和应对与其他行业参与者的关系才能确保企业的持续生存和发展?"这个问题的逻辑思路中又隐含三个子问题:"要界定与谁的关系?""有哪些关系类型?""针对不同关系该如何应对?"本书将解决上述问题的研究定义为"关系定位战略"。本章简要介绍博弈论的基本概念,回顾相关研究,然后通过构造一个完全信息静态博弈模型,提出四种关系类型以及相应的两类应对策略(竞争性策略和合作性策略)。

## 7.1　博弈论简介

### 7.1.1　博弈及博弈论概念

博弈是指决策主体(个人、企业、集团、政党、国家等)在相互对抗中,对抗双方(或多方)相

---

① 项保华. 战略管理——艺术与实务[M]. 3 版. 北京:华夏出版社,2001:227.
② 于长江,张志强,吴金河. 六年之痒:青啤失意济南. 中国营销传播网,2003-04-23.
③ 刘奇. 整合难题引发"协议离婚"[N]. 京华时报,2005,5,18. 转引自:http://www.sina.com.cn.

互依存的一系列策略和行动的过程集合①。博弈论是专门研究博弈如何出现均衡的规律的学科。博弈理论的初步形成以 1944 年冯·诺伊曼和摩根斯坦合著的《博弈论和经济行为》一书的出版为标志,但迅速发展还是在纳什于 1950 年发表的不足千字的论文之后②。

博弈可以分为合作博弈和非合作博弈,二者的区别主要在于:当参与者的行为相互作用时,参与者之间是否存在或形成一个具有约束力的协议。如果有,就是合作博弈;反之,就是非合作博弈。合作博弈强调的是团体理性,是效率、公正和公平;而非合作博弈强调的是个人理性和个人最优决策,其结果可能是有效率的,也可能是无效率的。博弈论主要关注非合作博弈,因为竞争是一切社会、经济关系的基础,竞争是基本的,合作是有条件的、暂时的。

### 7.1.2 博弈的基本要素

博弈论的基本概念包括参与者、行动、信息、策略、结果、收益、均衡等。描述一个具体的博弈,参与者、策略、收益是最基本的要素,这些基本要素通过行动和信息构建一个博弈过程。

(1) 参与者(player):参与博弈的决策主体,其目的是通过选择策略(或行动)以最大化自己的收益水平。根据参与者数目的多少,博弈可以分为单方博弈、双方博弈、多方博弈。对于特定博弈而言,一个较为特殊的、与其他参与者不存在利害关系的参与者定义为自然(nature)。

(2) 行动(action or moves):参与者在博弈中的某个时点的决策变量。参与者的行动可能是离散的,也可能是连续的。行动顺序对于博弈结果是非常重要的,不同的行动顺序意味着不同的博弈。如果博弈双方同时行动,即一方做出行动时并不清楚对手是否已经做出了行动,称为静态博弈。如果一方在做出行动时,知道对手已经做出了行动(可能不知道具体行动是什么),称为动态博弈。

(3) 信息(information):指参与者有关博弈的知识。博弈中的信息结构主要有完全信息、非完全信息、完美信息、非完美信息。博弈论对完全信息和非完全信息有着严格的定义:如果所有参与者在给定任意策略组合下,每一个参与者的收益都是确定的(包括期望值),那么就是完全信息博弈。如果至少有一个参与者的收益是不确定的(不确定是指参与者主观认为收益具有多种可能性),那么就是非完全信息。完美信息是指一个参与者对自然和其他参与者的策略选择有准确了解的情况。非完全信息就意味着非完美信息,但完全信息并不意味着完美信息。

(4) 策略(strategies):参与者在给定有关信息情况下的行动规则,它规定参与者在什么情况下选择什么行动,或者它选择参与者如何对其他参与者的行动做出反应。策略是行动的规则而不是行动本身,在静态博弈中,策略和行动是相同的。根据策略的数量,可以将博弈分为有限博弈和无限博弈。

(5) 结果(outcome):对所有参与者的每一个可能的行动组合,会出现什么样的结果。

(6) 收益(payoff):在可能的每一个结果上,参与者的所得和所失。收益具有两方面的含义:一是指参与者在特定策略组合下得到的确定效用水平,二是指参与者得到的期望效用水平。一个参与者的收益不仅与他自己选择何种策略有关,而且还是其他参与者所选策略的函数,任何一个参与者改变自己的策略都将影响所有参与者所获的收益水平。这就是说,参与者

---

① 姚国庆.博弈论[M].天津:南开大学出版社,2003:5.
② Nash J F. Equilibrium Points in n-Person Games[J]. Proceedings of the National Academy of Sciences of the United States of America,1950,36(1):48,49.

之间的收益是相互牵连和相互制约的。根据不同策略组合下各参与者的收益总和,可以将博弈分为零和博弈、常和博弈、变和博弈三种。

（7）均衡(equilibrium):所有参与者的最优策略的组合。任何一个参与者的最优策略通常依赖于其他参与者的策略选择,即是对其他参与者策略的最优反应。

参与者的博弈与他们拥有的信息结构以及行动顺序密切相关。按照信息结构和行动顺序,可以把博弈分为四种不同的类型,不同类型的博弈对应着不同的均衡[①]（表 7-1）。

表 7-1 博弈的分类及其对应的均衡

| 顺 序 | 信 息 | |
| --- | --- | --- |
| | 完全信息 | 非完全信息 |
| 静态 | 完全信息静态博弈<br>纳什均衡<br>纳什(1950、1951) | 非完全信息静态博弈<br>贝叶斯纳什均衡<br>豪尔绍尼(1967、1968) |
| 动态 | 完全信息动态博弈<br>子博弈精炼纳什均衡<br>塞尔腾(1965) | 非完全信息动态博弈<br>精炼贝叶斯纳什均衡<br>塞尔腾(1975)<br>克瑞普斯、威尔逊(1982)<br>佛登伯格、泰勒尔(1991) |

### 7.1.3 博弈论与战略管理

博弈论给人们对企业间竞争和合作的研究带来了革命性的变化,它把商业中的相互作用看成是竞争和合作的结合物,从而为建立可持续竞争优势提供了一种新的思路。美国乔治敦大学教授格兰特认为,"博弈论对战略管理作了两点尤为有价值的贡献。第一,我们可以根据以下几点来描述一场游戏:识别游戏参与者,把每个参加者的选择权具体化,建立所有选择权之间的平衡,运用游戏树来描述决策顺序。这使得我们能够理解竞争态势的结构,并有助于我们用一种系统的理性的方法来做决策。第二,通过它所提供的对竞争态势和讨价还价的深入研究,博弈论能够预测竞争态势的均衡结果和任何一个游戏参加者的战略性行动所产生的结果""对于实际工作中的经理们来说特别重要的是,博弈论能够显示出通过控制不同的游戏参加者之间的均衡来改善游戏的结构和结果的各种战略"。

尽管理论研究和实践还没有明确提出"关系定位战略"的概念,但在实践中,企业决策者实际上已经有着"谁是我的主要竞争对手,如何应对?"以及"谁是自己的合作者,如何合作?"等的思考与行动,在战略研究文献中也已经有许多相关的表述。Barry J. Nalebuff 和 Adam M. Brandenburger 引入互补者和价值网概念（图 7-1）,运用博弈论,描述了商场博弈参与者之间的合作竞争关系。他们认为在价值网中,企业不应被动地接受博弈现状和仅仅参与博弈,而是要主动地选择自己所希望的博弈并积极主动地"改变博弈"。改变博弈,首先要从价值网外部视角审视并描绘出

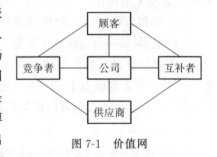

图 7-1 价值网

---

[①] 陈瑞华.信息经济学[M].天津:南开大学出版社,2003:75.

企业所处的价值网,其次确定商场博弈的5个要素,参与者、附加值、规则、策略、范围,然后通过改变一个或几个博弈要素使博弈向着有利于自己的方向转化[①]。

司徒达贤认为,"企业是存在于一套极其复杂的网络关系中""企业与所有有关外界机构之间彼此都存在着许多复杂的关系,这些关系有些是合作,有些是竞争,有时则既是合作又是竞争。"网络定位战略的重点是"在机构林立的经营生态环境中,我们应和哪些机构或个人,维持怎样的关系"以及"如何在网络中建立竞争优势"。网络定位战略的战略要素包括:参与广度与对象、交易内涵、介入程度、利益分配与核心程度、移动弹性、竞争优势[②]。Bengtsson 和 Kock 分析了竞争者之间存在四种关系类型:合作、竞争、共存、合作竞争,他们认为除竞争或合作关系外,一个竞争者能够和其他竞争者共存,而且能够和其他竞争者同时合作和竞争,因此,一个成功的企业需要聚焦于四种关系的管理[③]。项保华认为竞争与合作这两种做法,其本身只是实现目标的一种手段,不存在优劣之分。此外,竞争与合作有良性与恶性之分,恶性竞争会导致两败俱伤,良性竞争会推动双方前进;恶性合作会短期得益长期受损,良性合作会短期受损长期得益。项保华通过构造"重复囚徒两难"博弈模型,分析了竞合关系对策选择问题[④]。汤明哲分析了合作态势战略和竞争态势战略。合作态势战略有两种:一种是明显的合作,如固定价格、瓜分市场、共同销售;另一种是合谋,如价格触动战略、最惠国待遇、以小博大战略、吸脂战略、授权对手、价格领导。竞争态势战略有价格战、经验曲线定价、产品线竞争,以及通过非价格的竞争,来削弱对手的实力,如捆绑战略、价格歧视、垂直整合[⑤]。

### 7.1.4 分析基础

关系定位战略研究主要基于两点:一是基于价值网,在价值网范围内确定企业与其他参与者关系及其应对策略;二是基于对价值网参与者两种基本行动策略的判断,一种是竞争行动,另一种是合作行动。

**1. 基于价值网**

企业生存环境可以分为宏观、中观、微观环境。宏观环境涉及国家、地区等各类组织,往往是企业不可控因素,对于此类因素,在关系定位上,企业所能做的就是尽量适应或影响环境。中观环境就是行业环境,涉及竞争者、互补者、供应方、顾客、替代品厂商、潜在进入者等,分析模型主要有五力量模型、六力互动模型[⑥]、价值网模型,对于此类因素,在关系定位上,通常认为企业与竞争者关系是竞争性的,企业与顾客、互补者、供应者关系是合作性的,但实际情况要复杂得多。微观环境主要是与企业生产经营有着直接联系的行业内外参与者,对于此类因素,在关系定位上,在创造价值时是合作的,而在分享利润时则是竞争的。

关系定位战略研究主要着眼于中观环境,本书主要基于价值网模型展开分析,即主要分析企业与价值网其他参与者的关系类型及其应对策略。这是基于下述考虑:(1)五力量模型是一种静态分析方法,过分强调竞争与威胁;(2)六力互动模型中的"替代品厂商""潜在入侵者"和"同行厂商"从其价值最终实现上来看,都是面向相同或相似的顾客需要,因此本质上都是相同

---

① 拜瑞·J·内勒巴夫,亚当·M·布兰登勃格.合作竞争[M].合肥:安徽人民出版社,2000.
② 司徒达贤.战略管理新论——观念架构与分析方法[M].上海:复旦大学出版社,2003:21,57-75.
③ Bengtsson Maria, Kock Sören. Cooperation and competition in relationships between competitors in business networks[J]. Journal of Business & Industrial Marketing,1999,14(3):178-193.
④ 项保华.战略管理——艺术与实务[M].3版.北京:华夏出版社,2001:227-234.
⑤ 汤明哲.战略精论[M].北京:清华大学出版社,2004:57,58,175-190.
⑥ 项保华.战略管理——艺术与实务[M].3版.北京:华夏出版社,2001:131-134.

利益来源的争夺者;(3)价值网模型的关系判断是中性的,不带主观价值倾向,为了企业生存和发展,在必要时合作,在不得已时竞争,而且体现了双向互动,更便于一般理论层面的分析。

### 2. 基于对价值网参与者基本行动策略的判断

从企业最终生产经营目标考察,其任何行动都是要增加自己利益,有些行动可能短期会使自己利益受损,但从可预见的未来看,其行动目标依然是获利。从博弈论视角分析,企业为获得或增加自己利益所采取的行动必然会对价值网其他参与者的观念、认知、行动、利益产生影响,而且企业与其他参与者的行动策略是相互联系、相互影响、相互制约的。基于个体理性和自利,企业采取的行动是对其他参与者现实行动策略或预期行动策略的最优反应。本书从博弈论视角定义了企业的竞争行动、合作行动。

定义 1:对于给定的其他参与者,如果企业采取的一项行动在可预见的未来引起其他参与者收益的减少,则称此行动是竞争行动。

定义 2:对于给定的其他参与者,如果企业采取的一项行动在可预见的未来不会引起其他参与者收益的减少,则称此行动是合作行动。

根据上述定义,显然,企业的良性竞争行动不会引起其他参与者收益的减少,本质上是合作行动。而恶性合作行动则会引起其他参与者收益减少,本质上是竞争行动。例如,海尔的"价值战"致力于提高产品品质及其服务,可以看作是良性竞争。而来自英伦、出身贵族的罗孚急于同吉利合作,可以认为是恶性合作。而且,企业的一项行动对于价值网的其他不同参与者,其性质也是不同的。例如,格兰仕采取降价行动,对于同行来说,是竞争行动,而对顾客来说,则是合作行动。

类似地,价值网其他参与者为获得或增加自己利益所采取的行动策略也必然会对企业观念、认知、行动、利益产生影响。此时,对企业而言,如果其他参与者的行动引起企业收益减少,则其行动为竞争行动;相反地,如果其他参与者的行动不会引起企业收益减少,则其行动为合作行动。例如,由于供给增加,顾客在与企业讨价还价中处于有利地位,可能会以低于企业期望成交的价格购买到自己所需的产品或服务,此时,顾客行动是竞争性的,企业行动是合作性的。

可见,价值网参与者基于个体理性和自利采取的一项行动,要么引起其他参与者收益减少,要么不会引起其他参与者收益减少,因此,可以认为价值网参与者的基本行动策略是竞争行动或合作行动。

**案例 7-1**

## 中兴 VS 华为:牛与狼的殊途同归

从企业性格、创始人出身及处世风格,到企业体制、激励方式、管理思想、企业文化甚至发展战略,同一行业的两个不同核心企业居然会如此地截然不同!南辕北辙的成长路径,却成就了各自的辉煌……"如果没有华为,中兴也不可能始终保持着活力,而如果没有中兴,华为也不会有如此快的发展速度。"一位先后在华为和中兴工作过的企业人士这样评价。

20世纪80年代就开始崛起的"巨大中华",今天已经只有"中华"——中兴和华为依然屹立不倒。中兴和华为的这种现象,被业内人士称为"双子星"现象。它们位于同一地域,在资源、市场、技术、管理、营销等各方面相互补充、相互合作、相互竞争;这又是两家截然不同的企业,他们的同与不同,他们的殊途同归,无形中破解了"经营模式决定企业成败"这一众多企业家一生沉迷的命题。

企业文化的不同,很大程度上是因为创业企业家个性的不同。中兴和华为以不同的路径取得了同样的成功,中兴和华为的不同源于其创始人和精神领袖——侯为贵和任正非性格和思想上的不同。

### 1. "以和为贵"与"是非不分"

任正非参加过红卫兵运动,因为他的知识分子父母"挨批"而在政治上受过压迫,这使他的价值观与社会的主流价值观保持一致,所以后来一投入深圳改革开放的熔炉,他便义无反顾地走上了创业之路。他当过兵,在部队当选过党的"十二大"代表,部队的生活经历在他身上打下了深刻的烙印。从学校毕业后,他进了企业,养了几年猪。他的经历可谓"大起大落"。

侯为贵的经历则平坦许多:上学时是尖子生,毕业后教了两年书,后来进入691厂,从技术工人到车间主任,再到技术科长,始终是厂里技术水平最高的专家,而且一干就是一二十年,属于典型的知识分子类型。

背景的不同使任正非和侯为贵在企业经营管理中表现出了完全不同的管理风格:侯为贵更稳健,很少有过激行为;而任正非则狼性十足,严厉而富有攻击性,在经营上也敢于冒险,不循常规。有人甚至这样形容他们两个人,说侯为贵是"以和为贵",而任正非是"是非不分"。于是,有媒体称任正非为"偏执狂",而称侯为贵是"温和的机会主义者"。

### 2. 抱负:阳台与车库

侯为贵初到深圳时,是以外派的方式,干不好还可以回去;任正非则是光杆司令一个,干得不好,连吃饭都成问题。但是,两个人都看到了技术和知识的价值,所以,在从事贸易还有利可图时便开始考虑自主研发,而在后来,又都将10%的销售额投入研发中,从而使两家公司在自主研发上均找到了企业发展的动力。

对技术和知识的重视,使两家企业都把人才放到了最重要的位置,并给予员工极为丰厚的回报。任正非很早就对员工说,以后盖房子一定要把阳台盖得大一些,"以便今后好晒钱";而侯为贵也在企业初创时期就对他的部下许诺,以后中兴要每个人都有房子,房子下面都要有车库。

### 3. 领导者的不同个性导致企业文化的迥异

企业文化的核心构件是企业家的个性特征。作为工程师,侯为贵比较强调沟通,比较宽容,强调经验;而军人出身的任正非则更强调服从,强调对人的主观控制和统一性。侯为贵为人处事谨慎而谦虚、勤俭、身体力行、知人善任、宽容、正直、重情、执着、善于倾听、好学不倦等,相信物质与精神同等重要,强调中庸和平衡;而任正非为人处事爱憎分明、强势、我行我素、严格而寡情、果断、结果导向等,强调纪律、规范,相信物质对人的激励作用,在做思想工作时强调灌输而非双向沟通。

中国企业所处的环境非常复杂,无论是什么出身,谙熟企业运营的社会环境是企业经营成功的要点。尽管出身不同,侯为贵更接近典型的东方企业家,只是他也学习西方企业经验;而任正非则更接近西方企业家的特点,但他们都对中国环境有深刻理解。两个精神领袖个性的不同仅导致了企业文化的差异,对社会、对市场的谙熟才是这两家企业成功的真正基础。

**4. 中兴：技术的生命力来自市场**

让人奇怪的是，作为一家技术领先的通信企业，中兴从来不提技术至上。其实，中兴的技术实力来自它坚持多年的自主研发。在技术研发上，中兴倡导"低成本尝试"原则，它包括五层意思：

（1）对于各种可能出现的、已经形成一定热点的技术或产品，不管其市场前景如何，在没有足够的证据否定之前，不放弃任何一次尝试的机会；

（2）产品或技术没有足够把握可以做出来之前，只做尝试性研究；

（3）产品或技术虽然可以做出来，但在不能发现一个明确的、有足够容量的市场之前，只停留在产品和技术的实验室研究上，不做市场投入；

（4）在市场出现明显征兆但尚未启动之前，在有足够把握的情况下，根据市场成熟的进度，进行有节奏的大规模投入，以求突破；

（5）对于比较大的项目或不明确的项目，借助外力进行开发，以便将风险分散。

**5. 华为：超强资源形成超强技术压强**

1998年后，华为根据《华为基本法》中制定的"研究开发政策""研究开发系统"等规定，开始了由技术跟进、产品模仿向创新和改进的转变。1998年投入研发的经费超过8亿元人民币，是销售额的10％，并且开始搞战略预研，进行基础研究。

华为坚持每年以不低于销售额10％的资金投入研发，这一比例在全国电子企业百强中排名第一。华为85％的员工具有大学本科以上学历，其中技术研究及开发人员占46％，市场营销和服务人员占33％，管理及其他人员占9％，生产人员占12％。这个结构是典型的"微笑曲线"：两头（研发和营销）力量特别强大。

决定华为技术走向的另外一个重要因素是狙击国内竞争对手。对于规模实力、研发能力相当的"主要竞争对手"，在决定成功的关键技术上和既定的战略生长点上，"以超过主要竞争对手的强度配置资源，要么不做，要做就极大地集中人力、物力和财力，实现重点突破"，这就是华为著名的"压强原则"。

（本案例由作者根据网络资料整理）

## 7.2 关系类型

本书通过构建企业与价值网其他参与者完全信息静态博弈模型来揭示企业与价值网其他参与者的关系类型。

### 7.2.1 博弈模型

在价值网中参与者之间完全信息静态博弈基本式为：

$$G=\{I,S,u\} \tag{7-1}$$

其中，$I=\{1,2,\cdots,5\}$，分别表示企业、顾客、供应商、竞争者、互补者；$S=\{S_1,S_2,\cdots,S_5\}$，分别表示第 $i$ 个参与者的行动策略，其中 $s_{i1}$ 表示竞争行动，$s_{i2}$ 表示合作行动；$u=\{u_1,u_2,\cdots,u_5\}$，分

别表示第 $i$ 个参与者的收益,其收益是行动策略的函数。

由于参与者的基本行动策略是竞争行动或合作行动,为揭示参与者之间的关系类型,不失一般性,我们仅对企业与其他任一参与者之间的博弈进行分析,其分析结果同样适用于价值网其他参与者之间的关系类型分析。企业与其他任一参与者完全信息静态博弈基本式为:

$$G=\{S_1,S_2;u_1,u_2\} \tag{7-2}$$

其中,$S_1$ 表示企业行动策略,$S_2$ 表示其他任一参与者行动策略;$u_1$ 表示企业收益,$u_2$ 表示其他任一参与者收益。

将企业与其他任一参与者的收益函数列成矩阵形式,得博弈矩阵(图 7-2)。

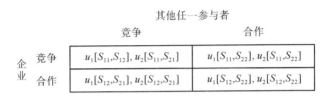

图 7-2　企业与其他任一参与者完全信息静态博弈模型

## 7.2.2　关系类型

从图 7-2 可以看到,企业与其他任一参与者的行动策略之间形成了 4 种关系类型,即竞争-竞争关系、竞争-合作关系、合作-竞争关系、合作-合作关系。

**1. 竞争-竞争关系**

如果企业采取竞争行动,其他参与者也"以牙还牙",同样采取竞争性行动,此时,企业与其他参与者之间就形成竞争-竞争关系。这种关系更多地存在于企业与竞争者之间,其结果可能是竞争双方收益的减少。例如,2004 年年初,一直少有降价动作的海尔突然对旗下 4 个系列的 30 多款冰箱发起了全国范围的大降价,科龙立即跟进,紧急宣布对旗下拥有的科龙、容声、康拜恩三大冰箱品牌的 80 余款冰箱实施全国大降价,而且双方在降价机型的档次、规格、功能方面都紧紧咬住[①]。

通常,人们认为企业与顾客是合作-合作关系,但在特定情况下,也会形成竞争-竞争关系。例如,在某些垄断行业中,企业凭借其垄断地位,抬高产品或服务价格,或者在价格不变的情况下,降低产品或服务质量,其行动显然是竞争性的。处于弱势地位的顾客,若减少此类产品或服务的消费量,这种行动就具有一定的竞争性。

**2. 竞争-合作关系**

如果企业行动是竞争性的,而其他参与者行动不会引起企业收益减少,此时,企业与其他参与者的关系就是竞争-合作关系。这种关系的形成通常是因为企业在博弈中处于优势地位,其他参与者在博弈中处于弱势地位,只有被动接受企业制定的"游戏规则";或者企业欲取得优势地位,而其他参与者不愿与企业进行面对面"交锋"。这种关系可能存在于企业与其他任何一个参与者之间,其结果往往是企业收益增加,而其他参与者收益减少。例如,格兰仕凭借其

---

① 张钦. 海尔和科龙冰箱大降价 两巨头正式开打价格战[N]. 北京青年报,2004,3,9. 转引自 www.emkt.com.

在微波炉生产领域的成本领先优势和技术优势,在国内市场竞争中,一直采取极具竞争性的行动策略,导致其他一些厂商销量下降。此时,格兰仕和其他一些微波炉厂商的关系可以看作是竞争-合作关系。还有一些企业,或者利用自己的强势地位,迫使顾客接受由其单方制定的"霸王条款";或者故意隐瞒产品质量存在的缺陷或潜在的危害,如 2005 年年初备受各界关注的雀巢奶粉和光明牛奶事件①;或者利用产品或服务的"专家"特性,侵害顾客利益。此时,企业与顾客关系就是竞争-合作关系。

### 3. 合作-竞争关系

如果企业选择的行动策略不会引起其他参与者收益减少,而其他参与者的行动引起企业收益减少,此时,企业与其他参与者的关系就是合作-竞争关系。这种关系的形成通常是因为企业在博弈中处于弱势地位,或者企业虽有优势,但不愿与其他参与者发生正面冲突。这种关系可能存在于企业与其他任何一个参与者之间,其结果具有不确定性。例如,当格兰仕刚进入空调生产领域时,将主要精力放在了海外市场,2004 年空调出口量以 155.7 万台位居第一②。此时,格兰仕与国内空调一线品牌的关系可以看作是合作-竞争关系。此外,在市场供给大于需求的国内彩电市场,生产厂商的地位正在被其直接顾客——家电连锁商超越,"家电连锁业态正在攫取生产企业的专用性资产,从而获得一个高于流通行业平均利润水平的利润,这导致生产企业的正常利润被剥夺,产业的利润逐渐向下游转移"。③ 此时,彩电生产企业与其直接顾客的关系就是合作-竞争关系。

### 4. 合作-合作关系

如果企业选择合作行动,其他参与者也同样选择合作行动,此时,企业与其他参与者关系就是合作-合作关系。这种关系可能存在于企业与其他任何一个参与者之间,其结果是"双赢"的。就企业与竞争者而言,合作可以是一个或多个方面的,如 R&D 合作、营销合作、制造合作等,或者是在价值链上的分工协作、优势互补等。例如,2005 年 5 月 28 日,国内 9 家骨干彩电制造商在北京举行行业高峰会,宣布将合力提升中国彩电业的核心竞争力③。就企业与顾客而言,企业为顾客提供适当的产品或服务,顾客愉快购买使用,企业热情服务,双方的价值都得以实现,显然,企业与顾客是合作-合作关系。

在战略实践中,企业与其他参与者最终会形成何种关系,不仅取决于企业的观念、认知及行动,也与其他参与者的观念、认知及行动有关,而在其后,价值网参与者的实力起着决定性作用。企业需"知己知彼",方能准确定位与其他参与者的关系(图 7-3),而且要随着自身实力和战略的需要,以及其他参与者实力和行动的变化及时调整关系定位。

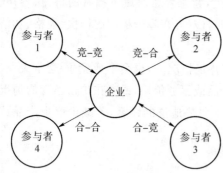

图 7-3 企业与其他参与者关系

---

① 力行.决不妥协[N].中国经营报,2005,6,20.第 6 版.
② 戴远程.广东空调出口均价逆势走低,低价竞争致出口价回落[N]南方日报,2005,3,15.转引自 http://southcn.com/news/.
③ 张春蔚.内外两难考验国内彩电巨头[N].南方周末,2005,6,9.第 22 版.

### 案例 7-2

## 百度与 Google 的竞合之"道"

以代码为"BIDU"的股票顺利登陆纳斯达克为标志,百度公司在与搜索引擎巨头 Google 的竞争与合作中赢得了具有决定意义的阶段性胜利。早在 5 年前成立时,百度就将 Google 视为自己最主要的竞争对手,采取了竞争性的战略定位和盈利模式。与此同时,百度还和 Google 保持着一定程度的"合作",避免了被搜索巨人扼杀在襁褓中。百度今天的成功,李彦宏对商场竞合之"道"的准确把握至关重要。

早在回国创业之前的 1996 年,李彦宏就解决了如何将基于网页质量的排序与基于相关性排序完美结合的问题,并因此获得了美国专利。1998 年,李彦宏出版了《硅谷商战》一书,阐述了搜索引擎三大定律,即相关性定律、人气质量定律、自信心定律。硅谷的经历,让李彦宏感受到:"原来技术本身并不是唯一的决定性因素,商战策略才是真正决胜千里的因素。"李彦宏对技术的专业、专注和对商场博弈策略的深刻洞察,为百度今后的成功运作奠定了基础。2003 年 6 月百度首次超越了 Google,成为中国网民首选的中文搜索引擎。

**1. 战略定位:技术导向,避开 Google 优势面**

作为竞争对手,百度和 Google 之间竞争和合作共存。二者的竞争面主要在中文搜索引擎市场。虽然 Google 在 2000 年已经推出了自己的中文搜索引擎,但基于多种原因,并没有把中文搜索引擎放在公司战略层面考虑,而这恰恰给了百度机会。百度将业务范围定位于 Google 相对薄弱的中文搜索引擎领域,并于 2000 年 8 月正式推出全球最快、最新的中文搜索引擎。其企业软件以信息处理技术为基础,为企事业单位提供性能优秀、功能强大的信息检索、竞争情报和应用处理系统。而当时 Google 看到的是百度的非竞争面(图 7-4),一个对自己盈利不构成任何威胁的公司。

图 7-4 成立初期:百度 vs Google

在公司成立之初,百度日点击流量不过寥寥可数的 1 000 左右,但李彦宏锲而不舍,强烈的技术导向、硅谷式的管理风格,使得百度吸引了一批对互联网搜索技术有兴趣、也有激情的技术天才加入。由于成功实施了"闪电计划"——在用户体验之上不断改进中文搜索技术,2002 年百度开始奋起直追,不少网民开始发现百度搜索"很快,也很方便"。此后,百度在中国互联网的搜索流量一路飙升,开始把国内竞争对手一个个甩在后面。

为确保在中文搜索引擎市场的领先优势,百度将年收入的 10% 投入技术研发。而这正是 Google 在中国的软肋,由于中文与英文的语言逻辑差异非常大,中文是象形单音节文字,英文单词之间有空格,而中文行文在字与字、词与词之间没有空格,这些都给擅长英文搜索的 Google 带来难题。更重要的是,基于用户体验的中文搜索引擎技术需要经年累月长时间积累得到,绝非 Google 一朝一夕就能开发出来。与 Google 相比,百度的优势在于母语的支持。在细微之处,百度更符合中国人的需求,更加贴近客户的感受和需求。此外,百度先于 Google 实现了个性化定制,先于 Google 实现了输入拼音找到汉字。

### 2. 保持"合作":避免对抗,赢得时间

在与Google为争夺搜索引擎客户竞争的同时,百度与Google之间也有着非竞争面。在百度成长过程中,Google很快发现了百度的价值。2004年,Google首席执行官施密特开始与百度接触,其用意十分明显,在独立开拓中国市场进展缓慢的情况下,如果能够控制百度,就意味着可以拿下中国市场。此时,何去何从,对李彦宏是巨大的考验。实力和财力都远远不及竞争对手,如果将搜索巨人拒之千里之外,说不定会激怒对方,导致被扼杀于襁褓之中。如果同意对手投资进入,则又有被对手吃掉的风险。

2004年6月,收购了百度2.6%的股份后,Google一时颇为得意,随后立即忙于到纳斯达克上市。当时,不仅施密特,连外界也普遍认为,作为搜索巨头的Google拿下微小的百度,将是顺理成章的事。甚至有人推测,百度接受Google的投资,意味着冤家对头的和解,两强携手旨在统一中文搜索市场。但事情的发展让人们再次见识了李彦宏的经营智慧,百度与Google的"合作"实质上是"缓兵之计"——诱使Google在"合作"的迷魂阵下,推迟大举开拓中国市场的步伐,为百度快速发展赢得时间。现在看来,百度达到了与对手"合作"的目的。

### 3. 独立发展:针锋相对,不断创新

以在纳斯达克上市为标志,百度与Google在中文搜索领域的正面交锋将要开始,二者的竞争面将会超过非竞争面(图7-5)。

图7-5 独立发展:百度 vs Google

事实上,李彦宏一直有着独立掌控公司、独立发展的思想。在持有百度2.6%的股份后,Google高层数次来华,都曾与百度亲密接触,试图增持百度更多的股份,但遭李彦宏婉拒。此次上市,为阻碍其他人把公司作为潜在的合并者、收购者,或者其他控制权转化的变化,百度预留了一个针锋相对的双层股票计划(Dual Class Structure)——"牛卡计划":即上市公司股票具有两种级别完全不同的投票权,原始股东具有极大的投票权,包括董事选举和重要的公司交易(如合并或出售公司及公司资产)。其具体实施方法是,上市后的股份分为A类(Class A)、B类(Class B)股票,将在公开市场发行的股票称作A类股票,在表决权中,每股为1票,而创始人股份为B类股票,其表决权为每1股为10票。这一股权结构还规定,一旦Google或其他收购方买下B类股票(即原始股份),B类股票立即转为A类股票。

在意识到李彦宏的"合作"意图后,Google开始在中国加紧布局。Google先是在华设立办事处,接着又聘请美国霍夫曼公关公司负责其在中国内地的公关工作。Google还暗定上海火速为其关键字广告业务在中国市场的代理。即使在明知收购百度无望之后,Google对百度仍未死心,依然通过各种方法来找李彦宏,表达"合作"的意愿。

为了保持技术领先和在中国搜索市场的领导地位,百度也在不断推出新产品。百度超级搜霸就是一款免费的浏览器工具条,安装于IE浏览器的工具列内。2005年3月,百度推出了硬盘搜索软件。百度不断升级网页搜索,将可搜索网页数从2005年1月的6亿上升到8亿,而Google可搜索的中文网页数仅为5亿;2005年8月4号,百度宣布网页更新速度提升一倍。

业界普遍认为,搜索将成为继电子邮件、短信、网游之后的又一互联网主营业务,今后几年内,搜索引擎市场将是快速增长与残酷竞争并存。在动态竞争中究竟谁能活得更好,不仅取决于自身的资源与能力,更重要的是对商场竞合之"道"的准确把握。

(资料来源:石盛林.百度与Google的竞合之"道"[J].企业活力,2006(03):10-11.)

## 7.3 关系策略

企业的基本行动策略是竞争行动或合作行动,当面对与其他参与者形成的不同关系时,企业的具体应对策略可以是多种多样的。从价值网总体来把握,企业的应对策略是"改变博弈",维持对自己有利的关系,或使关系类型向有利于自己的方向转变。面对具体的关系类型,可以将应对策略分为两类:一类是竞争性应对策略,如对抗策略、差异策略、占优策略;另一类是合作性应对策略,如避让策略、共生策略、联盟策略。

### 7.3.1 竞争性策略

**1. 对抗策略**

在竞争-竞争关系下,面对其他参与者竞争行动,为确保自己利益或尽量减少自己损失所采取的应对策略。对抗策略通常用于处理与竞争者关系。例如,其他参与者开发了一种新产品,则立即跟上开发生产相同的产品,或者提早宣布新产品的推出。类似地,其他参与者采取降价措施争夺顾客,就要立即跟上降价留住顾客。例如,20世纪60年代IBM在计算机主机的市场占有率达70%,还想办法来打击对手,为了避免客户转向购买竞争对手CDC的产品,当CDC宣布在年底推出和IBM计算机兼容功能更强的新产品时,IBM提早宣布研发上还不成熟的新产品,事后再宣布新产品延后推出,避免顾客转换供货商[①]。还有前文所述,科龙面对海尔降价行动,立即跟进实施全国大降价。

**2. 差异策略**

在竞争-竞争关系下,为了避免与其他参与者产生直接冲突,企业致力于自身特色建设。差异策略主要用于处理与竞争者的关系,其具体实现方式可以是目标顾客差异、产品或服务品质差异、营销区域差异、营销渠道差异等。例如,海尔与竞争对手的品质差异,其产品主要集中在中高端,以空调为例,2003年在高端市场拥有近70%的市场份额,中端市场份额为40%~50%,而低端产品不到10%。戴尔与竞争对手的营销模式差异,其PC产品直接向消费者出售,而不通过零售商店,这种做法,虽然为消费者提供的服务支持相对有限,但却有效地降低了PC价格。2005年第一季度,戴尔以17.9%的市场占有率位居PC市场第一。

**3. 占优策略**

在竞争-合作关系下,企业力争在博弈中占据优势地位。占优策略可以用于处理与竞争者、顾客、供应方、互补者关系,其具体实现方式是多种多样的。例如,相对于竞争对手而言,企业优势可以是价格优势,也可以是非价格优势,如速度优势、技术优势、渠道优势等。相对于顾客而言,优势主要体现为信息优势、"专家"优势等。相对于供应方而言,企业可以通过引入新的供应商、增加累计采购数量等来取得优势地位。相对于互补者而言,企业通过提升自己的稀缺性、不可替代性取得优势地位。例如,格兰仕在微波炉生产领域的成本占优策略:当其生产能力达到150万台的时候,以80万台保本来定价;当达到400万台的时候,以250万台保本定价;当达到800万台的时候,以500万台保本定价。英特尔公司在微处理器市场上的速度占优策略,在1965年时,英特尔的创办人戈登·摩尔就预言,"集成电路所包含的晶体管每18个月

---

① 汤明哲. 战略精论[M].北京:清华大学出版社,2004:187.

就会翻一番",以后,处理器的发展速度也基本上沿着这一定律发展。英特尔产品更新换代速度之快几乎无人企及。

### 7.3.2 合作性策略

**1. 避让策略**

在合作-竞争关系下,面对其他参与者的竞争性行动,企业应避开其锋芒。避让策略主要用于处理与竞争者的关系。与差异策略不同,避让策略强调的是,在企业与竞争者的产品或服务不存在差异或差异很小的情况下,企业避开竞争者优势面,寻找被其忽视或并不感兴趣的市场谋求生存和发展。例如,非常可乐在1998年上市之初就没有正面与"两乐"展开攻坚战,而是瞄准中国人口众多、地域广袤的广大中西部市场及广大农村市场,通过娃哈哈强大的营销网络布局,把自己的可乐输送到中国的每一个乡村与角落地带。经过几年的持续销售,2003年非常可乐占据中国碳酸饮料市场12%的份额。

**2. 共生策略**

在合作-合作关系下,虽然企业与其他参与者之间没有签订具有约束力的合作协议,但彼此形成共识或达成默契,共同维护市场秩序,互利共生,共同发展。共生策略可以用于处理与竞争者、顾客、供应方、互补者的关系。例如,2005年6月10日,鉴于焦炭港口库存急剧增加,价格水平持续下滑,山西省焦炭企业已经基本上全线亏损,山西省焦炭行业协会所属的243家焦炭生产企业以及太原铁路局等运输单位,共同签署了《山西省焦炭行业生产自律公约》和《山西省焦炭行业价格自律公约》,以期通过控制焦炭总量和价格自律管理体系,维护焦炭生产企业和焦炭行业的整体利益[①]。

**3. 联盟策略**

在合作-合作关系下,企业与其他参与者通过建立正式的有约束力的协议进行合作。这种策略可以用于处理与竞争者、顾客、供应方、互补者的关系,其具体实现方式是多种多样的。例如,长虹在2005年年初与1 158家供应商中的922家达成协议,由这些供应商在长虹各厂区周边建库房,长虹需要什么原材料,随时从这些供应商那里买。如今,长虹的原材料存货已由22亿元压到了8亿多元,以资金利息2%计算,仅资金利息一项就可以减少支出2 800万元[②]。夏新手机2002年的成功也是联盟策略实施的成果。夏新与韩国手机设计公司建立手机设计协作联盟,与实力雄厚、熟知终端消费者的渠道销售商建立销售联盟,与国际知名广告公司建立推广联盟,确保了夏新A8的成功。

华为从1997年起,就同IBM咨询、Hay Group、PwC、FhG、MERCER等世界一流管理咨询公司合作,在集成产品开发(IPD)、集成供应链(ISC)、人力资源管理、财务管理、质量控制、组织变革等方面进行深刻变革,引进业界最佳实践,建立了基于IT的管理体系。在技术方面,华为和世界一流公司进行合作和建立联合实验室,这些公司包括Intel、IBM、HP等(如图7-4所示)。华为还和西门子、3Com成立合资企业。

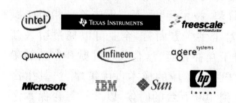

图7-6 华为合作伙伴

在战略实践中,企业究竟运用何种策略来处理与

---

① 徐万国.山西"焦炭欧佩克"紧急救市[N].21世纪经济报道,2005,6,16,第10版.
② 李鸿友.感观长虹新力量[N].南方周末,2005,5,12,第7版.

价值网参与者形成的各种不同关系,取决于企业以及其他参与者的观念、认知和实力,各种策略并没有优劣之分,企业需根据自身及其他参与者具体情况做出判断和选择。

### 7.3.3 关系定位战略目标

Nalebuff 和 Brandenburger 认为,合作竞争目标是增加参与者的附加值(added values),即因该博弈方的参与而带来的价值网总价值的增加。附加值可以这样来确定,在每一个博弈参与者都在场的情况下看他们所创造的博弈的总价值。假设其中某个参与者退出,再看此时其他剩余参与者的总价值,在两种情况下总价值的差值即是这个假设退出的参与者的附加价值。

从博弈论视角分析,价值网参与者之间的关系是互动的,他们的行动策略是相互联系、相互影响、相互制约的,一个参与者采取的行动策略,会对其他参与者的认知、观念、行动产生影响,同时一个参与者采取一项行动时,也必须充分考虑其他参与者可能的应对行动。如果一个参与者的行动是竞争的,则其他参与者在不退出的情况下,为了自身的生存,其应对策略也必然是竞争性的,这种竞争-竞争关系及其博弈各方所采取的对抗策略,结局只有两败俱伤,美国航空业 1990—1993 年进行的价格战就如此[①]。显然,从自身长期发展来考虑,企业以"竞争-竞争"来把握、处理与其他参与者的关系,采取对抗策略是博弈的严格劣策略。

假定价值网中任何一个参与者都是理性的,当一个参与者在确定与其他参与者关系并抉择自己行动策略时,都不希望自己的行动导致其他参与者的报复行动,由此形成的关系必然是竞争-合作关系、合作-竞争关系或者是合作-合作关系,与这三种关系相对应的有差异策略、占优策略、避让策略、共生策略、联盟策略等博弈均衡策略。在上述三种博弈均衡关系下,参与者所选择的应对策略客观上实现了自身价值和价值网价值的同步增加,这就是关系定位战略所要实现的目标。当然,这种目标的实现需要参与者自身有一定的资源和能力,这种资源和能力首先确保自己在竞争中保持生存、在合作中保持独立性。

关系定位战略与传统竞争战略形成了互补(表 7-2),在整个战略体系中处于事业战略的位置。

表 7-2 关系定位战略与传统竞争战略比较

| | 传统竞争战略 | 关系定位战略 | |
|---|---|---|---|
| 分析基础 | 产业结构分析模型 | 价值网 | |
| 战略目标 | 自身价值<br>竞争优势 | 自身价值<br>价值网价值 | |
| 战略特点 | 强调竞争<br>静态分析<br>以自己为中心 | 既竞争又合作<br>强调互动<br>以他人为中心 | |
| 具体策略 | 成本领先<br>差异化<br>集中一点 | 对抗<br>差异<br>占优 | 避让<br>共生<br>联盟 |
| 战略层次 | 事业战略 | 事业战略 | |

在商场博弈中,没有永远的敌人,也没有永远的朋友,只有永远的利益,企业要动态把握和处理各种关系。在战略实践中,基于营造持续生存和发展的良好环境考虑,企业在关系定位以及策略选择时应以"善待对手、善待伙伴"为出发点,"先合作,然后一报还一报",并且始终"保

---

① 拜瑞·J·内勒巴夫,亚当·M·布兰登勃格.合作竞争[M].合肥:安徽人民出版社,2000:3.

持企业自身对背叛及合作的制约回报能力"[①]。

## 宝洁 VS 沃尔玛

宝洁通过沃尔玛每年销售价值 80 亿美元的消费品,而沃尔玛一直采取压低宝洁价格的策略。在某些目录上,沃尔玛已经把自己标签下的品牌价格降到了宝洁的价格点之下。例如,在多年帮助宝洁大力推广它的汰渍洗衣粉之后,2001 年沃尔玛以汰渍一半的价格推出了自有品牌的洗衣粉。

沃尔玛在帮助宝洁推广产品的同时,也利用它的弱点削弱其市场份额。宝洁为集中力量进军高端市场,在 1994 年转让旗下的"白云"牌卫生纸。一个私有企业买下了白云的商标,经过改造之后又将其卖给了沃尔玛。令宝洁大伤脑筋的是,沃尔玛将"白云"卫生纸摆放在更加醒目的位置,竟抢下了宝洁同类产品的份额。这一招使得宝洁有被背叛的感觉,于是后来,宝洁又开始动用一切以前与沃尔玛做过的卫生纸销售策略来针对沃尔玛。

但与此同时,沃尔玛和宝洁在联合降低生产成本上的合作可谓是不遗余力。沃尔玛利用技术手段为销量变化做出了完备记录,宝洁可以进入沃尔玛的计算机系统追踪所有产品,以促进存货管理以及成本降低。沃尔玛希望宝洁每日都能有基本数据以便及时反应。在西班牙的分公司,宝洁也把自己的客户数据与沃尔玛进行分享,以期得到更有效的销售规划。带来的好处是,宝洁发现了哪些具体的沃尔玛店铺更接受它们的产品,例如宝洁顶尖的清洁剂 Ariel 就是靠这种方法成功推向海外市场的。

宝洁还曾经应沃尔玛要求解决自身产品容易失窃的问题。为此,宝洁派出 300 名员工专门负责监督公司分部向沃尔玛的供货。这些员工的工资是由宝洁支付的,而他们的工作性质更多的是在为沃尔玛服务。当沃尔玛面临产品被盗的问题时,宝洁当即对其产品外包装进行调整,以适应超市的防盗。

沃尔玛要求其供应商在 2005 年 1 月之前在产品上安装无线频率识别系统(RFID),这可以使沃尔玛时时获取商店与仓库的货物信息从而准确掌握销售情况。若不及时安装 RFID,宝洁减少供应链成本的要求以及货架摆放要求等就难以得到沃尔玛的保证——沃尔玛就是通过这样的方式控制与改变供应商的。

换一个角度来说,两家公司之间的角力是宝洁不断创新和降低成本的最大动力。如果不一直保持高度警惕,宝洁就可能会被沃尔玛以及其他的竞争者取代。为此宝洁先卖掉了旗下的弱势品牌,再集中力量进军利润率更高的高端市场。

宝洁最大的举措是在 2005 年以 540 亿美元大举收购了吉列,这表示宝洁仍旧采取与吉列联合进入高端消费品市场的策略——宝洁大约有 17% 的销售额(87 亿美元)来自沃尔玛,2003 年年底吉列在沃尔玛的销售也占到了其全年销售的 13%,宝洁希望通过两家公司的合并提高与沃尔玛的谈判能力。由于两家公司的销售收入加起来大约会达到 100 亿美元,这将是零售巨头沃尔玛也不能等闲视之的数字。

两家公司联合后成本会随之降低。宝洁相信,合并将每年节省 140 亿~160 亿美元,销量将增长 5%~7%,而操作利润也将有 25% 的增长预期。

---

① 项保华. 战略管理——艺术与实务[M].3 版.北京:华夏出版社,2001:232-235.

作为博弈的一方,宝洁采取了一些边缘措施来适应沃尔玛强大的零售商势力,比如将某些产品重新配置改为奢侈路线,这些平常看来不起眼的产品马上就吸引了消费者,沃尔玛不得不把它们摆放在强档推销的货架上。

玉兰油新生系列产品就是采取高于百货商店品牌的策略,让消费者以较低的价格就可以得到抗衰老的效果;牙齿美白在之前是牙科医院才能做的昂贵手术,而宝洁的Whitestrip美白牙贴使得大部分消费者以25美元的低价就可以轻松美白牙齿;Actonel骨质疏松药物让妇女在商店里就可以轻易进行骨质密度的测试,而不是一定要去医生的办公室。这些产品一经推出,马上就受到了广大消费者的欢迎,一时间供不应求。沃尔玛要追求销量的话,就一定会协助宝洁推销这些产品。

(本案例由作者根据网络资料整理)

## 本章小结

(1) 博弈论的基本概念包括参与者、行动、信息、策略、收益、均衡、结果等。描述一个具体的博弈,参与者、策略、收益是最基本的要素,这些基本要素通过行动和信息构建一个博弈过程。

(2) 从博弈论视角来看,对于给定的其他参与者,如果企业采取的一项行动在可预见的未来引起其他参与者收益的减少,则称此行动是竞争行动。相反,对于给定的其他参与者,如果企业采取的一项行动在可预见的未来不会引起其他参与者收益的减少,则称此行动是合作行动。

(3) 竞争-竞争关系。如果企业采取竞争行动,其他参与者也"以牙还牙",同样采取竞争性行动,此时,企业与其他参与者之间就形成竞争-竞争关系。

(4) 竞争-合作关系。如果企业行动是竞争性的,而其他参与者的行动不会引起企业收益减少,此时,企业与其他参与者的关系就是竞争-合作关系。

(5) 合作-竞争关系。如果企业选择的行动策略不会引起其他参与者收益减少,而其他参与者的行动引起企业收益减少,此时,企业与其他参与者的关系就是合作-竞争关系。

(6) 合作-合作关系。如果企业选择合作行动,其他参与者也同样选择合作行动,此时,企业与其他参与者关系就是合作-合作关系。

(7) 面对具体的关系类型,可以将应对策略分为两类:一类是竞争性应对策略,如对抗策略、差异策略、占优策略;另一类是合作性应对策略,如避让策略、共生策略、联盟策略。

(8) 竞争性策略。①对抗策略,在竞争-竞争关系下,面对其他参与者竞争行动,为确保自己利益或尽量减少自己损失所采取的应对策略。②差异策略,在竞争-竞争关系下,为了避免与其他参与者产生直接冲突,企业致力于与自身特色建设。③占优策略,在竞争-合作关系下,企业力争在博弈中占据优势地位。

(9) 合作性策略。①避让策略,在合作-竞争关系下,面对其他参与者的竞争性行动,企业避开其锋芒。②共生策略,在合作-合作关系下,虽然企业与其他参与者之间没有签订具有约束力的合作协议,但彼此形成共识或达成默契,共同维护市场秩序,互利共生,共同发展。③联盟策略,在合作-合作关系下,企业与其他参与者通过建立正式的有约束力的协议进行合作。

## 思考题

从博弈论视角来看,企业与其他市场参与者之间存在哪些关系类型及其应对策略?试分析一家企业的关系定位战略。

# 第 3 篇 成熟阶段——总体战略

本篇分 3 章按照"动因、理论、方法"的逻辑分别阐述三种形式的总体战略：

第 8 章"国际化战略"首先分析了企业国际化的主动动因和被动动因；然后阐述了解释国际化的四种理论，即国际化阶段论、国际经营的带动论、国际化的网络模型、国际化的内外向联系模型；最后介绍了国际化的四种策略，即产品出口策略、契约协议策略、对外直接投资策略、国际策略联盟。

第 9 章"整合战略"首先阐述了横向整合和纵向整合的动因；然后给出了解释整合策略的三种理论，即企业纵向边界理论、产业价值链理论、协同效应理论；最后分析了横向整合和纵向整合的适宜性和局限性。

第 10 章"多元化战略"首先阐述了多元化概念、企业多元化动机；然后阐述了解释多元化的三种理论，即资产组合理论、委托代理理论、资源基础理论；最后给出了三种多元化实施策略，即同心多元化、水平多元化、整体多元化，并分析了多元化的弊端。

# 开篇案例

## 联想的总体战略

### 1. 联想的国际化

**第一阶段(1988—1994):早期大力发展跨国经营**

联想公司于1984年开始创业,1988年香港联想公司成立。为了打入国际市场,联想制订了详细的"三步走"战略:首先,进军香港这个优良港口,建立一个贸易公司,以便积累资金、探索市场、积累国际化经验;然后,建立一个跨国公司,公司必须包括研发中心、生产基地和国际营销网络,并且集研究、生产和销售于一体;最后,增强竞争力,立于发达国家计算机产业的行列。

1989年6月,香港联想公司在深圳成立"深圳联想公司",持股70%,建成低成本生产基地,开始批量生产和出口主机板。1990年,联想集团由原先的进口计算机代理商变成如今的计算机生产商和销售商,并且拥有自主品牌。1994年,联想集团出口500万套主机板,占世界市场的10%,位列世界最大生产厂商前五名。同年,联想股票在香港证券交易所成功上市。六年前提出的"海外拓展三步走"计划已全部按时完成。

**第二阶段(1994—2003):以国内为主,兼顾海外市场**

从1994年开始,联想集团的业务发展走上以国内市场为主兼顾国外市场的发展路径。1996年,联想第一次超越外国品牌,国内市场占有率居于首位,然后连续六年稳居第一。2000年,联想计算机占国内市场的比重达到29%,此后联想立下"在十年内进入世界知名品牌行列"的宏愿。2001年,联想开始进行多元化尝试,从原来的单一个人计算机业务一步一步扩展到消费IT、信息服务、笔记本、企业IT等多个领域。由于准备不足,再加上适逢互联网泡沫渐次破灭,联想的多元化道路并没有获得预期的效果。2003年,联想集团开始研究并制订新战略,将注意力放在个人计算机业务上,将目光转移到海外市场。

**第三阶段(2003年至今):全力推进国际化进程**

联想一直以来都拥有明确、清晰的发展蓝图——成为令人尊敬、值得信赖的国际性企业,成为一家与众不同、基业稳固的世界性科技公司。作为一家中国的公司,联想集团肩负着向世界展现中国形象的重大责任。为了实现自己的目标,国际化道路是必须的选择。

2003年,联想改变了其沿用多年的商标,以"Lenovo"取代了"Legend",并在全球对其进行了注册。一年之后,联想成功地收购了IBM的个人计算机业务,迈出了其积极推进国际化的关键一步。2005年,一个国际化的新联想正式诞生。

### 2. 联想的横向整合

2005年5月联想集团以12.5亿美元的现金和股票收购知名品牌IBM的全球台式计算机和笔记本业务,这是联想全球化并购步伐的开端。

2011年6月联想集团宣布收购德国个人消费电子企业Medion(PC),该交易总价格达到2.31亿欧元(约合3.3亿美元),联想集团通过其全资子公司——联想德国控股公司(该公司持有的Medion股份达51%以上),拥有了对Medion的表决权。

2011年7月联想集团和NEC成立合资公司,联想集团控制合资公司51%股份,NEC持有49%,联想挺进日本,成为日本市场份额第一。

2012年9月联想集团以1.47亿美元的价格收购了巴西个人计算机和消费电子行业的重要企业CCE公司的所有股权。巴西是全球第三大PC市场,这次收购使联想在该市场所占份额增长了1倍左右。

2014年1月联想以23亿美元的价格收购IBM x86服务器业务。交易完成后联想x86服务器排名由第六上升到第三,营业额增加50亿美元。

**3. 联想的全球化**

在持续不断的国际并购过程中,联想集团高度重视整合研发能力,构建了以中国、美国和日本三地为支点的全球创新研发三角。这些研发中心高效协同又各具特色:中国更贴近市场,美国更擅长基础架构开发,而日本更专注于精细设计。经过多年的努力与积累,目前联想已拥有2.6万项专利,并取得了一系列重要研发成果。

在"one Lenovo"体系下,联想集团在全球化进程中一直坚持任用更多具有本地市场经验的人才,努力克服文化差异造成的困扰,形成了一支多元的国际化团队和一套为全部员工所认同并接受的企业文化和行为准则。例如,联想个人计算机和智能设备业务集团总裁由联想集团总裁兼首席运营官兰奇出任,兰奇(Gianfranco Lanci)在全球个人计算机市场大名鼎鼎,曾因战功显赫升任宏碁CEO。联想数据中心业务集团总裁由联想集团执行副总裁Kirk担任。Kirk曾在英特尔任职24年,任高级副总裁,曾领导英特尔客户端计算业务、数据中心和互联系统事业部。联想移动业务联席总裁兼摩托罗拉移动主席Sergio Buniac(塞尔吉奥·布尼亚克)也是外籍高管,其在摩托罗拉工作超过20年,具备智能手机行业端到端的丰富经验。联想集团高级副总裁、首席技术官芮勇博士,曾任微软亚洲研究院(MSRA)常务副院长,成就斐然。

截至2018年4月,联想集团旗下涵盖个人计算机和智能设备业务集团、移动业务集团、数据中心业务集团与联想创投集团四大业务板块,目前业务范围遍布全世界160多个国家和地区,在全球拥有约5.2万名员工。目前,联想集团来自海外市场的营业收入已超过70%,30%的营业收入来自中国。

(资料来源:胡君.联想国际化案例研究[D].云南大学硕士学位论文,2015.)

**案例讨论:**
1. 分析联想总体战略的演化逻辑。
2. 联想能够实现总体战略演化的条件有哪些?
3. 在总体战略的演化过程中需要防范哪些风险?

# 第8章 国际化战略

> 必须学习如何对付屈辱、艰辛和失败，也必须学习如何对付辉煌和成功。否则，成功就会成为一种妨碍自己发展的不利因素。
>
> ——摘自《联想风云》
>
> 不冒险怎么办，不冒险只窝在中国这个地方也是不行的，不突破慢慢就只有萎缩。
>
> ——柳传志

企业发展历程基本表现为在规模上由小到大，在经营范围上由国内市场走向国际市场，在价值链网络上由单一走向复杂。企业国际化，就是企业积极参与国际分工，在经营范围上由国内经营向全球经营发展的过程。企业国际化经营是一个企业经营与世界经济发生联系、融合的过程，具体包括生产要素的联系，如资金、技术、人力资本等；经营活动的联系，如研发、供应、生产、营销等。

从广义上讲，可以将企业的国际化理解为一个双向发展的过程，即包括内向国际化和外向国际化两个层面[①]。内向国际化是指以"引进来"的方式参与世界经济体系，即通过引进外国企业的产品、服务、资金、技术和人才等使国内市场国际化，不断学习和积累国际经营知识与经验，逐步实现企业的国际化。外向国际化是指以"走出去"的方式参与国际经济竞争与合作，即通过本国企业产品、服务、资金、技术和人才等要素走向国际市场并使企业经营范围由国内市场向国际市场延伸，进一步学习和积累国际经营知识与经验，最终实现企业的国际化[②]。

从狭义上讲，企业国际化主要指外向国际化，即企业为了应对全球经济一体化的挑战，寻求更大的市场，寻找更好的资源，追逐更高的利润，突破一个国家的界限，在两个或两个以上的国家从事研究开发、生产、销售、服务等活动。

本章主要讨论外向国际化，从国际化动因、国际化理论、国际化策略三个方面展开。

## 8.1 国际化动因

当企业成长到一定阶段，在国内市场容量有限或竞争激烈的情况下，为了寻求更大的市场、寻找更好的资源、追逐更高的利润，或者为了应对全球经济一体化的挑战，国际化经营就成为一个必然的选择。不同企业走向国际化的具体原因千差万别，无论出于何种原因，企业的国

---

① 王钦.中国企业国际化战略选择——目标市场、进入方式与竞争战略[J].甘肃社会科学,2004(5):222-225.
② 朱玉杰,赵兰洋.内向与外向:企业国际化的联系机制及其启示[J].国际经济合作,2006(7).

际化经营从根本上说都是出于追逐更高利润的考虑,即为了寻求更大范围的竞争优势。具体来讲,企业国际化动因主要包括主动和被动两个方面。

### 8.1.1 企业国际化主动动因

**1. 扩大市场,转移经营优势,为现有的产品和服务寻找新的顾客**

企业经营优势通常外化为优于竞争对手并且难于模仿的产品或服务。企业从事国际化活动最直接的动因是开发海外市场,在国内市场趋于饱和时为现有的产品和服务寻找新的顾客。随着经济全球化的发展,不同国家的消费者在需求偏好和消费习惯上有趋同的倾向,这使得企业有可能将产品和服务推向更广阔的市场,在更大的市场范围建立竞争优势。例如,美国的饮料市场已相对饱和,多数市场份额的竞争都是以竞争对手份额的减少为代价的,在这种情况下,两个主要的饮料制造商可口可乐和百事可乐都进入了国际市场寻找发展机会。

**2. 经验曲线,更大的规模经济、范围经济和学习效应**

经验曲线指在产品的生命周期中观察到的制造成本的持续下降。规模经济和学习效应是经验曲线背后的原因,企业沿经验曲线下滑可以降低成本结构,实现相对于竞争对手的成本优势。相对于单纯为本国市场制造或在不同地区为不同市场制造的工厂,为全球市场制造的工厂的累积产量增加更快。伴随产量的增加,能带来规模效应,特别是在制造过程中,根据产品在不同国家标准化的程度、生产工具的相似性来调整关键资源功能,就有可能取得最优化的规模效应。在固定资产投入高或标准化产品的制造领域,国际化经营的规模效应尤为显著。例如,本田已经在发动机的研制和销售上取得了规模效应,它每年的汽车销售量只有 200 万辆,但发动机的销量是 1 000 万个。山西新华化工在活性炭研发、生产、销售上已经具有规模经济效应,2007 年公司活性炭产销量超过 30 000 吨,其中出口量约 10 000 吨,占据大陆活性炭出口总量的 10%。

在获得经验曲线效益的同时,企业将经营活动领域从单一的国内市场扩展到国际市场,这为跨越国界的资源和知识共享创造了条件,可以在更大的范围内学习新的技术、管理经验,积累对顾客需求的认识,并将它们所学到的新技术、管理、知识、能力转移到其他的市场中。例如,佳能公司在硅谷而不是在日本总部附近设立研发基地,就是因为它希望向在数字技术领域有技术专长的其他企业学习。海尔在洛杉矶建立了"海尔设计中心",以更好地了解当地消费者的需求偏好,有针对性地进行产品研制。

**3. 利用区位经济性,寻找低成本的资源**

国际化经营可以帮助企业取得区位优势,以降低产品或服务的成本。例如,有些国家的人力资源或生产原材料很便宜,在那里设厂,可以取得比较成本优势。除成本上的优势外,有些地区由于位置比较接近主要的顾客或供应商,可以就近服务于重要的顾客。当企业通过地点的选择而可以掌握重要原材料或服务于重要的顾客时,便可以产生区位经济。区位经济性就是在最优化地区进行价值创造活动所获得的经济利益,不论这一地点位于世界何处。在最优化地区进行价值创造有两个效果[①],更容易获得廉价的原材料、劳动力、技术、能源和其他资源,降低创造价值的成本,帮助企业取得低成本的地位;有助于企业产品的差异化,由此可以提高价格或运用差异化作为提高销售收入的手段。

---

① [美]希尔 C W L,琼斯 G R.战略管理[M].北京:中国市场出版社,2005:259-262.

例如,以欧洲和美国为基地的企业一贯把制造和组装运营转移到海外以利用廉价的劳动力。近来,软件企业和其他IT用户也把程序设计服务转移到印度以减少软件开发成本。中国也因在劳动力方面的巨大优势而成为世界制造中心。

### 8.1.2 企业国际化被动动因

当今世界处在经济全球化的浪潮中,世界经济发展呈现出以下的特点:

(1) 国际产业转移加速。产业向后发国家和地区转移的趋势日益明晰,为全球后发地区的产业升级和经济发展带来了新的机遇,部分地区已经或正在成为新兴的产业区。

(2) 要素的全球流动趋于无障碍化。过去约束资本、技术、人才流动的国际壁垒正在逐步打破,特别是跨国公司调整全球竞争战略,为新兴产业区聚集更优质和更充分的要素创造了条件。

(3) 全球市场一体化,尤其是制造业市场的全球一体化,带来了国际贸易的规模扩张和结构重组,为后发地区发挥自己的比较优势开辟了新的空间。在这种情况下,我国企业即使在家门口也面临着激烈的国际竞争,国际化成为不可避免。

案例 8-1

#### 华为公司的国际化动因

早在二十多年前,华为就开始了国际化征程。1994年,任正非在一次内部讲话上说:"十年之后,世界通信行业三分天下,华为将占一分。"那时,任正非就已下定决心,一定要带领华为走出中国,走向世界。

时间回到1995年。那时的中国通信市场竞争格局已然发生了翻天覆地的改变,因为通信设备的关税相对较低,导致国内、国际市场竞争态势日益白热化。当时国际市场的萎缩使中国企业国际市场拓展乏力,而跨国通信设备巨头在国际市场需求下滑的情况下,转入方兴未艾的中国市场攫取更多利润。随后几年,尤其在2000年后,跨国公司以更残酷的"价格战"来与华为等本土企业争夺市场。

其残酷程度从几个数据中便可见一斑:1996—2000年,国内通信运营商的投资年均增长率为24.9%,2000—2002年就陡然降到了2.1%。在这样险恶的情况下,"活下去"成为摆在华为面前的当务之急。任正非对当时局势的总结是:"我们的队伍太年轻,而且又生长在我们顺利发展的时期,抗风险意识与驾驭危机的能力都较弱,经不起打击……不趁着短暂的领先,尽快抢占一些市场,加大投入来巩固和延长我们的先进,势必一点点领先的优势会稍纵即逝。不努力,就会徒伤悲。我们应在该出击时就出击,我们现在还不十分危险,若3~5年之内建立不起国际化的队伍,那么中国市场一旦饱和,我们将坐以待毙!"于是国际化成了"逼上梁山"的选择。

(1) 国际化需要。国内电信设备市场的总体发展速度放缓,由于政策原因,新技术应用难以大规模启动(如3G),国内市场已不能满足华为的发展要求;此时国际市场却有着广阔空间,尤其是中东、非洲、东南亚这些新兴市场进入门槛低,国际电信设备制造巨头也未高度关注,这些外部环境的变化促使华为选择"走出去"。

另一方面,华为是高科技企业,每年将销售收入的10%作为研发投入,数额居全国之首,且其产品生命周期短,为取得投资回报,降低经营风险,华为需要巨大的市场规模来降低单位产品的研发费用。通过进入国际市场,华为也能获得规模经济性、范围经济性和学习效应,继而提高效率、销售收入和利润,有利于公司长期的高速发展。

(2)国际化机遇。公司总裁任正非多次随国家领导人出访,为华为打开俄罗斯、埃及等国家市场提供了难得的机遇。华为还利用各种国际展览会和论坛发言的机会宣传自己,积极主动地为企业创造和把握海外市场商机。

(3)国际化能力。雄厚的实力是通信制造型企业赢得国际市场的基础,从20世纪90年代中后期启动国际化战略开始,华为在研发、制造和销售服务等各个环节向国外领先企业学习,企业的竞争能力得到大幅提升,华为网络产品的技术领先度和性价比已使华为充分具备了拓展国际市场的能力。

(4)企业家精神。华为创始人任正非的企业家精神,使之具有比其他公司更强的对海外市场的野心和好奇心,能有意识地识别、挖掘和开发国际化机会。早在20世纪90年代中期,与中国人民大学的教授一起规划《华为基本法》时,任正非就明确提出,要把华为做成一个国际化的公司,显示了企业家的冒险精神和高瞻远瞩。

(5)企业文化。任正非的一段话成功注释了华为的企业文化:"发展中的企业犹如一只狼,企业要扩张,必须要具备狼的大特性:敏锐的嗅觉;不屈不挠、奋不顾身的进攻精神;群体奋斗的意识。"华为人发挥他们的土狼精神,对市场猎物有机敏的嗅觉,发挥团队合作的精神,为获取猎物集体冲锋。

(资料来源:[1]黄伟芳,李晓阳.华为正传:华为的企业管理和战略精髓[M].北京:红旗出版社,2017:114-120.[2]户婧.华为的渐进式国际化征途:动因、战略、竞争力[J].中国集体经济,2008(07):79,80.[3]薛求知,朱吉庆.中国企业国际化经营:动因、战略与绩效——一个整合性分析框架与例证[J].上海管理科学,2008(01):1-5.)

## 8.2 国际化理论

企业国际化经营理论主要有4种:国际化阶段论、跨国经营的带动论、国际化的网络模型、国际化的内外向联系模型。

### 8.2.1 国际化阶段论

20世纪70年代中期,一批北欧学者,如Carlson(1975)、Forsgern & Johanson(1975)、Johanson & Wiedersheim-paul(1975)、Johanson & Vahlne(1977)等人以企业行为理论研究方法为基础,提出了企业国际化阶段理论[①]。Johanson和Vahlne(1977)对瑞典4家有代表性的制造业公司进行了深入的案例研究[②]。在对他们的海外经营过程进行比较研究时发现,这

---

① 鲁桐.中国企业国际化实证研究:以工业企业为例[D]中国社会科学院研究生院博士学位论文,2001:11.

② Johanson Jan,Vahlne Jan-Erik. The Internationalization Process of the Firms:A Model of Knowledge Develnnment and Increasing Foreign Market Commitment[J]. Jounal of International Business Studies,1977,8(1):25-34.

些企业在海外经营战略步骤上有惊人的相似之处,即最初的外国市场联系是从偶然的、零星的产品出口开始。随着出口活动的增加,母公司掌握了更多的海外市场信息和联系渠道,出口市场开始通过外国代理商而稳定下来;再随着市场需求的增加和海外业务的扩大,母公司决定在海外建立自己的产品销售子公司;最后,当市场条件成熟以后,母公司开始进行海外直接投资,建立海外生产、制造基地。即企业海外经营可以划分为4个不同发展阶段:

阶段一,不规则的出口活动;

阶段二,通过代理商出口;

阶段三,建立海外销售子公司;

阶段四,从事海外生产和制造。

在所调查的4家企业的63个海外销售分部中,只有7个是从纯国内经营直接建立海外销售分部的,其余56个都是在原先的出口中间商的基础上发展起来的。两家公司的27个海外生产点,只有5个是从出口中间商发展起来的,其余22个都是从海外销售分部发展起来的。从这4家公司37个海外生产点建立的过程看,每个国外分公司都是在对该国销售已经通过中间商或销售分部打开局面之后才建立。没有一例是企业跳过出口销售的试验阶段。由此说明,企业国际化经营是遵循"由易到难,逐步升级"的发展过程。

Johanson等人认为上述四阶段是一个"连续""渐进"的过程。它们分别表示一个企业的海外市场的卷入程度或由浅入深的国际化程度。企业国际化的渐进性主要体现在两个方面:一是企业市场范围扩大的地理顺序,通常是本地市场—地区市场—全国市场—海外相邻市场—全球市场。二是企业跨国经营方式的演变,最常见的类型是纯国内经营,通过中间商间接出口—直接出口—设立海外销售分部—海外生产。企业海外经营活动从第一阶段向第四阶段的演进说明其资源投入量的增加,同时也表明其对海外市场信息渠道的控制能力的变化。显然,在偶然出口阶段,企业对出口市场不需或极少投入资源,在掌握市场信息方面也是零散和不规则的。在代理出口阶段,企业有了固定的海外市场信息渠道,同时也为出口市场投入一部分资源。当企业开始建立海外销售子公司时,需要在投资的种类和数量上有相当增加,同时,企业可以直接掌握市场信息并获得该市场的知识和经验。最后,当企业在海外建立直接的生产基地时,表明该企业更深地卷入海外市场。

Johanson等人认为,企业的海外经营应该遵循上述渐进过程。在一定条件下,企业海外经营也会"飞跃"某些阶段。第一,当企业拥有足够雄厚的资产,其海外投资相比之下微不足道时,海外经营阶段的飞跃是有可能的。第二,在海外市场条件相近的情况下,企业在其他市场获得的经验会使其跨过某些阶段而直接从事生产活动。

案例 8-2

## 中兴通讯:"三步走"引领国际化之路

中兴通讯这家有着20年历史的中国最大的通信制造业上市公司,在国际化道路上已步入第十个年头。2004年岁末,中兴通讯H股成功在香港挂牌,这无疑标志着中兴通讯国际化新阶段的到来。

(1)向高端市场突破的2004年

2004年中兴通讯整体发展态势良好,在发达国家市场和高端产品突破等方面均取得了实质性进步。仅上半年,中兴通讯国际市场就实现主营业务收入20.69亿元,比去年同期增长353.48%。从中兴通讯国际市场的发展轨迹,我们可以看到中兴通讯循序渐进的国际化有着两条清晰的线索。

首先,与国内循序渐进的市场策略类似,在国际市场总体战略上,中兴通讯海外市场拓展由最落后的发展中国家到较发达的发展中国家,再到中等发达国家,只有西欧、北美、日本等为数不多的发达国家等待着中兴通讯进行大的突破。2004年,中兴通讯投入最大力量的海外市场依然是以俄罗斯、巴西、阿根廷等为代表的中等发达国家,以及以印度、巴基斯坦、印尼等为代表的发展中国家。

正是采用"农村—城市—国际"这一"三步走"的发展战略,中兴通讯在不断巩固国内市场份额的同时,运用在国内市场积累的网络建设和与国外厂商竞争的经验积极开拓国外市场。不仅使国际市场开拓获得了发展的新动力,同时,海外市场的成功运作也对企业持续增长起到了至关重要的作用。

其次,中兴通讯在国际市场上成功实现了从低端产品到高端产品的突破,出口产品结构进一步完善。中兴通讯出口最初以传统交换机为先导,经过多年的国外市场打拼,产品出色的质量与优质的售后服务吸引了越来越多的国际电信运营商,而在他们的采购单上,中兴通讯的设备也从几年前的交换机、接入网、视频这些固网产品,到近两年的GSM、CDMA等移动产品,再到2004年以来的WCDMA、ADSL、核心路由器和OADM等产品,从低端到高端画出了一条平滑上升的曲线。

(2) 循序渐进的国际化之路

回顾中兴通讯的国际化历程,大致可以分为以下几个阶段:

1995—1997年,确立进军国际市场,出口结构为单一产品,属于国际市场铺垫尝试阶段。

1996年,在提出由国内农话市场进军本地网市场、产品结构由交换机向多元化产品发展的同时,作为公司发展的三大战略之一,开拓国际市场开始列入了中兴的议事日程。1996年,中兴通讯将产品出口到印度尼西亚、马来西亚等地。年底,参加了中东某国全国电信改扩建工程的投标,此次竞标包括了几乎所有国际知名企业在内共70多家公司,中兴通讯以其设备的先进性、稳定性赢得了高度重视,这是我国高科技通信企业第一次参与国际竞争。

中兴通过参加国际电信展、参与国际竞标,初步熟悉了国际市场的规则,并以发展中国家为突破口,开始了进军世界电信市场的步伐。

1998—2001年,开始进行大规模电信工程承包,多元化产品进入国际市场。

1998年3月,中兴通讯中标孟加拉国通信工程项目,这是我国民族通信企业通过国际竞标获得的第一个工程总包项目。同年10月,中兴获得了总额9 500万美元的巴基斯坦"交钥匙"工程,这是中国民族高科技企业通过国际竞争获得的第一个大规模海外电信工程全国性总承包项目。中兴通讯在国际市场上逐步取得实质性的进展,多次实现了中国通信设备出口史上零的突破。这一阶段,中兴通讯的国际市场拓展已很好地实现了交换、移动、数据等多元化产品,并且实现了香港、美国等发达国家和地区的市场突破。同时,通过产品出口、工程承包、合资生产、合作运营等手段,不断地增加开拓国际市场的深度。海外业务人员增加到近千人,产品进入30多个国家和地区。

> 全面国际化指的是一种立体的国际化,在市场的国际化向纵深方向发展的同时,中兴通讯的发展重心将由国内市场为主,转为国内、国际市场并重。从2002年至今,中兴通讯国际化战略开始在市场、人才、技术、资本等方面全方位推进,中兴通讯进入国际市场发展的关键时期。
>
> "雄关漫道真如铁,而今迈步从头越",展望未来,凭借全系列产品、能为运营商带来持续赢利的解决方案,中兴通讯的国际化之路必将越走越宽。
>
> (本案例由作者根据中兴公司官网资料整理)

### 8.2.2 跨国经营的带动论[①]

根据企业管理的"场理论",企业管理是一种"力场",它是影响企业发展的各种"推力因素"和"阻力因素"相互作用的结果。就企业的内部和外部经营环境而言,既存在种种阻挠跨国经营的"阻力因素",如惧怕风险、学习的惰性、学习能力的局限等;也存在种种促进跨国经营的"拉力因素",如激烈竞争促使企业不断提高自己的实力,经验的积累使企业增强了海外投资的信心等。

企业在任何时点上的跨国经营现状,可以被认为是跨国经营的"推力"和"阻力"之间的一种均衡状态。企业的发展既可以来自"推力因素"的增加,也可以来自"阻力因素"的减少。与这种跨国经营发展的"阻力减少论"相应的,是关于经营国际化的几种"带动论"。

**1. 订单带动论**

企业最初的出口行为多来自海外客户主动送上门来的订单。这种未经企业本身努力而得来的出口机会,常常是企业出口的直接原因,而汇率变化、运费下降等经济因素对企业初始出口的直接影响很小。对于一个从未从事出口业务的企业来说这些订单为企业提供了企业所需要的关键信息,同时也大大降低了初始出口的风险,给犹豫不决的管理人员提供了一种原动力,促使他们迈出跨国经营的第一步。

**2. 客户带动论**

企业的海外经营行为也有某些行业特征。跨国经营在服务性行业,如银行、保险、广告业,企业的跨国经营通常是受到现有客户的带动。一般情况是,客户先打入国外市场,在国外开展业务,需要相应的金融保险、广告等各类服务。而银行、保险、广告商为了不失去这些客户,就必须相应地扩展自身的业务,跟随客户到海外经营。在一定条件下,企业的这种"跟随客户行为"会在短时间内使其海外业务急剧扩大,甚至超过国内业务。

**3. 竞争带动论**

在寡头垄断的行业,人们会发现这样的现象,当某行业的一个主要企业打出国界以后,其他企业会很快跟进。这是市场激烈竞争的结果。因为在寡头行业,任何单一厂商市场份额的大幅度上升,都会导致竞争结构的变动。在这种情况下,企业根据"两害相权取其轻"的原则来决定是否进行跨国经营。即使目标市场只能容纳1家企业,后来者也会紧紧跟上,以免在竞争中被淘汰出局。

---

[①] 梁能. 跨国经营概论[M]. 上海:上海人民出版社,1995:113-117;鲁桐. 中国企业国际化实证研究:以工业企业为例[D]中国社会科学院研究生院博士学位论文,2001:16-17.

案例8-3

# 华为与中兴三战海外

华为与中兴是中国电信设备行业中为数不多的、真正全球化的企业,是所有中国企业学习的榜样,有人把它们称为"中华双子座",因为都根植于深圳,而且成长的路径以及业务的相似,它们又被人称为"同城兄弟""中华兄弟"。然而,华为与中兴是一对不折不扣的"冤家",是电信制造业内的"德比大战",它们不仅在国内市场展开血拼,在国际市场亦互不相让,杀得血腥。华为打入国际市场更早,领地也更广,中兴则亦步亦趋,试图虎口拔牙,双方在印度、尼泊尔、俄罗斯等多个战场展开正面交锋。

(1) 印度之战各有胜负

2003年国内通信设备两巨头在印度市场上开始了双方的第一轮较量。在印度MTNL公司的一次工程竞标中,华为科技和中兴通讯分别通过印度本地合作伙伴同时参与了项目的竞争。当时华为公司的竞标价格是34.5亿卢比,中兴的价格高于华为,但是在所有参与竞标的公司中,中兴排在了第二位,名次不重要,重要的是价格,最终MTNL弃中兴选择了华为。

中兴当然不服这一结果,在仔细研究了招标公司MTNL公司的标书之后,中兴找到了反击的武器。据中兴海外市场部人士告诉记者,MTNL在标书中指出,参与本次工程竞标的企业或其合作伙伴必须具有在世界任一地方至少20万线CDMA设备的供应纪录,方可参与竞标。中兴认为华为不符合这一规定,所以要求MTNL公司考虑到这一点,试图扭转最终的结果,随即中兴着手准备了一份关于中国联通CDMA网络建设工程中标公司的统计资料,通过其合作伙伴ITI Ltd提交给MTNL公司。该份材料显示,华为并不具备MTNL公司招标规定的相应CDMA网络架设经验,并对其曾向中国联通提供大批量CDMA设备的说法提出质疑。华为对于中兴的发难发起了反驳,辩称中兴是试图破坏华为在印度的市场。MTNL特意为此派出4人调查小组奔赴华为,展开了调查。结果可想而知,中兴并没能实现最终翻盘。

但是,上天给了中兴另外一个机会,同样在印度市场,也是在这一年,华为和中兴再度相遇在印度另一运营商BSNL的工程竞标中。上帝关闭了一扇门,同时也会打开另外一扇门,对于中兴来说,体会无疑是最深的。因为在这一项目中,中兴的竞标价格28亿卢比低于华为,所以最终由中兴赢得了这一工程。

最富戏剧性的事也发生在这次竞标中,由于中兴的28亿卢比较上次在MTNL招标中华为给出的价格更低,所以MTNL单方面找到了中兴要求中兴按照28亿卢比的价格给其供货。无心插柳柳成荫,中兴最终竟成了印度市场最大的赢家。

(2) 尼泊尔再度大打出手

如果说印度市场是双方斗争小试牛刀的话,那么尼泊尔市场则可谓是双方的海陆空立体对抗了,但是这一次的时间已经是2005年了。事情可以从尼泊尔电信100万线GSM网络建设承建合同说起,在此次竞争中,华为向中国驻尼泊尔大使馆递交了起诉书,告中兴在本次竞争中采取了不正当竞争手段。为了承建该项目,华为开始的竞标价是1 200万美元,但是中兴只有390万美元,华为认为中兴是赔本买吆喝,恶意侵占市场。中兴认为西门子的开标价格也只有970万美元,不存在恶意竞争的问题。

按照华为的性格,只有自己抢别人嘴里的肉,绝对不允许别人抢自己嘴里的肉。一旦出现被别人吃了的情况,华为的处理方式是负责竞标人员走人。但是,中兴硬是在尼泊尔市场抢了华为两回单,华为怒火攻心,只好申请政府出面,打起官司。但手心是肉,手背也是肉,尼泊尔大使馆面对这样的情况估计也不知道如何处理,最终的结果从表面上看是中兴赢了,但是其中双方如何处理的,政府又是如何协商双方的,就不得而知了。

如果细说尼泊尔市场的恩恩怨怨,华为尼泊尔市场人员可能会给你说上一天。尼泊尔是华为苦心经营的地盘,比中兴进入整整早了五年时间,按照华为的文化和市场拓展能力,五年已经可以把一个地盘打造得滴水不漏了,但是自从中兴进入以后,华为连续栽了几个跟头。据记者了解,先是2004年,在尼泊尔CDMA全国网项目招标中,中兴凭借标价2 900万美元击败华为4 200万美元。2005年,在GSM网络上华为再度失手。

尼泊尔市场与印度市场的不同在于,双方除互掐价格、相互拆台外,还懂得了利用政治资源为自己服务。但是双方均不懂得如何在一个市场上实现共赢。

(3) 最艰苦的战场——俄罗斯

与尼泊尔市场相似的是俄罗斯市场。俄罗斯是昔日世界的霸主,在沦落以后,已经成为中国各种廉价货的栖息地,通信设备虽然不同于服装、食品、鞋子等产品,但是习惯上华为和中兴还是愿意把俄罗斯与亚非拉等发展中国家归为一类。

华为踌躇满志,在2000年以前开始进入俄罗斯市场,本以为可以咬个满口肉,但是俄罗斯极北冰冷的空气把一切都冻得硬邦邦,华为狼没有能咬得一口肉,反而失了牙。对华为如此,对其他的通信企业也如此,先期随华为入俄罗斯的通信企业都承受不了"冷冻食品"口味,先后退出了这一市场,华为却凭借其坚忍的意志,蹲守在俄罗斯,一蹲就是四年。四年里,华为一单没有收,但是足够的勇气和耐性为华为赢得了胜利,在四年时间里,华为通过各种战术,终于在俄罗斯铺开了人际,打开了电信运营商的口袋。

据华为独联体部副总裁徐昕泉透露,2001年,华为与俄罗斯国家电信部门签署了上千万美元的GSM设备供应合同。2002年年底,华为取得了3 797千米的超长距离320G国家光传输干线(DWDM系统)的订单。2003年,在俄罗斯移动运营商MCT的招标中,华为中标,获得一个6 600万美元的合同。这也是中国的GSM设备首次大规模进入俄罗斯市场。同年,华为在独联体地区的销售额一举超过3亿美元,位居独联体市场通信设备供应商的前列。

但是,就在华为以为要独享美食的时候,中兴亦步亦趋,慢条斯理的黄牛,也开始进入俄罗斯市场,虽然中兴开拓市场的步骤慢,但是一旦跟进,黄牛也变成了疯牛,连华为狼都害怕。中兴在俄罗斯市场开始分享华为打下的成果,频繁地参加俄罗斯的各种通信展,在俄罗斯市场放开以后,派出人员蹲守市场,邀请俄罗斯的运营商来中兴参观,终有斩获。2003年3月,中兴通讯GSM产品被俄罗斯第四大GSM运营商SMARTS采用;2004年2月,中兴通讯为俄罗斯运营商KCC承建了CDMA450移动网络;2005年,中兴通讯承建俄罗斯运营商Sky link摩尔曼斯克450MHz cdma2000 1x网络。

华为始终视中兴为眼中钉,中兴则一路黏紧华为,在海外市场开拓中和华为由东打到西;由南打到北;由北极打到烈日炎炎的中东,全世界范围内都可以看到两对冤家互掐对方脖子的身影。

(本案例由作者根据网络资料整理)

## 8.2.3 国际化的网络模型

企业国际化的网络模型对一个行业中的众多中小企业的跨国经营提供了一种解释。网络模型认为,产业系统是由众多从事生产、销售、服务等活动的企业组成。这个产业系统也可称为"企业间的关系网络"(a network of relationships)。企业在网络中的分工,说明企业之间存在着彼此相互依赖的关系。企业之间会发生合作,这种合作是通过企业在网络中的相互作用进行的。

从关系网络的性质看,它既是稳定的,也是变化的。网络中每个企业都是在一个既定条件下与其他企业保持联系。但这种联系会随着时间的推移和经营环境的变化而改变。网络模型强调网络内的"互补性"。网络关系的存在意味着企业间有"特殊的依存关系",这种依存关系与传统理论描述的市场中的企业有所区别。

企业在产业内的活动,企业建立、维持、发展的网络关系是一种不断积累的过程,正是这种"网络积累"决定了企业的"市场地位"[①]。从微观层次看,企业的"市场地位"有三个特征:(1)对于其他企业而言所扮演的角色;(2)对其他企业的重要性;(3)与其他企业关系的紧密程度。

因此,网络模型的关键命题是:"单个厂商的生存依赖于其他企业所控制的资源,企业是通过其在网络中的地位来得到这些外部资源"。根据网络模型,企业的国际化是企业在国际市场网络中建立、发展网络关系的过程,主要有三个途径:(1)通过国际贸易、国际投资活动,扩大网络范围;(2)地区经济一体化,消除经营障碍;(3)全球经济一体化。企业国际化程度决定了其在国际生产(市场)网络中的地位。一个高度国际化的生产网络,意味着拥有众多在国际分工下的企业间的紧密联系。市场的国际化程度与企业国际化程度的关系,可用表8-1说明。

表 8-1 市场国际化程度与企业国际化程度的关系

| 企业的国际化程度 | 市场的国际化程度 | |
|---|---|---|
| | 低 | 高 |
| 低 | 早期的国际化 | 晚期的国际化 |
| 高 | 孤独的国际化 | 全球企业 |

案例 8-4

### 华为的国际化之路

经过几年的闯荡,海外市场分析能力、营销方式和一线"铁三角"组织(以客户经理、解决方案专家、交付专家组成的工作小组,形成面向客户的"铁三角"作战单元)逐渐成形,完成了第一阶段的"抢滩"任务,基本实现了营销体系的国际化。为保证快速响应,华为还尽量采取本地化策略,设法雇用本土人员,在巴黎、伦敦、纽约、加拿大和澳大利亚大量招聘国际化人才。

---

① Johanson Jon, Mattsson L G. Marketing Investments and Market Investments in Industrial Networks[J]. International Journal of Research in Marketing, 1985, 2(3):185-195.

国际化的企业离不开国际化的管理。早在1996年,任正非就开始把目光投向国际化公司管理体系。当年,华为在深圳西丽湖畔探讨工资改革方案,讨论时间长达3个多月。1997年年底,任正非到美国考察了IBM等多家著名企业。此次美国之行,虽然是走马观花,但跨国公司管理模式的先进和高效显然深深震撼了任正非。在与这些行业巨头近距离接触中,任正非深切体会到了跨国公司的组织管理、企业文化等方方面面的强势所在,相比之下,华为公司相对弱小,管理水平低下,任正非不禁感叹,华为取得暂时的成功很大程度上是靠侥幸,而不是综合实力或管理水平、企业文化真的赶上了跨国公司。

从1998年起,华为开始花费巨资,系统性、大规模地引入国外管理咨询公司,逐步将国际巨头的先进管理模式移植到华为,重新构建世界级管理体系。任正非认为,华为公司从一个小公司发展过来,是在中国发展起来的,外部资源不像美国那样丰富,发展是凭着感觉走,缺乏理性、科学性和规律性,因此要借助美国的经验和方法,借用外脑。在1999年,华为花了大价钱请来IBM咨询公司,在其帮助下启动了以IPD(集成产品开发)、ISC(集成供应链)为核心的业务流程变革。

从2003年开始,华为组织机构又进行大调整,将过去集权化的公司组织向产品线、准事业部制改变,化小利润中心,加快决策速度,适应快速变化的国际市场,增强"以小搏大"的差异化竞争优势。其具体做法是,在纵向产品部门的基础上,又从横向按照地区将全球市场划分成了8个大区,每个大区都设立总裁职位并且配备完整的销售、售后、工程、市场、财务人员,构成一套完整的公司体系,由此形成矩阵式的管理模式,这也是跨国公司进行全球化运作的标准模式。这种管理模式的好处是能够有针对性地根据地区和国家的特点提供差异化的服务。

为了有效利用全球资源,经过十几年的筹划布局,华为形成了全球的多个运营中心和资源中心。

(1) 行政中心:在美国、法国和英国等商业领袖聚集区,成立本地董事会和咨询委员会,加强与高端商界的互动。在英国建立行政中心,在德国成立跨州业务中心,提高全球运营效率。

(2) 财务中心:成立新加坡、中国(香港)财务中心,罗马尼亚财务中心,英国全球财务风险控制中心,降低财务成本,防范财务风险。

(3) 研发中心:成立俄罗斯天线研发中心、紧靠着爱立信和诺基亚的瑞典及芬兰无线系统研发中心、英国安全认证中心和5G创新中心、美国新技术创新中心和芯片研发中心、印度软件研发中心、韩国终端工业设计中心、日本工业工程研究中心等,有效利用全球智力资源。

(4) 供应链中心:匈牙利欧洲物流中心(辐射欧洲、中亚、中东、非洲)、巴西制造基地、波兰网络运营中心等,提高全球交付和服务水平。

华为轮值CEO胡厚崑曾在2015年总结说:"在资本、人才、物资和知识全球流动,信息高度发达的今天,'全球化公司'和'本地化公司'这两个过去常被分离的概念正变得越来越统一。华为的商业实践要将二者结合在一起,整合全球最优资源,打造全球价值链,并帮助本地创造发挥出全球价值。"

"它的崛起,是外国跨国公司的灾难。"这是英国经济周刊《经济学家》1999年对华为的评价。华为,如今已经是全球第一大通信设备制造企业,已经成为中国企业的骄傲,其国际化之路也成为所有中国企业的榜样。时至今日,华为在国际化的道路上已是越走越远,越走越清晰,正继续朝着中国企业的世界级梦想稳步前进。

(资料来源:程东升,刘丽丽.华为三十年:从"土狼"到"狮子"的生死蜕变[M].贵阳:贵州人民出版社,2016:025-028.)

### 8.2.4 国际化的内外向联系模型

国内外的研究绝大部分把企业的国际化看作是企业如何或怎样进行跨国经营。因而许多文献认为,"间接出口"是企业国际化的起点。事实上,企业国际化是指企业积极参与国际分工,由国内企业发展为跨国公司的过程。它应包括内向国际化和外向国际化两个方面。对于后发展型跨国公司而言,企业的内向国际化是其外向国际化的基础和条件。

芬兰学者威尔什(Lawrence S. Welch)和罗斯坦瑞尼(Reijo K. Luostarinen)在 1993 年发表的题为《国际化中的内外向联系》一文中认为,"企业内向国际化过程会影响其外向国际化的发展,企业内向国际化的效果将决定其外向国际化的成功"[①]。梁能也提出了"企业走向世界的两条道路"的观点[②],他认为企业走向世界在很大程度上意味着如何在本地市场迎接国际竞争的问题,"因此,'走向世界'可以分为'外向型'和'内向型'两类,或者说,走向世界的'外向道路'和'内向道路'"。

外向国际化的形式主要指直接或间接出口、技术转让、国外各种合同安排、国外合资合营、建立海外子公司和分公司;内向国际化活动主要包括进口、购买技术专利、引进技术设备、来料加工、补偿贸易、国内合资合营、成为外国公司的国内子公司或分公司。

表 8-2 内、外向国际化方式

| 国际化形式 | 外 向 | 内 向 |
| --- | --- | --- |
| 贸易活动 | 出口 | 进口 |
| 技术转让 | 出售专利技术和技术援助 | 购买技术专利 |
| 合同安排 | 许可贸易、特许经营、管理合同、交钥匙工程、国际分包 | 补偿贸易、加工装配 |
| 合资企业 | 国外合资 | 国内合资 |
| 独资企业 | 建立国外子公司或分公司 | 成为外国公司的国内子公司 |

案例 8-5

### 吉利集团全球化发展的成功经验

浙江企业吉利集团的成长是中国民营企业成长的典型,是制造业企业转型升级的样本,也是中国企业走向世界的标杆。吉利经历短短 20 年时间的发展历程,已经成为全球汽

---

① Welch L S, Luostarinen R K. Inward-outward Connection in Internationalization[J]. Jonrnol of International of Marketing,1993,1(1):44-56.

② 梁能. 国际商务[M]. 上海:上海人民出版社,1999:15,16.

车产业中影响力最大的中国本土企业。在2017年《财富》杂志世界五百大排行榜中,吉利汽车以314亿美元的营收排入343位;在中国企业联合会发布的2017中国一百大跨国公司及跨国指数中,吉利以海外资产1 292亿元排第19位,海外收入达1 452亿元,海外雇员达26 546人,跨国指数达到59%,已成为初具雏形的全球公司。

何为全球公司呢?全球公司是20世纪90年代以来跨国公司顺应经济全球化发展的新潮流转型发展而成的公司。与一般的跨国公司相比,全球公司的全球化程度大大提高,其跨国指数(海外资产、海外销售和海外雇员与总资产、总销售和总雇员的比例的平均数)超过50%。由于主要收入、主要资产均来自海外,全球公司经营重心在海外,其发展战略、管理结构和文化理念更注重全球化,形成了全球经营的思维模式和经营模式。

总结吉利全球化发展的成功经验,主要有以下几个方面:

一是吉利成功地实施了全球化发展战略。吉利基于自身的现实状况,顺应了经济全球化发展大势,在面对全球公司激烈竞争的同时,也在不断学习全球公司的全球经营模式和战略思维方式,通过积极调整发展战略,不断地吸纳整合全球资源,利用全球现成的技术、专利乃至品牌,通过引进、消化、吸收,极大地缩短与全球先进水平的差距,不断向全球公司转型发展。

二是吉利成功实现了内生有机成长与外延并购成长相结合的发展道路。一方面,在全球市场不断寻找适合的并购对象实现外延式成长;另一方面,不断借助被收购公司的技术能力来提升自己的技术创新能力,促进自身的有机成长。通过收购澳大利亚DSI公司,吉利获得了自动变速箱的关键技术;通过收购沃尔沃,吉利全面了解、参与、掌握了沃尔沃的研发,实现了研发数据库的共享,快速提升了吉利汽车的研发能力,将吉利带上了一个全新的高度;通过收购英国电动车公司布局新能源领域;通过收购美国Terrafugia飞行汽车公司布局前瞻性技术领域。这种外延式并购成长方式使吉利迅速地学习和掌握了别人几十年甚至上百年积累的经验和技术,极大地促进了吉利内生有机成长。

三是吉利实现了整个价值链的全球布局。在全球研发布局方面,吉利和沃尔沃在研发领域的合作,在瑞典哥德堡成立了吉利控股集团欧洲研发中心,以研发设计满足吉利汽车和沃尔沃汽车未来市场需求的产品,让吉利真正融入国际化的汽车研发循环体系之中,这是吉利融入与创建全球化研发体系的重要战略之举。在全球采购布局方面,在并购沃尔沃后,吉利汽车的全球采购范围更加宽广,且获得了与全球顶级供应商合作的机会。吉利正在朝着"沃尔沃汽车的技术+吉利汽车的成本"模式的全球采购体系方向发展,通过全球采购、全球竞争,既保证成本的最优,又促进两大品牌品质的提升。在全球制造布局方面,除国内现有的生产基地外,在海外,吉利更是积极推进制造基地的建设。未来,吉利在东欧、中美、南美、中东北非及亚太东盟等区域都确定了明确的产能及投资规划。在全球销售方面,吉利汽车主要出口东欧、中东、非洲、东南亚、大洋洲、中南美洲近60个国家和地区,并且在海外建立了400多家销售和服务网点。

四是吉利始终坚持在开放合作中自主创新。在经济全球化时代,企业自主创新要有新的观念,要有新的认识。即企业自主创新应该是从增强企业创新能力出发,包括原始创新,集成创新和引进、消化、吸收再创新;应该是在开放与合作中整合全球资源的创新;应该强调自强不息的精神,主导创新的过程,而不是关起门来自己创新。吉利通过开放合作来提升公司的自主创新能力,探索国际合作自主创新新模式,促进企业自主创新能力提升。正如吉利李书福董事长认为的那样:"企业研发能力的形成,还要跟世界先进的研发机构协同研发,锻炼、培养自己的汽车研发人才,建立起自己的研发体系,才有可能形成自己的创新能力。"

五是吉利在全球化中高度重视合规经营。在全球监管日益强化的今天,全球公司通过强化合规经营,极大改变了全球企业竞争规则,从而带来全球竞争的新规则。吉利是较早就意识到建立诚信合规的企业文化对促进公司在全球化发展中持续稳健经营有重大意义的民营企业。在2014年,吉利正式启动公司合规体系建设项目。事实上,吉利所建立的合规管理制度为其全球化发展带来了便利,近期收购美国 Terrafugia 公司时,由于有健全与完备合规管理组织架构和合规管理制度,使得吉利快速地通过了美国国家安全部门的审查。

六是吉利始终以优秀的企业家精神引领全球化发展。从吉利的跨国并购案例可以看出,李书福董事长优秀的企业家精神是推动公司不断发展的原动力,在李书福董事长的带领下,吉利专注于汽车行业20年,对国际国内汽车产业的发展有非常深刻的认识,对研发汽车技术有高度的热情,始终保持向国际跨国汽车公司学习的心态,不断地保持着创新创业的激情。正是这样的激情使得吉利敢于去开展跨国并购,激励着吉利把跨国并购做好、做成功。企业在全球化发展中,有全球视野和创业激情,才能主动去整合资源,并有可能把跨国经营做好。

(本案例由作者根据搜狐财经资料整理)

## 8.3 国际化策略

从国际化阶段理论可以看出,企业的国际化战略有一个渐进的发展过程。从初始阶段到完全的国际化经营阶段,国际企业的经营战略可以归纳为以下四种具体实施策略:产品出口策略;契约协议策略;对外直接投资策略;国际策略联盟。这四种策略表现了国际企业的纵向成长轨迹,但四者又不是可以完全相互替代的关系,而是既相对独立又相互依存的关系。

### 8.3.1 产品出口策略

产品出口策略不仅为试探国际市场行情的中小企业广为采用,对于大企业,这一策略也是国际经营中最重要的一部分。其最重要的意义在于,它是国际化经营的起点,为更深层意义上的国际合作奠定了基础。

对于大多数国际企业而言,通过出口直接参与全球经济竞争依然是一项重要的策略。然而维持国内生产基地,大力推动出口的本质特征已发生变化。比如,从本土出口越来越少,而从建在其他国家的工厂的出口却在增加。这表明,在全球经济市场中出口策略日趋复杂,这一策略与其他策略之间存在密不可分的关系。

产品出口策略的优点表现为:(1)增强了抵御市场风险的能力,降低了国内市场萎缩造成的不利影响。(2)通过将国内产品直销海外,企业可保持对研究、设计和生产决策的很高程度的控制;若生产设施分建在世界不同国家和地区,或企业与国外公司有某种形式的经营瓜葛,宏观控制程度会变低。维持对研究与生产决策的紧密控制,对企业至关重要。因为这有利于保护关键性技术,并促进产品快速更新换代。(3)产品出口策略使企业能够保持国内生产规模,继续利用国内生产资源。

产品出口策略也会面临一些困难。例如,企业必须对付外国市场的各种障碍,如关税及各种形式的非关税壁垒等;汇率方面的不定期波动也使得国内企业在出口贸易上面临风险;与国外进口商保持成功的合作关系比较困难或代价高昂;出口所需支付的各种名目的开支也会加重企业的负担。

### 8.3.2 契约协议策略

通过签订合作性契约协议这一贸易关系形式可以使企业无须在外国领土上进行大规模资金、技术投入也能在国际市场上分获一杯羹,成为企业实施国际化战略的又一选择。这种策略能够有效避开外国政府设置的进口限制或投资障碍,同样也是企业建立更高层次的战略伙伴关系的前奏曲。目前国际上通行的合作性契约协议主要有许可证贸易、特许经营和分包这三种形式。

**1. 许可证贸易**

许可证贸易指通过签订许可合同,由享有专利产品、服务或技术的输出方将一定限度的生产和销售权出售给输入方,输入方支付给输出方专利权使用费。这种方式的优点是不必耗费大量投资即可从现有的产品或技术中获利,是避开国外市场障碍的有效方式。但这种方式企业自身对合作方的控制程度低,可能培育潜在竞争对手。

**2. 特许经营**

特许经营是许可证贸易的一种变体,特许权转让方将整个经营系统或服务系统转让给独立的经营者,后者则支付一定金额的特许费。这种方式有三个优点:一是不需大规模资金投入即可打入国际市场;二是通过出售一揽子特种经营权,提高了特许专业公司的知名度;三是特许经营使用费往往被记入企业所收到的"预付款"中,可以说这是企业获得的一笔十分可观的额外营业基金收入。

但是,特许经营也有一定的局限性:一是特许经营主要适用于那些服务行业,对于高技术产业或一般制造业则不适宜,也很难推而广之;二是与许可证贸易相似,一旦特许经营协议签字生效后,管理上也易出现失控现象,特别是在发展中国家,由于政府干预经济或政局不稳等给监控当地经营活动带来困难。再则,文化和语言障碍也有可能抑制特许经营在国外的有效发展。

**3. 分包**

分包是指一家企业将一具体的生产任务或将企业某一经营部门承包给另一家公司。这种方式的优点是精悍主业、降低成本、获得技术竞争优势。但分包可能弱化自身生产能力,导致企业整体运营的灵活性和管理控制能力的下降,导致生产经营的空洞化,培育潜在竞争对手。

案例 8-6

### 肯德基实行特许经营

肯德基在进入中国前做了大量全面深入的市场调查,认为进入中国市场必须以大城市为目标市场;用100%的精力进攻北京,然后是上海、杭州等地。1987年11月12日,肯德基在北京前门开设了第一家中国肯德基餐厅,1989年上海肯德基开业。肯德基至今已在中国450多个城市开设了2 100余家餐厅。

> 肯德基以"特许经营"的方式在全世界拓展业务。肯德基"特许经营"有如下特点：
> （1）特许人应具备相关从业经验。加盟者必须有经营餐饮业、服务业和旅游业等方面的背景和实际经验。肯德基的特许经营不仅需要加盟者拥有资金，还需要经营者本身具有一定的素质。
> （2）特许加盟模式。中国百胜餐饮集团公关部经理徐真说："肯德基对特许经营加盟地有一定的选择，即非农业人口 15 万～40 万人，人均消费在 600 元以上的中小城市，而不是餐饮业的大城市。"
> （3）特许费。新的加盟商将会被授权经营一家在营运之中的肯德基餐厅，每个餐厅的进入费用在 800 万元人民币以上（不包括不动产的购买）。进入费是一项转让费用，是购买一家成熟的且有盈利的肯德基餐厅所需的投资。肯德基目前在中国发展加盟店的方式不是让加盟者交纳加盟费后自行开店，而是让加盟者出资购买一家正在运营中并已盈利的连锁店。转让已经成熟的餐厅，加盟者不必由零开始，可以较快地融入肯德基的运作系统，进而极大地保障加盟者运营成功。这对肯德基和加盟者来说都是最稳健、最便捷的做法。
> （4）合同契约。加盟经营协议的首次期限至少为 10 年。
> （5）培训。被授权的加盟者将被要求参加一个内容广泛的 20 周的培训项目，内容包括：餐厅经理培训；餐厅副经理培训；如何管理加盟经营餐厅；对总部的专门介绍；小型公司管理课程等。未来的加盟经营商需承担培训的费用。有餐厅和行业经营经验的加盟商可以申请免去某些培训。
>
> （本案例由作者根据网络资料整理）

### 8.3.3 对外直接投资策略

对外直接投资（Foreign Direct Investment，简称 FDI），是指企业在国外进行的以控制企业经营管理权为核心，以获取利润为主要目的的投资。其最大特点是投资者对所投资的企业拥有经营控制权，即投资者在所投资的国外企业中拥有控股权，能够行使表决权，并在经营管理中享有发言权。对外直接投资已成为世界经济全球化的主要发动机。对外直接投资的蓬勃发展主要得益于世界宏观经济环境的稳定，信息技术革命的日新月异，贸易自由化、投资自由化以及金融自由化的不断推进，只要这一趋势不变，国际企业的对外直接投资仍将作为全球化的引擎，推动世界经济向前发展。

企业通过对外直接投资进行扩张的方式主要有三种：新建企业、合资企业和跨国并购。

（1）新建企业。即独资企业，其所有权全部属于投资者，投资者提供全部资金，独立经营，获取全部利润。其优点是能有效克服进口限制，比出口更能深入地打入目标国市场，营利机会要比使用许可证贸易更多。并且可以更深入地熟悉当地的销售网络和经营方法。但这种方式耗资大、速度慢、周期长、不确定性大。在许多国家实施各种吸引外资政策的影响下，新建企业成为国际企业实施全球化策略的一种重要方式。但随着时间的推移，其弊端的日益显现，新建企业在 FDI 中的主体地位已被兼并和收购所取代。

（2）合资企业。合资企业是指和国外的公司共同成立一家新的公司，以进入该市场。常见的合资模式是 50/50 的合资模式，合资双方各拥有一半股权，同时也共同分享新公司的控制权，甚至管理人员也是各派一半。如果合资一方比较强势，而希望获得新公司的主导权，也可能是 51/49 模式。合资模式的优点在于,可以取得市场所在国的合作厂商关于当地市场的独特知识和投入;可以共同分摊市场开创初期的高风险和高成本。这种模式的缺点在于,其技术和经营诀窍可能会外流;此外,合资可能无法实现区位经济,会降低其经验曲线;由于股权分散,在全球战略的协调和整合上,可能会出现困难。

(3) 跨国并购。跨国并购是企业兼并与收购的总称,前者是指在竞争中占优势的企业购买另一家企业的全部财产,合并组成一家企业的行为;后者是指一家企业通过公开收购另一家企业一定数量的股份而获取该企业控制权和经营权的行为。并购的优点是可以使企业迅速进入目标国家或地区市场,迅速扩大产品种类,与"当地化"策略相辅相成,从被"吃"企业的资产价值低估中获取好处。但并购也存在困难或问题:①并购过程中价值评估困难。②各国企业在地理、传统、文化、企业形象等方面存在差异,并购很难使两个企业间的差异很快得到大的改善,并购后往往会出现貌合神离的局面,导致企业面临经营控制不灵的风险。③企业并购使企业出现两极分化,会造成"太少的企业、太少的竞争和太高的价格"的格局,从而形成产品市场价格上涨,要素市场失业者众多,而企业则会出现惰性滋生,创新动机减弱,以及因规模过大而产生效率低下等问题。

案例 8-7

## 2018 年中国海外投资发展展望

(1) 中国海外投资形势回顾与展望

根据联合国贸易发展会议《世界投资报告 2017》统计,2016 年全球外国投资流量为 1.45 万亿美元,同比下降 8.9%,而中国继续蝉联全球第二大对外投资国地位,在全球对外投资中表现强劲,全年对外投资流量 1 961.5 亿美元,同比增长 34.7%,占全球对外投资流量的 13.5%,成为国际投资大国。自 2015 年,中国对外直接投资(ODI)首次超过中国实际使用外资(FDI)金额后,中国已经成为双向直接投资项下的资本净输出国。2016 年,中国 ODI 与 FDI 的差距进一步拉开,资本净输出 624.5 亿美元。

在政府"一带一路"倡议引导下,中国企业加快国际化步伐,2017 年全年,商务部和省级商务主管部门共备案和核准了境外投资企业 6 172 家,中国常年驻外工作人员达 100 万人,企业国际化水平显著提升。

①"一带一路"进入全面合作阶段,投资和贸易持续深化

2017 年,中国企业共对"一带一路"沿线的 59 个国家非金融类直接投资 143.6 亿美元,占同期总额的 12%,较上年提升了 3.5 个百分点,主要投向新加坡、马来西亚、老挝、印度尼西亚、巴基斯坦、越南、俄罗斯、阿联酋和柬埔寨等国家。

对"一带一路"沿线国家实施并购 62 起,投资额 88 亿美元,同比增长 32.5%,中石油集团和中国华信投资 28 亿美元联合收购阿联酋阿布扎比石油公司 12%股权为其中最大项目。

"一带一路"经贸合作成效也较为明显,2017 年中国与沿线国家贸易金额为 7.4 万亿元人民币,同比增长 17.8%。重大项目持续推进,东非铁路网起始段肯尼亚蒙内铁路竣工通车,中老铁路首条隧道全线贯通,中泰铁路一期工程开工建设,匈塞铁路、卡拉奇高速公路等项目进展顺利。自贸区建设取得突破,与格鲁吉亚、马尔代夫签署自贸协定,与摩尔多瓦、毛里求斯正式启动自贸协定谈判,推动区域全面经济伙伴关系协定(RCEP)谈判取得积极进展。

② 受监管压力,对外投资大幅下滑,敏感行业无新增项目

2017年全年,中国境内投资者共对全球174个国家和地区的6 236家境外企业新增非金融类直接投资,累计实现投资1 200.8亿美元,同比下降29.4%,非理性对外投资受到政府遏制。

从对外投资构成看,股权和债务工具投资1 020.8亿美元,同比下降32.9%,占85%;收益再投资180亿美元,与上年持平,占15%。对外投资主要流向租赁和商务服务业、批发和零售业、制造业以及信息传输、软件和信息技术服务业,占比分别为29.1%、20.8%、15.9%和8.6%。受政府严控,房地产业、体育和娱乐业对外投资没有新增项目。

跨国并购持续活跃,2017年全年,中国企业共实施完成并购项目341起,分布在全球49个国家和地区,涉及国民经济18个行业大类,实际交易总额962亿美元;其中直接投资212亿美元,占22%,境外融资750亿美元,占78%。

(2) 2018年中国海外投资发展展望

2018年是习近平主席提出"一带一路"倡议的第5个年头。在"一带一路"倡议纵深发展背景下,全球化和中国的对外投资将出现以下四大趋势:

① 双边及多边合作机制的完善推动"新型全球化"的实现

在"一带一路"倡导的合作模式下,全球化不再仅仅是将生产地从高成本地区转到低成本地区(从而伴随着工作机会的转移,创造出所谓"赢家"和"输家"),而是对接投资区域的当地发展战略,创造与上下游企业的协同效应,可以将采购、生产、销售都转到当地,打造贯穿产业链的生态圈,切实为当地带来经济效益与就业机会。"一带一路"所引领的新型全球化,也不再是构筑排他性的贸易保护圈子,而是实现真正的互利共赢,实现全球的共同发展。

② 多元化股东及合作伙伴的引入

初期,国有企业领衔"一带一路"建设和投资;目前,民营企业、外资企业的参与程度也在不断增大。此外,为了减小海外投资风险,并能在当地持续发展,将来各类企业寻找合适的当地合作伙伴,成立合资公司等形式会越来越多。

③ 跨国并购取代绿地投资成为主要投资方式

与其他投资模式相比,跨国并购并不需要很长的建设期,因此成为许多想要加快市场规模扩大速度,在短时间内进入目标市场的跨国公司的首选方式。另外,并购可以帮助获得目标企业的关键能力与无形资产,比如研究与开发能力、商标、商誉、技术、管理、销售渠道等,并且可以通过一定的跨领域并购来实现企业业务组合的优化。

④ 中国企业对外投资的监管将进一步加强,对外投资质量和效益提升

在监管部门的引导下,中国企业的非理性对外投资行为得到了遏制,投资和整体战略的相关性增加,风险防控意识和跨国经营能力不断加强。长远来看,中国的对外投资规模会进一步增长,而且整体投资结构将更加优化,投资质量和效益进一步提升,在全球范围内配置资源的能力将不断增强。

(本案例由作者根据网络资料整理)

### 8.3.4 国际策略联盟

国际策略联盟是指某个企业的结盟对象超越了国界,在世界范围内与自己发展有利的企业结成合作伙伴。这些企业的联盟是为了资源共有、风险共担、利益共享。实质上是以合作代

替对抗,是更高形式的、更为激烈竞争的开始。通过国际策略联盟,企业可以提升竞争力,分担风险并获得规模和范围经济,扩张市场,防止竞争过度,挑战"大企业病"。但这种方式合作难度大,利益平衡很难达到,合作开发的技术可能被滥用。建立国际策略联盟的企业应该有各自的比较优势、相近的策略目标、独立的法人资格、长期的合作伙伴、联盟的协同效应、面向全球的市场导向等。

国际策略联盟按照合作的业务领域可以分为四种类型:

(1) 研究开发策略联盟。具有充分独立性的两个或多个企业,共同开发新技术和共同研制某种新产品,共同提供、共同分享开发所需资源、共担风险,共享研制所产生的利益,但不组成经营实体。

(2) 制造生产策略联盟。企业间通过相互提供用作生产投入品的零部件及相关技术而进行合作的一种形式。这一联盟将合作领域转移到了中游——产品的制造生产。在生产制造策略联盟中,常见的是产品品牌的联盟。

(3) 联合销售策略联盟。企业间达成相互销售对方产品(或合作生产的产品)的协议。这是联盟合作领域进入下游所产生的状态。

(4) 合资企业策略联盟。是指企业将各自不同的资产组合在一起,共同生产、共担风险和共享收益。

案例 8-8

## 华为的互补性战略合作

华为从一家毫不起眼的小公司变成国内最大的通信设备商,再到全球性企业,可以说互补性资本战略合作功不可没。在国外,华为通过与境外企业组建合资公司,低成本、低风险进入了不同的领域。

在合资过程中,华为发现了自己的非核心业务和未来趋势性业务,通过与跨国公司的合作同样能产生巨大的附加值,于是,一系列有关合资的谈判在华为与外资公司之间展开。在短短的几年时间内,华为与西门子成立了鼎桥科技公司;与松下、NEC 成立了上海宇梦通信科技公司;与赛门铁克成立了"华赛";与全球海事系统有限公司成立了"华为海洋"……其与美国知名软件商赛门铁克的合作就是一个非常典型的华为式融资案例。

(1) 硬件与软件的结盟

"硬件的归硬件,软件的归软件"——这条 IT 业延续已久的传统竞争规则早已被打破。硬件厂商开始与软件业者联姻,共同来切分这块奶油蛋糕,开创这一先例的就是华为。在华赛公司里,硬件与软件的结盟,就是互补性战略合作的经典之作。

2007 年 5 月 22 日,华为与赛门铁克公司公开宣布,共同成立一家针对电信行业和企业用户的安全存储系统设备合资公司——华为赛门铁克公司(简称"华赛")。经过一段时间的筹备,2008 年 2 月新公司总部在成都正式挂牌,华为持股 51%,赛门铁克拥有剩余 49% 股份。华为总裁任正非出任新公司 CEO,董事长则为赛门铁克董事长兼 CEO 约翰·汤普森(John. W. Thompson)。新公司的管理团队将主要由华为和赛门铁克派出的代表组成。董事会有 9 名成员,5 名来自华为,4 名来自赛门铁克。华为注入其电信领域的存储与网络安全业务,包括成功的集成供应链和集成产品开发管理实践。除此之外,华为将提供知识产权许可、研发能力、成熟的制造工艺和工程技术,以及750名以上的高素质人才。赛门铁克注入部分企业存储和安全软件许可,另加1.5亿美元现金。新公司致力于网络安全和存储产品与解决方案的研发、销售与服务,通过聚焦客户需求,加速信息安全和存储领域的技术创新和应用,提供高性价比的解决方案,为客户带来可持续的增值。

(2) 技术和人才入股

我们又一次看到,华为合资靠的是技术和人才,华为从来都不掏现金。而赛门铁克都是以独立软件开发商的姿态出现,其传统上很少与硬件厂商开展这样"深入"的合作。

虽然经过十几年的海外积累,华为的产品已经被越来越多的运营商所接受。在亚洲、欧洲和非洲,华为已经有了大把订单和客户,全球最强大的运营商沃达丰、英国电信等已经对华为敞开了大门。但利润丰厚的电信软件市场依然是思科、EMC、IBM、惠普等传统巨头的天下。在打开一个高壁垒的新市场时,作为新来者,华为急需借助强大的品牌和技术力量,进入这片"流淌着牛奶和蜜糖"的土地。

切入一个市场并快速获取市场份额的方式有两种:第一,收购一家该领域的领先者;第二,寻求可以互补的合作者。华为本身具有强大的技术研发实力,使得其采取第一种切入方法借力的可能性较小;同时,因为国内IT安全厂商在国际化的道路上仍然步履蹒跚,华为很难借助国内厂商来影响全球市场。再则,未来的竞争是基于IP业务的竞争,通信设备商也面临转型,需要在存储/服务器和虚拟世界的安全管理上投入更多的资金和研发人员。因此,对于华为来说,寻找盟友,采用联姻的方式可以使其在最短的时间内以最小的投入进入存储和安全管理领域。

美国赛门铁克走进了任正非的视野,赛门铁克可有不小的名头,它是全球最大的安全软件厂商,同时也是全球第四大独立软件厂商,市值高达165亿美元。它何以愿意与华为联姻呢?简单说,就是赛门铁克可以借用华为的工厂生产硬件,并利用其传统的通信行业市场渠道,进一步拓展业务;而华为则可以一方面解决自用的大量存储/服务器管理的问题;另一方面也可借用赛门铁克的软件技术,进军IT市场。

(3) 华赛的命运

"五年内华赛一定要成为全球存储市场的前三强企业。"双方的"强强联姻",使得华赛拥有了更高的起点,显然也让双方都对其寄予了厚望。

2008年7月10日,华赛公布,公司已经累计投入11亿元人民币,专职安全技术人员1 600多名,在深圳、北京、成都、杭州和印度建立共5个研发中心。成立不到半年时间已出了不少成果,在存储及网络安全领域已授权/受理的专利超过300个,近30个专利已经被接纳成为正式标准,并且推出了两个系列6款防火墙,包括万兆系列第五代防火墙产品,专门针对90%的流量源自P2P的网络。

华赛的产品也已经服务于英国电信、德国电信、西班牙电信、法国电信Orange、中国电信、中国网通、中国移动、中国联通、中国铁通以及行业客户。目前,华赛已经建立起欧洲、独联体、中国、亚太、中东北非、南部非洲、拉美七大片区100多个办事处。

> 2010年1月6日,华赛成立不到3年,其首席运营官张平安欣喜地向外界宣布,2009年公司的销售额已经达到32亿美元,同比增长了80%;并连续3年每年保持70%以上的增长,各个行业均取得了突出成绩(包括运营商、金融、教育等市场)。
> 
> 然而自从成立以来,虽然收入增长迅速,华赛却一直在亏损。赛门铁克递交给美国证券交易委员会的年度报告中称,自从2008年2月成立以来直到2010年12月期间,赛门铁克因持有华赛股份亏损高达1.23亿美元。华为2010年年报显示,华为拥有两家联营公司,除华赛外,还有一家是华为海洋网络,华为均持有51%的股权,这两家公司在2009年给华为造成的亏损是1.64亿元人民币,2010年是6 400万元人民币。
> 
> 2011年11月15日,变化陡生,华为收购赛门铁克在合资公司中所持的49%股权,价格约5.3亿美元。华为以5.3亿美元拿下这样一个持续亏损的企业,究竟是为了什么?华为副董事长郭平在声明中说:"将合资公司的安全和存储技术与华为企业产品整合,有助于华为发展云计算业务""华赛在过去近4年的运营中,取得了巨大成功,产品和解决方案得到客户和合作伙伴的广泛认可。未来,华为会持续加强对华赛的投资,实现我们对客户的承诺。"赛门铁克CEO恩里克·塞拉(Enrique Salem)在声明中说,已经达到了建立合资公司的目标,赛门铁克通过获得良好的投资回报而抽身。
> 
> (资料来源:程东升,刘丽丽.华为三十年:从"土狼"到"狮子"的生死蜕变[M].贵阳:贵州人民出版社,2016:278-281.)

## 本章小结

(1) 企业国际化动因主要包括主动和被动两个方面。主动动因:一是为了扩大市场,转移经营优势,为现有的产品和服务寻找新的顾客;二是为了获得经验曲线效益,更大的规模经济、范围经济和学习效应;三是利用区位经济性,寻找低成本的资源。被动动因是为了应对经济全球化的挑战。

(2) 国际化阶段论把企业海外经营划分为四个不同发展阶段:阶段一是不规则的出口活动;阶段二是通过代理商出口;阶段三是建立海外销售子公司;阶段四是从事海外生产和制造。

(3) 国际化经营的带动论认为企业在任何时点上的跨国经营现状,可以被认为是跨国经营的"推力"和"阻力"之间的一种均衡状态,与之相应的是"带动论",一是订单带动论,二是客户带动论,三是竞争带动论。

(4) 国际化网络模型认为,产业系统是由众多从事生产、销售、服务等活动的企业组成,这个产业系统也可称为"企业间的关系网络"(a network of relationships)。企业的国际化是企业在国际市场网络中建立、发展网络关系的过程。

(5) 国际化内外向联系模型认为企业国际化是指企业积极参与国际分工,由国内企业发展为跨国公司的过程。它应包括外向国际化和内向国际化两个方面。外向国际化的形式主要指直接或间接出口、技术转让、国外各种合同安排、国外合资合营、建立海外子公司和分公司;内向国际化的形式主要指进口、购买技术专利、引进技术设备、来料加工、补偿贸易、国内合资合营、成为外国公司的国内子公司或分公司。

(6) 国际企业的经营战略可以归纳为以下四种具体实施策略:产品出口策略;契约协议策

略;对外直接投资策略;国际策略联盟。

(7) 合作性契约协议主要有许可证贸易、特许经营和分包这三种形式。

(8) 对外直接投资进行扩张的方式主要有三种:新建企业、合资企业和跨国并购。

(9) 国际策略联盟按照合作的业务领域可以分为四种类型:研究开发策略联盟、制造生产策略联盟、联合销售策略联盟和合资企业策略联盟。

### 思考题

(1) 国际化战略理论基础是什么？运用国际化战略理论分析一家企业的国际化战略实施情况。

(2) 企业实施国际化战略的具体策略有哪些？分析一家企业的国际化策略演变过程。

# 第9章 整合战略

掌握资本的特性——小钱和大钱不一样。量变会带来质变。你经营一桩20万元的小买卖时,盈利10%并不难,但是你要让手上的20亿元赚回10%,那就要困难100倍。

——摘自《联想风云》

由"点"到"线"是企业充分利用自己在产品、技术、市场上的优势,根据物资流动的方向,使企业不断地向深度和广度发展的一种战略,这种战略通常称为整合战略或一体化战略。企业有两条展开路线:一是纵向整合;二是横向整合。纵向整合亦称垂直整合,是指沿着企业业务所在产业链的方向,向企业买方所在业务领域拓展(称为"前向整合")或者向企业供方所在业务领域拓展(称为"后向整合")。横向整合亦称水平整合,是指沿着与企业现有业务呈相互竞争或相互补充关系的活动领域拓展。本章分3节分别讨论整合动因、整合理论、整合策略。

## 9.1 整合动因

整合战略有利于深化专业分工协作,提高资源的利用深度和综合利用效率,是企业的一个非常重要的成长战略。整合动因分析分为两个方面,横向整合动因和纵向整合动因。

### 9.1.1 横向整合动因

横向整合是试图增加企业赢利能力的一条途径,其目的是:削减成本;通过差异化提升企业产品提供的价值;应对产业内部的竞争,降低价格战的风险;增加对供应商和购买者的讨价还价的力度[1]。

(1) 削减成本。横向整合往往被看成是夺取规模经济成本优势的一条途径,对于那些固定成本高昂的企业这点尤其重要。在这些产业中,规模巨大使企业能够把固定成本分摊到大量的产品或服务中去,由此降低平均单位成本。除了规模经济之外,通过减少两家企业之间的重复,还可能节约成本。例如,作为收购竞争对手计算机制造商康柏的部分理由,惠普公司宣称,仅消除多余的职能部门一项,这次收购将为合并后的企业每年节省25亿美元的开支。

(2) 提升价值。如果横向整合使企业能够提供可以捆绑在一起的、范围更加广泛的产品,那么,企业产品所能提供的价值可能增加。产品捆绑指向客户提供一组产品,但只收取单一的价格。捆绑式的一种变体是"一揽子解决方案"(total solution)。成为"一揽子解决方案"的供

---

[1] [美]希尔 C W L,琼斯 G R.战略管理[M].北京:中国市场出版社,2005:296-302.

应商,是在计算机产业进行横向整合的重要原因。在这个产业中,各企业都在设法提供公司客户所需要的全部硬件和服务来增加它们产品的价值。

(3) 控制产业竞争。横向整合能够在两个方面控制产业竞争。首先,为了消灭产业中过剩的产能,就可能需要收购竞争对手或者与其合并,此外,横向整合减少了产业中参与者的数量,使竞争对手之间比较容易实施战术价格协调。作为一般规则,产业中参与者的数量越多,就越难以建立定价的协定来减少爆发价格战的可能性。横向整合通过产业集中和制造寡头,使竞争对手之间的战术协调比较容易建立。

(4) 增加谈判能力。横向整合可能有助于该企业获得对供应商或购买者的讨价还价的力度,从而以牺牲供应商和购买者的利益为代价来增加该企业的赢利能力。通过横向整合,一家企业可能对供应商的交易有更多讨价还价的能力,并以此压低购买原材料、零部件的价格,从而降低自身的生产成本。同样地,企业通过合并能够控制产业中更大的市场份额,使购买者更多地依赖企业的产品。在其他情况相等的条件下,该企业就获得了更大的价格调控能力,获得更多的利润。

案例 9-1

## 华为并购 3Com 公司

(1) 收购双方背景及收购动机

华为的收购动机:

一是华为全球化战略的需要。华为经过几年的全球化探索后发现,在欧美等发达国家市场,建立自有品牌的难度和投入都很大。3Com 作为一家现代网络通信技术公司,拥有完善的销售渠道和大型客户资源,通过收购,华为可以从战略上快速打入美国市场,提高市场占有率。

二是华为战略转型的需要。为适应信息行业正在发生的革命性变化,华为开始从电信运营商网络向企业业务、消费者业务领域延伸。华为的经营重心长期都在运营商市场上,完全退出 H3C 后,华为已经明显意识到了企业级市场的重要性。而收购 3Com 正好可以弥补华为在企业网这个细分市场上的缺失。

美国 3Com 公司背景及动机:

3Com 成立于 1979 年,曾是现代网络通信技术的始祖之一,其创始人鲍勃·梅卡夫(Bob Metcalfe)是以太网技术的发明人。1999 年,受互联网泡沫影响,3Com 的利润率出现下滑,并致使公司的业绩出现亏损。2000 年,3Com 在高端企业网络设备市场丧失了技术优势,最终退出了这一市场。之后将主要精力放在业务增长较快的商用和消费者网络业务上。到 2002 年,3Com 全球大裁员,将业务重点转向中国市场。

被收购前夕,全资拥有 H3C 之后的 3Com 因整合不顺和华为的撤出陷入财务困境。2007 年 9 月 20 日 3Com 披露的财务数据显示,其 2008 财年一季度销售额仅 3.19 亿美元,亏损达 1870 万美元。其中,超过 30% 的营收和 95% 的利润来自于 H3C 部门,而 H3C 的营收主要来自于华为。3Com 的经营已经难以为继。

H3C 公司历史背景:

H3C 是华为与 3Com 于 2003 年成立的合资公司,华为占股 51%,3Com 占股 49%。2005 年 11 月华为以 2800 万美元的价格将合资公司 2% 股权转让给 3Com,后者以 51% 股份获得合资公司控制权。2006年11月15日,3Com按照股东协议启动竞购流程,华为邀请银湖、贝恩资本及德州太平洋集团积极参与竞购。然而,通过抢先启动竞购程序而占据先机的3Com,视H3C为救命稻草,其不惜加价势在必得的态势令华为望而却步。经过近半月的曲折竞购,29日,华为接受竞价选择暂时放弃H3C,3Com最终以8.82亿美元收购华为持有的49%的股份,实现对H3C的完全控股。

H3C自成立之后发展迅速。2006年上半年H3C营收收入达到3.24亿美元,同比增长70%。其中,来自中国市场的收入占据了其总体收入的2/3。在企业网市场上H3C已经成为思科的主要竞争对手。据赛迪数据显示,在中国路由器与交换机领域,H3C的综合市场份额占36.5%左右。在交换机领域,H3C的市场份额已位居第一。

华为高级副总裁表示:"华为出售H3C的股份后,将更加聚焦于核心业务,进一步巩固华为在基于全IP(Internet Protocol)网络的FMC(Fixed-mobile Convergence)解决方案的领先地位。"业内人士分析认为,华为退出H3C很可能是出于资金和业务两方面的考量。对于华为而言,国际化拓展力度非常大,资金比较紧张,出售股权融资是一个不错的选择。另外,华为在2006年6月并购了港湾网络,仍然面临纷繁复杂的内部消化与重新整合任务,收购H3C后如何对两部分业务进行重组也是一个棘手的问题。

2007年2月H3C告别华为时代,由国内企业步入国外独资企业阵营。2007年4月,H3C正式更名为华三通信。

(2) 收购过程描述

2007年9月28日,华为联手贝恩资本宣布斥资22亿美元竞购3Com。贝恩资本将持股83.5%,华为将通过香港全资子公司出资3.63亿美元(全额现金支付)持股16.5%,并有权在未来增持5%的股份。根据收购协议,3Com原有的股票持有者的股权将会被以每股5.30美元的价格现金收购,比3Com 9月27日每股3.68美元的股价高出44%的价格。

起初,3Com同意了交易,然而六个月后,美国外资投资委员会(CFIUS)以"此项交易危害美国政府信息安全"为由阻止了交易,导致贝恩资本退出,交易夭折。2009年11月12日,3Com以27亿美元的价格被美国惠普公司收购。

(3) 失败原因分析

第一,美国贸易保护主义和中国威胁论的抬头,是此次并购失败的重要原因。作为老牌的电信设备商,3Com一直为五角大楼、美国陆军和情报部门提供电脑反侵入检查设备,这些关键性的计算机网络可能遭遇威胁的隐患让美国政府不得不出面迫使收购搁浅。同时华为领导人任正非中国退伍军人的身份,也加剧了美国监管部门的担忧。

第二,华为公司透明度低是并购失败的另一个主要原因。作为一家完全独立的非上市民营公司(世界500强中唯一一家没有上市的企业),华为长期采取刻意低调、回避媒体的做法,拒绝公布详细的股东结构,只称股份完全由职员持有,这也令美国政府难以理解。

第三,华为在并购交易的设计上也引起了美国监管部门的担忧。并购后华为仅持有H3C公司16.5%的股份,但实际上,华为无论是在人事上还是业务上都与H3C保持着密切的关系,如H3C大部分员工以及30%的销售收入都来自于华为。由此,美国监管部门担心并购后华为在3COM的实际影响力将不止于股权比例关系。

(本案例由作者根据网络资料整理)

## 9.1.2 纵向整合动因

**1. 后向整合动因**

企业推行纵向整合的动因,通常是希望加强其在原先的或核心业务方面的竞争地位,创造出更多的附加价值。为什么纵向整合能够创造出更多的附加价值呢？主要原因是:建立防范竞争对手进入的壁垒;促进对增强效率的专用资产投资;保护产品的品质;改善作业调度[①]。

(1) 建立防范竞争对手进入的壁垒

企业通过向后纵向整合获得对关键原材料或零部件的控制,或者向前纵向整合获得对产品分销渠道的控制,能够在产业内建立起防范新进入者的壁垒。企业通过实施这一战略,不仅保护了自己原有的经营范围,而且扩大了经营业务,同时还限制了所在行业的竞争程度,使企业的定价有了更大的自主权,从而获得较大的利润。

20世纪70年代到80年代IBM就实行了一种相似的战略。IBM制造微处理器和存储芯片等计算机的主要元器件,设计和组装计算机,生产管理计算机的软件,把最终产品直接销售给终端用户。80年代中期IBM公司在引进其PS/2个人电脑操作系统时,它宣布某些结合了专利权的技术将由IBM公司内部生产。

(2) 促进对增强效率的专用资产投资

专用资产是完成特定任务设计的,可能是一件专门用途的设备,或者是个人或企业通过训练和经验获得的诀窍和技能。企业或个人投资专用资产,是由于这些资产能够降低价值创造的成本,或者更好地区别于竞争对手的产品,从而促进高价位定价。专用资产可以大幅提高生产效率,但专用资产缺乏转变的灵活性。由于纵向整合的企业对于该产业有较高的战略承诺,因此也愿意投资专用设备来提高生产效率。如果不进行纵向整合,上下游的厂商为了保持在战略上的灵活性,往往不愿意在该专用资产(设备)上投资,因而可能减少价值创造的总量。所以纵向整合有助于在某些能提高效率的特定资产上投资,来形成更强大的成本优势。

企业进行纵向整合的目的,就是要强化他们对产业关键成功因素,或对竞争优势很重要的资源或能力的控制。对企业而言,纵向整合也是应对不确定性的一个重要战略,当这种不确定性和他们的供应来源或买方密切相关的时候就特别重要。此外,纵向整合可以帮助企业进一步降低某一部分的交易成本,例如不必要每次都要寻找新的供应商,因此也可以和供应商或下游厂商保持默契。

(3) 保护产品的品质

由于纵向整合可以实现对于上下游厂商产品或服务质量的控制,因此对于整个企业最终提供的产品或服务品质就会有更好的控制,也比较容易做出令顾客满意的保证。另外,在某些情况下,纵向整合提供了进一步熟悉上游或下游经营相关技术的机会,这些技术信息对企业产品或服务品质的提升非常重要。如许多领域内的零部件制造企业发展前向一体化体系,就可以了解零部件是如何进行装配的技术信息,从而更好地控制最终产品或服务质量。

(4) 改善作业调度

纵向整合可以强化上下游业务流程彼此间的规划、协调与作业调度,因此可以提升战略优势。而对某些着重于生产效率或着重于彼此相互配合的企业而言,这种上下游作业程序间的

---

[①] 林建煌.战略管理[M].北京:中国人民大学出版社,2005:198.[美]希尔 C W L,琼斯 G R.战略管理[M].北京:中国市场出版社,2005:305-308.

流程改善就特别重要。此外,纵向整合的优势对于试图实现准时制库存系统的企业尤为重要。例如,20世纪30年代福特公司从后向垂直整合实现的紧密协调和作业调度中获益匪浅。福特公司向后整合进入了铸铁、铁矿石运输以及铁矿石开采等行业。福特公司的内部运输协调到如此程度:铁矿石在福特的铸钢厂卸下后,在24小时之内就转化为发动机组。福特通过消除多余的库存大大降低了成本。这种由垂直整合改善了的作业调度使企业对突如其来的需求变化能够做出迅速的回应,或者使其产品更快进入市场。

案例 9-2

### 华为的后向整合——海思芯片撑起的天空

1991年,华为成立了自己的ASIC设计中心,专门负责设计专用集成电路(Application-Specific Integrated Circuit,ASIC)。1993年,ASIC设计中心成功研发出华为第一块数字ASIC。随后,分别在1996年、2000年、2003年,研发成功十万门级、百万门级、千万门级ASIC。

2004年10月,华为在ASIC设计中心的基础上,成立了深圳市海思半导体有限公司。经过20多年的发展,海思已经成为全球领先的芯片设计公司,开发了200多种拥有自主知识产权的模型,申请了8 000多项专利。截至2019年5月,海思在北京、上海、成都、武汉、新加坡、韩国、日本、欧洲和世界其他地区的办事处和研究中心拥有7 000多名员工。2019年海思Q1营收达到了17.55亿美元,同比增加41%,半导体公司排名上升到了第14位。

在半导体芯片行业,企业的模式主要有三种:IDM、Fabless和Foundry。从设计到制造、封装测试以及投向消费市场全做的称为IDM(Integrated Design and Manufacture)。只做芯片设计,没有fab(工厂)的,称为Fabless(无工厂)。只有fab,不做设计的,称为Foundry(代工厂)。海思属于Fabless,英特尔属于IDM,台积电属于Foundry。

从高速通信、智能设备、物联网到视频应用,海思芯片组和解决方案已在全球一百多个国家和地区得到验证和认证。

对于无线通信,海思成功推出Balong调制解调器,包括LTE Cat. 4、Cat. 6、Cat. 12/13、Cat. 18、Cat. 19、Cat. 21、双SIM、双LTE(带VoLTE)和伪基站防御技术。海思半导体是第一家将5G无线芯片组商业化,以推动5G产业发展的公司。

对于智能设备,海思的麒麟SoC(System on Chip,片上系统)提供高性能、高功效和超智能的移动AI解决方案,以创造卓越的用户体验。

对于数据中心,海思半导体开发基于ARM架构的Kunpeng系列服务器CPU处理器。凭借出色的性能、吞吐量、集成和能效,鲲鹏系列处理器适用于各种场景,如大数据、分布式存储、ARM原生应用,满足数据中心的多样化计算需求。

对于AI应用,海思提供全场景AI芯片组Ascend系列SoC,将AI从数据中心扩展到边缘和设备,为数据中心、边缘、消费设备和物联网场景提供AI计算能力,同时提供用于安全城市、自动驾驶、云服务、IT智能、智能制造和机器人等的全新解决方案,以加速每个领域的AI实施。

对于视频应用,海思半导体推出了世界领先的智能IP摄像机、智能机顶盒和智能电视芯片,提供端到端的全8K/4K产品和解决方案,专注于图像的记录、解码和显示。

对于物联网应用,海思半导体推出了PLC／G.hn／Connectivity／NB-IoT产品,以建立可靠、安全的通道网络,用于连接各个家庭和各种行业的数字设备。

华为自主研发芯片的大量使用,降低了华为整机的成本,更为重要的是,华为掌握了产品价值链中关键芯片的核心技术,大大降低了企业成长过程中的风险,为华为的可持续发展提供了坚实的保障。

(资料来源:根据网络资料整理。)

**2. 前向整合动因**

企业实施前向整合的动因主要是突破销售或技术瓶颈。企业向销售领域进行前向一体化,控制了销售,就能够更快地对顾客的需求做出反应,提供更好的售后服务,并且获得更多的潜在优势,从而领先竞争对手。例如,华为在1993年成立莫贝克公司(案例9-3)。企业还可以在技术方面进行前向一体化。例如,一个零部件生产企业就可以充分利用本企业的零部件,向组装领域发展。日本的京瓷公司本来是一家硅酸盐材料生产企业,为其他厂商提供各种电子原件与瓷制零部件。现在,京瓷公司在原有生产范围之外,又生产电话设备与数码相机等电器商品,成为大型电子联合企业之一。华为公司是一家ICT基础设施提供商,2000年3月成立手机业务部,2010年11月正式向全球发布云计算战略和端到端的解决方案。

 案例9-3

### 华为的前向整合——莫贝克公司

1993年,华为开始启动与邮电系统成立合资公司——莫贝克公司。公司由华为和全国100多家邮电局与邮电系统的职工集资入股成立,以实收股本为注册资本,总额约9 000万元。

1994年2月28日,莫贝克第二次创立会议确定深圳华为公司总裁任正非为董事长,济南通信技术开发总公司总经理、广州华声通信股份有限公司总经理为副董事长。

莫贝克9 000万元注册资本金成为"风险投资",拯救了1993年高研发投入后捉襟见肘的华为,因为1992年华为全年的销售额也才刚刚1亿元。

华为销售额1992年1亿元,1993年4.1亿元,1994年8亿元,1995年升至15亿元,1996年又达到26亿元。从莫贝克成立开始,华为的销售额有了接近每年100%的井喷式增长。

从1994年开始,莫贝克的业务重点一方面通过股东市场进行华为交换机销售,另一方面继续在全国邮电系统招募加盟企业。于是,南宁、济南、成都、重庆、太原、西安、乌鲁木齐等莫贝克股东所在地电信市场的大门,统统为华为产品打开,尤其南宁、成都、济南等股东,为华为产品销售工作做出了更为有效的努力。

南宁局与华为公司成立联合销售机构,一边谈技术,一边做市场销售,很好地控制了交换机市场。成都局成立了专门的销售队伍,生意不仅在本地区有所发展,而且还跨界带动发展。济南局利用发展本地通信网时机,适时推广应用华为产品,不仅有了华为可靠的技术维护,而且与电信大网的运转更加匹配。

> 1995年,莫贝克股东之一,辽宁省邮电管理局已将华为开发、生产的C&C08数字程控交换机列入辽宁省本地网建设优选机型,并与华为合作生产新一代智能电源。
> (资料来源:陶勇.联想做大华为做强[M].北京:电子工业出版社,2018:287,288.)

## 9.2 整合理论

与整合战略相关的理论基础主要有企业纵向边界理论、产业价值链理论、协同效应理论等。

### 9.2.1 企业纵向边界理论

任何产品或服务的生产都涉及相当多的活动,从获取原材料开始到最终产品的分配和销售的过程,被称为纵向链条。战略的一个中心问题就是如何组织纵向链条[①]。经济学通常将产业内的一家厂商与另一家厂商的关系称为上游或下游关系。一般在一个产业中,商品沿着纵向链条移动,从原材料和零部件形态到达生产状态,再经过分配和销售。经济学认为,处于纵向链条前面的步骤为生产过程的上游,后面的步骤为生产过程的下游。对于上游活动、下游活动或专业的支持性活动,厂商必须确定自己生产还是向其他厂商购买,这即是"生产或购买决策"。因此,无论厂商在纵向链条中处于何种位置,它都必须确定自己的边界。

厂商纵向边界的大小,首先决定于其能力(能否在内部完成某活动)。从长远看,厂商可以培养及提高其自身的能力。在自身有能力完成某项活动的前提下,厂商要确定自己的边界(是生产还是购买)。这时,厂商必须把使用市场的收益和成本与自己完成该活动的收益和成本进行比较。

收益可能来自:(1)市场厂商可以达到规模经济,而只供内部供需的生产不能达到。(2)市场厂商受到市场规则的约束,它必须是有效率的和有创新性的,才可以生存。

成本可能来自:(1)当某项活动是向一家独立的市场厂商购买,而不是内部生产时,纵向链条中生产流程的协调可能会受到伤害。(2)当某项活动是由一家独立的厂商执行,私有的信息可能会被泄露出去。(3)可能产生与独立市场厂商的交易费用,而在内部完成此项活动则可以避免该成本。

### 9.2.2 产业价值链理论

波特在《竞争优势》中提出了"价值链"这一重要的理论概念,描述了厂商内部和厂商之间为生产最终交易的产品或服务,所经过的增加价值的活动过程。产业链则是产业经济学中的一个概念,是各个产业部门之间基于一定的技术经济关联,并依据特定的逻辑关系和时空布局关系客观形成的链条式关联关系形态。按照波特的逻辑,每个企业都处在产业链中的某一环节,一个企业要赢得和维持竞争优势不仅取决于其内部价值链,而且还取决于在一个更大的价值系统(即产业价值链)中,一个企业的价值链同其供应商、销售商以及顾客价值链之间的联

---

[①] 戴维·贝赞可.公司战略经济学[M].北京大学出版社,1997:56.

接。企业的这种关系所反映的是产业结构的价值链体系。对应于波特的价值链定义,产业链企业在竞争中所执行的一系列经济活动仅从价值的角度来界定,称为产业价值链。

产业价值链是产业链背后蕴藏的价值组织及创造的结构形式,代表了产业链的价值属性,决定了产业链的经营战略和竞争优势。产业价值链的形成有效地实现了整个产业链的价值,反映了价值的转移和创造。如果说"产业链"描述了产业内各类企业的职能定位及其相互关系,说明了产业市场的结构形态,那么,"产业价值链"的概念更加突出了"创造价值"这一最终目标,描述了价值在产业链中的传递、转移和增值过程。产业价值链的形成正是在产业链的结构下遵循价值的发现和再创造过程,充分整合产业链中各企业的价值链,持续地对产业链价值系统进行设计和再设计。

从现代工业的产业价值链环节来看,一个完整的产业价值链通常包括原材料加工、中间产品生产、制成品组装、销售、服务等多个环节,不同环节上有不同的参与角色,发挥着不同的作用,获得相应的利益。产业价值链上各个环节的活动都直接影响整个产业的价值活动,而每个环节又包括众多类似的企业,它们的价值创造活动具有相似性。产业价值链正是由产业链内各个企业的价值链整合而成,各企业的价值链由联结点衔接。在产业链没有形成前,各企业的价值链是相互独立的,彼此之间的价值联系是松散的,甚至没有联系。通过产业整合,企业被捆绑到一个产业价值链系统,产业链上的产业价值链随之形成。

### 9.2.3 协同效应理论

所谓协同效应即 $1+1>2$ 的效应,整合后,新公司的总体效应要大于两个公司效应的简单的算术之和。协同效应主要体现在管理协同效应、生产协同效应、经营协同效应和财务协同效应。

(1) 管理协同效应

如果某公司具有高效率的管理队伍,而且其能力超出管理该公司的需要,但这批人才只能通过集体实现其效率,企业不能通过解雇释放其能量,但该公司可以购并那些缺乏管理人才而效率低下的公司,利用这支管理队伍提高整体效率水平而获利,即发挥管理协同效应的作用。

(2) 生产协同效应

企业购并后的生产协同效应主要通过生产的规模经济效益取得的。企业购并目标公司后可对全体公司的资产和规模进行整体规划,统一配置资源使其达到最佳经济规模要求,从而降低生产成本。若原企业间相同的产品可以由专门的生产部门进行专业化生产,从而提高生产效率和设备的利用率。若原企业与被购并企业之间存在相互衔接的生产过程或工序,购并后可加强生产协调,使得生产得以流畅进行,保证获得稳定的原材料来源渠道,还可以降低中间环节的运输成本及库存成本。

(3) 经营协同效应

经营协同效应是通过企业规模经济效益取得的。公司通过购并将多个工厂置于同一公司领导之下,可带来一定的规模经济,表现在:企业购并后,管理机构和人员可以进行重组,使得管理费用由更多的产品进行分担,从而节省管理费用;营销网络可以进行合并,节省经营销售费用;可以集中足够的经费用于研究开发、设计和生产工艺改进等方面,快速推出新产品,采用新技术;而且企业的规模相对扩大,增强了企业抵御风险的能力。

(4) 财务协同效应

财务协同效应主要是指企业因购并而带来的财务方面的种种效益、好处。体现在财务能力提高,一般情况下,合并后企业整体的偿债能力比合并前单个企业的偿债能力强;购并后的企业由于在会计上的统一处理,可以在企业中弥补产生的亏损,从而达到避税的目的。

## 9.3 整合策略

整合战略有两种形式:一是纵向整合,二是横向整合。一家企业通过纵向整合来扩张它的营运,或者沿着物资反方向移动,向后进入为该企业的产品生产零部件的产业,或者沿着物资从正方向移动,向前进入使用或分销该企业产品的企业。前者称为后向整合,后者称为前向整合。横向整合是与性质相同的企业或产品组成的联合。通常是收购产业竞争对手或与产业竞争对手合并的过程,以促进企业实现更高程度的规模经济,取得来自更大范围的竞争优势。其中,收购是一家企业使用其资本(如股票、债券或现金)去购买另外一家企业;合并是对等双方协议共同投入它们的资源来创立一个新的实体。

### 9.3.1 横向整合

横向整合战略已经变成常见的企业成长方式,它们通过合并、收购与接管的方式来实现横向整合。横向整合有助于达成规模经济和强化资源与能力的转移。但是,并非单凭规模扩大就能够实现规模经济,当规模扩大时,所需要的管理成本与协调成本也会相应增加很多,因此规模增大后所能产生的经济效益,还必须扣除花费在管理与协调上的成本。由于每个产业的规模经济产量不同,在有些产业中,有效的规模经济产量很高,如半导体产业、液晶显示器产业,但有些产业的规模经济要求很低,诸如清洁服务公司之类的劳动力密集型服务业,因此规模增大并不一定对于所有产业的企业都同样有利[①]。

**1. 横向整合的适宜性**

比较适合横向整合的企业如下特征:①通过横向整合可以在某一特定的市场或区域获得垄断的地位,而又不会遭受政府法令的干预;②企业在一个成长产业中进行竞争;③经济规模的增加可以带来主要的竞争优势;④企业具有成功管理一个规模扩大后的组织所必需的资本、人力与才能;⑤竞争者的经营不善是来自缺乏管理上的专业性或某种资源,而刚好进行横向整合的企业具有这样的专业性或资源时,则适合进行横向整合。反之,如果竞争者的经营不善是整个产业面临衰退的结果,则不适合于横向整合。

例如,2000年8月,青岛啤酒股份有限公司收购美国亚洲战略投资有限公司持有的北京亚洲双合盛五星啤酒有限公司及北京三环亚太啤酒有限公司股权,进入北京市场。美国WCI公司在20世纪60年代末曾制定了在冰箱和冰柜市场上进行横向整合的长期战略,为此,公司先后于1971年收购了富兰克林电器公司;1972年兼并了西屋自动空气阀公司的冰箱部;1978年买下了美国汽车公司的kelvinator电器部;1979年买下了通用汽车公司的电冰箱部。WCI公司在短短的10年内通过横向整合实现了迅速的扩张。

**2. 横向整合的局限性**

大量的数据表明,绝大多数合并和收购并没有创造出价值;有许多实际上是破坏了价值。

---

[①] 林建煌.战略管理[M].北京:中国人民大学出版社,2005:200,201.

例如,大型会计和管理咨询企业毕马威在考察了 1996—1998 年间 700 宗大型收购之后发现,虽然其中大约 30% 为收购企业创造了价值,但有 31% 破坏了价值,而其余的几乎没有影响[①]。

合并和收购往往不能生产出预期收益的原因有许多,如合并后因企业文化差异极大所产生的问题;在恶意收购来的企业中管理人员的更替;经理们往往低估营运合理化、消灭重复的资产并实现规模经济的费用;经理们往往高估来自合并或收购的收益,收购企业往往对收购来的企业的资产付费过多。TCL 在国际并购时就低估了可能遇到的困难和问题(案例 9-4)。

此外,横向整合容易造成产业垄断的结构,因此,各国法律法规都对此做出了限制。例如,美国司法部反托拉斯法在确定一项合并是否合法时要考虑以下因素:①防止高集中度;②这一合并是否给予合并企业对其他企业的竞争优势;③进入该行业是否困难;④行业内是否已经存在一种合并的倾向;⑤被合并企业的经济实力;⑥对该行业产品需求是否增长;⑦这一合并是否有激发其他企业进行合并的危险。

案例 9-4

### TCL 的国际并购之"痛"

1981 年,靠 5 000 元借款起家,生产 TTK 磁带的 TCL 集团在广东省惠州市诞生。1996 年,李东生出任 TCL 集团总裁,从此开始了大刀阔斧的改革和一系列的资本运作。同年收购陆氏彩电,1997 年 TCL 与河南美乐集团实现强强联合,成立河南 TCL-美乐电子有限公司……李东生将资本技巧运用得炉火纯青,把 TCL 从一个地方小企业发展成为一个全国知名的公司。在李东生带领下,TCL 十多年来无论在彩电、手机还是计算机行业,都取得了令人瞩目的成绩。2001 年,TCL 彩电跃升至全国彩电第一品牌;2002 年,TCL 手机在中国市场排名第 3,位列国产手机首位;2003 年 5 月,TCL 集团以 319 亿元销售收入排名中国电子信息百强企业第 4 位;2004 年 1 月,TCL 集团实现整体上市,李东生个人资产达到 12 亿元,该年 TCL 营业收入增至 402.8 亿元,同比增长 43%。

进入 2004 年,TCL 出现了发展瓶颈。手机经过 2003 年的辉煌后,开始走下坡路,在国内市场难以有所突破,"走出去"寻找市场就成了必然。而在彩电市场上,TCL 同样也面临困境,国内市场趋于饱和,利润微薄,不走国际化就没有出路。

在一片质疑声中,急于把 TCL 做大做强的李东生不顾反对,一举拿下阿尔卡特手机业务和汤姆逊彩电业务两个项目。汤姆逊和阿尔卡特虽然都是知名企业品牌,但汤姆逊彩电实际上已步入暮年。而且,TCL 接管汤姆逊彩电业务时,该业务一年亏损高达 1.3 亿欧元,被称为"破工厂"。当时,阿尔卡特手机也在走下坡路,一年亏损 8 000 万欧元。两者相加,年亏损额高达 2.1 亿欧元,合计人民币 20 多亿元。而 TCL2003 年净利润也不过 4 亿多元。在这样的资金条件下,TCL 并购汤姆逊仅用了 4 个月,与阿尔卡特谈判的时间则更短。

李东生当时想,通过收购汤姆逊可以打破家电业的贸易壁垒,通过收购阿尔卡特,可以提升 TCL 的研发能力,并借此提升 TCL 的品牌实力。但在并购汤姆逊彩电业务时,TCL 不但没有经过严格的市场研究和调查,也没有很好地了解欧盟相关的法律法规,造成签订

---

① [美]希尔 C W L,琼斯 G R. 战略管理[M]. 北京:中国市场出版社,2005:302.

的合同对 TCL 非常不利。决策失误,致使各种各样的问题接踵而来。欧洲市场的复杂性完全出乎李东生所料,进入 2005 年下半年,传统 CRT(显像管)电视不再受宠,取而代之的是平板电视。权威数据显示,2006 年上半年,欧洲平板电视销售额已占欧洲彩电市场总销售额的 79%。而且,欧洲市场彩电降价速度惊人,2005 年液晶电视全年降幅达 40% 多,平均每月降幅约 4%。而 TCL 彩电在欧洲市场周转期长达 132 天,损失惨重。

彩电行业在欧美属于夕阳行业,这方面的人才很少,也很难招。面对这样一个局面,李东生颇显无奈:"招人招不到,裁人裁不了。"欧洲裁员十分复杂,不像在国内,仅 TCL 销售公司一次性就裁掉 2 000 人。欧洲裁员除法定补偿外,还要求增加额外补偿,且超过 10 人以上的裁员,补偿数额由资方与工会谈判决定。按照当地法律,劳方还享有 3 个月的预通知期,资方需继续支付工资。

TCL 并购汤姆逊,虽然提前圆了 TCL 全球彩电霸主的梦,但它也成了压在其肩上一个沉重的包袱。在收购后他才发现,高昂的成本 TCL 根本承受不起。2006 年,危机全面爆发,先是 TCL 在上半年净亏损 7.38 亿元,后爆出全年亏损近 20 亿元,导致今年被证交所戴上令人难堪的"ST"帽子。业内人士称,TCL 过去是一家给人印象不错的公司,被"ST"将会损及公司的形象,同时也会影响公司的融资。

(资料来源:李东生为什么被评为"最差老板"[EB/OL] IT 时代周刊,2007-07-25.)

### 9.3.2 纵向整合

纵向整合是一种典型的价值链体系,在这种体系下产生出了完整的价值传递过程,作为企业的战略制定者可以不断向纵深渗透。伊利乳业已经向后进入奶源基地的建设,奥康和美特斯邦威已经向前进入专卖店建设,前者是采取的是后向整合,而后者采取的是前向整合。

**1. 纵向整合的适宜性**

(1) 后向整合的适宜性

后向整合是指企业利用自己在产品上的优势,把原来属于外购的原材料或零件,改为自行生产的战略。在生产过程中,物流从反方向移动。即通过获得供应商的所有权或增强对其控制来求得发展的战略。采用这种战略,一般是把原来属于后向的企业合并起来,组成联合企业或总厂,以利于统一规划,保证企业顺利发展。例如,钢铁公司自己拥有矿山和炼焦设施;纺织厂自己纺纱、洗纱等。

后向整合战略的选择要点是:①企业当前的供应商或供货成本很高或不可靠或不能满足企业对零件、部件、组装件或原材料的需求。②供应商数量少而需方竞争者数量多,企业需要尽快地获得所需资源。③企业具备自己生产原材料所需要的资金和人力资源。④价格的稳定性至关重要,这是由于通过后向整合,企业可稳定其原材料的成本,进而稳定其产品的价格。⑤现在利用的供应商利润丰厚,这意味着它所经营的领域值得进入。

例如,为提升格力空调在国际舞台上的综合竞争力和维护"格力"品牌的形象,2004 年 9 月,格力电器成功收购了珠海凌达压缩机有限公司、珠海格力电工有限公司、珠海格力新元电子有限公司和珠海格力小家电有限公司四家企业,2006 年 3 月,格力电器再次成功收购珠海凯邦电机有限公司,开始整合上游资源,完善空调产业链,充实营销网络,为企业进一步做精、做强、做大奠定良好的基础。

**案例 9-5**

**格力公司的后向整合**

(1) 格力的两次并购

①格力收购凌达压缩机过程

2004年9月14日,格力电器以1.48亿元收购凌达压缩机70%的股权,拉开了格力电器整合资源、完善供应链体系的序幕。之后,2006年6月2日格力电器公告,将以现金收购香港千钜有限公司持有的凌达压缩机有限公司30%的股权,收购价格按两家公司2005年12月31日评估确定的净资产值为基准,凌达压缩机30%股权的转让价格为40 733 667.92元。本次收购完成后,格力电器100%拥有目标公司的股权。凌达压缩机生产空调的核心部件压缩机,产品直接为格力电器配套,收购完成后有利于进一步完善供应链体系,降低成本,增强格力的综合竞争能力和抗风险能力。

②格力收购凯邦电机过程

2003年,来自湖南、河北和浙江等省的投资商联合在珠海南屏科技工业园投资兴建凯邦电机,专门生产为空调配套的电机。2006年,凯邦电机的年产量达到600万台,占格力电器当年电机供应量的一半。2006年4月11日格力董事会通过《投资电机配套项目的议案》。为了加快投资行业上游核心配件项目的实施进程,经公司总裁办公会议讨论决定,以净资产评估值为依据,收购珠海凯邦电机制造有限公司100%股权,收购价格11 860 929.67元。本次收购完成后,格力电器100%拥有目标公司的股权。凯邦电机生产空调的核心部件压缩机使用的电机,产品直接为格力电器配套,收购完成后有利于进一步完善供应链体系,降低成本,同时有助于实现格力掌握核心科技的战略目标。

(2) 格力后向一体化战略动因分析

从技术来看,空调机的制冷系统由四个重要的部件构成:蒸发器、压缩机、冷凝器及节流减压元件。制冷剂在封闭的管路中循环运行,流经以上四个部件,并经过四个热力过程。制冷剂在室内蒸发器中,通过以液变汽的方式吸收房间内的热量,在室外冷凝器中又以汽变液的方式放出热量,从而将室内的热量向室外转移。

从家用空调企业来看,上游厂商为原材料和重要部件供应配套厂商,涉及行业有压缩机、铜管业、电机、蒸发器、冷凝器等行业。其中,压缩机是空调的核心部件。由于中国空调制造主要上游行业——压缩机市场一度出现紧缺,以及钢材、铝等原材料价格上涨等原因,使一些国内空调企业纷纷选择后向一体化。

格力电器这两次收购的目的正是为了整合资源,完善供应链体系,降低公司成本,增强公司的综合竞争能力和抗风险能力。凌达压缩机生产空调器的核心部件压缩机,经过整改该公司的产品符合格力电器的质量技术标准,可直接为格力电器配套;凯邦电机生产的空调器的核心配件电机产品可直接为格力空调配套,一体化后将显著降低成本。

(本案例由作者根据百度文库资料整理)

(2) 前向整合的适宜性

前向整合战略是指获得分销商或零售商的所有权或加强对它们的控制,或者指企业根据市场的需要和生产技术的可能条件,利用自己的优势,把成品进行深加工的战略。在生产过程中,物流从顺方向移动,称为前向整合,采用这种战略,是为获得原有成品深加工的高附加价值,如煤炭行业实施的煤电一体化、煤气一体化、煤化工一体化。一般是把相关的前向企业合并起来,组成统一的经济联合体。这通常是制造商的战略。当一个企业发现它的价值链上的前面环节对它的生存和发展至关重要时,它就会加强前向环节的控制。典型的实施这一战略的例子是可口可乐公司,它发现决定可乐销售量的不仅仅是零售商和最终消费者,分装商也起了很大作用时,它就开始不断地收购国内外分装商,并帮助它们提高生产和销售效率。越来越多的制造商借助互联网和直销队伍直接销售自己的产品,这也是一种前向整合。实施前向一体化战略的一种有效方式是特许经营(franchising),采用特许经营的形式授权其他厂商经销自己的产品并提供售后服务,是用途最广且非常有效的前向一体化方式。

前向整合战略的选择要点是:①企业现在利用的销售商或成本高昂或不可靠或不能满足企业的销售需要。②可利用的高质量销售商数量有限,采取前向整合的公司将获得竞争优势。联想公司的1+1专卖店就是这种原因。③企业具备销售自己产品所需要的资金和人力资源。可以是剥离富余人员的替代。④稳定的生产对企业十分重要。这是由于通过前向整合,企业可以更好地预见对自己产品的需求。⑤现在利用的经销商或零售商有较高的利润。这意味着通过前向整合,企业可以在销售自己的产品中获得高额利润,并可以为自己的产品制定更有竞争力的价格。

**案例 9-6**

## 格力销售渠道合伙人制

(1) 渠道合伙的概况

格力电器是以"区域股份制销售公司"模式开启其销售渠道合伙人制模式的。第一家区域股份制销售公司,于1997年12月20日在武汉诞生。此后两年内,相同模式的股份制销售公司在全国范围内又成立了10家。所有区域销售公司都由格力电器控股,区域内的多家一级经销商参股。销售公司的财务总监由格力电器派驻,总经理、副总经理等核心管理层成员一律由格力电器任命。格力电器持有每一家区域销售公司51%以上的股份,但格力电器不参与销售公司的利润分红。11家销售公司按照一定的规则,共同持有格力电器(上市公司)总股份的10%左右(随着公司业绩和股份结构的变化而浮动),销售公司持有的这部分股份,全部由河北京海担保投资有限公司代持。

格力电器一直只有极少的销售人员,但在国美、苏宁、京东崛起的过程中,以及伴随着每年都会上演的空调企业之间血雨腥风般的商战,格力不仅能够屹立不倒,而且自1998年以来基本上一直能够稳居于行业第一名的市场地位,是与其所采取的渠道商合伙人制有极大关系的。

(2) 渠道合伙的背景

格力电器于1991年11月18日正式成立。在1991—2001年的十年间,营销模式先后经过了四个发展阶段,它们分别是:1994年以前的"推销阶段"、1995—1996年期间的"大户阶段"、1996—1998年期间的"规范市场初级阶段"、1998年之后的"联合代理阶段"。在不同的阶段,其营销特点各不相同:"推销阶段"靠人员做市场;"大户阶段"和"规范市场初级阶段"靠政策做市场;"联合代理阶段"靠联盟与管理做市场。

① 推销阶段

这一阶段的时代背景是：格力的品牌还没有建立起来，市场意识比较淡薄，销售管理缺乏经验；整个社会的品牌消费意识不强，普通老百姓买不起空调，空调的用户主要是社会集团；销售渠道鱼龙混杂，很不规范。在此背景下，格力采取的销售模式是，依靠推销人员的个人能力打天下，运用销售提成的方式刺激销售人员的积极性，通过大量赊销实现厂商合作和销售增长。

"推销阶段"结束于1994年。1994年秋冬之交，格力经历了一次业务人员"集体辞职"事件，它使格力比别的企业更早、更深切、更清晰地体会和认识到了业务人员在企业发展过程中所起的作用和可能导致的风险，以至于在此后的事业发展中，格力不再过分依赖业务人员的个人英雄主义做市场，而是侧重依靠产品的价值、集体的力量、组织的作用、品牌的威力来求发展。

② 大户阶段

格力于1995年全面进入了"大户阶段"。1994年年底，也就是1995销售年度开局伊始（空调业的销售年度一般是从9月份开始算起的），格力出台了一个具有划时代意义的销售政策，即"淡季返利"政策。这一政策的推出，收到了"一箭四雕"的效果：一是解决了格力淡季生产资金短缺的问题，二是缓解了旺季供货的压力，三是调动了大批经销商积极推销格力空调的热情，四是使格力从此不再为应收款所累。

"淡季返利"政策的中心内容是：销售淡季（9月1日至次年2月28日）的价格定得较销售旺季（3月1日至8月31日）价格要低，经销商在销售淡季向格力打款，不仅可以拿到有竞争力的价位，而且淡季打款旺季提货也享受淡季的优惠价格；同时，在淡季的6个月中，不同的月份定价又有所不同，9月份的价最低，然后依次逐月上调，直到3月1日实行旺季价位。

那时，空调行业已经普遍采用了"年终返利"策略。其内容是：厂商根据经销商全年完成任务即销售量的大小，在销售年度结束时，依照事前的承诺给予经销商一定点数的利润返还。通行的惯例是，经销商销得越多，年终厂方返还的点数也就越高。

1995销售年度格力推出的"淡季返利"政策，加上此前已经采取的"年终返利"策略，有力地促使或刺激了"大户"的加盟。很显然，能够在销售淡季投入大量资金的必定是"大户"，也只有"大户"才有足够的胆量下"赌注"。

但是，"大户模式"在为格力的销售成长立下汗马功劳的同时，也暴露出了不少缺陷。例如，一些"大户"经销商在被培植起来以后，开始忘乎所以，并且直接威胁到厂方利益以及众多其他经销商的利益。这些"大户"的一般表现是：为追求"更大"的份额，拼命地相互压低价格销售，甚至低于进价抛售，从而既严重地侵害了厂家利益，也导致众多二、三级经销商不满。甚至有少数"大户"成为"超级大户"后，开始以自己的"大"向厂家施压、讲条件、要利润，直接要挟厂家按照自己的意志行事。

至此，格力的"大户模式"实际上已经基本走到了尽头，尽管格力事实上从这一模式中受益匪浅。

③ 规范市场初级阶段

在格力与大户经销商之间的博弈达到白热化程度时，朱江洪、董明珠开始警觉到，这一模式如若继续发展下去，格力苦心经营起来的市场网络和品牌声誉很可能会毁于一旦。于是,格力进入了"规范市场初级阶段"。该阶段依然是"大户模式"的继续,或可称为"后大户模式"阶段,只是此时不是少数超级大户独霸市场,而是一个区域多家大户并存,以求共生共荣的模式。

格力"规范市场初级阶段"的基本方针是"发展大户,均衡大户"。"发展大户"就是继续培养大户(包括把那些实力弱小,但对格力较为忠诚的中小经销商扶植成大户),继续利用大户在其区域内所拥有的多种优势来扩充、巩固自己在当地的营销网络。"均衡大户"包括两层意思:一是划区域经营,二是在一个区域内培植或发展多家大户。

此阶段格力的营销网络规划与管理的问题主要是:由于一个区域内多个大户经销商并存和区域间多个大户经销商并存,使得区域内外大户经销商之间经常为争夺二、三级经销商而摩擦不断、纠缠不休;与此同时,由于前述问题的存在,导致二、三级经销商也在为争夺消费者而摩擦不断、纠缠不休;摩擦和纠缠的内容是相互串货和压价,相互串货和压价的结果是经销商的利润大幅下降,甚至有的出现亏损。

朱江洪和董明珠是务实和理性的,格力的大多数经销商也是务实和理性的。经各方反复商议,格力终于又走出了另一步大胆的、后来被证明是非常成功的"棋"——具有格力特色的"联合代理模式"。

④联合代理阶段

"联合代理模式"也称"区域销售公司模式",其核心内容是:以资产为纽带,以品牌为旗帜,由厂方出面并控股,把一个区域内的多家大户黏合在一起,成立一家专营格力品牌的股份制销售公司,厂方在该区域的一切市场开拓、管理和服务工作均通过该销售公司来实现。

格力的"联合代理模式"首先在湖北进行试点。当时,格力在湖北地区共有四个一级批发大户,由于他们之间不断相互开仗,并向其他区域串货,不仅自身元气大伤,而且严重扰乱了其他市场的经营秩序。在这样的背景下,格力做出了"把大家捆在一起"的决定与探索。很快,第一家格力股份制销售公司于1997年12月20日在武汉正式成立。

格力的"联合代理"模式的功绩是显而易见的:第一,它成功地解决了一个区域内大户之间、不同区域的大户之间随时可能爆发的"战争"。第二,由于成功捆绑,原先各大户的网络得到了有效的保护和利用。不仅如此,以公司的形式对各大股东原先的网络进行整合利用后,实际上等于轻松地巩固了已有的网络,提升了网络的质量。第三,区域销售公司成立以后,由于各股东的目标在本质上是完全一致的,加上专营格力品牌和格力对各股东具有较长期的价值(获利潜力),使得区域销售公司得以在专心致志做格力的同时,敢于为格力品牌的未来进行投资。第四,由于区域销售公司在其所在区域是唯一的货源出口及政策的制定与控制者,并且确认自己只要努力经销,取得更大的成果,相关利益便会长期属于自己,于是,各区域销售公司想尽办法(包括吸纳一些二级经销商为股东)扩充网络、扩大销售就是不难理解的事了。

(资料来源:张诗信、王学敏.董明珠不为人知的创举:格力销售渠道合伙人制的由来与成果[EB/OL].)

**2. 纵向整合的局限性**

纵向整合是企业经常选择的战略体系,但是任何战略都不可避免存在风险和不足,纵向整合的初衷,是希望建立起强大的规模生产能力来获得更高的回报,并通过面向销售终端的策略获得来自市场各种信息的直接反馈,从而促进不断改进产品和降低成本,来取得竞争优势的一种方法。但并不是所有的领域都适合纵向整合,纵向整合必须依据企业的实际和竞争环境来确定其是否适合在此时、在此行业开展这种战略。我们可以看到伊利乳业并没有在全国建立起专卖店体系,这本身就说明,奶制品可能不适宜建立专卖店体系,反而更加适合于在超市中销售,那么它的前向一体化(销售渠道与终端),并不能够直接铺设到全国各个地域。案例9-7分析了福特公司纵向整合面临的问题。

案例 9-7

### 福特公司纵向整合模式的瓦解

20世纪二三十年代,福特将制造汽车零部件的许多生产过程都整合到自己公司,那时参观在胭脂河的福特工厂,人们可以看到整个生产活动,初级生产阶段可以看到铁矿石、玻璃、橡胶等原材料,然后在最终的生产阶段可以看到成品车。

(1) 纵向整合的优势

福特使用纵向整合的主要原因是高效、质量控制和及时的运送服务,当然还有其他一些优势,如降低交易成本、改进信息流、去除机会主义等。第一,由于生产活动中需要协调不同的资源,通过纵向整合的生产过程,福特可以高效率地控制制造和装配过程的大多数方面。第二,自己生产汽车零部件,而不是通过供应商进行集中采购,福特能够向客户证明公司对产品的零部件和服务有相当严格的要求,提高了品牌名誉。事实上,福特的产品质量在当时是其他汽车供应商望尘莫及的。第三,及时交货也是福特采取纵向整合的另一个原因,如果从供应商采购的零部件未及时送达,会影响汽车整车生产线的顺利运行。通过纵向整合,福特可以控制汽车零部件的库存以防出现供货不确定的现象,并能实现零部件的及时供应。

(2) 纵向整合的缺点

福特实行纵向整合以后,需要照顾从零部件到成品车的各个环节,导致无法聚焦核心技术和内部管理。同时,由于只能使用自己生产的零部件,无法快速根据市场要求在更大范围的市场中选择更具竞争力的汽车组件。纵向整合不够灵活且成本高昂的劣势逐渐暴露出来。首先,与外包比起来,公司要花更多的资金在工厂和设备投资上,难以达到规模经济。其次,公司要承受巨大的压力来购买内部生产线。当福特在2000年剥离伟世通汽车系统后,节约了本应支付的5%的费用,这意味着福特在1999年多花费了8.50亿美元在伟世通上。内部制造汽车零部件价格高的另一个原因是福特的系统更像是在传递包裹,利润是和价值算在一起的,使价格缺乏竞争力。

20世纪末,福特开始意识到纵向整合运作的不足,决定发展自己的核心竞争力,将中小型零部件生产活动进行外包。2005年,福特以56亿美元卖掉了世界上最大的租车公司——Hertz赫兹公司,来补偿同一年的财务危机。比尔·福特也宣布福特2005年年底在全球范围内会裁减近万名工人,并会继续减少其附属行业。两年后,福特集团以9.25亿美元出售阿斯顿·马丁,利用这笔资金来加快新产品的开发。

随着技术进步,产业分工越来越细,纵向整合解体的趋势将继续,越来越多的汽车制造商除引擎这样的核心零件外,其他的零部件在将来都可能外包。

> (3) 外包
>
> 如果供应商和分销商能实现公司内部无法达到的规模经济，公司就可以利用外包来解决纵向整合的成本问题，并可以用较低的成本快速推出新产品。外包在汽车行业变得越来越受欢迎，福特也从外包中获益匪浅。福特将车轮和车身外包给Decoma国际，发动机外包给康明斯，公司可以从供应商那里快速获取新创意等信息，并能快速运用新技术。所有这一切都解释了为何福特美国的供应商决定在福特欧洲的新工厂附近来建厂。
>
> 外包作为现代产业系统的一种趋势，让公司有更多的精力可以用于核心技术，并能减少公司的运营规模、成本，增加企业的灵活性。
>
> (资料来源：唐莉. 浅析福特公司纵向一体化模式的瓦解[EB/OL].)

纵向整合战略的局限性在于：

(1) 带来风险。纵向整合会提高企业在行业中的投资，提高退出壁垒，从而增加商业风险，有时甚至还会使企业不可能将其资源调往更有价值的地方。由于在所投资的设施耗尽以前放弃这些投资成本很大，所以，纵向整合的企业对新技术的采用常比非一体化企业要慢一些。

(2) 代价昂贵。纵向整合迫使企业依赖自己的内部活动而不是外部的供应源，而这样做所付出的代价可能随时间的推移而变得比外部资源还昂贵。产生这种情况的原因有很多。例如，纵向整合可能切断来自供应商及客户的技术流动。如果企业不实施纵向整合，供应商经常愿意在研究、工程等方面积极支持企业。再如，纵向整合意味着通过固定关系来进行购买和销售，上游单位的经营激励可能会因为是在内部销售而使竞争有所减弱。反过来在从纵向整合的企业内部某个单位购买产品时，企业不会像与外部供应商做生意时那样激烈地讨价还价。因此，内部交易可能会减弱员工降低成本、改进技术的积极性。

(3) 不利于平衡。纵向整合有一个在价值链的各个阶段平衡生产能力的问题。价值链上各个活动最有效的生产运作规模可能不大一样，这就使得完全整合很不容易达到。对于某项活动来说，如果它的内部生产能力不足以供应下一个阶段需求，不足的部分就需要从外部购买。如果内部生产能力过剩，就必须为过剩部分寻找顾客，如果生产了副产品，就必须进行处理。

(4) 需要不同的技能和管理能力。尽管存在一个纵向关系，但是在供应链的不同环节可能需要不同的关键成功因素，企业可能在结构、技术和管理上有所不同。熟悉如何管理这样一个具有不同特点的企业是纵向整合的主要成本。例如，很多制造企业会发现，投入大量的时间和资本来开发专有技能和特许经营技能以便前向整合进入零售货批发领域，并不是总如他们想象的那样能够给他们的核心业务增值，而且拥有和运作批发、零售网络会带来很多棘手的问题。

(5) 延长了时间。后向整合进入零配件的生产可能会降低企业的生产灵活性，延长对设计和模具进行变化的时间，延长企业将新产品推向市场的时间。如果一家企业必须经常改变产品的设计和模具以适应购买者的偏好，他们通常发现后向整合，即进入零配件的生产领域是一件负担很重的事情，因为这样做必须经常修改模具和重新改进设计，必须花费时间来实施和协调由此带来的变化。从外部购买零配件通常比自己制造便宜一些，简单一些，使企业能够更加灵活、快捷地调节自己的产品以满足购买者的需求偏好。世界上绝大部分汽车制造商虽然拥有自动化的技术和生产线,但他们还是认为,从质量、成本和设计灵活性的角度来讲,从专业制造商那里购买零配件而不是自己生产会获得更多的利益。

## 本章小结

（1）由"点"到"线",企业充分利用自己在产品、技术、市场上的优势,根据物资流动的方向,使企业不断地向深度和广度发展的一种战略,称为整合战略或一体化战略。

（2）横向整合的目的是:①削减成本;②通过差异化提升企业产品提供的价值;③应对产业内部的竞争,降低价格战的风险;④增加对供应商和购买者讨价还价的力度。

（3）企业推行纵向整合的动因主要是:①建立防范竞争对手进入的壁垒;②促进对增强效率的专用资产投资;③保护产品的品质;④改善作业调度。

（4）与整合战略相关的理论基础主要有企业纵向边界理论、产业价值链理论、协同效应理论等。

（5）一家企业通过纵向整合来扩张它的营运,或者沿着物资反方向移动,向后进入为该企业的产品生产零部件的产业,或者沿着物资从顺方向移动,向前进入使用或分销该企业产品的企业。前者称为后向整合,后者称为前向整合。

（6）横向整合是与性质相同的企业或产品组成的联合。通常是收购产业竞争对手或与产业竞争对手合并的过程,以促进企业实现更高程度的规模经济,取得来自更大范围的竞争优势。其中,收购是一家企业使用其资本(如股票、债券或现金)去购买另外一家企业;合并是对等双方协议共同投入它们的资源来创立一个新的实体。

（7）后向整合战略的选择要点是:①企业当前的供应商或供货成本很高或不可靠或不能满足企业对零件、部件、组装件或原材料的需求。②供应商数量少而需方竞争者数量多,企业需要尽快地获得所需资源。③企业具备自己生产原材料所需要的资金和人力资源。④价格的稳定性至关重要,这是由于通过后向整合,企业可稳定其原材料的成本,进而稳定其产品的价格。⑤现在利用的供应商利润丰厚,这意味着它所经营的领域值得进入。

（8）前向整合战略的选择要点是:①企业现在利用的销售商或成本高昂或不可靠或不能满足企业的销售需要。②可利用的高质量销售商数量有限,采取前向整合的公司将获得竞争优势。③企业具备销售自己产品所需要的资金和人力资源。④稳定的生产对企业十分重要。⑤现在利用的经销商或零售商有较高的利润。

（9）横向整合的局限性:合并后因企业文化差异极大所产生的问题;收购来的企业中管理人员的更替;低估营运合理化、消灭重复的资产并实现规模经济的费用;高估来自合并或收购的收益,收购企业往往对收购来的企业的资产付费过多;容易造成产业垄断的结构,各国法律法规对此有不同的限制。

（10）纵向整合的局限性:①带来风险;②代价昂贵;③不利于平衡;④需要不同的技能和管理能力;⑤延长了时间。

## 思考题

（1）什么是横向整合?分析一家企业的横向整合情况。
（2）什么是纵向整合?试对一家企业的纵向整合情况进行分析。

# 第10章 多元化战略

*退却比进攻更需要勇气。对于一帆风顺、志得意满的经理人员来说,更是如此。*

——摘自《联想风云》

*联想的核心业务是碗里的,正在成长的业务是锅里的,种子业务是地里的。*

——柳传志

由"线"到"网",企业向更为广泛的业务领域拓展,这些产业可能与企业目前从事的产业高度相关,或者与现在所在产业没有多大相关,前者是相关多元化,后者是不相关多元化或整体多元化。本章分3节分别学习企业多元化动因、类型,支持企业多元化的理论,以及企业多元化的实施策略。

## 10.1 多元化动因

### 10.1.1 多元化经营概述

企业多元化经营策略是由著名的产品、市场战略大师安索夫于20世纪50年代提出的,是企业发展到一定阶段为寻求持续发展而采取的一种成长或扩张的经营方式。多元化经营又称为多样化经营,它是指企业不只生产一种产品或从事一种服务,而且同时生产本行业或跨行业的其他产品或服务。

第二次世界大战后,多元化经营已经成为企业成长的普遍方式之一。在美国,20世纪60年代有93.8%的企业选择了多元化经营,即使是80年代美国许多大公司纷纷采取"归核化"战略来降低公司不相关多元化程度,但其多元经营程度还是非常高;日本70年代初大约有83%的企业选择多元化经营;韩国80年代末多元化经营的企业超过91%;目前世界500强企业有94%都实行多元化经营。80年代末我国也开始有少数大企业主动实行多元经营战略,如海尔、TCL、首钢、中信等。

虽然成功地实施多元化经营战略能为企业带来很多好处,如降低经营风险,达到协同效应等,但也有许多企业因实施多元经营战略而破产倒闭,例如巨人集团。巨人集团原本是以生产汉卡起家,但到1993年由于汉卡销量出现问题,于是公司开始寻找新的经济增长点,最后选择生物工程作为新的经济增长点,并于1994年推出"脑黄金""巨不肥"为代表的系列保健品,取得了巨大成功,膨胀了公司多元化经营的扩张野心,于是1994年计划拿出12个亿建造70层的"巨人大厦",此计划并未经过周密的可行性分析就立即上马。施工不久就出现问题,同时生物工程因抽血过多而由盛变衰,不久巨人便陷入财务危机,巨人大厦停工,债主蜂拥上门讨债,最终陷入破产深渊。又如"太阳神",也因盲目多元化经营使得经营衰退。既然多元化经营也有风险,那么大公司在成长过程中还需不需要选择多元化经营策略?回答是肯定的,多元化经营是绝大多数大公司持续发展的基本策略,这一点已在西方得到证实。问题是公司有没有多元化经营的能力以及如何实施多元化策略。

鲁梅尔特(R. P. Rumelt)采用专业比率、关联比率、垂直统一比率等量的标准和集约-扩散这一质的标准,将多元化经营战略分为专业型、垂直型、本业中心型、相关型、非相关型五种类型。

(1) 专业型战略。企业专业化比率很高(大于95%),称为专业型多元化战略,这是把已有的产品或事业领域扩大化的战略,如超级商场分化而来的自我服务廉价商店、小型零售店、百货店等。

(2) 垂直型战略。某种产品的生产,往往只取从原材料生产到最终产品销售整个系统中的一个阶段,而每个阶段都有其完整的生产体系。垂直型战略就是或向上游发展,或向下游渗透。例如,一个轧钢厂生产各种钢材,采取垂直型多元化战略,进一步向上游发展,投资发展炼钢、炼铁,甚至采矿业。

(3) 本业中心型战略。企业专业化比率较低的多元化战略(在70%~95%之间)称为本业中心型战略,即企业开拓与原有事业密切联系的新事业而仍以原有事业为中心的多元化战略。

(4) 相关型战略。企业专业化比率低(低于70%),而相关比率较大的多元战略,一般来讲,多元化战略的核心是经营资源。实行相关型多元化战略就是利用共同的经营资源,开拓与原有事业密切相关的新事业。

(5) 非相关型战略。企业专业化比率低(低于70%),企业相关比率很低,也就是企业开拓的新事业与原有的产品、市场、经营资源毫无相关之处,所需要的技术、经营资源、经营方法、销售渠道必须重新取得。

### 10.1.2 企业多元化经营的动机分析

企业多元化经营的动机有协同效应、分散风险、建立内部资本市场、寻找新的经济增长点等。

**1. 协同效应**

协同效应是指两个或两个以上的有机体通过系统集成,发挥出$1+1>2$的系统效果。企业采用多元化经营战略,可以充分地利用企业现有的管理、市场、技术等资源,以更低的成本创造出新的价值。例如,新产品可以利用老产品的生产设备、原材料、生产技术等达到生产协同的目的;新产品可以充分利用老产品的销售渠道达到市场协同的目的;如果老业务与新业务在经营决策上大致相同,管理人员可以把熟练的管理老业务的经验直接应用到新业务中去,从而达到管理协同的目的;又如若两项业务能互为利用部分废料,就能增加某一业务原料来源同时降低另一业务废料处理成本,即达到综合利用的协同效应。

例如,某印刷公司在继续经营印刷业的同时,把业务扩展到包揽国际体育会议筹备、承办全国性产品展览、代客市场调查、情报服务等方面。这些新业务离不开印刷。这些新业务,不仅提供了年增长率10%~20%的收入,而且使公司原需补贴的一些印刷部门扭亏为盈。

**2. 分散风险**

企业多元经营另一非常重要的战略利益就是分散风险作用。我们知道,企业经营好坏不仅由企业自身因素决定而且要受到宏观环境的影响。例如,房地产等行业就容易受到国家政策的影响,也就是说宏观环境的变动会给企业经营带来风险。此风险又可分为系统风险与非系统风险两大类,系统风险是指经济系统因素变动对所有行业企业经营都影响,常见的系统风险有汇率变动、通货膨胀等。非系统风险是有别于系统风险的另一种风险,它只对某个产业或行业有影响。企业通过投资于不同领域可以达到降低非系统风险,减少收益波动的目的。如果企业的生产经营活动仅限于一类产品或集中于某个行业,则风险性大。所以,一些企业采用了多元化经营。例如,生产耐用消费品的企业兼营收益较稳定的食品加工业,以分散风险、增强适应外部环境的应变能力。

**3. 建立企业内部资本市场**

当外部潜在投资者与公司之间信息不对称时,企业当然会因为无法按照合理的成本筹措到足够的资金而不得不放弃一些具有很高投资回报率的投资项目。但若企业内部资本市场建立,则可通过企业内部的资金的调动在一定程度上解决这一问题。多元化经营能为企业创造一个很大的内部资本市场,它将有效地解决投资不足的问题,使得多元化经营的企业比专业化经营的企业更能够利用投资回报率高的投资机会,从而提高企业经济效益。企业通过利用内部化资本市场,可让资金在不同领域流动而实现投资目的。例如,英国石油公司成立英国石油国际财务公司为其70家下属子公司提供金融服务。

**4. 寻找新的经济增长点**

行业是有生命周期的,即行业要经过婴儿期—成长期—成熟—衰退期,当企业从事的现有行业处于衰退期时,企业为避免"死亡",为了得到持续发展的目的,企业必须实行战略转移,进入新的行业,即企业通过多元化经营而进入新的行业,然后企业逐步从现有的行业中撤出,并将企业的重心建立于新行业中。若企业不考虑采用多元化经营,但是为了继续生存下去,就必须在产品质量上下功夫,进行产品差别化经营,加强广告宣传,这样做在短时间内可以达到保持产品销量的目的,但成本太高,而且也不是长久之计。因此行业处于衰退期,就应考虑采取多元化战略。

例如,美国泰克斯特龙公司,在20世纪50年代是一家纺织企业,因为纺织业资本收益率低,且易受经济萧条的影响,故转向其他行业投资,逐渐变为混合型大公司。1967年,该公司达到了从原资本收益率5%~6%提高到20%的目标。

## 10.1.3 企业实行多元化经营的内部原因

(1) 企业资源未能充分利用。企业资源包括资金、人力、技术、设备、原材料等有形资源,还包括信誉、销售渠道、信息等无形资源,充分利用过剩资源以提高经济效益,是企业采用多元化经营的诱发动机之一。比如,企业拥有的资金超过原经营业务的需要,便可能向市场前景好的新兴产业投资,有的研究人员归纳了利用过剩资源发展多元化经营的类型:第一类是废弃资源再生型,如化肥厂利用废渣生产水泥、自行车厂用链条冲压边角料生产铁皮暖瓶壳等。第二类是闲置资源利用型,如利用闲置的设备、劳力、技术力量,开拓新的经营项目。如工业企业利用其多余的劳动力开办生活服务公司等。第三类是资源优势引申型,如军工企业利用其技术设备优势发展民品生产,企业以市场信誉高的厂牌、商标或顺畅、面广的销售渠道开拓新的经营范围等。

(2) 企业本身具有拓展经营项目的实力。具有资金、技术、人才优势的大型企业或企业集团;实力雄厚、目标远大,出于对长远利益的主动追求,高附加价值的新兴行业便常成为这些企业发展的主要对象。这也是多元化经营战略多被大型企业所运用,中小型企业多采用集中化经营战略的基本原因。

此外,企业家的个性也会对经营战略的选用产生重要影响。由于企业高层领导对发展战略的选择有决策权,因此敢于开拓、富有创新精神的企业家,采用多元化经营战略的可能性较大,而稳健慎重的企业家采用集中化经营战略的可能性较大。

案例 10-1

## 格力电器的多元化战略

格力电器是全球最大的集研发、生产、销售、服务于一体的专业化空调企业,旗下的"格力"空调是中国空调业唯一的"世界名牌"产品,目前业务遍布全球100多个国家和地区。

纵观格力电器发展史,可以分为四个阶段:1991—2000年,创建空调精品品牌的专业化阶段,此阶段格力电器专心投入空调的生产制造,成功跻身行业领先地位。2001—2008年,掌握核心技术、做大做强的专业化阶段,此阶段格力电器深耕核心技术研发,加强空调系列产品的制造,在2005年达到全球家用空调销量第一。2009—2011年,深化纵向产业链布局,加强核心技术研发阶段。此阶段格力电器以空调制冷业为核心,同时加大关键零部件的研发力度,完善空调压缩机、电机电容、精密模具、漆包线等核心部件的配套生产能力,以降低产品制造成本。另外在此期间建立再生资源子公司,形成了从原材料生产到废弃物回收的完整产业链。2012年至今,以空调专业化为主的多元化阶段,此阶段格力电器加大多元化布局速度,向相关和不相关行业迈进。

(1) 相关多元化历程

格力电器的相关多元化主要包括空调系列品类的扩宽、小家电品牌的加入、进入冰箱行业以及压缩机、电机电容、漆包线、精密模具等纵向一体化产业链的形成。

①纵向产业链布局。自2009年,格力电器控股了包含凌达压缩机、格力电工、凯邦电机、新元电子、智能装备、精密模具在内的六大子公司。2010年,格力电器开始在河北、湖南、河南、安徽等地的省会城市建立全资再生资源子公司,达到绿色生产、循环经济的产业模式,由此形成了从上游零部件生产到下游销售、售后服务、废弃零部件回收的全产业链条。2015年,格力依托空调核心技术和自主研发的离心机、压缩机等技术,正式进入智能装备与智能制造行业。目前格力已经从一家专业空调企业发展成为一家专业化多品类综合制造企业,产品涵盖精密制造、数控机床、高端模具、自动化生产线、智能机器人等。

②空调系列品类的扩宽。格力电器一直深耕于空调系列的研发和扩宽,形成了涵盖挂式、窗机、分体式、柜式、中央空调、多联机等众多品类,包含绿色园、绿满园、凉之夏、节能王子等11个系列品牌的产品。格力电器追求技术上的持续创新,正朝着变频空调、节能型环保空调、智能家居等方向发展。

③"大松"品牌小家电的加入。早在2010年,格力电器就已经注册了"大松"(TOSOT)的商标。2011年,格力电器通过全资子公司——格力电器(中山)小家电制造有限公司和石家庄格力电器小家电有限公司生产和销售"格力"品牌的小家电。直至2013年4月,企业

才通过注册全资子公司珠海大松生活电器有限公司,来销售大松品牌的产品,主要产品包括电磁炉、加湿器、电风扇、除湿机、热水器等家用生活电器。

④以"晶弘"品牌进入冰箱行业。2012年,拥有2万多家专卖店的格力电器,以"晶弘"冰箱的加入作为该企业进入冰箱行业的标志。2015年格力电器董事长为该品牌冰箱代言,对当时几大冰箱品牌(如"新飞""美的""容声"等系列产品)造成一定冲击。

(2) 非相关多元化历程

①进入智能手机领域。2015年1月,格力电器董事长董明珠表示格力电器决定切入智能手机领域,并于3月份亮出了带有格力logo的智能手机,声明其智能手机还带有无线功能,可以远程监控、指挥家中的安防系统以及智能家居的运行,同时宣布格力手机很快便能上市。2016年11月,网络上有格力二代手机出现,但销量不佳。直到现在格力手机也"只闻其声,不见其人"。

②进军新能源汽车制造领域。格力电器2016年3月披露公司计划重组收购珠海银隆,拟加入锂电池原材料生产、锂电池制造和新能源汽车整车的研发与制造行列。2016年7月25日,格力电器发布评估报告拟以130亿元估值、234%的增值率发行股份收购珠海银隆100%股权。8月中旬,格力电器又发布了关于收购珠海银隆后的发行股份募集配套资金交易报告书。10月底,交易方案在格力电器临时股东大会上因"高估值、低增发、高业绩承诺"等原因被否决。11月格力电器发公告称终止对珠海银隆的收购。

虽然并购终止,但格力电器的"造车梦"并未停止。2017年2月,格力电器与珠海银隆签署200亿元互购产品协议,双方合作在天津建立智能电器、智能装备、新能源电池及汽车产业基地。

(资料来源:皮荣霞.多元化战略下格力电器的价值管理研究[D].北京交通大学硕士学位论文,2018.)

## 10.2 多元化理论

支持企业进行多元化发展的理论依据主要有资产组合理论、委托代理理论、资源基础理论等。

### 10.2.1 资产组合理论

从理论上来说,多元化经营的理论基础是资产组合理论。自从马克维茨1952年创立了现代资产组合理论以来,资产组合理论得到了广泛的运用,尤其是在证券投资中,资产组合理论常常用来寻求风险-收益的最佳组合。每个公司的经营都存在系统性风险和非系统性风险,系统性风险或市场风险是无法通过投资组合来分散的,而非系统性风险是产业特有的风险。不同产业的产品特点不同,产品所处的生命周期及市场需求弹性不同,产业内的经营特点和财务特点也不同,因此不同产业特有的风险不同,投资者可以通过不同产业的组合投资将这一部分特有风险分散。不同的投资组合分散风险的程度不同,投资项目之间的相关性越小,其投资组合分散风险的能力越强,相关性越小的组合投资项目越多,非系统风险减少得越多。

多元化经营同样具有分散风险的功能。公司可以通过多元化的业务组合来分散公司经营中的非系统性风险。同样,在通过多元化投资来分散风险时,多元化投资项目的相关度越低,多元化组合投资分散风险的能力越强。由此可以引申出的结论就是,公司多元化经营应该尽量选择非相关产业,非相关多元化优于相关多元化。

### 10.2.2 委托代理理论

公司多元化现象是因所有者、经营者分离造成的委托代理问题。委托代理理论指出,由于经营者不完全拥有剩余索取权,因此他们在公司发展方面的决策将更多地考虑个人效用的最大化,与此同时可能损害了公司的价值[①]。委托代理理论对多元化进行的解释可以归为两大类。一类是从多元化经营中规避风险而获益,进行多元化的经营者通过减少公司特有风险而获得个人效用。有学者发现,个人拥有公司股份越多的 CEO 往往越倾向于搞多元化[②]。另一类是因为经营更多元化的公司可以获取更多个人私利,这种个人私利源自多个方面:首先,经理层可以通过经营多元化的公司提高自己的职业声誉,增强其职业前景。其次,经营多元化的公司可以增加经理层获取高额报酬的机会或因为使自己在公司中看起来更为重要而获得的其他机会(比如在职消费标准等)[③]。从这一假说出发做出的实证研究结果与前一类恰恰相反。有学者发现管理层拥有公司股份越少越倾向于多元化经营[④]。

也有学者认为,尽管股东可以通过组合投资来有效分散个人的风险,经营者却不能有效地分散他们的个人职业风险。相应地,经营者把公司开展混业经营作为分散公司特有风险的手段,从而改善他们个人的职业风险,即使这样做无益于公司股东。这种情况下的公司混业并购行为"可以看作用来减少管理层人力资本风险的一种手段"[⑤],这种行为的后果可以认为是代理成本。

### 10.2.3 资源基础理论

资源基础理论认为,一个专业化企业形成的过剩管理技术和技术资源以及它们的转换特征至关重要。也就是说,进行多元化的必要条件:一是存在过剩资源(管理资源或技术资源),二是过剩资源具有一定的通用性,可用于其他产业。而作为充分条件,还必须解释:为什么多元化战略能够对过剩资源进行生产性利用,这一安排的可能发生次序[⑥]。

该理论认为,一个专业化企业的过剩资源可以再投资于企业的传统业务中(如果它面对的是一条弹性无穷大的需求曲线);否则,再投资和扩张将降低价格和利润。此时,一个追逐利润的企业有三种选择:一是向市场上的其他企业出售闲置资产;二是实行多元化投资,通过收购

---

① Rajesh K Aggarwal, Andrew A Samwick. Why do Managers Diversify Their Firms? Agency Reconsidered[J]. Journal of Finance, 2003, 58(1):71-118.

② May Don O. Do Managerial Motives Influence Firm Risk Reduction Strategies? [J]. Journal of Finance, 1995, 50(4):1291-1308.

③ Jensen M. Agency Cost of Free Cash Flow, Corporate Finance and Takeover[J]. American Economic Review, 1986, 76(2):323-329.

④ Denis David, Diane Denis, Atulya Sarin. Agency Problems, Equity Ownership, and Corporate Diversification[J]. Journal of Finance, 1997, 52(1):135-160.

⑤ Amihud Yakav, Baruch Lev. Risk Reduction as a Managerial Motive for Conglomerate Mergers[J]. Bell Journal of Economics, 1981, 12(2):605-617.

⑥ David Teece. Towards an Economic Theory of the Multiproduct Firm[J]. Journal of Economic Behavior and Organization, 1982, 3(1):39-63.

或自建方式进入其他市场;三是可以通过提高股利或股票回购把闲置资金返还给股东。对于一个追逐利润的企业来说,当使第二项选择最有利可图的条件已经确立时,一个多元化的理论就产生了。第一项选择是利用市场来获得闲置资源的使用价值。而 Nelson 和 Winter 等人认为,公司的许多技术诀窍和知识都深藏在公司的日常运作之中。因此,要实现这些系统知识的转移就必须在转移个人知识的同时转移组织知识[①]。然而,不可见资产的销售面临交易契约签订的困难。当闲置资源无法在市场获得其应有的价格时,追逐利润的企业将选择多元化。

案例 10-2

## 新希望集团的多元化

新希望集团有限公司是我国农牧行业的领军者,创建于 1982 年,由南方希望集团发展而来。在创业初期为专业化饲料生产企业,而后逐步向上、下游延伸,并横向拓宽业务范围,现已发展成为由农牧与食品、化工与资源、地产与基础设施、金融与投资四大产业驱动的大型企业集团。

(1) 多元化战略时期

新希望集团的多元化战略起步于 1996 年,在 2005 年达到多元化顶峰。在 10 年的多元化历程中,新希望集团基于外部市场环境和自身发展需求的双重考虑,从单一的饲料生产企业发展成为涉足农牧、化工、金融与房地产的多元化集团。

1996 年 1 月 12 日,新希望集团创始人刘永好倡导建立中国第一家民营股份制银行——民生银行。民生银行的第一大股东是新希望的前身南方希望,民生银行的建立标志着新希望迈出了多元化的第一步——涉足金融业。1997 年,刘永好以南方希望下辖的部分企业为基础组建四川新希望集团公司。同年,新希望进军化工行业。1998 年,新希望投资 12 亿元参与开发新希望的第一个房地产项目锦官新城,标志新希望正式进入房地产行业。同年,四川新希望农业股份有限公司在深圳证券交易所成功发行并上市。2001 年,新希望采取并购重组的措施,将四川阳平乳业公司纳入麾下,新希望集团进入乳品产业。

回顾新希望集团的多元化发展历程,我国政治经济背景是新希望多元化战略的主要动因。1996 年,我国政府对民营企业开放金融业的政策刚刚落实,新希望就倡导建立民生银行。进入金融业,某种程度只是顺应环境的变化,抓住了政策支持的契机。1998 年在国内房地产行业处于大调整的低迷期进入房地产行业,也是与国家房地产改革有重要关系。

打破融资约束也是其选择多元化的重要原因。从外部环境来看,20 世纪末,饲料行业由于国内外大量企业的涌现而竞争加剧,低门槛导致利润被一再压缩,单一靠饲料生产维持经营的新希望为了保障主业的发展,开始寻求新的利润点来支撑企业的正常运转。从内部环境来看,由于新希望属于民营企业,外部融资渠道局限性很大,从银行贷款十分困难,新希望在 1996 年联合十几家民营企业倡导建立民生银行的初衷就是解决民营企业融资难的问题。

---

① Nelson Richard R,Sidney G Winter. An Evolutionary of Economic Change. Cambridge:The Belknap Press of Harvard University Press,1982. 转引自,邓志旺. 公司多元化战略决策研究:产业的视角[D]. 复旦大学学位论文,2004:21.

多元化对于以农业为核心产业的新希望来说是维持企业正常存续与运转的唯一方法。农业是一个低收入、高风险、进入门槛低的行业。针对我国农业上市公司经营绩效的研究发现,农业上市公司的主营业务盈利能力逐年下降,涉农投资经营收益并不理想。因此,新希望发展金融业、房地产业也是迫于生存、稳定和发展的压力。

(2) 归核化战略时期

新希望集团的归核化战略始于2005年,尽管没有大规模地缩减业务范围,但是从其对六和股份的兼并可以看出,管理层有志于实现农牧产业的大整合。新希望集团与山东六和集团同属饲料生产企业,合并后产量达600万吨,在我国饲料行业稳居第一,可以说是成功实现了强强联合。六和集团拥有的家禽养殖基地,辅助了新希望饲料的生产销售,将新希望饲料市场份额扩展了两个百分点。2006年,新希望继续农牧业扩展步伐,收购了北京千喜鹤集团,打通了畜禽养殖的产业链,实现从养殖到餐桌的纵向产业链整合。

在对核心产业农牧业的大规模扩张与整合的同时,2006年,新希望将新龙和华融两家化工公司剥离出股份有限公司。2011年,新希望集团更是加快了战略落实,利用其内部资本市场进行了一系列内部资产重组,剥离了新希望股份旗下乳业和房地产资产,完成了农牧产业完全整合,形成了从饲料生产、畜禽养殖到屠宰及肉制品加工的农牧产业一体化经营。此后,其年饲料生产能力达到2 000万吨(位居中国第一位),年家禽屠宰能力达10亿只(位居世界第一位)。

(资料来源:李舒雯.基于归核化战略视角的内部资本市场运作机制及效果分析[D].浙江工商大学硕士学位论文,2015.)

## 10.3 多元化策略

企业在选择多元化战略时,首先应具备这样一些条件:①企业是否积累了足够的资金与人才,是否具有还未利用的资源。②企业的核心竞争力是否能带动其他新业务的发展。③经营者的管理能力如何。④产业竞争强度如何,本企业进入能拥有多大市场份额。⑤是否有能力突破新行业壁垒,代价如何。其次要遵循一定的步骤,即要遵循先相关再不相关多元经营。再次不能过度多元化,即企业应该控制最大的多元化程度,能抵御某些经营领域的诱惑。

在条件具备的情况下,企业多元化经营的形式多种多样,但主要可归纳为以下三种类型:同心多元化战略、水平多元化战略、整体多元化战略。前两种属于相关多元化,第三种属于不相关多元化。

### 10.3.1 同心多元化战略

同心多元化战略以现有产品为中心向外扩展业务范围,利用企业现有技术和力量,发展与现有产品近似的新产品。企业利用原有的生产技术条件,制造与原产品用途不同的新产品。例如,汽车制造厂生产汽车,同时也生产拖拉机、柴油机等。同心多元化的特点是,原产品与新产品的基本用途不同,但它们之间有较强的技术关联性。例如,冰箱和空调就是用途不同但生产技术联系密切的两种产品(关键技术都是制冷技术)。生产容声牌冰箱的科龙公司曾连续四年全国销量第一,1993年,他们看到国内对空调需求增加,决定投资3.5亿元,建成年产40万台的空调器厂。制冷行业运用这一战略的还有扬子、美菱等企业。

同心多元化与横向整合比较,有相似之处:两者新增的产品或业务活动与企业原有的产品或业务活动密切相关,市场营销成果相近。不同之处是:横向整合是通过购买竞争对手来增加新产品或新业务的,而同心多元化既可通过内部开发来增加新产品或新业务,又可以通过购买另一个企业来增加,这个被购买的企业生产经营的产品或业务与本企业的产品或业务密切相关,但并不直接竞争。

### 10.3.2 水平多元化战略

为稳定现有顾客,发展与现有产品无关的新产品,也称为横向多元化。横向多元化指企业生产新产品销售给原市场的顾客,以满足他们新的需求。例如,某食品机器公司,原生产食品机器卖给食品加工厂,后生产收割机卖给农民,以后再生产农用化学品,仍然卖给农民。水平多元化的特点是,原产品与新产品的基本用途不同,但它们之间有密切的销售关联性。

水平多元化意味着向其他行业投资有一定的风险,必须具备一定的能力才能实施。但由于服务对象未变,处理好了易于稳定顾客。与市场营销中的新产品开发策略不同,后者开发的新产品可以针对原有顾客,也可以针对新顾客,开发的新产品是同一行业的产品。前者开发的新产品是针对原有的顾客,开发的新产品是新行业的产品。

### 10.3.3 整体多元化战略

整体多元化战略也称混合式多元化战略,指企业向与原产品、技术、市场无关的经营范围扩展。发展与企业现有产品、技术无关的新产品,吸引新顾客。例如,美国国际电话电报公司的主要业务是电讯,后扩展经营旅馆业。整体多元化经营需要充足的资金和其他资源,故为实力雄厚的大公司所采用。例如,以广州白云山制药厂为核心发展起来的白云山集团公司,在生产原药品的同时,实行多种类型组合的多元化经营。该公司下设医药供销公司和化学原料分厂,实行前向、后向多元化经营;下设中药分厂,实行水平多元化经营;下设兽药厂,实行同心多元化经营;还设有汽车修配服务中心、建筑装修工程公司、文化体育发展公司、彩印厂、酒家等,实行整体跨行业多元经营。

对大企业来说,采用整体多元化战略可以广泛利用自身的人、财、物、技术、时间、信息等资源,最大限度地开拓市场,提高自身的竞争能力。另外,可以向具有更优经济特征、更有前途的行业发展,以改善企业的整体盈利能力和灵活性及应变能力,求得企业的整体发展。此外,多元化经营可以产生新的"协同"作用,增强企业的整体实力,能适应引导甚至驾驭营销环境的变化。例如,美国通用电气公司20世纪80年代收购美国业主再保险公司和美国无线电公司,从而从单纯的工业生产行业进入金融服务业和电视广播行业。

### 10.3.4 多元化战略的弊端

多元化战略的实施会面临许多困难、风险,企业应慎重决策。这些困难、风险主要有:财务风险、决策失误、管理质量下降、分散资源、新业务领域进入的壁垒等。

**1. 财务风险**

在国外,一些企业集团确实采取了多元化经营战略,但他们这样做时,一方面有雄厚的资金实力为基础,主导产业已发展到相当规模,受到反垄断政策制约,不得不横向发展;另一方面,企业集团总部在定位上只担当投资运作机构的角色,而不负责经营。我国的一些企业有一点物资采购人员和经验就办贸易公司,有一点流动资金就办财务公司,有一点房地产就办房地产公司,有一点广告业务就办广告公司,往往把有限的资金分散在多个经营项目上,结果哪一个项目也达不到规模经济。事实上,这种过分追求多元化经营的做法,不是分散风险,而是自我扩大风险。

**2. 决策失误**

这在企业实行不相关多元化经营时表现尤为明显。不相关多元化经营大多是通过购并行为实现的,这种购并使企业所有者与高层经理进入了一个全新领域。俗话说"隔行如隔山",由于对购并对象所在行业不太熟悉,在这种情况下,他们所作的决策难以都是明智的。失误的决策不仅难以建立更多的支柱产业,而且会给原有的支柱产业增加许多负担。有研究表明,与同行业兼并相比,对其他行业,特别是不相关行业的企业进行兼并,成功率很低。

**3. 管理质量下降**

这是因为,购并行为,特别是不相关多元化中的购并,会使企业的分支机构迅速增多,会使做好企业管理工作的难度大大增加。在这种情况下,企业集团总部的管理人员不仅可能没有时间熟悉产品专门知识,而且可能无法运用既有知识恰当地评价经营单位经理的建议与业绩。企业集团总部因管理负荷过重而导致的管理质量下降,往往使无关联企业在兼并之后无法获得规模经济效益。美国著名企业家亚科卡是深谙此道的。当年,在他接手深陷困境、濒临破产的克莱斯勒汽车公司后,为了挽救公司,毅然将每年有 5 000 万美元利润的坦克工厂卖了出去。他认为,建造坦克不是克莱斯勒汽车公司的主要经营领域,如果公司想要有发展前途,还是必须在汽车工业上求得发展。

**4. 分散资源**

任何一个企业所拥有的资源都是有限的,这些资源包括资金、人才、设备、技术、品牌等。实施多元化经营必定会分散企业资源,从而对原有业务产生不利影响。倘若企业抵不住诱惑,而过度多元经营,势必会使企业的生产与经营时时处处碰到资源不足的困难,结果使得新、旧业务同时陷入困境。这也是目前美国许多大公司采用"归核化"战略的根本原因所在。春兰集团就因过度多元化而使自己陷入资源短缺、主业下滑的困境。

**5. 新业务领域进入的壁垒**

多元化经营进入新行业,要为突破壁垒付出代价,如额外的广告促销费用、规模经济、获得分销渠道、转换成本等。而且有的企业还得为抵御其他企业的排斥而付出代价。如果一个企业进入的新行业是一个完全陌生的环境,企业为了适应新的经营环境,势必要引进人才和培养人才,这不仅需要花费大量费用而且在短时间内还很难形成竞争优势。

**案例 10-3**

### 昔日霸主春兰空调:多元化加速主业凋零

近年来,春兰集团悉心培育的多元化之花不但没能绽放,还加速了空调主业的凋零。"2017 年前三季度营业收入为 4.39 亿元,同比增加 190.38%;归属上市公司股东的净利润 5 370.79 万元,同比增加 46.82%。"这是不久前春兰集团旗下主营空调业务的上市公司——江苏春兰制冷设备股份有限公司交出的成绩单。这份看似进步可观的成绩单,实际上是建立在公司上一年糟糕业绩的基础之上。作为昔日空调行业的霸主,春兰品牌的市场占有率在20世纪90年代后期一度高达40%,让当时的格力、美的望尘莫及。然而盲目地多元化扩张之后,春兰却沦为中国家电企业衰落的典型。

(1) 一鸣惊人的空调巨头

1985年,陶建幸接过濒临破产的江苏泰州冷气设备厂——春兰集团的前身的帅印,次年开展了大刀阔斧的技术改革,扭亏为盈。1989年江苏春兰制冷设备有限公司正式成立,迅速组建了国内一流的全性能空调生产线,专门生产以"春兰"牌为注册商标的系列空调产品。自此,春兰集团迎来了高速发展时期,市场占有率和品牌影响力不断攀升。

当时空调行业尚无外资注入,本土企业也屈指可数,春兰凭借着"产品品质出色"给市场留下了深刻印象,专业化、大规模的空调工厂也为其扩张发展奠定了基础。

到了1994年,春兰实现了销售额53亿元,净利润6亿元。同年4月25日,由春兰制冷设备、春兰特种空调、春兰销售三家公司共同出资成立的春兰股份成功登陆二级市场。上市时,春兰空调产销量位居全国第一,市场占有率高达40%。相比之下,同年格力空调的销售额仅为6亿元。

(2) 多元化扩张的败局初现

夺得全国空调第一的位置后,"老觉得家电是一个夕阳产业"的陶建幸认为只有多元化道路才能令春兰走得更远,而IPO后的春兰集团资本运作能力也有了很大提升,春兰开始了多元化扩张的步伐:

1994年,斥资近20亿元启动摩托车项目,年底向市场推出了"春兰虎""春兰豹"两款高档摩托车。

1996年,与韩国LG集团开始合资生产电冰箱,并将产品线延伸到洗衣机、除湿机行业。

1997年,兼并南京东风汽车有限公司,易名为南京春兰,进入中型卡车市场。

此后几年,春兰集团还涉足能源技术、电视、IT、金融投资业、汽车底盘和压缩机等领域,打造"春兰帝国"的野心可见一斑。

多元化扩张战略过快导致顾此失彼的问题,新业务还没能完全成熟起来,曾经的支柱产业空调业务不断下滑。2002年,春兰股份持股的江苏春兰摩托车有限公司、江苏春兰动力制造有限公司、江苏春兰机械制造有限公司、江苏春兰洗涤机械有限公司全部亏损。2005年,春兰空调销售量仅有75万套,春兰股份遭遇了自1994年上市以来的首次亏损,主营业务利润5.15亿元,同比下降4.81%,亏损2 595万元。此后两年,空调销售量持续下滑,2006年为70万套,2007年降至55万套,春兰股份没能扭转亏损局面,于2008年5月被上海证券交易所暂停上市。

(3) 能否重生

值得一提的是,经过十多年在能源领域的耕耘,春兰集团开发的镍氢电池已占国内50%的市场份额,成为国家"十城千辆"新能源汽车的主要动力供应商。而春兰集团新闻处处长于顺年曾向媒体一再表示,目前能源市场已经取得了不错的成绩,利润可观。能源产业的壮大能否反哺春兰空调业务、甚至重新崛起? 我们将拭目以待。

(本案例由作者根据网络资料整理。)

## 本章小结

（1）多元化是企业发展到一定阶段为寻求持续发展而采取的一种成长或扩张的经营方式，指企业不只生产一种产品或一种服务，而且同时生产本行业或跨行业的其他产品或服务。

（2）鲁梅尔特(R. P. Rumelt)采用专业比率、关联比率、垂直统一比率等量的标准和集约-扩散这一质的标准，将多元化经营战略分为垂直型、专业型、本业中心型、相关型、非相关型五种类型。

（3）企业多元化经营的动机有协同效应、分散风险、寻找新的经济增长点、增强市场竞争力等。

（4）企业实行多元化经营的内部原因主要是企业资源未能充分利用，企业本身具有拓展经营项目的实力。

（5）支持企业进行多元化发展的理论依据主要有资产组合理论、委托代理理论、资源基础理论等。

（6）资产组合理论常常用来寻求风险-收益的最佳组合。每个公司的经营都存在着系统性风险和非系统性风险，系统性风险或市场风险是无法通过投资组合来分散的，而非系统性风险是产业特有的风险。投资者可以通过不同产业的组合投资将这一部分特有风险分散。

（7）委托代理理论对多元化进行的解释可以归为两大类。一类是从多元化经营中规避风险而获益，进行多元化的经营者通过减少公司特有风险而获得个人效用。另一类是因为经营更多元化的公司可以获取更多个人私利。

（8）资源基础理论认为，进行多元化的必要条件：一是存在过剩资源（管理资源或技术资源），二是过剩资源具有一定的通用性，可用于其他产业。而作为充分条件，还必须解释：为什么多元化战略能够对过剩资源进行生产性利用，这一安排的可能发生次序。

（9）企业在选择多元化战略时，应具备这样一些条件：①企业是否积累了足够的资金与人才，是否具有还未利用的资源。②企业的核心竞争力是否能带动其他新业务的发展。③经营者的管理能力如何。④产业竞争强度如何，本企业进入能拥有多大市场份额。⑤是否有能力突破新行业壁垒，代价如何。

（10）同心多元化战略以现有产品为中心向外扩展业务范围，利用企业现有技术和力量，发展与现有产品近似的新产品。

（11）水平多元化战略是指为稳定现有顾客，发展与现有产品无关的新产品。

（12）整体多元化战略是指企业向与原产品、技术、市场无关的经营范围扩展。发展与企业现有产品、技术无关的新产品，吸引新顾客。

（13）多元化战略的实施面临的困难、风险主要有：财务风险、决策失误、管理质量下降、分散资源、新业务领域进入的壁垒等。

## 思考题

（1）企业实施多元化战略的动因是什么？试举例说明。

（2）支持企业多元化的理论有哪些？试用这些理论分析一家企业的多元化战略。

（3）企业实施多元化战略的具体策略有哪些？举例说明这些策略实施的条件及利弊。

# 第4篇 战略实施、评价与变革

从管理职能来看,组织管理职能可以概括为计划、组织、领导、控制,本篇所谓"战略实施、评价与变革"涉及的就是"组织、领导和控制"职能。从企业生命周期来看,战略实施、评价与变革在企业生命周期的每个阶段都存在。本篇以"华为的组织流程变革"作为学习的开始,分别讨论以下内容:

第11章"战略实施"首先简要回顾了为实现战略目标,落实盈利模式,需要建立的四种典型组织结构形式及其演变;接着阐述了如何建立战略控制系统(组织结构的软系统),即信息系统、战略规划系统、财务系统、人力资源系统以及企业文化。

第12章"战略评价"介绍了三种绩效评价方法,关键绩效指标(KPI)、平衡记分卡(BSC)和卓越绩效评价。

第13章"老化阶段——战略变革"主要与企业生命周期的"老化阶段"相关。首先,分析了影响企业战略变革的四个方面的动因;接着,介绍了按照战略演变态势、领导变革主体的行为方式进行划分的变革形式;最后,分析了导致战略变革障碍的三个方面的原因,战略变革的成功实施的支持要素。

## 华为的组织流程变革

### 砸掉部门墙

所谓的部门墙,就是企业内部官僚习气严重,"官官自封",要集中力量办点事情要跟多个部门沟通,往往资源调配不到位,研发周期缓慢,实施步调不一致,导致很多事情无法正常开展。砸掉部门墙,对于华为这些年的发展意义重大。

2009年年初,在一次内部会议上,任正非表示:"谁来呼唤炮火,应该让听得见炮声的人来决策。而现在我们恰好是反过来的。机关不了解前线,但拥有太多的权力与资源,为了控制运营的风险,自然而然地设置了许多流程控制点,而且不愿意授权。我们要积极地先从改革前方作战部队开始,加强他们的作战能力,要综合后方平台的服务与管理,非主业干部要加强对主业务的理解,减少前后方的协调量。"

任正非的话语透露出了华为的一个重大动向——要改变十几年来一直实行的中央集权管理模式,破除官僚主义,并在产业上进行深度调整。事实上,华为当时正饱受大企业病的折磨。

(1) 部门墙越来越厚

1993年的IBM是全世界除政府外最复杂的机构,这不仅是因为其规模大,也不仅是因为其地域分布范围广,真正导致IBM结构复杂的还有遍布全球的形形色色的客户和不断更新的技术。此外,IBM不是一个由管理者和工人组成的公司,是一个拥有30万名聪明好学和有主见的职业人员的公司,拥有数万名科研人员,他们每个人都会在什么应该是最首要的问题以及谁应该来管理公司等方面有着自己的独到见解。

经过多年演化,IBM逐渐形成了一种二元结构:拥有实力的海外(美国以外)分部,它们负责处理IBM在全球的扩张;同样拥有实力的产品事业部,它们负责处理基础技术方面。在这种结构下,大部分海外分公司都致力于保护它们自己的利益,并试图拥有它们在当地所赚取的一切。技术事业部也自作主张地做一些它们认为能做或者想做的业务,而根本不顾及顾客的需要或者公司的优先性问题。

在美国运通公司工作的时候,郭士纳就已经初次领略了IBM的慵懒。郭士纳初到美国运通公司时,运通卡是用11种不同的货币发行的,在他离开该公司的时候,运通卡的货币种类已经增加到了29种以上。但是当用户带着运通卡周游世界的时候,却惊讶地发现,不得不使用当地的IBM管理系统重新办理自己的信用证明,作为运通公司的技术提供商,IBM设在其他国家的管理部门似乎并没有从全球视角为其客户考虑。

任正非1997年圣诞节期间参观了已经振作起来的IBM,他对IBM的浴火重生印象深刻,回到华为深圳总部后,任正非决定向IBM等世界先进企业学习,并聘请了IBM的顾问对华为进行彻底改造。可以说,虽然2009年的华为员工不过8万人,仅仅是1993年的IBM的四分之一,销售额也仅仅是当年的IBM的八分之一,但任正非认识到华为内部也出现了上述种种弊端。

2004年,华为组建了苏丹代表处,该代表处只花1年时间就取得了骄人成绩,2005年年底成功跻身公司亿元代表处行列。虽然一切似乎向着美好的方向发展,但一些问题也开始显现出来:随着业务的增加,部门墙也越来越厚,各个部门管理自成一摊,内耗增大,面对客户深层次的需求开始慢慢变得被动、互相推诿和迟钝。一切隐含的问题,在2006年某项目上开始全面显现。客户对华为各部门答复不一致、答复无法实现非常失望,华为最终在该项目的竞标中输掉了。曾经参与该项目的一位华为人说,我们不但输了项目,还输了"人"。

类似事件在华为不时发生。虽然在市场上一时失利很正常,但任正非敏感地认识到,某些项目输掉的背后是有深层原因的。此时,华为已经创立了快二十年,从外部来看,华为已变成了一个全球化的企业,要在全球产业格局中继续获得话语权就必须进行经营体制创新,特别是面对目前世界性的金融危机、全球经济衰退的状况,华为必须与时俱进。从内部来看,当时的华为已是一个相对大的企业,所有大企业尤其是民营企业现在都面临一个突出的问题——内部管理系统开始政治化、官僚化,此时的华为管理层次多,从客户到分公司再到总部,层层推进的方式会导致决策缓慢,信息流通慢,易陷入交叉、双重甚至多重管理,创新机制开始衰竭。

因此,任正非指出,华为的企业规模越来越大,机构越来越多,而官僚都是从总部开始的,总部成了权力机构,听不到"一线炮声"却瞎发指令,靠权力控制一线,逐渐与一线的将士产生矛盾并脱离实际,而一线认为反正是总部负责,自己也不用太费力不讨好。此时,责任问题成了大问题,组织出现僵化,最终创造不了什么价值。

作为一个企业家,任正非具有强烈的危机意识与变革精神。所以,在人们还认为华为顺风顺水的时候,任正非就又一次敲响警钟了。华为的每一次变革都是在它顺利的时候,其实这也是一个企业变革的最佳时期。

实际上,任正非2008年以来发表了一系列讲话,总共有5篇。2009年年初的这篇,主要强调"谁来呼唤炮火",谈的是企业流程、活力、国际化问题等。华夏基石管理顾问有限公司董事长、中国著名管理咨询专家彭剑峰认为,2008年华为成立刚好20周年,按任正非的说法属于华为的"成年礼",即对华为过去的成功经验要进行系统总结和反思,对现在面临的问题以及未来方向进行分析和探究。任正非的上述文章说明,华为度过成年礼后所面临的新的竞争环境,以及自身成长积累起来的一系列矛盾,再加上全球金融危机等外部因素的影响,导致华为不可能一直靠扩张发展。所以,当时华为面临的问题不只是流程问题,还涉及研发系统、营销系统、财务系统、人力资源系统、供应链等多个系统的问题。此时的华为,必须进行转型。

在彭剑峰看来,就经营模式的变革与创新来说,当时华为的转型要体现在两个方面:从内部管理的角度看,华为要从过去20多年来的高度中央集权逐步走向分权制衡;从产业的角度看,华为要从硬件提供商向软件服务商转型,就像IBM的转型一样,这会带来华为在组织系统、研发系统、市场系统、财务系统、供应链等方面的变革。任正非2009年年初讲话的目的是使华为从高度的中央集权走向分权制衡。

(2) 改变基本权力结构

郭士纳就任IBM公司CEO后的首要任务之一是改变IBM内部的基本权力结构。在美国本土,过去IBM有1个全国性总部、8个地区性总部、若干个隶属地区的区域性总部办事处,最后的地方单位被称为"贸易区"。每个总部都由一个以利润为中心的老板负责管理,这个老板积极寻求增加自己的资源和利润。

IBM当年每个级别的部门都存在冗员问题。在美国本土之外,如在欧洲,有2.3万员工,权力结构非常僵化。在实际工作中,其他IBM员工要进入另一国家区经理的区域必须获得对方的同意。每个国家的IBM都有其独立体系。仅在欧洲,IBM就拥有142个不同的财务体系。有关客户的资料无法在全公司范围内进行沟通,IBM的员工首先属于各地分部,然后才属于IBM。

2009年的华为也可谓一个全球化的企业了,华为的产品与解决方案已经应用于全球100多个国家和地区,在海外设立了22个地区部,100多个分支机构,在美国、印度、瑞典、俄罗斯及中国等地设立了14个研究所,每个研发中心的研究侧重点及方向不同。华为还在全球设立了29个培训中心,为当地培养技术人员,并大力推行员工的本地化。短短20年,华为的员工规模扩张了8万倍,营业额增长了1 000倍,随着华为迅速做大,机构庞杂带来的负面效应也开始显现,出现了IBM当年的类似问题。

这些问题都是华为成长中所面临的。竞争环境的变化、企业转型,必然会对华为提出很多挑战。过去华为上下都习惯于中央集权,习惯于听上面的指令,上面说怎么打就怎么打,从高度的中央集权逐步走向分权制衡后,要从过去被动执行变成主动执行,权力重心就需要下移,华为的整个管控模式就要发生变化。过去20年,基本上是市场因素在主导着华为的发展,这个阶段,企业要能够迅速发现市场机遇,并能够及时抓住,才能获得高速成长,中央集权是迅速抓住机遇、获得高速成长的最佳模式。过去20年华为有意无意地形成了以任正非为核心的中央集权管理模式,获得了年增长50%甚至更高的成长率。

以效率优先为主要特征的中央集权在成就了华为当时业内地位的同时,也给华为带来了管理的混乱和无序。随着华为成为一个真正全球化的大企业,这种混乱和无序表现得更加明显,大企业常见的官僚作风导致的效率低下,也在抵消着曾经高效的中央集权的威力,这些都成了华为进一步发展的阻碍,也成了任正非改变华为持续20多年的中央集权管理模式的内在动力。

仅仅有了内在动力,而没有实现的条件,任正非还是不能贸然削弱华为的中央集权体系。事实上,2009年的华为,基本具备了抛弃中央集权,实行分权制衡的条件。华为1997年开始导入全面变革,在流程上花重金请IBM的顾问进行系统的IPD再造,在人力资源、财务体系、研发系统等方面也都进行了"先僵化后优化"的深刻变革。经过漫长的10年变革,到了2007年,华为的管理基础和控制平台已经被改造完成,到了2009年,华为的管控机制已经得到了优化,此时的华为内部管理比较顺畅,职业化、规范化管理已经贯彻到了日常工作中,具体工作中对"人"的依赖基本被对"流程"的依赖代替,此时的华为才具备了真正放权的条件。此外,华为的IPD等技术手段已实施了10年之久,基本在华为得到了贯彻,但是,也正因为10年了,某些环节可能不再适应眼下的新情况了,需要改善。

这种从中央集权到分权制衡的过程,不是简单的管控模式的变化问题,而是华为整个运行机制都要发生变化,这也就是任正非在讲话中提到的组织流程变革。在任正非看来,以后的华为决策流程,要从市场开始,而不是从总部出发;以前,华为的组织体系根据内部管理的需求不断扩张,最终导致了华为庞大的管控体系,但在任正非的构想里,今后要完全基于市场的需求进行组织架构调整,把决策权下移,为此要简化组织体系、减少管理层次。

要达到上述目的,华为的整个运行机制就要发生变化,这种运行机制包括责任体系、权力体系、分配体系等。在中央集权的管理模式下,责任实际是在公司总部,越往基层所承担的责任越小。任正非期望今后华为的责任往下走,基层要从过去完全被动承担责任变成主动承担责任。例如,在深圳坐镇、日理万机的任正非,可能不了解华为非洲公司的具体工作,但却要为其部署工作。后来,任正非通过提拔高管实施分权管理,营销的管营销,开发的管开发,财务的管财务,人力的管人力。任正非才得以腾出时间来,思考华为战略层面的东西。

华为砸掉部门墙,除调整组织结构外,还需要调整局部考核的内容。有离职的华为员工曾经愤愤不平地说:"我在华为做了8个月,最大的问题是累还看不到未来,新员工为老员工打工。"这位离职员工为什么说为老员工打工,而不是说为华为打工。这里面有一个重要的原因就是华为的局部考核方案由于对部门高频率的考核,所以部门主管只关注小集体利益,利用新员工加班加点,"充当炮灰"。不适当的局部考核,没有人关心华为的长期收益,人们更多关心的是短期内能看得见的收益。在这种考核环境中,部门是不可能配合起来做大事的,因为这些部门的主管会要求员工完成自身的工作任务要紧,不要去协助其他部门创造价值和获得成功。

后来,华为在考核职能部门的关键业绩指标时,开始弱化、调整局部考核,更多地重视支撑公司战略的问题。例如,华为考核的第一个指标就是从华为公司目标的角度自上而下往下分解、支撑公司的战略。第二个指标还是做局部考核,每个岗位的职责与战略结合不是非常紧密的,要求要有突出的贡献。第三个指标就是要支持流程和服务客户,这是融入了郭士纳所说的"客户第一"的理念。华为为了客户服务这一终极目标,必须让公司流程高速运作起来,所以多个部门都要为产研销流程打开通道。

(资料来源:程东升,刘丽丽.华为三十年:从"土狼"到"狮子"的生死蜕变[M].贵阳:贵州人民出版社,2016:29-34.)

# 第 11 章　战略实施

　　管理的要旨在于,让每个员工都清楚在什么时间什么地点做什么事情。每项业务活动之间既不能有空白也不能重叠,当然更不能有冲突。

　　做出一条光彩夺目的项链来。有的人像一颗珍珠,有的人不是珍珠,不能像珍珠一样闪闪发光,但他是一条线,能把那些珍珠串起。企业的领导者必须知道自己的价值所在——你是那条线。

——摘自《联想风云》

　　战略实施是指公司如何创立、利用组织结构、控制系统和企业文化,并把它们结合起来去实施导致经营优势和卓越绩效的战略[①]。组织结构向员工指派具体的价值创造的任务和职责,具体说明这些任务和职责将如何提高经营优势的构成要素——效率、品质、创新等。组织结构的职能是协调和整合公司的、业务的、职能的各层面,以及跨职能部门和业务单位的员工们的努力,使他们能够协同工作,实现盈利模式中的具体策略。

　　组织结构本身并不能提供激励人们使他发挥作用的激励措施,因此,需要有控制系统。控制系统的职能是向经理们提供:①一套激励措施来推动员工朝着增加效率、品质、创新等目标努力;②有关组织及其成员的业绩以及建立经营优势的情况的具体反馈,使经理们能够持续地采取行动来加强公司的经营优势。结构向组织提供骨架,控制则提供肌肉、腱、神经和感觉,让经理们能够调节和治理组织的活动。

　　企业文化是组织内人员和群体共有的价值观、规范、信仰、态度的特殊集合,控制着他们相互之间的交流,以及与组织利益相关者交流的方式。高层经理们能够影响到组织内如何培养以及培养什么样的价值观,而价值观和信仰是组织成员如何朝着实现组织目标而工作的重要决定因素之一。组织控制系统能影响到某种组织结构将如何发挥作用,企业文化决定着组织结构和控制系统如何在实践中发挥作用。

## 11.1　建立组织结构

　　为实现战略目标,落实盈利模式,首先需要建立与事业战略、总体战略相匹配的组织结构。组织结构随企业成长、战略变革而发生演变。在企业生命周期的早期(创业期),企业规模小,人员少,经营活动比较简单,适宜建立直线型组织结构;随着企业成长,规模变大,人员增加,组织结构演变为直线职能型;当企业实施多元化战略的时候,事业部制是适宜的组织结构;而以

---

① [美]希尔 C W L,琼斯 G R.战略管理[M].北京:中国市场出版社,2005:407,408.

项目为主导的组织,矩阵型组织结构能更好地发挥作用。

### 11.1.1 直线型组织结构

直线型组织结构通常是中小企业采用的组织结构形式。所谓的"直线"是指在这种组织结构下,职权直接从高层向下传递、分解,经过若干个管理层次达到组织最低层。其特点是:组织中每一位主管人员对其直接下属拥有直接职权;组织中的每一个人只对他的直接上级负责或报告工作;主管人员在其管辖范围内,拥有绝对的职权或完全职权。即主管人员对所管辖的部门的所有业务活动行使决策权、指挥权和监督权。

如图 11-1 所示,各车间分别从事不同的生产作业职能,在车间内生产作业职能进一步分解到工段以及班组。车间主任、工段长、班组长对所管辖领域的生产作业活动拥有完全职权。因此,在直线型组织结构下,作业职能存在水平分工。车间主任、工段长、班组长均负责生产作业的管理,但其职权范围是不同的。他们的职权范围在纵向维度上经过逐层分解而趋向缩小。

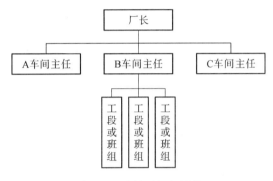

图 11-1　直线型组织结构

厂长通常将采购、销售、财务、人力资源、技术等经营活动的决策权、指挥权和监督权集中在自己手中,并行使对生产经营活动的监督权。因此,在直线型组织结构下,经营管理职能只存在垂直分工(职权范围大小)而不存在水平分工(采购、销售、财务、人事、安全等),是一种集权式的组织结构形式。

这种组织结构形式的优点是:权力集中,职权和职责分明,命令统一,信息沟通简捷方便,便于统一指挥,集中管理。这种组织结构的缺点是:各级行政首脑必须熟悉与本部门业务相关的各种活动(尤其是最高行政首脑,必须是全能管理者);缺乏横向的协调关系,没有职能机构作为行政首脑的助手,容易使行政首脑产生忙乱现象。所以,一旦企业规模扩大,管理工作复杂化,行政首脑可能由于经验、精力不及而顾此失彼,难以进行有效的管理。

直线型组织结构适用于企业规模不大,职工人数不多,生产和管理工作都比较简单的情况或现场作业管理。

### 11.1.2 直线职能型组织结构

直线职能型组织结构是现代工业中最常见的一种结构形式,在大中型组织中尤为普遍。这种组织结构以直线为基础,在各级行政主管之下设置相应的职能部门(如计划、销售、供应、财务等部门)从事专业管理,作为该级行政主管的参谋,实行主管统一指挥与职能部门参谋指导相结合。在直线职能型结构下,下级机构既受上级部门的管理,又受同级职能管理部门的业务指导和监督。各级行政领导人逐级负责,高度集权。因而,这是一种按经营管理职能划分部门,并由最高管理者直接指挥各职能部门的体制。直线职能型组织结构被称为"U-型组织"或"单一职能型结构""单元结构"(U-form Organization,Unitary Structure)。这种组织结构相对于产品单一、销量大、决策信息少的企业非常有效。

在这种结构中,除直线人员外,还需要职能参谋人员提供服务——他们与直线人员共同工作。直线人员直接参与组织目标的实现;而职能参谋人员则是间接参与,他们为组织目标的实现提供服务。作为组织目标实现的直接参与者,生产与市场人员构成了直线人员。区分组织中谁是直线人员和职能参谋人员的一个方法就是根据组织的目标,看谁直接为其做出贡献,谁间接为其做出贡献。在一个组织中,人事、工程、研究与开发、法规、财务及公共关系部门往往被认为是职能参谋部门。

职能参谋部门拟订的计划、方案以及有关指令,由直线主管批准下达;职能部门参谋只起业务指导作用,无权直接下达命令。因此,职能参谋人员的服务本质上是建议性的,他们不能对直线人员行使职权。例如,人事部经理只能向生产部门建议聘用新员工,他没有职权强迫生产经理接受他的建议。在组织高层,职能参谋人员参与决策制定。除这些特殊的职能参谋人员外,在组织中还有服务性质的职能参谋人员,包括办公室人员、速记员、维修人员以及其他类似人员。

直线职能型组织结构比直线型组织结构具有优越性。它既保持了直线型结构集中统一指挥的优点,又吸收了职能型结构分工细密、注重专业化管理的长处,从而有助于提高管理工作的效率。直线职能型组织结构也有其内在缺陷:属于典型的"集权式"结构,权力集中于最高管理层,下级缺乏必要的自主权;各职能部门之间的横向联系较差,容易产生脱节和矛盾;直线职能型组织结构建立在高度的"职权分裂"基础上,各职能部门与直线部门之间如果目标不统一,则容易产生矛盾。特别是对于需要多部门合作的事项,往往难以确定责任的归属;信息传递路线较长,反馈较慢,难以适应环境的迅速变化。

### 11.1.3 事业部制组织结构

事业部制组织结构亦称 M 型结构(multidivisional structure)或多部门结构,有时也称为产品部式结构或战略经营单位。事业部制最早是由美国通用汽车公司总裁斯隆于 1924 年提出的,故有"斯隆模型"之称,是一种高度(层)集权下的分权管理体制。它适用于规模庞大,品种繁多,技术复杂的多元化企业,如图 11-2 所示。

事业部制通常实行的是分级管理、分级核算、自负盈亏的管理模式,即一个公司按地区或按产品类别分成若干个事业部,从产品的设计、原料的采购、成本的核算、产品的制造,一直到产品的销售,均由事业部及所属工厂负责,实行单独核算,独立经营,公司总部只保留人事决策、预算控制和监督大权,并通过利润等指标对事业部进行控制。也有的事业部只负责指挥和组织生产,不负责采购和销售,实行生产和供销分立,还有的事业部则按区域来划分。

事业部制的好处是:总公司领导可以摆脱日常事务,集中精力考虑全局问题;事业部实行独立核算,更能发挥经营管理的积极性,更利于组织专业化生产和实现企业的内部协作;各事业部之间有比较,有竞争,这种比较和竞争有利于企业的发展;事业部内部的供、产、销之间容易协调,不像在直线职能型下需要高层管理部门过问;事业部经理要从事业部整体来考虑问题,这有利于培养和训练管理人才。

事业部的缺点是:公司与事业部的职能机构重叠,构成管理人员浪费;事业部实行独立核算,

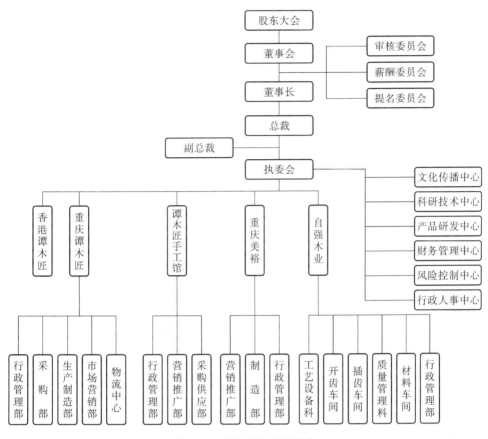

图 11-2 谭木匠的组织结构

各事业部只考虑自身的利益,影响事业部之间的协作,一些业务联系与沟通往往也被经济关系所替代,甚至连总部的职能机构为事业部提供决策咨询服务时,也要事业部支付咨询服务费。

### 11.1.4 矩阵型组织结构

矩阵型组织结构是把按职能划分的部门和按产品(或项目、服务等)划分的部门结合起来组成一个矩阵,使同一个员工既同原职能部门保持组织与业务的联系,又参加产品或项目小组的工作,即在直线职能型基础上,再增加一种横向的领导关系,如图 11-3 所示。为了保证完成一定的管理目标,每个项目小组都设负责人,在组织最高主管直接领导下进行工作。

矩阵型组织结构的优点:矩阵型组织是一种混合体,是职能型组织结构和项目型组织结构的混合。它既有项目型组织结构注重项目和客户(业主)的特点,也保留了职能型组织结构的职能特点。这种结构将职能与任务很好地结合在一起,既可满足对专业技术的要求,又可满足对每一项目任务快速反应的要求。项目组织与职能部门同时存在,既可发挥职能部门纵向优势,又可发挥项目组织横向优势。专业职能部门是永久性的,项目组织是临时性的。职能部门负责人对参与项目组织的人员有组织调配和业务指导的责任,项目经理将参与项目组织的职能人员在横向上有效地组织在一起。项目经理对项目的结果负责,而职能经理则负责为项目的成功提供所需资源。

矩阵型组织结构的劣势:具有双道命令系统,两道系统的权力平衡是这一组织结构的关

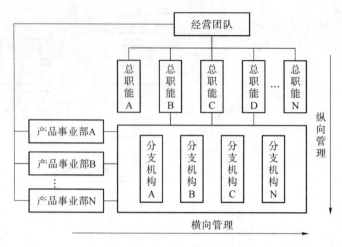

图 11-3 矩阵型组织结构

键。但在现实中无法存在绝对的平衡,因而在实际工作中就会存在两条相互结合的划分职权的路线——职能与产品,并形成两种深化演化形式:职能式矩阵和项目式矩阵。前者以职能主管为主要决策人,后者以产品/项目负责人为主要决策人。这种组织结构最为突出的特点就是打破了单一指令系统的概念,而使管理矩阵中的员工同时拥有两个上级。组织中信息和权力等资源一旦不能共享,项目经理与职能经理之间势必会为争取有限的资源或权力而发生矛盾,协调处理这些矛盾必然要牵扯管理者更多的精力,并付出更多的组织成本。另外,一些项目成员接受双重领导,他们要具备较好的人际沟通能力和平衡协调矛盾的技能;成员之间还可能会存在任务分配不明确、权责不统一的问题,这同样会影响组织效率。

### 11.1.5 组织结构演变

随着企业的发展,其组织结构一般会表现出这样的演变规律:先从简单的单一职能向多职能、单一产品的形式转变,再向多职能或多部门、多产品的形式转变,最后向跨国公司的形式转变。图 11-4 清楚地表明了企业组织从简单结构到复杂结构的连续演变过程,对这一过程,可按以下"四阶段模型"做展开说明①。

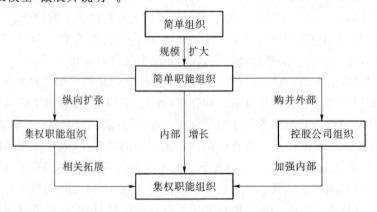

图 11-4 组织结构随企业增长而演变的过程

---

① 项保华.战略管理——艺术与实务[M].北京:华夏出版社,2004:149-154.

阶段1：企业规模很小，业务单一，由一人全面管理。此时，企业的管理者往往既是所有者又是创始人，通常与员工联系紧密，接触频繁，直接负责全体员工的指挥工作，企业管理者对企业运行的每个环节都比较了解，所有与企业使命、目标、战略以及日常运行相关的决策均由其做出。

阶段2：企业规模与范围较阶段1有了显著的扩大，这使得企业由单人负责管理向小组负责管理转变。此时，企业往往根据传统的营销、生产、财务、人事、工艺、技术、采购、供应、计划等职能来划分战略责任，进行任务分解，建立相应的部门；对于按产业链纵向拓展的企业来说，其主要的组织单元实际上也就是相应于生产链的组成环节。尽管处于阶段2的企业，通常是由许多担负专门职能责任的经理人员共同负责管理的，但其业务仍基本保持在单一领域之中。

阶段3：企业经营局限于单一领域或产品线，但其市场分布比较广泛，以致必须按地理区域建立分权的经营单元。这些分权的经营单元，尽管仍需向企业总部报告，并在符合企业整体政策的前提下开展业务活动，但是，却有充分的自主权制订各自单元的计划以满足特定区域市场的需要。一般来说，对应于阶段3的企业，其各区域经营单元主要采取的是职能结构组织形式。

阶段4：企业不仅在区域市场方面，而且在产品与业务范围方面，分布都相当广泛。此时，企业通常采取的是按照业务领域实行分权管理的大型多元化组织形式，其典型的做法是：为每一个业务领域委派一个总经理，使其拥有做出业务领域各职能单元决策的完全权力，并由其对本部门业务负完全的责任。显然，在这种类型的组织中，业务领域战略决策与运行均由相应领域的总经理做出，而不再由企业总部的经理人员做出，总部只集中和保留一些会计核算与战略投资方面的决策权力。

 案例 11-1

## 华为组织结构 30 年演变历程

华为发展历程大致可以划分为四个阶段：第一个阶段是从1987年成立到1995年；第二个阶段是从1996年到2003年；第三个阶段是从2004年到2012年；第四个阶段是从2013年到现在以及未来的几年时间。战略决定组织结构，华为在进行阶段性战略调整的同时，同步进行了一系列的流程再造、组织结构变革，从最初的直线型组织结构，逐渐演变成了现在的产品线组织结构。

### 第一阶段(1987—1994)：活下去

1987年，任正非与五位合伙人共同出资2万元成立了华为公司。在这一时期，华为在产品开发战略上主要采取的是跟随战略，先是代理香港公司的产品，随后逐渐演变为自主开发产品的集中化战略。到1994年，华为的销售规模突破8亿元，员工人数600多人。

在这一阶段，华为的组织结构也是简单的。当初成立的时候，只有6个人，还无所谓组织结构。到了1991年，公司也才二十几个人，尽管有组织结构，但也是非常简单的中小企业普遍采用的直线型组织结构，所有员工都直接向任正非汇报。直到1992年，销售规模突破亿元大关，员工人数也达到了200人左右。组织结构也开始从直线型转变为直线职能型，除有业务流程部门（如研发、制造、市场销售部门）外，也有了支撑流程部门（如财经、行政管理部门）。组织结构大致如图11-5所示。

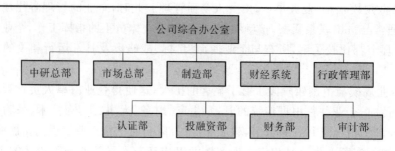

图 11-5　华为的直线型组织结构

**第二阶段(1995—2003):走出混沌**

1995年,华为的销售规模达到了15亿元,员工数量也达到800人,成为全国电子行业百强排名第26位的民营企业。到了2000年,华为的销售额已经突破200亿元,这几年的时间,基本上都是以100%的速度在增长。华为也是在这段时期,逐渐地从集中化战略转向横向一体化战略,从单一研发生产销售程控交换机产品逐渐进入移动通信、传输等多类产品领域,战略也开始朝着多元化方向发展,从而成为一个能提供全面通信解决方案的公司。

在这一阶段,华为开始划小经营单位,建立了事业部与地区公司相结合的二维矩阵式组织结构。组织结构如图11-6所示。

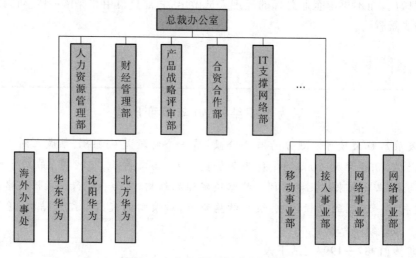

图 11-6　华为的矩阵型组织结构

为了能推行这样一种相对复杂的组织结构,华为在1998年定稿的基本法第44条中,就明确提出了组织结构的要求:公司的基本组织结构将是一种二维结构,按战略性事业划分的事业部和按地区划分的地区公司。事业部在公司规定的经营范围内承担开发、生产、销售和用户服务的职责;地区公司在公司规定的区域市场内有效利用公司的资源开展经营。事业部和地区公司均为利润中心,承担实际利润责任。

在第 45 条中,提出了管理部门的构建原则,即职能专业化是建立管理部门的基本原则。而公司的管理资源、研究资源、中试资源、认证资源、生产管理资源、市场资源、财政资源、人力资源和信息资源等,是公司的公共资源。

在第 46 条中,提出了事业部建立的原则,即对象专业化原则。事业部的划分可以按产品领域建立扩张型的事业部,实行集中政策,分权经营,是利润中心;按工艺过程建立服务型的事业部。

在第 47 条中,提出了地区公司的划分原则。地区公司是按地区划分的、全资或由总公司控股的、具有法人资格的子公司。地区公司在规定的区域市场和事业领域内,充分运用公司分派的资源和尽量调动公司的公共资源寻求发展,对利润承担全部责任。在地区公司负责的区域市场中,总公司及各事业部不与之进行相同事业的竞争。各事业部如有拓展业务的需要,可采取会同或支持地区公司的方式进行。

**第三阶段(2004—2012):真正的全球化**

时间来到 2004 年,华为基本上每年仍然以超过 40% 的速度在增长。到了 2012 年,销售额达到了 2 202 亿元,员工人数也从 2004 年的 3 万人,增长到了 2012 年的 13.8 万人。华为已经超越所有竞争对手,正式成为该行业的第一,公司也完全成为一家跨国大企业,海外销售占比超过 70%。

在这一阶段,华为在产品开发战略上采取了纵向一体化、多元化和国际化并举的战略;在市场竞争战略上,采取与"合作伙伴"共赢的战略。公司由全面通信设备提供商转型为电信设备服务商,为客户提供端到端的通信解决方案,形成了运营商业务、企业业务、消费者业务三大业务体系。

华为这个时期的组织结构,相比成长期的组织结构,进行了渐进式的演变,从原来的事业部与地区公司相结合的组织结构,转变成以产品线为主导的组织结构,如图 11-7 所示。

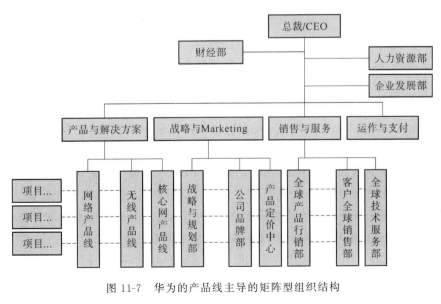

图 11-7　华为的产品线主导的矩阵型组织结构

**第四阶段(2013年到现在以及未来的几年时间)**

华为最新组织架构如图11-8所示。

为加强对ICT基础设施业务的端到端经营管理,公司成立了ICT基础设施业务管理委员会,作为公司ICT基础设施业务战略、经营管理和客户满意度的责任机构。

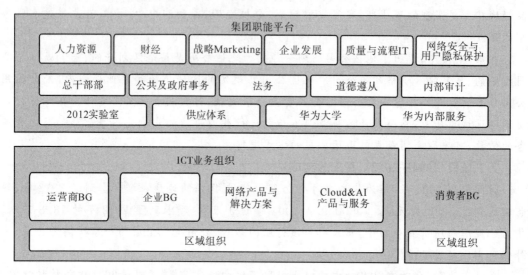

图11-8 华为基于客户、产品和区域三个纬度的组织架构

运营商BG和企业BG是公司分别面向运营商客户和企业/行业客户的解决方案营销、销售和服务的管理和支撑组织,针对不同客户的业务特点和经营规律提供创新、差异化、领先的解决方案,并不断提升公司的行业竞争力和客户满意度。

网络产品与解决方案、Cloud&AI产品与服务是公司面向运营商及企业/行业客户提供ICT融合解决方案的组织,负责产品的规划、开发交付和竞争力构建,创造更好的用户体验,支持商业成功。网络产品与解决方案的目标是在联接业务上做世界上最好的联接、最智慧的联接、性价比最高的联接,引领世界;Cloud&AI产品与服务的目标是在计算和云业务上打造华为的"黑土地",支撑构建万物互联的智能世界。

ICT区域组织是公司区域ICT业务的经营中心,负责区域的各项资源、能力的建设和有效利用,并负责公司ICT业务战略在所辖区域的落地。公司持续优化区域组织,加大、加快向一线组织授权,指挥权、现场决策权逐渐前移至代表处,目前已在部分国家试行"合同在代表处审结",以进一步提高效率、更快响应客户需求。区域组织在与客户建立更紧密的联系和伙伴关系、帮助客户实现商业成功的同时,负责本区域的ICT管理体系建设、网络安全和隐私保护管理体系建设、内控建设、合规建设,进一步支撑公司健康、可持续的有效增长。

为加强对消费者业务的战略及风险管理,提升决策效率,公司成立了消费者业务管理委员会,作为消费者业务战略、经营管理和客户满意度的最高责任机构。

消费者BG是公司面向终端产品用户的端到端经营组织,对经营结果、风险、市场竞争力和客户满意度负责。

消费者 BG 区域组织对终端业务在区域的总体经营目标、消费者满意度与品牌形象提升负责;洞察消费电子行业环境变化及竞争动态,制订区域终端的业务规划和资源投入策略并实施,负责区域产品上市操盘及生命周期管理,营销活动策划与执行,渠道、零售、服务的建设及管理;建设和维护合作伙伴关系,营造和谐的商业环境,合规运营,保障终端业务在当地的持续健康发展。

为逐步打造公司支撑不同业务发展的共享服务平台,并有序形成公司统治实施的抓手,公司成立平台协调委员会,以推动平台各部门的执行运作优化、跨领域运作简化、协同强化,使平台组织成为"围绕生产、促进生产"的最佳服务组织。集团职能平台是聚焦业务的支撑、服务和监管的平台,向前方提供及时准确有效的服务,在充分向前方授权的同时,加强监管。

(资料来源:根据华为组织结构 30 年演变历程[EB/OL]和华为官网资料整理。)

## 11.2　战略控制系统

在建立组织结构之后,战略管理者要建立战略控制系统——组织结构的软系统,用来监督和评价企业的战略和结构在实践中是否按照预先计划的那样发挥作用,应当如何改进,如果不能发挥作用该如何改变。从纵向时间纬度考察,设计一套有效的控制系统通常需要 4 个步骤:一是建立针对评价绩效的标准和目标,二是创建能够指明是否达到了标准和目标的度量和监控系统,三是对比建立的目标与实际的绩效,四是确定在没有达到标准和目标时启动的纠正和预防措施。从横向职能纬度看,为取得有效控制,4 个控制系统是必不可少的:信息系统、战略规划系统、财务规划和控制系统和人力资源控制系统[①]。

### 11.2.1　信息系统

对所有控制系统来说,信息具有重要意义。正如钱德勒和其他企业史学家的研究表明的那样,电报、电话和计算机的发展对企业管理的实施和企业规模、结构具有巨大的影响。会计系统也是信息收集、系统组织并送达企业高层管理以及组织其他部分的手段。行政等级建立于沿等级机构向下行使的权力的集中化以及垂直信息流之上。管理者监管下属的能力依赖于来自直接观察或书面报告的向上信息流和指令的向下流动。

提高信息利用能力的两个关键因素是:员工通过工作业绩的信息反馈,使自我监督成为可能;信息网络使员工在没有得到上级监管时,对他们的业务活动进行自愿性、非正式协调。全员质量管理提供给员工固定的,甚至实时的业绩反馈,能够使员工对质量管理负责,减少监管和质检人员。在沃尔玛,对每个沃尔玛商店内各个产品部门的部门经理实行信息反馈,反馈内容包括与以前销售额和其他商店相比,每种产品柜台的日常销售信息。这种信息系统收集并把销售实时数据传送到存货管理、采购计划、配送交货等部门,从供应商那里收回订单。信息技术通过在组织中信息的即时利用而方便了协调的进行,并且能够取得自动协调,例如通过沃尔玛和宝洁企

---

① 罗伯特·格兰特.公司战略管理[M].北京:光明日报出版社,2001:165-171.

业电子数据的交流,来自沃尔玛销售记录的信息可以自动生成汰渍去污剂的订单。

**案例 11-2**

## 沃尔玛:"信息技术始于战略,而不是系统。"

1991年,沃尔玛年销售额突破400亿美元,成为全球大型零售企业之一。1993年,销售额高达673.4亿美元,比上一年增长118亿多,超过了1992年排名第一位的西尔斯(Sears),雄居全美零售业榜首。1995年沃尔玛销售额持续增长,并创造了零售业的一项世界纪录,实现年销售额936亿美元,在《财富》杂志1995年美国最大企业排行榜上名列第四。此后一路高歌猛进,分别在2006、2007、2008、2010年4度跃居世界500强榜首。

(1) 沃尔玛的信息化理念和战略

沃尔玛创始人山姆·沃尔顿早年服役于美国陆军情报部队,所以他特别重视信息的沟通和信息系统的建设。在公司开始进入规模化市场扩张及发展阶段后,沃尔玛公司率先在行业内使用基于各种先进技术的信息化管理模式。沃尔玛的信息化管理是贯穿于整个价值链,以先进的信息化技术为手段,以信息流为中心,带动物流和资金流的运动,通过整合全球供应链资源和全球用户资源,实现零库存、零营运资本与用户的零距离的目标。在沃尔玛,信息化管理不仅仅是一个系统,而是被提高到战略高度,正如沃尔顿所坚持的"信息技术始于战略,而不是系统"。

将信息化提到战略高度是沃尔玛迈向成功的重要原因之一。一方面,沃尔玛通过供应链信息化系统实现了全球统一采购及供货商自己管理上架商品,使得产品进价比竞争对手降低10%;另一方面,沃尔玛还通过卫星监控全国各地的销售网络,对商品进行及时的进货管理和库存分配。沃尔玛在全球4 000个零售店配备了包括卫星监测系统、客户信息管理系统、配送中心管理系统、财务管理系统、人事管理系统等多种技术手段在内的信息化系统。

(2) 沃尔玛的信息化亮点

① 一小时全球商品全盘点

沃尔玛在全球的4 000多家门店通过它的网络可在1小时之内对每种商品的库存、上架、销售量全部盘点一遍。

整个公司的计算机网络配置在1977年完成,可处理工资发放、顾客信息和订货—发货—送货,并实现了公司总部与各分店及配送中心之间的快速直接通信。1979年,位于本顿威尔总部的第一个数据处理和通信中心建成,虽然面积只有1 500平方米,但在整个公司实现了计算机网络化和24小时连续通信。

1981年,沃尔玛开始试验利用商品条码和电子扫描器实现存货自动控制。采用商品条码可代替大量手工劳动,不仅缩短了顾客结账时间,更便于利用计算机跟踪商品从进货到库存、配货、送货、上架、售出的全过程,整个处置过程节约了60%的人工。

20世纪80年代,沃尔玛还开始利用电子数据交换系统(EDI)与供应商建立自动订货系统。到1990年,沃尔玛已与它的5 000余家供应商中的1 800家实现了电子数据交换,成为EDI技术的全美国最大用户。

②7亿美元——"用卫星卖鸡蛋"

到20世纪90年代初,沃尔玛在计算机和卫星通信系统上就已经投资了7亿美元,而它不过是一家纯利润只有2‰~3‰的折扣百货零售公司。

1983年,沃尔玛与休斯公司合作的人造卫星发射升空,这次卫星升空可谓零售业历史上独一无二的里程碑。

到20世纪80年代末期,沃尔玛配送中心的运行完全实现了自动化。每个配送中心约10万平方米面积。每种商品都有条码,由十几千米长的传送带传送商品,由激光扫描器和电脑追踪每件商品的储存位置及运送情况。到90年代,整个公司销售8万种商品,85%由这些配送中心供应,而竞争对手只有50%~65%的商品集中配送。

沃尔玛的送货车队也可能是美国最大的,沃尔玛为每家分店的送货频率通常是每天一次,5 000辆运输卡车全部装备了卫星定位系统。

随着世界经济的不断发展和现代科技日新月异,社会生产方式和人们生活方式的巨大变化使消费需求进一步多样化、个性化,从而要求零售方式必须不断创新,以适应时代的变化。当代零售业态的发展呈现出了以下几种趋势:新的零售业态层出不穷、零售生命周期缩短、零售技术日益重要、各业态之间的竞争日趋激烈、经营向两极化方向发展、垂直营销系统进一步发展、无店铺销售迅速成长、零售界的全球化趋势。这些复杂多变的形式都要求企业的发展必须依靠强有力的信息系统战略,才能满足当今零售业销售的需求。而沃尔玛正是凭借着对零售业不同阶段的认识,使用不同的阶段的信息技术才能领先于其他竞争对手,从而铸造沃尔玛帝国的传奇。

(资料来源:根据网络资料整理。)

### 11.2.2 战略规划系统

一个小型企业的运转可能无须明确的战略。企业战略可能只存在于创建者的头脑中,无法通过与员工、供货方和其他利益相关方进行口头交流表达出来,只有当外部投资者对一项经营计划做出要求时才能公开。虽然在小型的从事单一经营的企业中,战略形成过程极不正式,也没有固定周期,并且很少以书面形式出现,但是大多数具有既定管理结构的企业倾向于建立某种战略规划程序。大多数较大规模的企业,尤其是从事多种经营的企业,拥有较为系统的战略规划程序。它表现为把单个的经营业务计划结合起来的书面企业规划。

不管是正式还是非正式、系统还是随机、书面还是口头的,战略形成过程都是企业内部协调中的一个重要工具。首先,它作为改进决策的过程,加强系统分析和整合企业内部来自个人和部门的知识;其次,它作为协调措施,加强组织中各层次、各部分决策间的连贯性;最后,它作为提升业绩的机制,取得长期目标间的一致,通过培养远见和任务感激励员工。在这些角色中,战略形成对协调和合作极为重要。

一个中型、单一业务企业,典型的战略规划程序按照以下步骤进行:

(1)企业目标会议。在会议上首席执行官对上年度的企业业绩和战略规划以及下年行业和大的经营气候的发展做出说明。财务主管提供财务目标和计划,市场主管提供销售计划。

（2）市场营销战略会议。在此重新形成一组目标，给出市场战略的关键因素（可能由市场主管做出）。财务主管出示一份重新设计的财务规划并加以整合。

（3）所有功能性主管都参加的长远规划会议。战略规划草案出台，应当考虑到当前业绩和竞争位置与将来业绩和竞争位置之间的差距。

 案例 11-3

### 华为战略规划 BLM 与执行 BEM 方法论

（1）华为战略规划的核心：BLM 模型

华为在战略规划领域引入了 IBM 的 BLM 模型，该模型包括四个阶段：市场洞察、战略意图、创新焦点和业务设计，如图 11-9 所示。

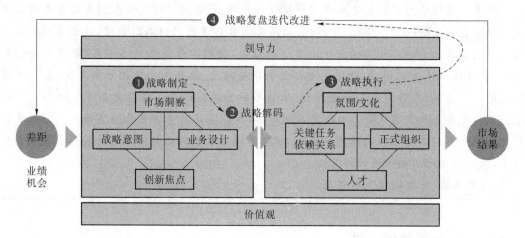

图 11-9　华为战略制定与执行模型

（2）战略规划

① 市场洞察

a. 对宏观趋势的洞察。从宏观的角度，包括：怎么看待国家层面的政治、经济、文化、社会等方面的变化与发展趋势；这些趋势将会为行业带来什么样的影响与变化；整个产业未来的技术发展趋势是怎样的；会发生哪些变化；等等。这一切都需要在这一部分体现出来。

b. 对客户的洞察。客户在未来五年的发展战略方向是什么；在它的发展战略当中存在哪些痛点；等等都是我们始终关注的内容。

c. 对竞争对手的洞察。竞争对手会有什么样的发展战略；它的定位是什么；等等。

d. 对自身的洞察。建立在对客户与竞争对手的洞察之上，希望更好地发掘自身的优势与弥补内在的不足。通过 SMART 分析模型，可以明确我们的挑战与机遇在哪里。

e. 对机会的洞察。未来客户领域有什么样的投资机会；对我们来说，它的市场空间有多大；等等。

②战略意图

在战略意图领域,我们所要明确的,其实就是未来想要达到一个怎样的高度。比如,在未来五年,我们的销售目标要由现在的 10 亿元变成 20 亿元,那么,这"20 亿元"一定不是空穴来风,它一定来自清晰的战略意图。因此,企业的愿景、战略目标、战略里程碑以及长期的财务指标等,都是在战略意图里需要回答的问题。

③创新焦点

未来,整个公司的产品应该怎样组合?哪些是我们现在核心业务?为追求规模和盈利,需要为未来培育哪些业务,并使其在一定的时间内成为主力业务,形成市场份额的提升以及产品竞争力的提升?

同时思考,在组织层面、产品和解决方案层面、人力层面,公司未来到底有哪些创新因素?有哪些创新点?我们可能会首先在某个区域、某个部门或者某个环节进行实验,一旦获得成功,就会在其他模块或者在全公司进行推广,这是创新焦点的一个非常重要的因素。

④业务设计

业务设计包括客户选择、价值主张、价值获取、盈利模式、业务范围、战略控制等维度。在整个业务设计层面,我们的方法论是价值设计、价值驱动。

a. 客户选择。我们到底选择什么样的客户,客户的级别是什么样的,是选择 TO B 的客户,还是选择 TO C 的客户,还是从 TO B 到 TO C 的客户都选择。

b. 价值主张。客户选择我们的原因是什么?他们有哪些期望?基于对客户及其需求的洞察,确定我们的价值主张。然后,通过各类品牌活动、各种论坛等将我们的价值主张推送给客户。

c. 价值获取。即我们用什么样的产品来满足客户的需求。在这一过程中,产品并不仅仅局限于技术类型,它也可以包括财务类型的产品,比如贷款等。

d. 盈利模式。盈利模式是指企业到底通过什么样的方式去赚钱,包括直接的方式,即通过规模销售产品来获取利润,也包括其他一些间接的方式。

e. 业务范围。对企业而言,做什么与不做什么非常关键。哪些业务是可以自己做的,哪些必须要通过合作来完成,都需要做出清晰的选择。

f. 战略控制。未来,企业持续产生利润的核心点有哪些?比如,良好的客户关系、优良的产品性价比等,它们都构成了企业的战略控制点。

可以把整个业务设计的方法论比作登山的过程(图 11-10)。那么,企业的战略意图就在山顶,目前的差距就是山脚,而企业领导力体现在中间这一部分。

(3)战略执行

①关键任务

在战略执行当中,我们会梳理出未来的战略里程碑,并将其纳入未来五年的关键任务当中。其中,每一年的关键任务又都会有所侧重,而所有这些关键任务必须落地到某个部门或者某个人,直接负责这个关键任务的解决。

②正式组织

组织要考量的因素是如何适配的问题,即为实现这些关键任务,公司需要建立什么样的组织?这些组织如何匹配客户关系等。为了实现与客户更好的适配,公司每两到三年都会进行一次组织变革,以更好地适配客户、更好地调动组织积极性。

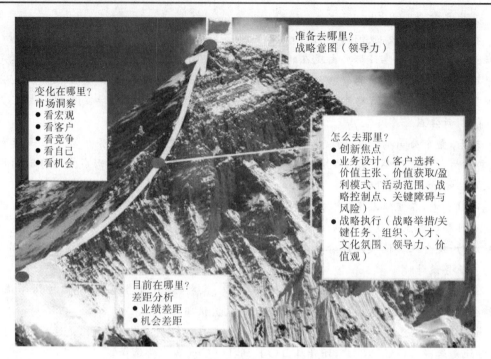

图 11-10 华为战略制订与执行示意图

③ 人才

组织需要更多地考虑需要哪些关键人才,以及这些人才需要通过哪些方式来获取。

④ 氛围与文化

公司需要打造什么样的氛围和文化等。

(4) 战略管理原则

① 华为战略管理的两大约束指标

在华为内部,战略管理包含两大约束指标:运营效率与竞争。它同时也是CEO的两大核心任务。

② 围绕这两大约束指标的战略管理能够解决三大问题

第一,我们身在何处(差距分析)。

第二,我们要去何方(战略意图),即未来的目标是怎样的?战略里程碑又是怎样的等。

第三,怎么去?它包括了市场洞察、业务设计、战略执行三个层面的内容。

③ 战略制订的四项基本原则

在战略的制订过程中,华为始终遵循着四项基本原则:

第一,战略是不能被授权的,一把手必须亲自领导、亲自贯彻整个战略制订与执行的全过程。

第二,战略必须以差距为导向,并集中力量解决关键问题(包括业绩差距、机会差距等)。

第三,战略一定要与执行紧密结合,重在结果。如果战略在制订出来以后即束之高阁,没有执行、没有监控、不是闭环的,其价值必然会大打折扣。

第四,战略同时是持续不断、周而复始的组织行为。

(5) 战略执行 BEM

BEM,即业务战略执行力模型(图 11-11)。在明确了企业战略方向的运营定义之后,企业要据此确定关键成功要素(战略举措)以及战略 KPI,进而形成组织 KPI,最后进入年度重点工作、重点管理当中。从而形成一个管理者的 PDCA,因此这是一个完整的,对整个组织的闭环监控和管理。

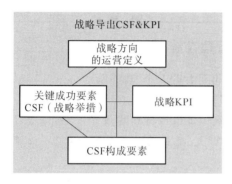 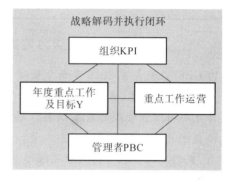

图 11-11 华为战略执行力模型

(本案例由作者根据网络资料整理)

## 11.2.3 财务规划和控制系统

财务规划和控制系统与预算活动和财务目标相关。如果盈利是企业的基本目标,财务系统将不可避免地成为这样一种基本机制,即高层管理者试图通过它来控制企业业绩。财务规划的中心是预算过程。预算过程涉及设置并监控与固定时期的收入和支出相关的财务参数,不只为作为整体的整个企业,也为分支机构和下属单位。预算具有多重,有时甚至是模糊的角色。预算可以是对未来收入和支出的估计,也可以是一定收入和利润下必要的财务业绩和目标,还可以是特定限额预算内的支出认可。有两种类型的预算:资本支出预算和经营预算。

**1. 资本支出预算**

战略规划同样要预测战略规划期内的资本支出。来年的资本支出预算按照实际分配给每个分支机构或下属企业的数额确定。年度资金预算基本上按对单个资本支出项目做出的安排确定。大多数企业都有一种标准化来评估项目计划。例如,估计一个新铜矿厂的净现值,如果对未来的价格做出不同的假设,评估者会得出不同的估计。对位于马来西亚的一家新半导体厂的投资进行评价,得克萨斯评估公司会根据对美元和马来西亚林吉特的汇价的不同假设,来检查项目净现值的安全性。由于支出规模不同,资本支出可能在企业的不同层次得到批准。500 万美元的项目可能是由一个营业部主任批准,2 500 万美元的项目可能要分支机构的最高管理者批准,更大规模的项目可能要由最高管理委员会批准,最大项目则要由董事会批准。

**2. 经营预算**

经营预算是对作为整体的企业和单个分支机构和经营单位来年的利润和亏损的报表。它通常分为季报和月报,以实现连续性监管和及早发现偏差。经营预算一方面是预测,另一方面是目标。战略规划期内的经营业绩目标通常由董事会制订。因此,1994年,美国石油企业把财务目标定为:截至1998年实现30亿美元净利润,去除通货膨胀影响后年盈利增长率保持在2%~4%之间,股东权益报酬率为13%~15%。每个分支机构一般都为来年准备一份经营预算,提交最高管理层讨论,如果被接受则实施。在财政年度末,分支机构管理层要对去年业绩进行回顾。

案例 11-4

## 华为的财务管理系统

华为CFO孟晚舟在2017年新年致辞中,提出了打开5个"边界"。

(1) 打开作业边界,责任在哪里,我们就在哪里

项目是公司经营管理的基本细胞。项目财务队伍已经持续建设了三年多,今年,各个区域还给我们补充了不少项目财务人员,在"形似"上,项目的财务人员配置已基本到位;在"神似"上,我们距离管理层的期望还很远。

2016年,N国汇率大幅波动,代表处的项目财务主动请缨参战。与客户合同谈判前,收集信息、仔细测算,匡算合同整个履约周期内可能的外汇损失。合同谈判时,现场参与汇损分担机制的条款谈判,即便是谈判陷入僵局,仍然有礼有节、尽职尽责地维护着公司的利益。合同签约后,一刻也不松懈地投入回款跟踪上,跟踪交付计划,跟踪客户付款计划,主动协调两边的工作效率和工作进展,有效地关闭了外汇风险敞口。

(2) 打开管理边界,机会在哪里,我们就在哪里

2007年,内控管理作为IFS的子项目,开启了从零起步的变革大门。十年磨一剑,如今,我们的内控意识、内控机制、内控能力已浸入各个业务活动之中,业务在哪儿,内控就在哪儿,形成了以"流程责任和组织责任"为基础的全球内控管理体系。

内控推行之初,财经被视为业务的对立面,内控目的似乎就是为了阻止业务快速通过。在混沌和迷茫中,我们渐渐找准了自己的定位,提出"内控价值要体现在经营结果改善上"的管理目标,并沿着这个目标把内控工作揉细了、掰碎了,一个一个区域、一个一个组织逐个讲解、逐个沟通、逐个松土,逐个确定本领域、本组织的内控工作目标。有了目标,就要承诺;有了承诺,就要实现;内控管理在经营活动中渐渐地扎了根,发出了芽,一线团队也渐渐接受了内控概念,愿意沿着内控的管理要求展开作业。

M代表处内控团队推行自动化验收、开票与核销系统,以提升OTC流程的作业质量,使得开票时间从80分钟缩短至10分钟,客户拒票率下降98%。

(3) 打开组织边界,人才在哪里,我们就在哪里

在过去的两年里,财经正努力打开组织边界,引入新鲜血液,获取全世界的优秀人才。2014年11月,集团财经首次在英国尝试开展财经专场招聘会,迈出主动拓展海外人才的第一步。现在华为财经团队来自牛津、剑桥、哈佛、耶鲁等著名大学的优秀学生有数百名,他们正逐渐成为我们的新生力量。

2015年,税务规划团队、关联交易团队整体搬迁至伦敦。在此后一年多的时间里,我们发现这两个领域的高端人才明显比以前容易获取,而且他们融入团队更平滑、更有效。这

些在行业内极富专业影响力的专家,拉动我们的专业税务能力建设快速走上新台阶。

打破组织边界,引入"不带华为工卡的同僚",无论你是雇员,还是顾问,无论你是全职,还是兼职,我们都将非常开放地合作,"一切为了胜利"是我们唯一的目标。

(4) 打开思想边界,方法在哪里,我们就在哪里

在一切边界中,最难打破的,就是无形的思维边界。只有打破思维模式的禁锢,积极尝试新方法、新工具;突破作业习惯的边界,努力尝试新角度、新立场,才能跟上这个瞬息万变的时代。

如今的我们,早已超越了基础财务服务的范畴,ICT行业的先进工具和方法,正装备着我们的队伍,创造着无限的活力。

在会计核算领域,我们积极尝试自动化、智能化,将标准业务场景的会计核算工作交给机器完成。目前,年平均约120万单的员工费用报销,员工在自助报销的同时,机器根据既定规则直接生成会计凭证;98个国家和746个账户实现互联互通,支付指令可以在2分钟内传递至全球任一开户银行;我们的付款准确率水平高于银行100倍以上;在AP领域的四个业务场景上,我们启用了计算机自行处理,试点半年来,通过手工作业进行并行校验,其结果证明准确率为100%。

我们在全球实施的RFID物联资产管理方案,目前已经覆盖52个国家、2 382个场地、14万件固定资产。RFID标签贴在需要管理的固定资产上,每5分钟自动上报一次位置信息,每天更新一次固定资产的使用负荷(或者闲置)情况。部署RFID后,固定资产盘点从历时数月下降为只需数分钟,每年减少资产盘点、资产巡检的工作量9 000人·天。资产位移信息、资产闲置信息及时更新、共享,使我们在资产管理上能够有的放矢。

在资金规划领域的四个大数据项目,展现出令人惊讶的创造力,"经营性现金流预测"和"分币种现金流预测"的大数据项目已正式上线应用。基于大数据模型,由计算机进行上万次数据演算和模型迭代,经营性现金流已实现12个月定长的滚动预测。从历史数据的拟合度看,最小偏差仅800万美元。对于在170个国家实现销售,收入规模约800亿美元,年度现金结算量约4 000亿美元的公司来说,800万美元的现金流滚动预测偏差,已经是极为理想的结果。

(5) 打开能力边界,工匠在哪里,我们就在哪里

财经团队的每个成长脚印里,总有说不完、数不清的动人故事,锲而不舍、艰苦奋斗、精益求精的工匠精神,支撑着整个组织的前进。

存货账实相符项目的实施,在公司近三十年的经营史上,首次实现了站点存货的可视、可盘点、可管理。站点存货账实一致率,从2014年的76%提升至2016年的98.62%;全球中心仓的账外物料8 800万美元实现再利用;清理超期存货7 500万美元;中心仓和站点存货的货龄结构大幅改善;ITO同比上年提升44天;这一条条、一项项可圈可点的成绩,再次证明了我们是一支"说到必将做到"的团队。

账务核算已经实现了全球7×24小时循环结账机制,充分利用了我们共享中心的时差优势,在同一数据平台、同一结账规则下,共享中心接力传递结账作业,极大缩短了结账的日历天数。24小时系统自动滚动调度结账数据,170+系统无缝衔接,每小时处理4 000万行数据,共享中心"日不落"地循环结账,以最快的速度支撑着130+代表处经营数据的及时获取。

全球259家子公司均要按照本地会计准则、中国会计准则、国际会计准则的要求，分别出具三种会计准则下的财务报告。还有，按产品、区域、BG、客户群等维度分别出具责任中心经营报告，这些报告都可以在五天之内高质量输出。

巴西的税务专员Carlos发现，按照INSS的规定，已交纳的社保税可以申请抵扣。于是，他放弃休假，用了两个多月的时间，在堆积成山的仓库中找到150多份退税证据。Carlos的努力和坚持，为我们从巴西税务局退回了3 000万美元的"冤枉钱"。

财经已经融入公司所有业务活动之中。从合同概算到项目回款、从产品规划到市场分析、从出差申请到费用报销、从资产管理到存货管理、从销售融资谈判到融资规划落地、从税务筹划到定价设计……伴随公司的成长，财经组织从"非常落后"走到了"比较落后"，又从"比较落后"走到了"有点先进"。

（本案例由作者根据网络资料整理）

### 11.2.4 人力资源控制系统

人力资源控制系统的核心是建立一个最能有效地保持企业员工和企业目标一致的激励系统。通常的问题是代理问题：企业能使员工按企业意愿工作？代理问题不只存在于劳动合同中，也存在于所有的契约关系中。在劳动合同中问题严重和复杂得多，因为与大多数高度专门化的市场契约不同，劳动合同对于员工的要求是不准确的。劳动合同给了管理者因不满意员工的业绩而终止合同的权利，但是终止合同的威胁是非充分激励；它增加了管理者的成本，却只要求员工做得比新员工要好。而且，管理者对员工的工作业绩具有不完全信息。要确定员工用企业的计算机玩游戏、用企业的电话打给亲戚朋友，就要增加企业的监督成本。员工越是热衷于团队生产活动——在其中员工个人的产出不容易被单独衡量——他们偷懒的可能性越大。

一份劳动合同使企业有权利把工作指定给某个员工，也有权力解雇不能很好地完成任务的员工。企业可以用行政等级直接监管确保员工与组织目标的一致。这类行政性监管的脆弱性在于：没有对超出免遭解雇最低限度努力的激励；监管会增加成本；该系统事先假定监管者具备有效指导员工的必备知识。

达到更有效合作的关键是建立比单纯的解雇威胁更为复杂的激励机制。企业促进合作可采用的主要激励方式是奖励和提升。奖励的关键是把员工报酬同有效工作业绩所必要的投入相联系，或者同产出相联系。与产出相联系的报酬支付方式的最简便形式是计付（对产出的每个单位支付）或佣金（按创造收入的一定比例支付）。

案例11-5

## 华为的人力资源管理系统

1996年1月，华为发生了一件被内部人称为"惊天地、泣鬼神"的大事——市场部集体辞职，华为的人力资源体系建设风起云涌地开始了。目前公司层面的人力资源部包括招聘调配部、薪酬考核部、任职资格管理部、员工培训部这四大支柱，以及荣誉部和人事处等。

(1) 公平与效率之源——考核薪酬处

**高薪策略：源自企业家精神的高效手段**

在华为工作标志着"高额收入"。在华为，只要是本科毕业，年薪起点就在 10 万元，这是招应届大学生的标准（从社会上特招过来的更高），至于工作一两年后达到 20 万元以上是很轻松的事。本质上，华为的高薪来源于总裁任正非的企业家精神。《华为基本法》第六十九条："华为公司保证在经济景气时期和事业发展良好的阶段，员工的人均年收入高于区域行业相应的最高水平。"一位评论家说："任正非掌握了知识经济时代的一个根本的东西，那就是价值分享，要敢于与他人分享财富和事业的价值。"

**员工持股计划：知本主义**

华为很早便实施员工内部持股计划。一个刚刚毕业，一无所有的大学生，在华为工作一两年后就能获得股权。员工收入中，除工资和奖金外，股票分红的收入占了相当大的比重。股票如何发，是综合员工的职位、季度绩效和任职资格状况等多种因素综合决定的。在华为看来，知识能产生巨大的增值价值，让员工通过知识获取资本，可以极大地激励和凝聚员工，这就是"知本主义"的含义。

**绩效考核：优劣分明，持续改进**

高薪和股权使华为的薪酬对外具有极大优势，但要保证内部公平性，考核不可或缺，它是重要的报酬决定因素之一。在薪酬考核部，绩效考核与报酬管理二位一体，它们的一个信念是"绝不让雷锋吃亏"。另一个信念则是"通过 5% 的落后分子促进全体员工努力前进"。

**在华为公司，考评体系的建立依据以下假设：**

华为绝大多数员工是愿意负责和愿意合作的，是高度自尊和有强烈成就欲望的。

金无足赤，人无完人；优点突出的人往往缺点也很明显。

工作态度和工作能力应该体现在工作绩效的改进上。

失败铺就成功，但重犯同样的错误是不应该的。

员工未能达到考评标准要求，也有管理者的责任。员工的成绩就是管理者的成绩。

(2) 员工职业化能力助推器——任职资格管理部

1998 年，任职资格管理的第一个使命，是解决秘书问题。1998 年，意识到员工的职业化能力问题的，首先是秘书职位。华为的秘书基本是大学本科毕业的，一开始进华为往往图工资高，说自己什么都能做，便做了秘书。几个月后，觉得秘书好像就是打杂，便不想做了——但他们的职业能力实际上并没有提高。

后来人力资源部便开始探索秘书的任职资格：打字速度、会议通知、会议所用的文具、会议过程管理、做会议纪要的方法、办公室信息管理、各个部门的流程的连接。比如开会前半小时打电话落实一下，职业化水平就体现在这样的细节中。资格体系做好后，秘书们终于明白了自己发展的方向。

后来，华为的秘书一个顶仨。像计算机管理、文档管理、电话处理，别的单位得招 3 个人来做，在华为一人足矣，省下了工资、管理费用、工作空间，效率还更高。

在华为，6 个培训中心统统归属于任职资格管理部之下，乍看不可思议，其实顺理成章。许多企业都为之头痛的培训无效问题，往往是由于缺少任职资格体系，无法得知"现有"和"应有"的差距。而在华为，有了任职资格体系，从某一级升到上一级，需要提高的能力一目了然,培训便具有针对性。任职资格标准牵引推动,培训体系支持配合,强调开发功能,真正解决员工职业发展问题。

到1999年,华为的人力资源管理架构基本成形,绩效管理体系、薪酬分配体系和任职资格评价体系互通互联,三位一体形成动态的结构。

这套标准的优越性在于,华为对员工的评价、待遇和职位不一定具有必然的关联性,在摆脱利益裙带关系之后,职位只是企业中做事的一个简单标志。去除了官本位后的任职机制,员工上升通道自然打开。

(3) 人与岗位的匹配——招聘调配部

"大量进人,大量出人"是华为的特点——似乎也是很多招聘草率、留不住人的企业的特征。然而两者存在根本区别。华为进人多,是"集中优势力量压倒对手"的狼群方针的体现,具体的招聘过程非常严谨。

在招聘和录用中,华为注重人的素质、潜能、品格、学历和经验。按照双向选择的原则,在人才使用、培养与发展上,提供客观且对等的承诺。公司有严格的面试流程,一个应聘者经过人力资源部、业务部门的主管等四个环节的面试,以及公司人力资源部总裁审批才能正式加盟华为。

为保证招聘质量,公司针对主要的岗位建立素质模型,对素质模型中的主要素质进行分级定义,统一各面试考官的考核标准,从而提高面试考核的针对性和准确性。有了标准,还得有执行标准的人才行。华为建立了"面试资格人"管理制度,对所有的面试考官进行培训,合格者才能获得面试资格。而且每年对面试考官进行资格年审,考核把关不严者将取消面试资格。

人才进来后,会不断流动,能上能下,征伐四方。华为的调配和一般公司不同,往往不是把差的人调走,而是把最好的员工"发配"各地。

一位华为的工程师在文章里写道:"我们开始都不理解,为什么公司派最好的人去农村、去基层……后来终于明白了任总的苦心:只有最好的人去,才能有感受,有学习,真正了解基层,回来以后才能真正改进工作。"另一位员工感言:"在华为的短短4年,我得到了难以想象的丰富经历,从研发到市场,再到服务,在其他企业是完全不可能的。"华为的人员调配致力于锻炼优秀者,搅活"沉淀层"。

(4) 狼群训练营——员工培训中心

事实上,华为人的心理契约,从进入公司的第一天就开始逐渐形成了。华为的"洗脑"是出名的,来自不同地方、不同学校,还保留着大学生桀骜个性的新员工,如何就变成了像是一个模子出来的华为人呢?

"新生"入职开始接受培训,首先进入一个大队接受企业文化以及相关的制度法规教育等综合性培训。这一环节最关键的是教授大家做人。通过普通员工和高层领导多次现身说法,"让你知道华为公司的理念,华为公司的做人方式"。让员工成为一个正直、诚实的人,一个有大事业的人。

下一步是技能培训。做市场进入培训一营,不是教授销售技巧,而是教授产品,即使是文科生都要接受产品技术培训,从通信原理开始,直到工厂参观。光让新人知道技术还不成,还要知道客户在想什么。3个月后,华为会把新人派到"用户服务"前线去,到地方,和用户服务工程师一起干。再3个月才能调回总部。

进入二营,内容转为市场和客户服务,观看胶片和 VCD,一遍一遍地听老师介绍,私下彼此辅助交流,被安排到客户服务展厅去,向客户讲产品。后面还会根据不同的岗位接受不同的考验。

在整个培训过程中,新人几乎一年内"白吃白喝",就是学习。华为光这一项培训投入花费就很可观。但这一步工作帮助了华为的新人"洗脑"。

(5) 精明强干——人事处

华为整体人力资源部的人员编制是按照1‰的比例配备的,人力资源部员工总共有200余人。合同管理、劳动保险以及办理各种证卡等工作是由人事处来负责的,也许对许多企业来说,这便是人事工作的全部了。然而在拥有20 000余名员工的华为,做这些事只用4个人!华为人的精明强干由此可见一斑。

(6) 持续的鼓励——荣誉部

华为的"狼文化"在业内几乎无人不晓。学雷锋、讲奉献;团队奋斗,"胜则举杯相庆,败则舍身相救";搞研发的,板凳要坐十年冷。讲出来,惊心动魄,对外人而言,甚至有些不可思议。这样的企业文化如何落地生根?很大程度上靠的是"荣誉部",它专门做三件事情:

①经常发荣誉奖。每个业务领域都可以申报,一张奖状,200多块钱,似乎平淡无奇。但在华为,小小奖状预兆着大家投向得奖者的钦佩眼神,200块钱则会变成大排档上一帮同事的整晚狂欢。

②先进典型事件报道。任正非在一篇讲话中说:"什么是华为的英雄,是谁推动了华为的前进?不是一两个企业家创造了历史,而是70%以上的优秀员工,互动着推动了华为的前进,他们就是真正的英雄……英雄就在我们的身边,天天和我们相处,他身上就有优点值得您学习。"典型报道对象往往是普通的员工、普通的华为英雄。

③专家辅导。请什么专家呢?业内强人?心理医生?职业指导师?非也。华为请的是老专家,来自高校或者其他单位,与IT行业不怎么搭界的老专家。来自绵阳导弹基地等地,令人肃然起敬的退休老专家,思想十分纯净,并且非常乐意和晚辈交流。老人是人类的财富,他们的岁月转化成了智慧。来自老专家的咨询,总让年轻的华为人豁然开朗。

**总结:人力资源管理体系创造传说**

人们普遍认为,高效的薪酬激励制度和高度激发员工斗志的精神教育是华为进行员工激励的两大法宝。综观华为的人力资源体系,任职资格体系疏通了职业发展道路、科学的考核方法保证了竞争的公平,荣誉部使员工的斗志可以持续地保持下去,人事处提供了高效的基础服务,所有这些结合在一起,构成了两大法宝生效的前提。华为公司的辉煌传说,人力资源管理体系功不可没。

(本案例由作者根据网络资料整理)

# 11.3 企业文化

事实上,企业文化也是一种有效的战略控制手段。企业文化包含企业员工的一系列信仰、价值观和行为方式,这些都影响到员工的思想和行为。企业文化明显存在于标志、社会实践、仪式、词汇和服饰中。学术研究把停车方式、董事房间的内部设计和装修视为不同企业文化的区分指标。与许多社会团体一样，企业文化是一种复杂现象。它们植根于民族文化，并且把其他社会因素融合进来，经理人员反映与专业人士和管理阶层相关的文化、小时工（不包括律师和咨询人员）反映工人阶级文化。每种社会团体都反映它自己文化的元素。在企业内部，文化也大不相同，不同的文化可能与不同的经营业务和功能有关。

有时候，企业文化作为一种控制手段，能够取代正式的协调和控制系统。研究表明具有浓厚文化的企业能够实行很大幅度的控制（如罗马天主教教廷、绿色和平组织）。企业文化的价值在于它便利了协调和合作。因此，20世纪80年代早期，在苹果计算机企业中，建立起了一种几乎没有正式控制却带来高度合作的共同文化，即围绕着这样一种信念：苹果企业正在领导微机革命，这场革命会带来工业社会的转型。

但是文化的影响不仅在于统一行为动机，企业文化同样能帮助协调。在诸如海尔、联想、TCL等大型分散化企业中，强有力的企业文化在企业员工之间创造出一种有利于交流的认同感和组织行为模式。这种情况在水平交流和协调中尤其明显。企业文化的整体影响尤其体现在协助大型涉及新产品开发的、交叉功能性团队中通过相互调整而进行的协调。文化作为协调手段的优势之一在于它支持的各种相互作用中具有高度灵活性。

优秀的企业文化还可以凝聚人、鼓舞人、激励人，能够激发全体员工的积极性、能动性、创造性。英籍美国学者查尔斯·汉普顿和阿尔方斯·特龙佩纳对美、英、德、意、瑞典、日本、新加坡等12个国家15 000名企业经理的调查指出，不同的企业在创造财富的过程中都受到各自独特的价值体系的影响。海尔的张瑞敏在1984年企业亏损147万的创业年代首先提出的就是"企业文化先行、企业理念先行"。在惠普公司1999年的年度报告中，专门有一节讲到惠普的核心价值观——为了公司的发展，我们努力地创造和革新，但是有些东西是亘古不变的，这就是我们企业的价值观：我们对人充分信任和尊重，我们追求高标准的贡献，我们将始终如一的情操与我们的事业融为一体，我们通过团队通过鼓励灵活和创新来实现共同的目标——我们致力于科技的发展是为了增进人类的福利。摩托罗拉公司把"诚信为本和公正"作为自己的核心理念，要求企业的每个经理人员和员工"保持高尚的操守，对人永远尊重。"福特公司的核心价值观中有一项是：让每个人都用得起汽车。福特对这个理念进行了说明——"我将为一个伟大的目标建造每一辆汽车，它要很便宜，使得那些没有很高收入的人也能买得起，从而使他们能与家庭一起分享上帝赐予我们的快乐时光。"在这些公司看来，这个世界外在的东西，无论是钱、权力，还是法律制度，都不可能为人提供持续不断的力量源泉。你可以将你的成功建立在员工暂时对金钱或权势的屈从上，但是你不可能从屈从中得到真正的创造力和对企业愿景的忠诚。企业持续创新的力量却只能从优秀的企业文化中获得。

**案例11-6**

**华为的高绩效文化**

1997年3月27日，历时三年八易其稿、103条的《华为基本法》最后一次审稿。至此，改革开放以来，我国第一部企业宪章或者说企业管理大纲正式诞生。华为和任正非完成了一次自我超越，走出了混沌。

(1) 高绩效文化

《华为基本法》中充斥着大量以"我们要"为开头的条款。华为后来在市场竞争中所创造的"100∶1的人海战术""不计成本、不敢花钱的干部不是好干部""把客户震撼,把合同给我""价格进攻、击杀对手"和"狭路相逢勇者胜"等市场策略,无不体现了《华为基本法》以自我为中心的生存假设观,强调"我是谁、我要成为什么、我要怎样去求生存、我要怎样干掉竞争对手"。

吴春波说:"过去华为讲奉献,讲床垫文化,讲营销,讲狼文化,讲内部,讲服务文化,所有的这些表现,最后都会找到一个企业文化的核心,这个核心就是高绩效文化。"

从企业史上来说,高绩效文化来源于IBM。

1993年,这家超大型企业因为机构臃肿和孤立封闭的企业文化而变得步履蹒跚,亏损高达160亿美元,正面临着被拆分的危险,媒体将其描述为"一只脚已经迈进了坟墓"。面对这样一个烂摊子,众多职业经理都不敢接手,没有人能够有自信教会这头大象跳舞。最终,不懂技术懂管理的郭士纳接过了这个烫手山芋。郭士纳后来回忆为什么有胆量接手IBM时说:"高科技企业都不是技术问题,而是管理问题。"流程和文化是紧密相连的,郭士纳上任后做的第一件事情就是改造IBM的流程,着重强化IBM的管理,而不再把目光集中放在经营上。过去IBM的流程是封闭的,郭士纳大胆地将IBM的流程和组织结构以客户导向为原则进行再造。流程的再造带来了IBM文化的变化,郭士纳成功地将老沃森父子创造的IBM家庭文化改造成了高绩效文化。

实际上,不论是华为还是其他国内企业,其早期的成功都得益于这种蓝血绩效文化,即绩效是硬道理,为了绩效可以采用各种手段。当年的蓝血绩效文化让华为的业绩迅速提升,对当年身无分文的华为年轻创业者来说,也起到了强力的驱动作用。

在华为,文化口号非常多,如"胜者举杯相庆,败者拼死相救";"大步进退、诱敌深入、集中兵力、各个击破"。吴春波说:"每一种文化就好比一个墙角,都有一个墙面,对着的都是高绩效,高绩效能够支撑企业的持续发展,给客户带来价值,给企业带来利润,给员工带来好处。"

对于华为研发流程体系的再造,《华为基本法》并没有涉及。但这并不影响华为后来学习IBM通过流程再造来对文化进行重塑。引进IBM的IPD研发模式。华为用了相当长的时间和精力,建立起这套模型,将整个公司的成本几乎都折算到了各个产品线上,所有的工作都围绕一个核心——高绩效。在2004年华为干部大会上,任正非正式提出注重人均效率的概念。

(2) 文化洗脑的新挑战

在华为文化建设的过程中,一个重要的手段就是对员工进行文化洗脑。这也是把华为的理念贯穿到所有员工行为中的保障。尤其是现在,华为员工的平均年龄只有20多岁,"80后"一代成为员工的主要群体。对于华为来说,如何教育"这帮没有受过严格的职业素养训练,职业化水平偏低,个人价值观非常强的独生子女"成为一个新的难题。

目前,华为已经形成了一套完善的人才培训体系。新员工入职后,首先要在华为大学进行一个星期的入职培训。为强化华为文化,新员工到华为6点半起来跑操,迟到要扣分,而且还要扣同宿舍员工的分。

"这不是不人道,是培养团队精神,不能让新员工像在大学一样各自为政。否则,华为一年进来1.5万毕业生,如果全是自由散漫的乌合之众,华为原有的文化就要被稀释掉。"吴春波解释说,"文化的作用既可以稀释,也可以强化。如果这个文化是很强势的文化,谁进来后都这么做,你不这样做不好意思。"

在经历华为大学这一入职的前期阶段,新员工到了各部门也要适应不同的文化。比如,研发部门是"板凳要坐十年冷",营销部门是欢迎"狼性十足"的员工,路由器产品部门的文化则是"做世界一流的路由器",生产部门的文化是"质量是我们的自尊心"。但所有这些文化,就好比竹笋的每一层,其包围的核心仍然是高绩效。

(3) 跨文化管理

华为也有意识地将文化灌注到在海外的公司。在设立海外代表处的时候,华为特意挑选华为性格明显的员工派驻过去担任负责人,让这些负责人起到"播种机和宣传队"的作用。比如华为压强原则,讲究集中优势兵力在自己擅长的领域做擅长的事情,要么不做,要做就做最好的;在战略上是以十当一,杀鸡用牛刀,一旦认准就大力去做。华为文化强大的执行能力,从其曾在短短1年就在国外建立了32个代表处的速度可见一斑。

"海外早期员工都是华为的人,就像一个女人嫁入一个大家庭,你得顺着这个家庭的文化来,所以即使后来的海外人员比华为的人多,文化还是华为的。"吴春波说。

2005年,华为的海外市场业务收入占全年销售收入的58%,首次超过国内市场。2006年,华为设定的目标是,年销售额增长32%,从2005年的59亿美元提高到78亿美元,其中海外市场收入将占60%以上。

在华为大学门口,有一块大石头,上面写着"小胜靠智,大胜靠德。"这或许就是华为能够走到今天,最终摆脱一味追求鲜明企业文化的陷阱的原因。

(本案例由作者根据网络资料整理)

## 本章小结

(1) 战略实施是指公司如何创立、利用组织结构、控制系统和企业文化,并把它们结合起来去实施导致竞争优势和卓越绩效的战略。

(2) 组织结构向员工指派具体的价值创造的任务和职责,具体说明这些任务和职责将如何提高经营优势的构成要素——效率、品质、创新等。

(3) 控制系统的职能是向经理们提供:①一套激励措施来推动员工朝着增加效率、品质、创新等的目标努力;②有关组织及其成员的业绩以及建立竞争优势的情况的具体反馈,使经理们能够持续地采取行动来加强公司的经营优势。

(4) 企业文化是组织内人员和群体共有的价值观、规范、信仰、态度的特殊集合,控制着他们相互之间的交流,以及与组织利益相关者交流的方式。

(5) 组织结构随企业成长、战略变革而发生演变。在企业生命周期的早期(创业期),企业规模小、人员少、经营活动比较简单,适宜建立直线型组织结构;随着企业成长,规模变大,人员增加,组织结构演变为直线职能型;当企业实施多元化战略的时候,事业部制是适宜的组织结构。

(6) 从纵向时间纬度考察,设计一套有效的控制系统通常需要4个步骤:一是建立针对评价绩效的标准和目标,二是创建能够指明是否达到了标准和目标的度量和监控系统,三是对比建立的目标与实际的绩效,四是确定在没有达到标准和目标时启动的纠正和预防措施。

(7) 从横向职能纬度看,为取得有效控制,4个控制系统是必不可少的:信息系统、战略规划系统、财务系统和人力资源系统。

## 思考题

(1) 通常的组织结构有哪些类型?组织结构是如何随着企业成长变化的?描述一家企业的组织结构演变过程。

(2) 如何从纵向、横向两个方面构建战略控制系统?

(3) 举例分析企业文化对于实现战略目标的作用。

# 第12章 战略评价

> 每个人都需要得到认可。精神的认可和物质的认可都是不能缺少的。即使是那些最有才华、超凡脱俗的人,也在乎别人说什么。
>
> 相信人的本性中具有追求利益的特征。一种好的利益格局,能够让人们把这种追求与职业的责任感结合在一起。
>
> 最好的财务制度具有一种预警的能力,能让公司的每一个人都以更确定的方式感受到责任和压力。
>
> ——摘自《联想风云》

战略评价就是对战略实施效果的评价,具体通过绩效评价,检查企业工作结果或行为是否达到了预期的战略目标。通常人们将绩效理解为结果,在 ISO9000 中绩效更强调行为过程,而在卓越绩效评价准则中绩效是结果与行为过程的统一体。

绩效是结果,就是把绩效解释成"在特定时间范围,在特定工作职能或活动上产生出的结果记录"[1]。这种以结果或产出为导向的理解在实际运用中比较常见。

绩效是行为过程,就是把绩效解释成"工作行为过程"。人们不把绩效与结果等同起来的主要原因是:首先,许多工作的结果并非完全是员工的工作所带来的,可能是由个体所不能控制的因素决定的,或者是与个体所做工作无关的因素带来的结果。其次,员工完成工作的机会不完全平等,也不是完成工作过程中所做的每一件事都与工作目标有关。最后,如果过度关注结果,一些重要的过程和人际因素将会被忽视。

绩效是结果与行为的统一体,就是把绩效理解为既包括"工作结果",又包括"工作行为",是二者的统一体。绩效是结果与行为的统一体,就是不仅要看做什么,而且还要看是如何做的,绩效不仅取决于做事的结果,还取决于做事的过程或行为。

一般而言,在一个企业中,绩效不仅包含行为也包含结果。同时,对于不同的企业以及同一企业内的不同人员,在其总体绩效中行为和结果所占的比例也可能不同。例如,对于高速发展的企业更加重视结果,而进入稳定期的企业则更加强调过程;企业中高层管理者以结果为主,而基层员工更加以行为或过程为主。

本章主要学习三种绩效评价方法,关键绩效指标(KPI)、平衡记分卡(BSC)和卓越绩效评价。

---

[1] 李业昆.绩效管理系统研究[M].北京:华夏出版社,2007:2-5.

## 12.1 关键绩效指标

### 12.1.1 关键绩效指标的内涵

企业的战略目标通常都是整体的、概括的、抽象的和不易直接实施的,必须将其进一步细分成若干个业务领域的具体任务并经由特殊的流程具体实施方能最终实现。在这些细分的业务领域中,有一些对战略目标的实现起关键影响作用,通常称为关键业务领域。在这些关键业务领域中又存在着一些关键成功因素,它们分布在业务流程的各个节点上,其状况的好坏直接影响着关键业务的绩效,并最终决定着企业战略目标的实现程度。按照这种逻辑关系,在关键业务流程的节点处设置关键绩效指标以便控制关键成功因素并对关键业务进行考评,便是实施战略管理过程控制的关键。

关键绩效指标(Key Performance Indicator)是通过对企业内部流程的输入端、输出端的关键参数进行设置、取样、计算、分析,衡量流程绩效的一种目标式量化管理指标[1]。相应地,KPI考评法就是以 KPI 为基础的绩效考评方法。在这种考评方法中,绩效考评指标均源自对企业及其运作过程中关键成功要素的提炼和归纳,其目的是建立一种机制,借以将企业战略转化为内部过程和活动,使企业全体成员了解企业战略方向,明确自己的目标任务,并把绩效考评建立在量化的基础之上,从而起到落实战略目标和传递企业价值的作用。

KPI 可以使企业最高管理者明确企业总体战略或事业战略追求的目标,进而通过企业总体战略或事业战略目标的分解落实,使企业内部各事业部或职能、业务部门管理者明确事业部或部门的主要工作目标,并以此为基础,进一步把目标分解为每个员工业绩目标。建立明确的切实可行的 KPI 体系,意味着企业战略目标变成了可量化的具体的业绩目标,是确保盈利模式落实的关键。

基于 KPI 的概念理解,可以看到 KPI 有以下几个明显的特点:

(1) KPI 来自对企业战略目标的分解

首先,作为衡量各个管理层级职位的工作绩效指标,关键绩效指标所体现的衡量内容取决于企业战略目标。其次,KPI 是对企业战略目标的进一步细化和发展。企业战略目标是长期的、指导性的、概括性的,而各职位的关键绩效指标内容丰富,针对职位而设置,着眼于考核当年的工作绩效,具有可衡量性,是企业战略对每个职位工作绩效要求的具体体现。最后,关键绩效指标随企业战略目标的发展演变而调整。当企业战略侧重点转移时,关键绩效指标必须予以修正以反映企业战略新的内容。

(2) 关键绩效指标是对绩效构成中可控部分的衡量

企业经营活动的效果是内因外因综合作用的结果,这其中内因是各职位员工可控制和影响的部分,也是关键绩效指标所衡量的部分。关键绩效指标应尽量反映员工工作的直接可控效果,剔除他人或环境造成的其他方面影响。例如,销售量与市场份额都是衡量销售部门市场开发能力的标准,而销售量是市场总规模与市场份额相乘的结果,其中市场总规模则是不可控变量。在这种情况下,两者相比,市场份额更体现了职位绩效的核心内容,更适于作为关键绩效指标。

(3) KPI 是对重点经营活动的衡量,而不是对所有操作过程的反映

每个职位的工作内容都涉及不同的方面,高层管理人员的工作任务更复杂,但 KPI 只对

---

[1] 陈凌芹.绩效管理[M].北京:中国纺织出版社,2004:275.

其中对企业整体战略目标影响较大,对战略目标实现起到不可或缺作用的工作进行衡量。例如,企业主管销售的最高管理者的关键绩效指标通常体现在三个方面,买了多少产品、买的产品赚不赚钱、买的产品的钱有没有收回来,相应的关键绩效指标分别是销售收入、销售收入利润率、销售收入回款率。

### 12.1.2 关键绩效指标体系的设计

设计关键绩效指标体系的基本思路是:以企业级 KPI、部门/岗位职能分工、工作业务流程为基础,按照自上而下的顺序,即从企业、到部门、再到个人,将企业战略目标转变成可量化、可控制、可落实的各层级关键绩效指标。具体来讲,包括三个层面的指标:第一个层面是企业级 KPI,是通过基于战略的关键成功要素法分析得来的;第二个层面是部门级 KPI,是根据企业级 KPI、部门职责、业务流程等分解而来的;第三个层面是个人的 KPI,是根据部门 KPI、岗位职责、业务流程演化而来的。这三个层面的指标共同构成企业关键绩效指标体系。

KPI 体系的设计是一个由上至下的过程,可以分解为以下五个步骤。

第一,制定企业级 KPI

首先明确企业的战略目标,并在企业高层管理者和 KPI 专家参与的会议上利用头脑风暴法和鱼刺图分析法找出企业的业务重点,即关键业务领域。然后,再用头脑风暴法找出这些关键业务领域的关键成功要素,并由此提炼、归纳出企业级 KPI。

第二,制定部门级 KPI

接下来,各部门主管需要依据企业级 KPI,并结合本部门工作职责、业务流程及其与其他部门/业务之间的接口关系,建立部门级 KPI。在这个过程中,由于涉及各部门 KPI 指标的统筹协调,因此通常需要由高层管理者协助各部门主管制定部门级 KPI。

第三,制定个人级 KPI

与部门级 KPI 类似,员工个人的 KPI 也要依据部门级 KPI、岗位职责、业务流程来制定,同时需要部门主管负责完成员工 KPI 在部门内的协调。对于哪些涉及多个部门的业务,在设定员工 KPI 时还应由这些部门的主管协同员工共同完成。

需要指出的是,不管是部门级 KPI,还是员工个人级 KPI,都必须保障能够对各自的关键成功要素进行控制、对关键成功业务进行衡量,都能够支持上一级 KPI,并最终服务于企业战略目标的实现。

第四,设定绩效评价标准

绩效评价标准通常与关键绩效指标体系同时制定,但两者有差异。一般来说,关键绩效指标指的是从哪些方面衡量或评价工作,解决"评价什么"的问题;而绩效评价标准指的是在各个指标上分别应该达到什么样的水平,解决"被评价者怎样做,做多少"的问题。

制定评价标准的通常做法是为每个关键绩效指标设置两个标准:一个基本标准和一个卓越标准。基本标准代表完成工作职责的最低要求,大多数人只要稍做努力都能达到;卓越标准表达了企业对员工做出进一步努力的期望,一般只有少数人经过努力才能达到。卓越标准与基本标准之间的差距为员工努力指明了方向,在一定程度上可以起到激励作用。

目标值或考核标准的制定可以综合三个方面的情况来考虑:

一是企业所积累的历史经验数据。这类数据能反映企业自身的实际情况,通过对历年的绩效数据的比较,把握企业绩效改进的轨迹,预测未来的绩效。

二是标杆企业的情况。标杆企业一般是同行业领先的或在某一业务方面表现出色的企业,这在一定程度上代表当前市场的竞争力。这类标准可以为企业提供明确的绩效赶超方向。

三是企业客户的需求。企业的存在与发展是以满足一定的市场需求为前提的,从这个意义上讲,企业客户所要求的绩效标准是企业必须努力的方向。

第五,审核关键绩效指标体系

对关键绩效指标进行审核的目的主要是检验这些关键绩效指标是否能够全面、客观地反映被考察对象的工作绩效,是否适合于考核操作,从而为适时调整工作产出以及重新设置考核标准提供依据。对关键绩效考核通常需要考虑以下问题:关键绩效指标是否可以证明和观察?不同评价者对同一个绩效指标进行评价,结果是否一致?关键绩效指标体系是否可以解释被评估者80%以上的工作目标?跟踪和监控这些关键绩效指标是否可以操作?等等。

考虑到每一个职位都影响某项业务流程的一个过程或影响过程中的某个点。在订立目标及进行绩效考核时,应考虑职位的任职者是否能控制该指标的结果,如果任职者不能控制,则该项指标就不能作为任职者的业绩衡量指标。比如,跨部门的指标就不能作为基层员工的考核指标,而应作为部门主管或更高层主管的考核指标。

在关键绩效指标制定和审核过程中,要注意各个管理层级之间就目标及如何实现目标达成共识的过程。管理者给下属订立工作目标的依据来自部门的KPI,部门的KPI来自上级部门的KPI,上级部门的KPI来自企业级KPI。只有这样,才能保证每个职位都是按照企业要求的方向去努力。

### 12.1.3 关键绩效指标词典

选取关键绩效指标的出发点,不在于指标本身,而在于指标背后所代表的管理指向。从企业现实管理需要出发,区分不同的管理指向,选取相应的指标。适用于企业的常见指标,通常有如下三类。

(1) 发展性指标:基于企业战略发展的关键绩效指标。根据企业的战略规划,分析支撑企业战略的关键成功因素或结果领域,据此设计发展性的关键绩效指标。发展性指标的作用在于,以更为清晰和量化的标准,阐述企业的战略意图,指明企业经营的方向与重点。发展性指标与企业战略密切相关,而企业战略是一个动态发展和不断诠释的过程;因此,发展性指标的评价标准在于,指标是否紧跟企业战略的变化,是否有效支撑企业战略的实现。严谨的战略分析、及时的合理调整,这是确保发展性指标效度的关键。

(2) 改善性指标:基于企业经营改善的关键绩效指标。很多企业在运营管理中存在一些"短板",有很大的改善空间。这些短板虽与企业战略无直接关系,但如不及时抬升,会制约企业战略的实现。比如,某企业奉行"产品领先战略",产品推向市场的速度很快,但由于技术支持和服务跟不上,导致客户抱怨和流失。因此,企业必须针对自身短板,阶段性地重点加以改善。具体选取改善性指标时,可以从指标的波动性程度切入,通过与外部标杆企业数据进行对照分析,发现那些波动性大、差距也大的指标。

(3) 监控性指标:基于企业经营保障的关键绩效指标,还有一类指标,如安全指数、质量指数等。其最大的特点是,只能保持,不能恶化。若加以"改善",对企业运营起不到重要的推动作用;若发生"恶化",则必定严重损害企业的运营。从本质上说,这类指标对现实工作牵引性不强,更像是一种"高压线"。通常采用扣分的方式,即维持现状属合格,出现"恶化"事件则扣分。

表12-1给出了关键绩效指标示例。

表 12-1 关键绩效指标词典(示例)

| 职务 | 考核指标 | 业绩标准 | 指标回顾 |
|---|---|---|---|
| 财务副总 | 1. 月审批资金供应率 | 资金不断档 | 实际供应率 |
| | 2. 财务费用控制(包括财务费用、管理费用等) | 严格执行每月的预算标准 | |
| | 3. 采购成本降低率 | 采购成本比去年同期相比下浮3% | 实际控制比率 |
| 行政副总 | 1. 招待费用控制 | 控制在预算内 | 实际发生 |
| | 2. 内部服务满意率 | 附"满意调查表",满意率≥90% | 实际满意率 |
| | 3. 车辆费用控制 | 控制在预算内 | 实际费用 |
| | 4. 招聘与培训计划完成 | 完成率100%(见年度计划) | 实际完成率 |
| 总工程师 | 1. 季度新产品研发计划完成率 | 完成率100% | 实际成功率 |
| | 2. 新产品试制一次成功率(成本) | 按测试总项及重试项算,一次成功率85% | 实际成功率 |
| | 3. 新研发产品上市率 | 上市率100% | 实际上市率 |
| 财务部 | 1. 月审批资金供应率 | 资金不断档 | 实际供应率 |
| | 2. 全面预算管理控制 | 预算费用误差控制在±5%以内 | 实际发生 |
| | 3. 财务费用控制(包括财务费用、管理费用等) | 严格执行每月的预算标准 | |
| | 4. 生产成本降低率 | 控制在预算范围内 | 实际成本 |
| 技术部 | 1. 提供图纸、材料定额、工艺卡及时准确性 | 按时下达,文件准确性95%,晚一天扣0.25分;因图纸资料不准确出现重大生产事故扣2分/次 | 实际晚天数 |
| | 2. 技术支持及时性 | 延误生产发货一次扣2分 | 实际耽误 |
| | 3. 技术质量事故率 | 因技术问题发生的质量事故次数,每次扣3分 | 实际事故数 |
| | 4. 现场技术支持满意率 | 见季度调查表 | 实际满意率 |
| | 4. 质量指标 | 质量事故率为0,市场反馈回一次扣1.5分 | 实际事故数 |
| | 4. 总经理指令督办查办落实率 | 落实率100%,未完成一项经理助理按责任人的25%扣分 | 未完成数 |
| | 5. 年内申报项目完成率 | 年内审批资金完成80万元(全年指标统算调整) | 实际完成率 |
| 人力资源部 | 1. 招聘计划完成 | 100%完成(见年度计划) | 实际完成率 |
| | 2. 岗位培训计划完成 | 100%完成(见年度计划) | 实际完成率 |
| | 3. 绩效考核完成率 | 每季首月20日结束上季考核晚一天扣0.5分 | 实际晚天数 |
| 研发部 | 1. 季度新产品研发计划完成 | 100%完成 | 实际完成率 |
| | 2. 开发新产品资料完整 | 新产品测试合格后3日内,要求将所有图纸、各类参数资料、鉴定资料交技术部(办公室),晚一天扣0.5分 | 实际晚天数 |
| | 3. 新产品试制一次成功率(成本) | 控制材料零件更换,工时重复;按测试总项及重试项算,一次成功率85% | 实际成功率 |
| | 4. 研发成本费用控制 | | |
| 质量部 | 1. 外购外协件检验工作合格率 | 检验工作(外观检验、上机测试)合格率为100% | 不合格项 |
| | 2. 质量事故追溯率 | 追溯落实率为100% | 实际追溯率 |
| | 3. 工序质量控制 | 受控率100% | |

## 12.2 平衡计分卡

平衡计分卡(Balanced Score Card,BSC)是战略绩效管理的有力工具。平衡计分卡以公司战略为导向,寻找能够驱动战略成功的关键成功因素(CSF),并建立与关键成功因素具有密切联系的关键绩效指标体系(KPI),通过关键绩效指标的跟踪监测,衡量战略实施过程的状态并采取必要的修正,以实现战略的成功实施及绩效的持续增长。

平衡计分卡是由哈佛商学院教授罗伯特·卡普兰(Robert Kaplan)和复兴方案公司总裁戴维·诺顿(David Norton)在对美国 12 家优秀企业为期一年研究后创建的一套企业业绩评价体系,后来在实践中扩展为一种战略管理工具。1992 年,卡普兰和诺顿在《哈佛商业评论》上,发表了关于平衡计分卡的第一篇文章《平衡计分卡——业绩衡量与驱动的新方法》。从此以后,人们不再从一家企业的财务指标来衡量它的业绩的好坏,而是从包括财务、客户、内部业务流程、学习与发展四个方面来考察企业。1996 年,关于平衡计分卡的第一本专著《平衡计分卡:化战略为行动》出版,标志着这一理论的成熟,将平衡计分卡由一个业绩衡量工具转变为战略实施工具。

在十多年的时间里,平衡计分卡在理论方面有了极大的发展,在实践领域也得到了越来越多的公司的认可。目前,平衡计分卡是世界上最流行的一种管理工具之一,根据美国 Gartner Group 的调查,在《财富》杂志公布的世界排名前 1 000 位的公司中,有 75% 用了平衡计分卡系统。

### 12.2.1 平衡计分卡特征

从平衡计分卡的由来可以看到,平衡计分卡首先是业绩衡量工具,进而发展为战略实施工具,因而平衡计分卡具有绩效评价和战略实施双重功能,可概括为以绩效评价为特征的战略管理工具。

卡普兰等在研究总结优秀企业成功经验时发现:财务绩效、内部运营、学习及创新、满足客户需求这四个方面是企业长期成功的关键因素,并且这四个方面可具体设立关键绩效指标进行评价。卡普兰等创立的平衡计分卡出发点就是对以上四个方面进行绩效评价,通过业绩评价和引导来促进企业战略的实施及业绩的增长。

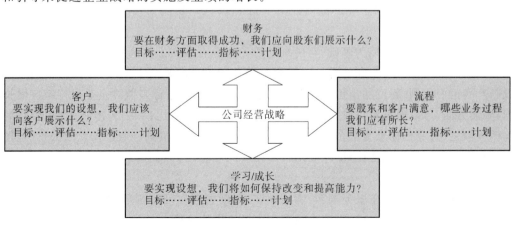

图 12-1 平衡计分卡

平衡计分卡所设的四个方面相互之间具有明显的特点,体现出谋求各方面平衡与和谐的思想。平衡计分卡所包含的"平衡"体现为多个方面:财务与非财务评价之间的平衡,长期目标与短期目标之间的平衡,外部和内部要求的平衡,结果和过程平衡,前导指标与滞后指标的平衡,管理业绩和经营业绩的平衡等。

平衡计分卡四个方面具有依次保障促进的关系。"学习及创新"是长期、基础和过程型关键成功因素,其保障促进"内部运营";"内部运营"是改进企业业绩的重点,相对为半基础、间接和过程型关键成功因素,其保障促进"满足客户需求";"满足客户需求"是速效、直接和过程型关键成功因素,其保障促进"财务绩效";"财务绩效"是企业结果型关键成功因素,是企业经营管理最直观、最重要的绩效指标。

### 12.2.2 平衡计分卡作用

平衡计分卡为战略绩效管理提供强有力的支持。平衡计分卡分析设立四个方面关键成功因素,通过建立各级业务单元乃至各岗位的关键绩效指标,并与企业战略目标紧密相连,形成有机统一的企业战略保障体系和绩效评价体系,可以促进各岗位工作的有序和效率,明显节约企业管理者的时间,提高企业管理的整体效率和业绩。

平衡计分卡改进了传统绩效评价的不足,能提高企业激励作用。传统的绩效评价方法要么单通过财务指标评价,其覆盖面适用部门和岗位过窄;要么是定性的分散的工作任务设立和评价,难以保障公平性、系统性以及战略目标的实现。平衡计分卡通过四个方面指标的系统分解和评价,更加体现出管理的系统性和评价的公平性,明显改进了传统绩效评价的不足。

平衡计分卡有利于促进企业凝聚力和员工参与管理的热情。平衡计分卡通过指标分解让员工参与管理指标的设立,让员工了解到企业战略,让员工认识到自身工作对企业战略及整体业绩的作用,有利于促进团队合作。

### 12.2.3 平衡记分卡评价内容

平衡记分卡从最关键的4个方面来考核业绩。

(1) 财务角度

财务角度涵盖了传统的绩效评价要素,评价目的在于能够有效掌握企业的短期盈利状况。财务指标尽管具有局限性但能显示已经采取的行动的容易计量的结果。平衡记分卡保留了财务方面的指标,是为了显示企业的战略及其实施和执行是否能为最终经营结果的改善做出贡献。

BSC的财务指标以战略为基础,与传统的财务指标有本质上的区别。BSC的财务目标是实现股东价值最大化。股东利益通过销售额的增长和利润的提高来实现。因此,我们还可以设置新产品销售比例(新产品销售量与旧产品销售量之比)等指标来监测企业保持销售增长的潜力;利润方面,可以通过对每股盈利(税后利润与股份总数之比)和销售净利率(税后利润与平均销售额之比)等指标来衡量企业在利润方面对股东价值的贡献。通过投资回报率(返还给股东的利润与股东投资额之比)反映股东收回投资的可能性。

(2) 顾客角度

现代企业的竞争立足于服务顾客、满足顾客、帮助顾客实现其价值取向,因此企业的经营战略应以顾客和市场为导向,确定应为顾客和市场提供的价值,并据此确定相应的评价要素来衡量顾客层面绩效。平衡计分卡要求从顾客的观点来确认与顾客相关的目标与评价要素,因此市场占有率、顾客获得率以及顾客的满意度是衡量该层面绩效的重要评价要素,它们反映了企业在市场中为顾客提供价值的大小。

顾客角度评价指标主要包括:①市场份额。反映企业在一定的销售市场上所占的业务比例,市场份额可以通过客户数量或销售的数量来计算。②客户保持率。指企业争取到的客户继续保持交易关系的部分所占的比例。这是保持市场占有率的基础。③客户满意程度。指客户对企业提供的产品和服务等一系列经营活动是否满意以及在多大程度上满意,它是企业赢得客户,留住客户,提高市场份额的关键因素。

（3）内部角度

内部经营过程衡量方法所重视的是对客户满意程度和实现组织财务目标影响最大的那些内部过程。为了达到顾客的要求,企业在其内部的业务流程、决策与行动上应有良好的表现,具备一定的市场竞争能力,并最终通过向顾客提供相应的产品和服务来满足现有和未来目标客户的需求。平衡计分卡要求企业必须从它的整体经营战略出发对其业务流程进行分析,找出其核心环节并使之转化为能够为顾客提供较高战略价值的能力。

对企业内部经营过程的评价指标有:①创新指标。在创新过程中,企业首先进行市场调查发现新市场,新客户和现有客户的潜在需要,在此基础上设计和开发新产品和新服务来满足客户需要。这个过程可以通过明确的目标和指标来激励和衡量,主要指标可以设置研究开发增长率,新产品销售额在总销售中占有的比重,新产品进入市场的时间等指标来评价。②经营业绩指标。在目前激烈的市场竞争环境下,时间、质量和内部经营过程的成本是衡量优质经营的关键指标。因此,经营业绩指标可设置为:时间指标,如经营周转效率;质量指标,如产品合格率、返修率、废品率等;成本指标;效率指标,如生产能力利用率、设备利用率、设备完好率等。③售后服务质量指标。通常企业可通过产品保修期限、产品维修天数、产品退货等来衡量售后服务质量。

（4）创新和学习角度

强调企业为保持其竞争能力与未来发展,企业管理层和员工应不断探求学习与成长的机会。学习和创新能力是企业在财务层面、顾客层面以及内部层面取得较高绩效水平的驱动因素,评价其目的在于反映企业是否具有能够继续改进和创造未来价值的能力。

对企业学习和成长的评价指标有:员工满意程度、员工流动率、员工知识水平、员工培训次数、参与培训的员工百分比、内部信息系统沟通能力等。

案例 12-1

## A 银行战略导向绩效考评

A 银行是(中国工商银行)总行的直属分行,地处我国东南沿海经济发达地区,该行本外币存款、贷款和利润总额在当地金融同业中保持领先地位。经过多年发展,该行巩固和拓展了主要零售银行和主要清算银行的市场地位,形成了柜台、自助银行和电子银行三大产品销售渠道。

A 行现行绩效考评指标中存在六个方面的问题:(1)从考评指标体系上看,虽然已经有绩效指标群,但未建立起完全意义上的关键绩效指标体系;(2)现有考评指标与组织战略和年度工作重点的关联度不大;(3)部门考核指标来源于组织考核指标的分配,而非分解,造成部门可控性差;(4)关键绩效指标注重结果导向和财务指标,而不能充分关注客户指标、流程指标和学习创新指标为组织可持续发展所能起的作用;(5)个人关键绩效指标由各部门自行设定和管理,一些部门没有针对个人的关键绩效指标进行考评,缺少统一的管理和控制;(6)部分指标设置不合理,缺乏对指标值的修正机制。

**战略导向绩效考评实施流程如下。**

1. 明确银行的愿景与战略

按照BSC四个方面对愿景与战略进行阐明:

- 客户如何看待我们?(客户层面)。
- 我们必须擅长什么?(内部运营层面)。
- 我们能否继续提高并创造价值?(学习成长层面)。
- 我们怎样满足股东?(财务层面)。
- 明确了A银行的愿景与战略,即"努力把A行改造成治理结构完善、运行机制健全、经营目标明确、财务状况良好、主要经营管理指标达到国际同业先进水平、具有较强国际竞争力的现代金融企业,为客户、股东和员工创造最大化的价值"。

2. 对战略目标进行分解,设计关键绩效指标体系

将A银行战略目标按照财务、客户、内部运营和学习成长四个方面分解为银行成功关键因素,通过关键绩效指标的筛选,确定最终的关键绩效指标体系。

(1) 战略目标的分解(略)

(2) 识别关键成功因素(表12-2)

表12-2 A银行关键成功因素

| 财务 | 客户与市场 | 内部运营 | 学习发展 |
| --- | --- | --- | --- |
| 利润增长 | 提高市场份额 | 关注风险管理 | 创新产品 |
| 拓展收入来源 | 争取目标客户 | 流程规范化和高效性 | 共享信息和知识 |
| 降低交易成本 | 提高客户忠诚度 | 基础数据完整性和共享 | 提高员工能力 |
| 提高资产利用率 | 提高客户满意度 | 加强内部协作 | 建立绩效文化 |
| 生产率提高 | 提高客户盈利水平 | | 提高员工满意度 |

(3) 关键绩效指标的开发与筛选

在对A银行关键成功因素有效识别的基础上,需要围绕这些关键成功要素将其细化为具体的、可操作的关键绩效指标(KPI)。

(4) 确定不同层面的关键绩效指标

① 组织层面的关键绩效指标(表12-3)

表12-3 A银行组织层面关键绩效指标

| 绩效要求 | 关键绩效指标 |
| --- | --- |
| 业务规模 | 总资产规模、年末贷款余额、各项存款余额、期末存贷款比例、股东权益 |
| 盈利能力 | 营业收入、税前利润、税后利润、每股收益、每股净资产 |
| 资产运营能力 | 净资产收益率、资产收益率 |
| 风险管理 | (五级分类)不良贷款比例、资本充足率(不低于8%,计算方法是银行自有资本与风险资产的比率) |

同时,按照 BSC 的要求,建立 A 银行组织层面的 BSC(图 12-2)。

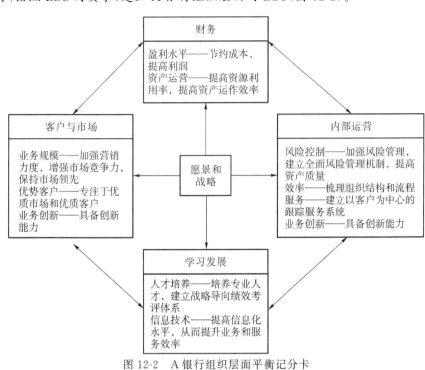

图 12-2　A 银行组织层面平衡记分卡

②部门层面的关键绩效指标

在明确组织层面关键绩效领域的基础上,需要将战略目标分解传递到部门层面。在具体分解过程中,通过分析各部门对组织层面关键绩效领域的贡献维度,以分解设计各部门的关键绩效指标体系。将部门分为三类,即管理类、风险管理类和业务类,不同类型的部门绩效关注点是不同的。管理类主要关注内部运营类、学习与发展类绩效指标,以财务类绩效指标为辅;风险管理类主要关注内部运营类绩效指标中的风险控制绩效指标,以财务类和客户类指标为辅;业务类部门主要关注财务类绩效指标、客户与市场类绩效指标、内部运营类绩效指标中制度流程建设绩效指标,以内部运营类绩效指标中的风险控制绩效指标为辅。

在确定不同部门的绩效关注点和对关键绩效指标筛选的基础上,分别制定部门的关键绩效指标,并按照关键绩效指标的重要性及对部门绩效的贡献度确定指标权重。以 A 行银行卡业务部关键绩效指标为例(表 12-4)。

表 12-4　A 行银行卡业务部关键绩效指标

| 指标类别 | 关键绩效领域 | 关键绩效指标 | 指标说明 | 计算方法或定义 |
| --- | --- | --- | --- | --- |
| 财务 30% | 利润增长 | 银行卡业务利润 | 考评盈利能力 | 实行模拟利润核算<br>公式:银行卡业务收入—成本 |
| | 提高利息收入 | 透支利息收入 | 考评利息收入水平 | 含贷记卡到期未付部分 |
| | 提高中间业务收入 | 中间业务收入 | 考评中间业务收入水平 | 年费、回佣、结算手续费等 |
| | 资产运用 | 透支收益率 | 考评资产运作的收益水平 | (透支利息+滞纳金)/日均透支余额 |
| | 节约成本 | 收入成本率 | 考评费用控制 | 总成本/总收入 |

续表

| 指标类别 | 关键绩效领域 | 关键绩效指标 | 指标说明 | 计算方法或定义 |
|---|---|---|---|---|
| 客户市场 25% | 扩大存款规模 | 日均新增存款额 | 考评本年度业务发展状况 | 考评期存款日均余额—上年存款日均余额 |
| | 扩大贷款规模 | 日均新增透支额 | 考评本年度业务发展状况 | 考评期透支日均余额—上年透支日均余额 |
| | 有效发卡量 | 新增有效发卡量 | 考评业务规模 | 有效发卡不包括已收卡、作废卡、取消资格卡 |
| | 关注重点客户 | 重点客户数量比重 | 促进对重点客户的关注 | 按贡献度界定重点客户 |
| | 提高客户满意度 | 客户满意度 | 考评客户服务质量和服务水平 | 包括在发卡机构柜台的直接投诉 |
| | | 投诉件数 | 同上 | |
| 内部运营 30% | 加强风险管理 | 透支不良贷款率 | 衡量业务风险控制能力 | 透支信用期超过180天以上 |
| | 高效内部协作 | 内部协作率 | 旨在促进部门间顺畅协作 | 平级部门和下级部门的内部协作 |
| | 创新产品、服务 | 新产品收入 | 考评部门推广新产品的能力 | |
| 学习发展 15% | 培养专业人才 | 培训计划完成率 | 考评部门对员工成长的关注 | |
| | | 培训满意度 | 同上 | |

③岗位关键绩效指标

由于不同岗位对组织绩效和部门绩效的贡献不同,各部门的绩效关注点也存在差异(表12-5)。

表12-5　A银行不同岗位的绩效关注点

| 岗位类别 | 绩效关注点 |
|---|---|
| 销售类 | 以财务类绩效指标、客户与市场类绩效指标为主<br>以内部运营类绩效指标中的风险控制指标为辅 |
| 市场类 | 以内部运营类绩效指标中的非风险控制指标为主<br>以客户与市场类指标为辅 |
| 风险控制类 | 以内部运营类绩效指标中的风险控制指标为主<br>以财务类绩效指标为辅 |
| 财务类/科技类/人力资源类/行政类 | 以内部运营类绩效指标中的非风险控制指标为主<br>各类岗位的具体绩效指标基于岗位职责而有所不同 |

在确定不同岗位绩效关注点和对关键绩效指标筛选的基础上,根据岗位职责的特点,

制定了岗位的关键绩效指标,并按照关键绩效指标的重要性及对岗位绩效的贡献度确定了指标权重。

3. 确定绩效指标的指标值,制定绩效合约
4. 持续的绩效指导,及时的绩效反馈
5. 制订绩效改进计划,合理确定绩效汇报

(资料来源:段钢.基于战略管理的绩效考评[M].北京:机械工业出版社,2007,117-133.)

## 12.3 卓越绩效评价

### 12.3.1 卓越绩效模式

卓越绩效模式(performance excellence model)是20世纪80年代后期美国创建的一种世界级企业成功的管理模式,其核心是强化组织的顾客满意意识和创新活动,追求卓越的经营绩效。该模式源自美国波多里奇奖评审标准,以顾客为导向,追求卓越绩效管理理念。卓越绩效模式包括领导、战略、顾客与市场、资源、过程管理、测量分析改进、结果七个方面(如图12-3所示)。该评奖标准后来逐步风行于世界发达国家和地区,成为一种卓越的管理模式,即卓越绩效模式。它不是目标,而是一种评价方法。

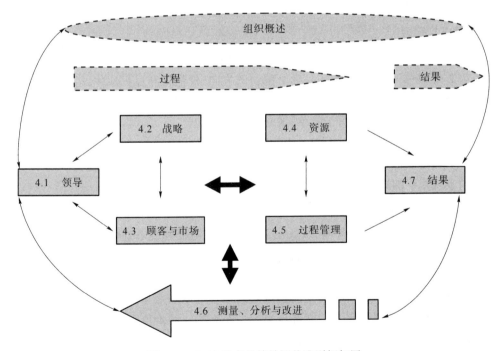

图12-3 2012版卓越绩效评价准则框架图

"卓越绩效模式"得到了美国企业界和管理界的公认,该模式适用于企业、事业单位、医院

和学校。世界各国许多企业和组织纷纷引入实施,其中施乐公司、通用公司、微软公司、摩托罗拉公司等世界级企业都是运用卓越绩效模式取得出色经营结果的典范。朱兰认为,卓越绩效模式的本质是对全面质量管理的标准化、规范化和具体化。一个追求成功的企业,它可以从管理体系的建立、运行中取得绩效,并持续改进其业绩、取得成功。对于一个成功的企业如何追求卓越,"卓越绩效模式"提供了评价标准,企业可以采用这一标准集成的现代质量管理的理念和方法,不断评价自己的管理业绩走向卓越。

从2001年起,中国质协在研究借鉴卓越绩效模式的基础上,启动了全国质量管理奖评审,致力于在中国企业普及推广卓越绩效模式的先进理念和经营方法,为中国企业不断提高竞争力取得出色的经营绩效提供多方面的服务。2004年9月,《GB/T 19580—2004 卓越绩效评价准则》及《GB/T 19579—2004 卓越绩效评价准则实施指南》正式发布,它标志着我国质量管理进入了一个新的阶段。引进、学习和实践国际上公认的经营质量标准——"卓越绩效模式",对于适应我国市场经济体制的建立和经济全球化快速发展的新形势具有重要的意义。2012年3月发布了2012版的卓越绩效评价准则及卓越绩效评价准则实施指南。

### 12.3.2 卓越绩效模式的核心价值观

卓越绩效模式建立在一组相互关联的核心价值观和原则的基础上。核心价值观共有十一条;追求卓越管理;顾客导向的卓越;组织和个人的学习;重视员工和合作伙伴;快速反应和灵活性;关注未来;促进创新的管理;基于事实的管理;社会责任与公民义务;关注结果和创造价值;系统的观点。这些核心价值观反映了国际上最先进的经营管理理念和方法,也是许多世界级成功企业的经验总结,它贯穿于卓越绩效模式的各项要求之中,应成为企业全体员工,尤其是企业高层经营管理人员的理念和行为准则。

**1. 追求卓越管理**

领导力是一个组织成功的关键。组织的高层领导应确定组织正确的发展方向和以顾客为中心的企业文化,并提出有挑战性的目标。组织的方向、价值观和目标应体现其利益相关方的需求,用于指导组织所有的活动和决策。高层领导应确保建立组织追求卓越的战略、管理系统、方法和激励机制,激励员工勇于奉献、成长、学习和创新。

高层领导应通过治理机构对组织的道德行为、绩效和所有利益相关方负责,并以自己的道德行为、领导力、进取精神发挥其表率作用,将有力地强化组织的文化、价值观和目标意识,带领全体员工实现组织的目标。

**2. 顾客导向的卓越**

组织要树立顾客导向的经营理念,认识到质量和绩效是由组织的顾客来评价和决定的。组织必须考虑产品和服务如何为顾客创造价值,达到顾客满意和顾客忠诚,并由此提高组织绩效。

组织既要关注现有顾客的需求,还要预测未来顾客期望和潜在顾客;顾客导向的卓越要体现在组织运作的全过程,因为很多因素都会影响到顾客感知的价值和满意,包括组织要与顾客建立良好的关系,以增强顾客对组织的信任、信心和忠诚;在预防缺陷和差错产生的同时,要重视快速、热情、有效地解决顾客的投诉和报怨,留住顾客并驱动改进;在满足顾客基本要求基础上,要努力掌握新技术和竞争对手的发展,为顾客提供个性化和差异化的产品和服务;对顾客需求变化和满意度保持敏感性,做出快速、灵活的反应。

### 3. 组织和个人的学习

要应对环境的变化,实现卓越的经营绩效水平,必须提高组织和个人的学习能力。组织的学习是组织针对环境变化的一种持续改进和适应的能力,通过引入新的目标和做法带来系统的改进。学习必须成为组织日常工作的一部分,通过员工的创新、产品的研究与开发、顾客的意见、最佳实践分享和标杆学习以实现产品、服务的改进,开发新的商机,提高组织的效率,降低质量成本,更好地履行社会责任和公民义务。企业实践卓越绩效模式是组织适应当前变革形势的一个重要学习过程。

个人的学习是通过新知识和能力的获得,引起员工认知和行为的改变。个人的学习可以提高员工的素质和能力,为员工的发展带来新的机会,同时使组织获得优秀的员工队伍。要注重学习的有效性和方法,学习不限于课堂培训,可以通过知识分享、标杆学习和在岗学习等多种形式,提高员工的满意度和创新能力,从而增强组织的市场应变能力和绩效优势。

### 4. 重视员工和合作伙伴

组织的成功越来越取决于全体员工及合作伙伴不断增长的知识、技能、创造力和工作动机。企业要让顾客满意,首先要让创造商品和提供服务的企业员工满意。重视员工意味着确保员工的满意、发展和权益。为此组织应关注员工工作和生活的需要,创造公平竞争的环境,对优秀者给予奖励;为员工提供学习和交流的机会,促进员工发展与进步;营造一个鼓励员工承担风险和创新的环境。

组织与外部的顾客、供应商、分销商和协会等机构之间建立战略性的合作伙伴关系,将有利于组织进入新的市场领域,或者开发新的产品和服务,增强组织与合作伙伴各自具有的核心竞争力和市场领先能力。建立良好的外部合作关系,应着眼于共同的长远目标,加强沟通,形成优势互补,互相为对方创造价值。

### 5. 快速反应和灵活性

要在全球化的竞争市场上取得成功,特别是面对电子商务的出现,"大鱼吃小鱼"变成了"快鱼吃慢鱼",组织要有应对快速变化的能力和灵活性,以满足全球顾客快速变化和个性化的需求。

为了实现快速反应,组织要不断缩短新产品和服务的开发周期、生产周期,以及现有产品、服务的改进速度。为此需要简化工作部门和程序,采用具备快速转换能力的柔性生产线;需要培养掌握多种能力的员工,以便胜任工作岗位和任务变化的需要。各方面的时间指标已变得愈来愈重要,开发周期和生产、服务周期已成为关键的过程测量指标,时间的改进必将推动组织的质量、成本和效率方面的改进。

### 6. 关注未来

在复杂多变的竞争环境下,组织不能满足于眼前绩效水平,要有战略性思维,关注组织未来持续稳定发展,让组织的利益相关方——顾客、员工、供应商和合作伙伴以及股东、公众对组织建立长期信心。

追求持续稳定的发展,组织应制订长期发展战略和目标,分析、预测影响组织发展的诸多因素,如顾客的期望、新的商机和合作机会、员工的发展和聘用、新的顾客和市场细化、技术的发展和法规的变化、社区和社会的期望、竞争对手的战略等。战略目标和资源配置需要适应这些影响因素的变化。而且战略要通过长期规划和短期计划进行部署,保证战略目标的实现。组织的战略要与员工和供应商沟通,使员工和供应商与组织同步发展。组织的可持续发展需要实施有效的战略计划,创造新的机会。

### 7. 促进创新的管理

要在激烈的竞争中取胜,只有通过创新才能形成组织的竞争优势。创新意味着组织对产品、服务和过程进行有意义的改变,为组织的利益相关方创造新的价值,把组织的绩效提升到一个新的水平。创新不应仅仅局限于产品和技术的创新,创新对于组织经营的各个方面和所有过程都是非常重要的。组织应对创新进行引导,使创新成为学习的一部分,使之融入组织的各项工作,进行观念、机构、机制、流程和市场等管理方面的创新。

组织应对创新进行管理,使创新活动持续、有效地开展。首先需要高层领导积极推动和参与革新活动,有一套针对改进和创新活动的激励制度;其次要有效利用组织和员工积累的知识进行创新,而且要营造勇于承担风险的企业文化,导致更多创新的机会。

### 8. 基于事实的管理

基于事实的管理是一种科学的态度,是指组织的管理必须依据对其绩效的测量和分析。测量什么取决于组织的战略和经营的需要,通过测量获得关键过程、输出和组织绩效的重要数据和信息。绩效的测量可包括:顾客满意程度、产品和服务的质量、运行的有效性、财务和市场结果、人力资源绩效和社会责任结果,反映了利益相关方的平衡。

分析测量得到的数据和信息,可以发现其中变化的趋势,找出重点的问题,识别其中的因果关系,用于组织进行绩效的评价、决策、改进和管理,而且还可以将组织的绩效水平与其竞争对手或标杆的"最佳实践"进行比较,识别自己的优势和弱项,促进组织的持续改进。

### 9. 社会责任与公民义务

组织应注重对社会所负有的责任、道德规范,并履行好公民义务。领导应成为组织的表率,在组织的经营过程中,以及在组织提供的产品和服务的生命周期内,要恪守商业道德,保护公众健康、安全和环境,注重保护资源。组织不应仅满足于达到国家和地方法律法规的要求,还应寻求更进一步的改进的机会。要有发生问题时的应对方案,能做出准确、快速的反应,保护公众安全,提供所需的信息与支持。组织应严格遵守道德规范,建立组织内外部有效的监管体系。

履行公民义务是指组织在资源许可的条件下,对社区公益事业的支持。公益事业包括改善社区内的教育和保健、美化环境、保护资源、社区服务、改善商业道德和分享非专利性信息等。组织对于社会责任的管理应采用适当的绩效测量指标,并明确领导的责任。

### 10. 关注结果和创造价值

组织的绩效评价应体现结果导向,关注关键的结果,主要包括产品和服务、顾客与市场、财务、资源、过程有效性、领导六个方面。这些结果能为组织关键的利益相关方——顾客、员工、股东、供应商和合作伙伴、公众及社会创造价值和平衡其相互间的利益。通过为主要的利益相关方创造价值,培育忠诚的顾客,实现组织绩效的增长。组织的绩效测量是为了确保其计划与行动能满足实现组织目标的需要,并为组织长短期利益的平衡、绩效的过程监控和绩效改进提供了一种有效的手段。

### 11. 系统的观点

卓越绩效模式强调以系统的观点来管理整个组织及其关键过程,实现组织的卓越绩效。卓越绩效模式七个方面的要求和核心价值观构成了一个系统的框架和协调机制,强调了组织的整体性、一致性和协调性。"整体性"是指把组织看成一个整体,组织整体有共同的战略目标和行动计划;"一致性"是指卓越绩效标准各条款要求之间,具有计划、实施、测量和改进(PDCA)的一致性关系;"协调性"是指组织运作管理体系的各部门、各环节和各要素之间是相互协调的。

系统的观点体现了组织所有活动都是以市场和顾客需求为出发点,最终达到顾客满意的目的;各个条款的目的都是以顾客满意为核心,它们之间是以绩效测量指标为纽带,各项活动均依据战略目标的要求,按照 PDCA 循环展开,进行系统的管理。

上述 11 条价值观和概念体现在以下 7 个类目中:领导、战略、顾客与市场、资源、过程管理、测量分析与改进、结果。各类目的审查条款和分值如表 12-6 所示,实践案例见案例 12-2 华为的卓越绩效管理体系。

表12-6　2012版卓越绩效评价准则条款名称和条款分值

| 条款名称 | 条款分值 |
| --- | --- |
| 4.1 领导 | 110 |
| 　4.1.2 高层领导的作用 | 50 |
| 　4.1.3 组织治理 | 30 |
| 　4.1.4 社会责任 | 30 |
| 4.2 战略 | 90 |
| 　4.2.2 战略制订 | 40 |
| 　4.2.3 战略部署 | 40 |
| 4.3 顾客与市场 | 90 |
| 　4.3.2 顾客和市场的了解 | 40 |
| 　4.3.3 顾客关系与顾客满意 | 50 |
| 4.4 资源 | 130 |
| 　4.4.2 人力资源 | 60 |
| 　4.4.3 财务资源 | 15 |
| 　4.4.4 信息和知识资源 | 20 |
| 　4.4.5 技术资源 | 15 |
| 　4.4.6 基础设施 | 10 |
| 　4.4.7 相关方关系 | 10 |
| 4.5 过程管理 | 100 |
| 　4.5.2 过程的识别与设计 | 50 |
| 　4.5.3 过程的实施与改进 | 50 |
| 4.6 测量、分析与改进 | 80 |
| 　4.6.2 测量、分析和评价 | 40 |
| 　4.6.3 改进与创新 | 40 |
| 4.7 结果 | 400 |
| 　4.7.2 产品和服务结果 | 80 |
| 　4.7.3 顾客与市场结果 | 80 |
| 　4.7.4 财务结果 | 80 |
| 　4.7.5 资源结果 | 60 |
| 　4.7.6 过程有效性结果 | 50 |
| 　4.7.7 领导方面的结果 | 50 |
| 总计 | 1000 |

案例 12-2

## 华为的卓越绩效管理体系

**1 领导**

1.1 组织的领导

a. 高层领导的作用

(1) 组织的价值观：

- 实现客户的价值是华为存在的唯一理由，华为的将来是依靠高质量、良好服务和高效率；
- 客户需求驱动产品研发路标，业务管理的目标是建立流程型的组织；
- 管理就是实现端到端的流程，快速响应、完整理解、正确把握、灵活适应客户的需求；
- 华为不追求利润最大化，而是通过与华为的客户和伙伴的长期紧密合作，达到共同的成长与成功。

公司董事会指导并监督总裁及EMT（高层管理团队）的经营，由EMT确立公司的愿景、使命和价值观、中长期发展战略，并确保用客户需求来驱动公司整体的战略及战略的实施。高层领导实行目标责任制以及任期负责制。公司总裁/高层领导年前要进行经营及预算目标绩效承诺，年中与年底要将完成情况向董事会/总裁述职。通过目标层层分解、承诺，传递压力。

华为构建了价值创造网（综合考虑产品稳定性、及时有效的售后服务、技术领先满足需求、客户投资保护、具有竞争力的成本等几个方面），实施客户导向的业务战略，履行对客户的价值承诺。

(2) 公司十分重视企业价值观等的宣传和沟通，历经多年的讨论，制定了华为基本法，将企业的愿景、经营理念、核心价值观等浓缩在其中，成为指导公司发展的纲领性文件。

面向公司员工、客户、供应商和合作伙伴的宣传沟通渠道有：企业刊物、电子网络平台、例会、系列专题研讨会、定期沟通、高层拜访等。

华为主要的企业刊物有"华为人报""管理优化报""华为技术报"等。公司所有重要的价值观传递，如干部选拔标准、年度管理要点方针、高层领导人绩效指标完成情况都会在上面刊登。

(3) 公司通过持续的管理变革，不断优化组织结构和流程机制，建立分层的授权机制，创造出一个良好的授权、创新、快速反应的环境。

公司鼓励创新，每年将不低于销售额10%的费用作为研发经费，同时积极鼓励发明创造，建立了专门的专利组织，通过设立专项奖鼓励员工申请专利。

公司非常重视法律、道德方面的环境建设，大力开展知识产权、信息安全的教育，并持续推行诚信文化。为了明确公司在诚信和道德思想品质方面对员工的具体要求，公司发布了《华为商业行为准则》《员工个人诚信档案管理制度》等文件。

b. 组织的自律

组织行为的管理者责任如表12-7所示。

表 12-7 组织行为的管理者责任

| 团队 | 主要成员 | 主要责任 |
|---|---|---|
| 审计委员会 | 公司各系统相关主管 | 批准年度审计规划，监督公司的风险管理和内控体系运作 |
| 道德管理办公室（党委、总裁办） | 党委、总裁办、各系统干部部门 | 指导员工在同客户、供应商、政府、社区、同事等发生业务关系时，保持良好的道德规范，并对违规行为进行查处 |
| 审计/内控团队 | 审计部、各系统内控部门 | 监督各系统风险管理和内控体系运作，发现业务和控制缺陷，并落实改进 |
| 法务团队 | 知识产权部、法律事务部 | 指导各业务单位遵守所在地的相关法律、法规 |

**财务责任：**

公司通过财经管理委员会，按照相应国家和地区的会计准则、会计政策以及 COSO 内控框架等要求，指导全球财务制度体系的建设和完善，并通过财务稽核、内部审计、外部审计等方式的有效监督，确保公司的财务控制有效以及对外披露的准确性。

**内部审计和外部审计的独立性：**

作为公司的一级部门，审计部可以不受任何干扰地将审计发现和建议，直接报告给审计委员会和总裁。审计部的年度规划是根据风险评估的结果独立制订，报审计委员会批准后执行。

**股东和受益者利益的保护：**

作为非上市公司，华为除通过独立的外部审计对公司的财务状况进行定期审核外，总裁每年还就公司的经营状况对董事会进行述职。

自 2002 年起，华为正式成立了审计委员会，对企业的风险管理和内控体系运作进行监督，推动审计建议的落实，确保股东和受益者的利益得到切实保护。

c.组织绩效的评价

（1）华为在评价组织绩效和能力方面，依据业界最佳实践的绩效管理方法——平衡记分卡，即围绕公司的战略目标和客户满意度，从财务、客户、内部业务运作、成长与学习 4 个方面，综合考虑绩效测量指标和目标。

（2）高层领导定期进行绩效评价的主要方法：述职和 MBO（目标管理），绩效程序包括：绩效承诺（年初）、绩效审视（年中）、绩效评价（年末）3 个阶段，这 3 个阶段是紧密关联、相互融合和共同促进的。

（3）高层领导根据组织绩效过程监控和年度评价结果，将组织需要改进的问题分为财务、客户、内部业务运作、员工学习与成长 4 个方面；将问题严重程度分为红、黄、蓝 3 种。根据问题严重程度，确定组织持续改进的优先次序，以及主要业务突破性改进的优先次序。

（4）各部门根据绩效监控和年度考核中发现的问题，通过各种手段，层层落实，不断改进。对涉及公司外部的问题，通过相关责任部门，在供应商和合作伙伴中实施，以确保组织绩效改进目标的达成。

（5）对公司高层领导的评价，公司采用的是述职和关键绩效指标考核，述职是由高层领导根据相关要求，在年初就上一年的工作成绩、问题进行简要回顾，重点阐述本年度的工作目标、业务策略和关键措施；考核指标主要从组织成长、成本控制、人均效率和客户满意 4 个维度进行评价。

### 1.2 社会责任

**a. 公共责任**

华为公司严格按照开展商业活动所在国家和地区的法律法规从事所有的商业活动。华为公司建立了完善的质量保证体系，通过了 ISO9001 和 TL9000 体系认证；华为公司按照 ISO14001 标准的要求建立了环境管理体系，并通过了 ISO14001 的认证。公司还始终加强安全生产的宣传和管理工作，多年来无重大质量、设备、伤亡、火灾和爆炸事故发生。华为产品严格按照国家和国际相关产品标准要求设计，获得产品入网许可证后才展开销售工作。

**b. 道德行为**

华为基本法明确提出了在与所有受益者的交往中遵守经营道德，通过学习和讨论，让全体员工明确公司的要求。华为颁布的《华为商业行为准则》确立了以诚信为中心的商业行为准则，是对华为基本法相关要求的具体体现。

公司审计部门履行财务审计、项目审计、合同审计、离任审计等基本内部审计职能；公司内部审计对公司各部门、事业部和子公司经营活动的真实性、合法性、效益性及各种内部控制制度的科学性和有效性进行审查、核实和评价。完善的审计制度保证了上述制度的落实。

## 2 战略

### 2.1 战略制订

**a. 战略制订过程**

由公司最高经营决策机构——高层管理团队（EMT）里的战略与客户常务委员会（SC-SC）确立中长期发展问题，为 EMT 提供决策支持；由投资评审委员会（IRB）落实中短期的重大问题运作，为 EMT 提供决策支持，确保以客户需求来驱动华为整体的战略及其实施，由董事会指导并监督总裁及高层管理团队（EMT）的经营。通过公司和产品线业务计划来保证公司战略的落实。

公司组合管理团队（C-PMT）/产品线组合管理团队（PL-PMT）具体负责业务计划制订，公司相关的决策机构，如高层管理团队（EMT）、投资评审委员会（IRB）以及产品线的集成组合管理团队（IPMT），对业务计划进行评审和审批。

华为相关的部门，如市场分析部门（MI）、业务部门（Marketing、R&D、产品行销部、客户群系统部、客户服务部门、财务部门等），参与和提供相关的信息，并有专门的数据库来支持。

**b. 战略目标**

（1）华为的追求是在电子信息领域实现顾客的梦想，并依靠点点滴滴、锲而不舍的艰苦追求，使华为成为世界级领先企业，成为业界最佳设备供应商。

（2）华为的进一步发展越来越依靠海外市场，电信业也犹如逆水行舟，不进则退，因此海外市场的拓展和稳定发展已经逐步成为华为生死存亡的关键，由此带来的全球化挑战是华为面临的最主要的战略挑战。组织流程、管理系统与国际接轨、人力资源的本地化管理、运营成本和效率的变化，这些都已成为公司改进的重点。

### 2.2 战略部署

活动计划的制订和部署

(1) 在华为市场管理流程操作中,制订业务计划的过程包括了各项业务活动计划的制订和部署。

公司的业务计划确定了战略目标和行动计划,根据业务计划确定的产品路标、标准策略、专利策略、市场和品牌策略,调整研发及营销人力资源、合作伙伴资源、市场资源,同时进行必要的技能培训、目标沟通等工作来确保行动计划的实施。

对于路标产品开发项目,华为通过PDC(Portfolio Decision Criteria)模型进行优先级排序,并根据PDC结果调整资源的分配。

(2) 华为中长期目标是通过在海外市场的长期拓展,公司各主导产品在全球树立良好品牌,形成全面突破、规模销售,在未来三到五年内,在海外的销售额占公司总销售额的70%以上,使得华为真正成为全球领先的电信设备供应商。

由此产生的最主要变化是,公司必须尽快实现全面国际化,包括组织流程、管理系统与国际接轨,人力资源的本地化管理,运营成本和效率的变化,这些都将成为公司近期改进的重点。

(3) 华为的人力资源计划与业务规划是一体的,与公司战略相匹配,业务计划驱动人力资源的需求,并根据人均效益提升的目标要求来配置人力资源。

(4) 华为为了跟踪和全面评估各项业务活动计划的进展,建立了完善的绩效测量指标(Metrics)体系。

### 3 以顾客和市场为中心

#### 3.1 顾客和市场的了解

(1) 华为组建了跨部门的团队——组合管理团队,其中包含Marketing、销售、研发、供应链、财务等部门成员,负责公司和各产品线营销计划的制订,多维度对市场进行细分,再评估每个细分市场的吸引力和华为的竞争地位,选择进入市场吸引力高并且华为竞争地位较强的细分市场,从而确定华为的目标细分市场和目标客户,并确定华为在每个目标细分市场的定位。

(2) 华为的组合管理团队根据OR(Offering Requirement)流程的12种方法来收集每个细分市场的客户要求和期望,在制订营销计划的过程中,利用多种分析工具确定客户需求的权重,并确定和验证每个细分市场客户的关键购买要素;在组合分析的过程中,将华为在每一关键购买要素的满足程度和业界最佳的竞争对手进行分析,确定华为的差距,并在营销计划中确定行动计划。

#### 3.2 顾客关系与顾客满意程度

a. 顾客关系的建立

(1) 华为与客户结为战略合作伙伴,以双赢为发展目标。华为提出:"满足客户需要是我们生存的唯一理由"。首先,华为从组织上,建立起覆盖全国,并逐步建立起覆盖全球的营销和技术服务网络,并通过细分客户群、细分市场,设置对应的客户群经理、区域客户代表,了解客户需求,满足客户需求。其次,华为按照IPD模式要求,建立了从概念、计划、开发、测试、发布到生命周期各个阶段的一整套产品流程制度,从了解、理解客户需求开始,到满足客户需求形成完整的循环。再次,华为通过制度性员工培训,通过全员产品大比武、月考等方式,不断提升员工服务客户的意识和解决问题的能力。最后,华为按照客户关系建立的需要,建立了一套拓展和维系客户关系的制度和方法论。

（2）为确保及时响应，华为设有服务热线（呼叫中心），客户可以直接通过电话表达意见，所涉及的问题将由专人转达内部相关部门处理，再反馈给客户。

（3）对于市场投诉，使用专门的投诉反馈电子流，由专人负责协调处理，并及时通过一线人员反馈客户。所有客户投诉，规定了处理的时间，客户投诉处理不完成不能闭环。投诉处理后，要征询客户的意见。

（4）华为通过对客户沟通交流方式方法的定期审视，评估交流效果，调查客户满意度，持续改善客户关系，以更加适合公司业务发展的需要。

b. 顾客满意程度测量

（1）华为公司一方面是通过对内部流程的处理数据进行统计，了解处理的及时性和完成程度，作为内部改进的绩效指标；另一方面是委托第三方公司开展客户满意度调查。对于B TO B的客户，采用面访的方式采集数据；对于B TO C的客户，采用电话访问的方式采集数据。

（2）第三方客户满意度调查从品牌、总体满意度、产品质量、供货保障服务、工程安装服务、售前服务、售后服务等方面对客户进行跟踪调查，并通过开放型问卷让客户畅所欲言，了解客户的抱怨、满意和需求。

（3）第三方客户满意度调查除了解客户对华为产品和服务的满意度外，还专门调查了客户对竞争对手提供的产品和服务的满意度，以便了解和分析华为客户满意度在时间序列的变化情况，同时了解同行业满意度的变化以及产品和服务满意度所处的位置。

## 4 测量、分析和知识管理

### 4.1 组织绩效的测量与分析

a. 绩效测量

华为公司的绩效测量体系是在国际专业咨询顾问的帮助下建立起来的，是基于平衡记分卡原理的、支持公司战略和目标达成的度量（Metrics）体系。华为 Metrics 的目的是度量分析业务状况，通过与目标、竞争对手、标杆的比较，发现问题，促进业务能力的提升和持续改进。

每月向 IRB、IPMT 等决策机构汇报 Metrics 指标监控到的公司的绩效情况，支持公司、产品线作出基于事实的有效决策。

华为测量体系（Metrics 体系）的设计原理：基于平衡记分卡，Metrics 从客户、财务、内部业务运作、员工成长与学习4个方面进行设计，指标的4个方面相互耦合，共同支撑公司战略目标的实现。

华为跨功能部门团队测量指标和功能部门测量指标共同支撑华为公司战略目标的实现。

b. 绩效分析

（1）公司经营管理团队（EMT）、公司投资评审委员会（IRB）和各条产品线的集成组合管理团队（IPMT）每月/季度审视运营报告，评价组织绩效。

（2）公司经营管理团队（EMT）、公司投资评审委员会（IRB）和各条产品线的集成组合管理团队（IPMT）每月/季度审视组织绩效后，下发相关决议，将信息传递到相关部门和工作组，对于需要采取改进行动的部门和人员，督促其采取行动。

### 4.2 信息和知识的管理

a. 数据和信息的获取

（1）组织中涉及的数据和信息需求大致包括两大类。其一是衔接流程各个环节的数据或信息需求,对于该类需求,华为主要通过构建支持流程运作的核心IT系统来支撑。目前通过OA、CALL CENTER、SAP HRMS、电子商务平台等系统的建设并成功投入使用,支撑员工、供应商和合作伙伴及顾客适时获取所需数据和信息。其二是针对业务主题的统计分析数据或信息需求,对于该类需求,华为主要通过数据仓库(DW)和业务智能系统(BI)的建设来满足,目前业务常用报表、KPI等数据已实现及时地自动刷新和发布。

(2) 公司设有专门的信息安全部门,通过漏洞扫描、安装防病毒软件、打补丁、设置个人防火墙、在线监控、定期和不定期审计等多种手段,对客户端、服务器端的软件、硬件的安装、使用实施安全保护,为了及时地避免病毒的侵害,全体员工的防病毒软件由信息安全部进行集中管理。同时,华为公司的IT热线24小时对全球员工提供国语和英语的双语服务,在全球各地的中国和外籍员工可以随时随地地通过E-Mail、传真、电话等手段,获取IT热线在软、硬件方面的支持。

(3) 公司根据业务需要及业界技术与产品发展动态制定通用的软件、硬件标准,以提高可用性、集成性,降低运维和管理成本,软、硬件标准原则上每年修订一次,个别的标准也可能根据业务发展的需要或IT架构的调整而及时更新。

b. 组织的知识

(1) 组织的知识主要分为以下几类:领导决策知识、岗位技能知识、企业规范知识、企业文化知识。公司设有专门的数据管理部门,负责统筹建设公司级的统计分析平台,管理公司核心数据,并根据实际需要,通过报表、图形、仪表盘等多种形式为业务部门和管理层提供决策支持。

公司注重搭建企业知识管理的平台,根据业务需要建立完整的应用架构,如作为公司主要办公平台的LOTUSNOTES上面分布着近2 000个存放岗位技能知识、企业标准规范、各类宣传培训资料、费用报销、资产申购、需求管理等基本业务流程的各种数据库,结合权限管理、门户设置,使得员工能够方便、快捷地查阅和传递所需要的知识;基于Web平台的华为网上学校,目前已成为员工技能培训的主要支撑平台;另外还有产品开发文档管理主要支撑平台PDM系统、产品开发过程主要支撑工具CMM过程资产库、方便用户获取产品资料和技术支持的SUPPORT网站、方便外界了解华为产品和文化的HUAWEI网站等。

(2) 数据管理部门通过对需求、设计、开发、实施和维护等环节的数据需求、数据定义、数据标准、数据迁移、数据管理团队、数据质量监控、数据安全监控等方面系统的管理,保障数据完整性、及时性、可靠性、安全性、准确性、保密性。

**5 以人为本**

5.1 工作体系

a. 工作的组织和管理

公司设有专门的管理变革的部门,该部门设有专门的流程优化(BPE)部门。业务环境发生变化的时候,BPE会启动流程的优化,组织相关业务人员制订/优化流程以便使流程与环境相匹配;然后进行组织分析和职位定义,按照简单有效的原则建立组织职位体系,实现组织与流程的匹配;最后进行职位描述和评审、职位评估,建立职位体系和职级架构。

公司设有荣誉部,在合适的时间,以合适的方式奖励该奖励的人和事,通过发现和表彰增强公司竞争力的人和事,调动员工的主动性和积极性,有效融合员工及组织利益的一致性。

公司为有效听取和采纳员工的各种意见和建议,除设有"总裁信箱""沟通天地""热线电话""热线邮件""部门主管 OPEN-DAY"及专职管理部门外,还配有有几十名专职的思想沟通专家,分别派驻在公司的各大部门及部分驻外机构。

b.员工绩效管理系统

员工绩效管理按照以下方法支持并促进实现高绩效工作和以顾客为中心。

(1)员工的考核周期采用的是季度绩效考核:在季度结束时,由主管依据下属的个人绩效承诺而进行的考核。

(2)薪酬分配原则:坚持报酬的合理性与竞争性,确保吸引优秀人才。

c.员工聘用与职务晋升

华为通过组织定义和职位分析,撰写了每个职位的职位说明书,建立了完整的职位体系。每个职位说明书包括职位信息、职位目的、汇报关系、应负责任、任职要求等部分。

华为在新员工入职文化培训时,将公司的文化、各项管理规定、制度及公司的求助系统全面介绍给新员工,在新员工进入业务部门具体岗位后,业务部门主管为其指定有丰富工作经验、绩效与能力较强的老员工作为其思想导师,新员工的绩效结果将直接影响导师的绩效评价。

华为建立了管理、专业、技术、营销等各类系统的员工任职资格标准,每个员工都有管理和专业技术双重任职晋升通道。任职资格标准包括级别角色定义、经验要求、核心技能、关键行为、关键素质、品德等要求。每年符合晋级条件的员工都参加资格晋级认证。

5.2 员工的学习和发展

a.员工的教育、培训

(1)华为培训宗旨:人力资本不断增值的目标优先于财务资本增值的目标;将持续的人力资源开发作为可持续成长的重要条件,永不停息地致力于建设一个学习型组织;铸造世界一流的培训体系和培训教师队伍。

(2)华为培训体系:华为员工培训体系包括新员工培训系统、管理培训系统、技术培训系统、营销培训系统、专业培训系统和生产培训系统。

b.职业发展

华为重视组织气氛建设工作,通过营造良好的组织气氛,让员工在一个激发型的组织中充分发挥自己的才能。华为每年都会从灵活性、责任性、进取性、奖励性、明确性、凝聚性6个维度对组织气氛进行测评。测评之后会分析组织气氛哪些方面做得比较好,哪些方面做得不足,接着制订一些改进措施对组织气氛进行改进,以便使更多的部门处于激发型的组织状态之中。

5.3 员工的权益与满意程度

a.工作环境

公司在坂田建有国际一流办公、研发、生产基地,为每一位员工提供了健康、舒适、宽敞、明亮的工作环境。公司全球各分支机构也为员工提供了健康、舒适、宽敞、明亮的工作环境。

公司已于2002年8月开始按照ISO14001标准的要求建立、实施公司环境管理体系,并于2003年4月正式通过DNV的认证。公司按照OHSAS18001标准的要求实施该体系,并通过了国际权威认证机构的认证。

b. 对员工的支持和员工满意程度

华为通过各类沟通渠道,如"总裁信箱""沟通天地""热线电话""热线邮件""管理者任前公示"及思想工作专家等方式,收集员工对于组织氛围、管理者管理风格及相关推行政策的意见和建议,定期测评组织气氛。

华为设立有专门的部门帮助员工解决工作及生活中的矛盾冲突,一旦接收到员工的问题或求助,不分员工职务和岗位都给予积极帮助,并力求能够较完满的将问题解决,尽量做到让员工、公司、社会三满意。

华为设立有员工俱乐部,为员工提供工作以外的文化娱乐活动,并定期组织部门之间的联谊及各类集体比赛活动,旨在丰富员工的业余文化生活,促进部门之间的相互交流。

**6 过程管理**

6.1 创造价值的过程

根据公司的远景和使命,在专业咨询顾问公司的帮助下,经过5年的变革努力,华为已经建立起完善的端到端业务过程管理体系,整个体系分为价值创造过程和支持过程,价值创造过程直接为顾客和公司创造价值,是公司满足客户需要和产生收入、利润的核心业务,主要有集成产品开发(IPD)、市场管理(MM)、集成供应链(ISC)、客户关系管理(CRM)以及客户服务(CS)。支持过程为价值创造过程提供重要支持,主要包括IT、财经和人力资源管理。

华为已经确定了各主要价值创造过程的运作模式及相互关系,基本实现了这些主要过程的融合。

6.2 支持过程

根据公司的愿景、战略目标以及价值创造过程的要求,华为公司的关键支持过程主要包括人力资源管理、财务管理和IT管理。

人力资源管理根据公司愿景和使命、公司业务目标和策略,确定主要的绩效指标(KPI),并通过绩效管理确保绩效的达成;根据价值创造过程的要求,进行职位分析、评估并确定职级结构,进行报酬管理。

财务管理主要通过投资决策信息支持、预算和成本控制、资金管理和核算等方面支持公司的价值创造过程以及员工日常工作。

投资决策信息支持为投资决策提供有用的财务信息,记录、跟踪、反映外部投资项目效果。

预算通过"统计-预算-监控"闭环的投入产出管理体系支持业务运作;成本管理深入到IPD的全流程活动。

资金管理和核算通过全球一体化的共享服务中心,使账务成本达到业界最佳;通过分层、分级、多维度的报告体系,满足不同层次对财务的信息需求;通过集中化的资金管理平台,保证公司资金的有效供给和运作;通过对资金风险评估、指导和防范的风险管理体制来控制风险。

2007年,华为启动了IFS(集成财经服务)项目,该变革项目覆盖了华为全球所有关键财经领域,将进一步提升华为管理运营能力并支持未来业务拓展,有助于华为与领先运营商建立更加全面深入的合作关系。

## 7 经营结果

### 7.1 以顾客为中心的结果

从 2001 年开始华为聘请全球著名的调查公司进行客户满意度调查——"华为技术有限公司客户满意度研究"。调查结果表明顾客对华为公司层面的总体满意度得分,均优于竞争对手,在本行业中处于领先水平。

### 7.2 产品和服务结果

(1) 通过对华为产品和服务绩效主要测量指标和顾客满意度结果的总结分析,目前华为的产品和服务绩效水平处于一流水平,工程质量和技术问题的解决在同行业中占有明显优势。

(2) 与竞争对手相比较的结果

与主要竞争对手比较,华为的产品和服务绩效目前有较明显的优势。从 2001 年起,华为公司委托第三方公司进行满意度调查,从调查结果反映出华为工程安装顾客总体满意度、售后技术支持顾客总体满意度均优于对手,顾客的客户满意度综合得分以及顾客对华为公司层面的总体满意度得分,均优于竞争对手。

(3) 华为目前已建立了以 ISO9001 和 TL9000 为基础的全面质量管理体系,华为的产品和服务质量同国内同行业企业相比具有领先优势,接近国际业界最佳。

### 7.3 市场结果(更新至 2015 年)

华为 2015 年运营商、企业、终端三大业务全球销售收入达 3 950 亿元,同比增长 37%;净利润 369 亿元,同比增长 33%;经营现金流达到 493 亿元。其中,运营商业务收入达 2 323 亿元,同比增长 21%,主要受益于全球 4G 网络的广泛部署。企业业务收入达 276 亿元,同比增长 44%,在公共安全、金融、交通、能源等行业快速增长。消费者业务收入达 1 291 亿元,同比增长 73%;2014 年,消费者业务的占比还仅为 26%,在 2015 年这个数字已经提升到了 33%,消费者业务在华为内部收入份额在持续增大。

### 7.4 组织有效性结果

从产品及时上市指标——产品开发周期来看,在逐年缩短,说明响应客户需求的能力在提升,每年改进 2%~4%,随着华为变革项目推行的深化,预计今后几年项目周期改进幅度会有所增大。

从网上产品质量来看,产品质量是逐年提高的。华为一直重视质量管理体系建设,通过了 CMM5 级认证、TL9000 质量体系认证,在公司推行六西格码管理方法,并一直保持与外界的沟通和交流,学习别人的先进经验,不断与业界最佳比较,华为的产品质量在今后几年仍会大幅提高。

从变革与学习情况来看,近几年变革推进进展良好,IPD/ISC 成功在华为落地,通过变革使华为的运营流程更加顺畅,运营效率提高,为加速华为的国际化进程提供了强有力的支撑。

### 7.5 组织自律和社会责任结果

华为一贯依法经营,2003 年获得深圳市政府颁发的第五届"守法纳税大户"荣誉称号;华为是深圳海关确认的 A 类企业。截至目前,尚无任何违法和违反诚信的记录。华为近年主要公益活动举例如下:

1996 年捐赠 20 万元人民币用于云南地震救灾;1998 年向中国政府捐赠价值 4 千万元

人民币的现金和设备用于抗洪救灾;1998年向教育部捐赠 2 500 万元人民币设立"寒门学子基金";2003 年向红十字会捐赠 129 万元人民币用于抗击 SARS;每年向中国残疾人基金会捐赠 76 万元人民币;向中国 40 多所大学捐赠了总值 500 万元的奖学金;向中国多所大学提供了总值 500 万元的赞助;在中国贫困地区捐建了 5 所希望小学和 1 所希望中学;在 2008 年年初中国南方遭遇特大暴雪冰冻灾害和汶川大地震后华为全力支援,受到了灾区人民和各电信运营商的称赞。

(本案例由作者根据网络资料整理)

### 12.3.3 卓越绩效评价实施要点

组织在实施新版标准时应注意以下 6 个方面的问题[①]。

**1. 抓住主线,明确方向和目标**

实施卓越绩效评价模式的时候,应抓住一条主线,也就是从使命、愿景、战略目标到过程、结果的主线。组织的关键绩效指标都应围绕这条主线、贯穿这个主线。决定这条主线能否成功实现的是战略,影响这条主线实现的就是关键过程和核心竞争力。

**2. 基于产业链视角的大过程,抓住关键过程和识别核心竞争力**

回顾质量管理的发展历程,有 3 个从微观到宏观的演变过程:20 世纪 70 年代学习日本推行现场质量管理的新、老 7 种工具和 QC 小组活动;到 90 年代贯彻衍生于欧洲国家标准的 ISO 9000 族标准,其基本视角是企业运行层面的规范化问题;进入 21 世纪以来,实施卓越绩效模式,实际上是基于广义质量的战略视角,质量管理的关注点,从基层、中层一直演变到高层。但是应注意到,卓越绩效标准只是提供了一个基本的框架和视角或者一个通用的模式,企业须结合自己的实际形成自己的管理特色——核心竞争力。

**3. 着重从运作角度考虑组织概述的描述**

描述组织概述时应考虑 3 个因素。一是组织目前的状态,应该时刻考虑自己的优势、劣势和面临的机会、威胁。二是选好方向,收集竞争性情报,对比标杆发现差距。量化评价时要把"复杂的事情简单化",变得清晰可操作;质的分析时要把简单问题复杂化,追根溯源。三是文化的因素,好的文化氛围能够起到凝集人、激励人、留住人的作用,避免"写得很美、说得很甜、落实很难、效果很悬"。

**4. 打好基础、做好整合**

实施卓越绩效标准离不了扎实的企业管理基础工作。企业建立 ISO 9000 质量管理体系的时候,做了很多基础性的工作,要逐步以卓越绩效标准为框架,将其他相关的众多流行技术、方法整合起来,追求卓越绩效。

**5. 领导高度重视**

推行卓越绩效模式是领导工程,如果仅靠质量部门,特别是主管实物质量的质量部门,"小机构运作不了大质量"。卓越绩效标准是给企业追求卓越绩效设定的"规定动作",组织领导的

---

① 韩福荣,田武. 新版卓越绩效评价准则及其实施指南的修订情况及实施要点[J]. 标准科学,2010(05):85-88.

深入理解和高度重视是标准有效实施的根本保证。

**6. 产品质量是核心**

卓越绩效标准立足于广义的质量观,追求不断提高经营质量,必须以实物质量为根基,防止质量"泛化或虚化的倾向"。由于质量形成过程的网络化,关注孕育产品质量的体系与过程,评价其有效性与效率越来越脱离了实体(产品和服务),而且由于后者的运行要素缺乏最根本的驱动力——诚信的支撑,而虚拟化。

## 本章小结

(1) 战略评价就是对战略实施效果的评价,具体通过绩效评价,检查企业工作结果或行为是否达到了预期的战略目标。

(2) 绩效是结果,就是把绩效解释成"在特定时间范围,在特定工作职能或活动上产生出的结果记录"。

(3) 绩效是行为过程,就是把绩效解释成"工作行为过程"。

(4) 绩效是结果与行为的统一体,就是把绩效理解为既包括"工作结果",又包括"工作行为",是二者的统一体。

(5) 关键绩效指标实施思路:①企业的战略目标通常都是整体的、概括的、抽象的和不易直接实施的,必须将其进一步细分成若干个业务领域的具体任务并经由特殊的流程具体实施方能最终实现。②在这些细分的业务领域中,有一些对战略目标的实现起关键影响作用,通常称为关键业务领域。③在这些关键业务领域中又存在着一些关键成功因素,它们分布在业务流程的各个节点上,其状况的好坏直接影响着关键业务的绩效,并最终决定着企业战略目标的实现程度。④按照这种逻辑关系,在关键业务流程的节点处设置关键绩效指标以便控制关键成功因素并对关键业务进行考评,便是实施战略管理过程控制的关键。

(6) 平衡计分卡以公司战略为导向,从财务绩效、内部运营、学习及创新、满足客户需求4个方面寻找能够驱动战略成功的关键因素,并建立与关键因素具有密切联系的关键绩效指标体系,通过关键绩效指标的跟踪监测,衡量战略实施过程的状态并采取必要的修正,以实现战略的成功实施及绩效的持续增长。

(7) 卓越绩效模式是20世纪80年代后期美国创建的一种世界级企业成功的管理模式,其核心是强化组织的顾客满意意识和创新活动,追求卓越的经营绩效,包括领导、战略、顾客与市场、资源、过程管理、测量分析改进、结果七方面。

(8) 卓越绩效模式的核心价值观共有11条:追求卓越管理;顾客导向的卓越;组织和个人的学习;重视员工和合作伙伴;快速反应和灵活性;关注未来;促进创新的管理;基于事实的管理;社会责任与公民义务;关注结果和创造价值;系统的观点。

## 思考题

(1) 如何使用平衡计分卡进行战略评价?试举例说明。

(2) 谈谈你对卓越绩效模式的理解。试举例说明。

# 第 13 章 老化阶段——战略变革

善于学习。杰出的人常常会犯同一个错误:过分关注自己成功的领域,而对新兴的事物反应迟钝。

常怀危机意识。就像人们在危机中容易失去必胜的信心一样,人们在成功时也容易忘记危机感。

百折不挠。你和别人的不同不在于有没有过失败,而在于遇到失败的时候,有没有坚忍不拔的意志。

——摘自《联想风云》

人们常常感叹于中国企业界存在的流星现象,很多企业迅速崛起又迅速失败。20世纪80年代和90年代初的行业领先企业,如果没有垄断的保护,现在都已经失去了领先的地位,或者已经不存在了。事实上,这种企业从成功走向失败的现象并不是我国特有的。洛克希德·马丁公司的董事长兼首席执行官诺曼·奥古斯丁说:"世界上只有两种企业,一种在不断变化,另一种被淘汰出局。"我们经常可以看到或听到世界知名企业由于未能及时实施战略变革而陷入困境甚至倒闭,或者由于成功地实施变革走出困境,或者主动进行变革而保持持续的成功。

战略变革是企业为了实现持续成长,应对外部环境的变化所做出的形式、性质和状态上的转变。这种变革包含两层含义:企业战略内容方面的变革,包括企业的经营范围、资源配置、竞争优势以及这些因素之间的协同作用的变化;企业应对外部环境的变化以及企业应对战略内容变化所做出的变革,这种变革可能体现为企业业务的变化,也可能体现为企业组织层面的变化,甚至是两者的综合变化[1]。

本章从三个方面学习战略变革:战略变革动因、战略变革类型、战略变革成功要素。

## 13.1 战略变革动因

案例 13-1

**腾讯的战略变革**

2018年腾讯启动新一轮整体战略升级。这次也是时隔6年后,腾讯迎来的新一轮组织结构优化调整。事实上,在过去20年发展史上,腾讯有过两次标志性的组织架构调整:2005年

---

[1] 黄旭.企业战略变革研究[M].成都:四川大学出版社,2004:101.

为应对一个业务到多个业务,采取横向的事业部制;2012年则是走向移动化。

(1) 2005年:以产品为导向 组织BU化

2005年以前,腾讯还是一家规模较小的企业,只有QQ这一个核心产品。所以最初采用的是职能式架构,分别为渠道、业务、研发和基础架构部门,另设行政、人力资源、内部审计、信息等职能部门。职能式架构在当时的组织规模下简单易行:COO管渠道和业务,CTO管研发和基础架构,上面再由CEO统一协调。

但随着腾讯多元化布局,涉足无线业务、互联网增值业务、游戏、媒体等领域后,腾讯开始了第一次大刀阔斧的调整:BU化(Business Unit 业务系统),即向"事业部制"进化。以产品为导向,将业务系统化,把研发、产品都纳入,由事业部的EVP(Executive Vice President,执行副总裁)来负责整个业务,相当于每个业务都添了个有力的CEO。

(2) 2012年:走向移动化 设立七大事业群

2012年是中国互联网分水岭,手机QQ的消息数首次超越PC QQ,越来越多的用户将时间花在手机上,这使得传统业务部门面临巨大压力。

在此之前,QQ散落在三个业务部门。QQ、无线QQ、QQ上的增值服务和SNS业务三个板块各自为政,内部协调成了一个大问题。不合理的业务单元划分严重降低了工作效率,使得功能无法快速上线给用户使用,用户体验被忽略。

为了便于公司相关业务协调,减少部门间相互扯皮和恶性竞争的情况,2012年前后,腾讯做出了第二次组织架构调整:由原有的业务系统制(Business Units,BUs)升级为事业群制(Business Groups,BGs)。

调整后,腾讯把业务重新划分为企业发展事业群(CDG)、互动娱乐事业群(IEG)、移动互联网事业群(MIG)、网络媒体事业群(OMG)、社交网络事业群(SNG),整合原有的研发和运营平台,成立新的技术工程事业群(TEG),后又将微信独立,成立了微信事业群(WXG)。

这次变革,主要是为了应对移动互联网的大潮:腾讯将同一产品的手机端和PC端整合,把原来的无线业务BU拆了,和PC上的对等业务合并在了一个部门。从而确保了腾讯从PC互联网向移动互联网升级,并通过科学技术"连接一切",为亿万用户提供优质服务的同时建立起了开放生态。

(3) 2018年:向产业互联网升级 新设CSIG

进入ABC(AI、Bigdata、Cloud)时代,战略的重整、组织结构的裂变成为新时代的破题之义。近两年,马化腾亲自力推的产品,或在公开场合出席的活动,几乎都与To B业务相关。但腾讯To B、To G业务的最大阻力不是来自竞争对手,而是内部机制。

作为腾讯To B业务的重要出口,腾讯云原属于"以打造娱乐化社交、场景化通信和云化企业服务"的SNG。其他的AI、互联网+民生、办公、小程序、公众号等To B业务则散落在不同的BG和业务部门。这就带来很重的"数据墙"和"组织墙"的问题,突出表现是多头销售、各自为政。

基于由消费互联网向产业互联网升级的前瞻思考和主动进化,以及对自身"连接"使命和价值观的传承,腾讯将原有的七大事业群升级为六大事业群:保留原有的企业发展事业群(CDG)、互动娱乐事业群(IEG)、技术工程事业群(TEG)、微信事业群(WXG);又突出聚焦融合效应,新成立云与智慧产业事业群(CSIG)、平台与内容事业群(PCG)。

过去,在以社交和娱乐为业务重心的腾讯业务体系中,腾讯云并不是明星。但在腾讯

> 内部,腾讯云被视为腾讯大生态和"连接器"的一个重要落点,承担着腾讯开放战略的实行。这一次组织架构调整,突出了腾讯云在腾讯未来发展中的重要战略地位。
>
> 在互联网上半场,腾讯的使命是做好连接;而在下半场,腾讯的使命是成为各行各业最贴身的数字化助手。多年来,腾讯已经在云、支付、AI、安全等诸多技术领域积累了深厚的能力。目前,腾讯云已经有2 000多个合作伙伴,行业解决方案超过60种,助力各行各业打造自己的超级大脑,在政务、医疗、工业、零售、交通、金融等领域都创造了大批数字化转型成功的案例。
>
> (本案例由作者根据网络资料整理)

正如案例13-1看到的,企业战略变革是外部环境和内部条件相互作用的结果。影响企业战略变革的因素主要包括:"环境""企业成长""使命或愿景"和"领导者"四个因素[1]。这四个因素是企业战略变革的主客观及内外驱动因素。

### 13.1.1 企业的环境

环境是指对组织绩效起着潜在影响的外部机构或力量,战略管理的核心之一就是将环境与企业能力相匹配。环境是战略变革的最大挑战。20世纪90年代发生了以微电子、信息技术为基础,以计算机、网络和通信为核心的技术革命,尤其是互联网的兴起,引起经济和社会的极大变化,一方面增加了五六十年代以来一些经营因素(如竞争强度、消费者力量)的剧烈程度,同时也带来一些与以前截然不同甚至完全相反的权变因素(如归核化经营、规模不经济),这些变化主要体现在以下三个方面[2]:

(1)速度快。互联网时代,速度就是生命。拥有5亿听众或观众,收音机用了38年,电视机用了13年,而互联网只用了3年半。不但互联网的发展是这样,网络经济时代产品的开发、生产与销售,企业的生与死,都在以非常大的加速度变化着。在这样一个快速变化的战场上,很少有公司能够在很长的战线(纵向一体化)或在不同的多个阵地(多元化)都保持竞争优势。

(2)信息化。网络带来的最大变化莫过于把信息从实物中解放出来。在传统经济时代,实物与信息如同在绑腿比赛中被绑在一起的两个参赛者,不可避免地掺和在一起,彼此压制,每个企业不得不在实物和信息中寻找均衡点(比如商家的货架,作为传递信息之用,自然是越大越好,而作为实物经济的库存,显然是越小越好,所以商家必须在两者之间取得平衡)。网络使信息从实物中分离出来(比如网上商店与货物配送系统的分离),从而释放出巨大的经济价值,给经济运行带来极大的变化。首先,表现在促进了全球经济一体化。正是这种脱离实物载体的、电子化的信息使地球变成了一个小小的"地球村";其次,增加了价值链、供应链和组织结构各个环节之间的不稳定性。在人们不能快捷、经济地获取信息的传统社会,私有信息流通于价值链、供应链和组织结构各个环节之间,如同强有力的"黏合剂",将链中的各个环节连接在一起,并从中产生强大的竞争优势和潜在利益;而当人们在更广泛的领域进行公开并近乎免费的丰富信息的交流成为可能,连接价值链、供应链和组织结构各个环节之间的纽带(私有信息)正在消融,这些链条随时都面临被解构的危险;再次,先行者或信息领航者出现。信息的轻易

---

[1] 黄旭.企业战略变革研究[M].成都:四川大学出版社,2004:101.
[2] 肖小勇,肖洪广.企业战略管理理论发展动力研究[J].北京工业大学学报社科版,2003(4):17-22,24.

获得意味着选择的增多,超过一定数量的选择暗示着困惑,由此,信息领航者出现,网络产业中出现"赢者通吃"现象。

(3) 知识化。知识可分为显性(explicit)知识、隐性(implicit)知识和意会性(tacit)知识。信息化所处理的只是可以编码的显性知识,把那些难以编码的知识在信息经济价值创造活动中核心地位的凸现叫知识化。编码知识极容易复制,难以编码的知识不能通过简单的要素市场获得。隐性知识主要包括两类:①企业内部员工的知识技能和内部特殊的生产流程,以及处理来自外部环境变化的组织结构。②企业在长期或以往的经营活动中形成的超越竞争关系的其他组织间关系,以及体现企业作为一种市场组织的组织资本的声誉、商标等无形资产的东西,它们最终形成企业长期的竞争力。难以编码的知识具有路径依赖性,是稀缺的、难以替代的和难以模仿的。尤其对于成长性的企业而言,难以编码的知识的价值含量要高于显性知识的价值含量,它们日益成为社会经济越来越重要的资源,因此,企业在实行兼并、外包等战略行为时,必须以知识化的核心能力作为判定企业边界的重要指标。

### 13.1.2 企业成长

在企业发展过程中,企业自身的经营状况也会导致目前正在实施的战略方案的方向和线路的改变,来自企业成长过程的内生变量属于战略变革的内部动因,也是客观因素。战略变革是一种推动力,在对内部各种因素相互作用后产生结果。企业内部各种因素包括企业生命周期的转变、企业利益相关者的需要、企业内部权利系统的变化、企业资源和能力基础的变化以及其他因素的变化(如组织结构和文化的影响、绩效缺口等)。

### 13.1.3 使命或愿景

就企业来说,愿景就是企业对未来的期待、展望、追求与梦想。它是企业未来前进的蓝图,是企业意欲占领的业务位置和计划发展的能力,它具有塑造战略框架、指导管理决策的作用。一个良好的愿景规划包括核心经营理念和生动的未来前景。企业的使命或愿景是企业战略的航标灯。愿景所蕴含的内容和为了实现愿景而细化的使命和目标都会引起战略的改变。其核心效用在于,它有助于企业瞄准合适的战略目标,提高超越自己现有资源边界的意志和能力,进行战略变革和创新,最终竞争未来。进入20世纪90年代以后,企业经营环境的调整,使得战略管理理论研究的重点开始由传统的经营宗旨制定转向愿景驱动型管理。许多理论学者认为,使命与愿景可以成为企业成功最强有力的推动因素。

### 13.1.4 领导者

领导者指担负企业战略决策职能的企业高层人员,即企业家、企业高层管理者、企业经营者或CEO等。一般而言,新战略的形成及其内容的设定是企业领导者在察觉外部环境变化,并且了解组织内部的优劣势的情况,基于认知和意愿而发展出来的一系列适当的因应指导原则。企业内部条件与外部环境改变只是产生战略变革的需求,不会直接产生革命性的变革。只有领导者对企业的处境和变革的需要有所认识,认为有进行变革的必要性和可能性,这时才会启动变革的发动机。相反,即使企业的内部经营情况与外部环境发生了改变,变革的发动机仍不会轻易地被启动。因此,领导者作为企业变革的重要的稀缺资源,其素养、志向和偏好都会对变革主导逻辑范式、变革方式和结果产生巨大的影响。

案例 13-2

**IBM 价值观变革**

沃森父子时代,IBM 的核心价值观是"尊重个人、追求卓越、服务顾客"。"尊重个人"是指 IBM 最重要的资产是员工。管理人员对公司里任何员工都必须尊重,同时也希望员工尊重顾客,即使对竞争对象也要充分尊重。"追求卓越"是指 IBM 是一个具有高度竞争环境的公司。在公司里,每个人都要力争上游。"服务顾客"则强调"客户至上",也就是 IBM 的任何一举一动都以顾客需要为前提。

但当老沃森的一些方式被长期沿用,它就很可能不合时宜:如老沃森坚信终身雇佣制能让员工对企业忠诚,但当 IT 业产生巨大变革,IBM 冗余的人员意味着巨大的成本和转型的阻力。而小沃森时代的巨大成功导致的连续多年的反垄断官司让 IBM 丧失了竞争心态。

针对于此,郭士纳虽然没有改变老沃森留下的价值观,但他每年对员工的考核标准里最看重的三条是在市场取得的胜利、执行、团队合作的精神。虽然在郭士纳的努力下,IBM 恢复了生机,但它还算不上一家伟大的企业。这正是彭明盛的使命。彭明盛上任后,让公司的特别行动小组搜集了 300 位高管的意见,并与 1 000 多名员工进行了专题座谈,以公司老的价值观为基础,提议了三条新价值观,然后将这些价值观交给所有员工进行讨论。最终确立了"成就客户、创新为要、诚信负责"为 IBM 公司新的价值观。不难发现,彭明盛意识到,除客户导向及创新精神外,在全球化、虚拟化的工作环境下,无论是 IBM 内部合作还是对外经营,基础都是信任和责任感。

(本案例由作者根据网络资料整理)

## 13.2 战略变革类型

战略变革依照不同的判断标准可以做不同的分类,按战略演变态势可以分为渐进式变革、激进式变革、混合式变革[1],按领导变革主体的行为方式可分为强制式变革、理性或自利式变革、教育或交流式变革[2]。下面对这两种类型的战略变革形式分别进行阐述。

### 13.2.1 渐进式变革、激进式变革和混合式变革

**1. 渐进式变革**

渐进式变革通常发生在企业已有的企业结构或管理流程中,在一定时间内往往只对企业内部较少的构成因素进行调整,但它是一系列的持续改进,这些改进不会破坏企业已有的平衡,而只是改变其中的一部分。通过这个过程,企业的部分组成要素在某一段时间里可以以一种渐进和分离的方式解决一个问题或只达到一个目标,通过较长时间的持续努力,领导者就会

---

[1] 李福海.战略管理学[M].成都:四川大学出版社,2004:266-269.
[2] 李福海.战略管理学[M].成都:四川大学出版社,2004:270,271.

对企业的内外环境压力做出反应,最终实现企业的整体战略变革。

渐进式变革的基本观点是:企业发展要稳扎稳打,要在稳定中求发展,不要有太大幅度的变化;即便有变化也要尽可能多地搜集信息,多方进行论证,使得企业对变革做好充分的准备工作;通过不断的量变实现企业的质变,达到重塑企业的目的。

渐进式变革的理论依据是:企业所处的环境是一个相对简单、稳定的封闭系统,企业所采取的行动一般都会发生预期的结果,而不会受到来自外部事件的过多干扰;企业可以对其所得环境进行充分的分析,并且能够依据这种分析制订出详尽的、可执行的战略方案;企业能够对自己所采取的每一个行动的可能结果有充分的了解。基于此,可以实现企业的发展与绩效的提高。由于企业是在较稳定和可预测的环境内经营,因而对变革的需求将是较少的,并且变革状态可以看成是由一个相对稳定的状态转移到另一个状态。

### 2. 激进式变革

激进式变革是由企业危机引发的迅速而又剧烈的变革,是战略变革的极端情况,它打破了企业原有的框架,由不平衡变成一种新的平衡。激进式变革突出了变革的不可预测性和变革的本质,认为由于时间的压力与情景变量,使战略变革的结果没有事先的规定,也不依赖于详细的计划与方案,而是靠相对复杂事项的理解权变地识别可选方案的范围;认为获得企业发展的最好的方法不是怎样去更好地完善自己,而是突破现状,把握未来。

激进式变革的理论依据是:企业所处的环境是一个有大量相互独立且相互作用因素组成的复杂的开放系统,因此企业的行动常常受到内外部因素的干扰而偏离方向;复杂系统的常见状态就是处于有规则与无秩序之间的连续变化性,而且变化的速度日益加快,程度愈发剧烈,从来没有达到稳定的均衡状态,这种变化态势就让企业不可能对正在发生的情况进行足够的了解,因而也就无法做出准确的预测,更不可能制订出详尽的战略;在现实的环境中,并不存在简单的线性因果关系,没法准确地预测行动的结果是什么,因此,企业必须具备一种能力,能够以一种彻底的方式进行持续的变革,保证企业的生存,并使企业具备核心竞争力。

激进式变革的基本观点是:首先要找到变革的突破点,通过遗忘与废弃,破坏原有的权力分配和利益分配方式;从战略构想的核心层向外延伸,关注企业的系统规划设计,实现企业战略、组织结构的重新规划;改善和强化信息管理能力,建立一套预测系统,实现企业核心能力的构建。

### 3. 混合式变革

企业的变革方式并不是非此即彼,渐进式变革与激进式变革并不时截然分开的,只是在企业发展的不同阶段、不同的环境与压力情况下侧重点各有不同,企业战略变革更多是混合变革。

**案例 13-3**

---

### 旭日升:变革的痛与思

1993年始,一个以供销社为家底、3 000万元投资起家的旭日集团通过短短几年的发展,做成了一个销售额高达30亿元的饮料巨头。然而,从2001年开始,一日千里升腾起来的旭日,让人无法想象地滑向了"迟暮"的轨迹,2002年下半年,旭日升停止铺货。曾一度风光无限的"旭日升",日渐成了人们心中的一道"蓝色记忆"。

对于旭日的衰落,各种不同的说法都有。但知情人士认为,旭日集团内部从2000年开始的一系列"管理变革"才真正要了它的命。

(1) 升腾

在20世纪90年代的中国饮料发展史上,"旭日升"是不可或缺的一页。

河北旭日集团的前身为冀州区供销社,20世纪90年代初期,供销社独辟蹊径,在中国的传统饮料"茶"上做文章,率先推出"冰茶"概念。1993年,河北冀州供销社改名为河北旭日集团。1994年,旭日集团投入3 000万元用于冰茶的生产和上市,并很快获得了数百万元的市场回报。

创业初期,旭日集团派出上百名冀州员工,奔赴全国29个省、市、自治区的各大城市,通过地毯式布点,密集型销售,建立起48个旭日营销公司、200多个营销分公司,连接起众多的批发商和零售商,形成了遍地开花的"旭日升"营销网络。一夜之间,独占了中国茶饮料市场鳌头。

1995年,旭日升冰茶销量达到5 000万元。1996年,这个数值骤然升至5亿元,翻了10倍。在市场销售最高峰的1998年,旭日升的销售额达到30亿元。

概念的力量是无穷的。有分析人士指出,旭日升的成功是因为它选择了一个百姓熟悉而市场或缺的切入点,并且创造了一个全新的"冰茶"概念。1999年,旭日集团确定"冰茶"为旭日集团商品特有名称,并将其在国家工商总局注册,将自己创造出来的概念以商标作壁垒"独家垄断"。在当时看来,旭日升有了这个商标,就可以高枕无忧了。

(2) 迟暮

旭日升的巨大成功引来众多竞争对手的跟风。在康师傅、统一、可口可乐"岚风"、娃哈哈等一群"冰红茶""冰绿茶"的围追堵截中,"冰茶"的独家生意很快就被对手模仿,旭日升创造出来的概念日渐稀释、弱化。

2001年,旭日升的市场份额迅速从最初的70%跌至30%,市场销售额也从高峰时的30亿元降到不足20亿元。当产品先入者的优势逐渐被减弱,甚至荡然无存之时,管理上的问题也就随之暴露,尤其是产销规模的迅速扩张与公司制度和人才保障的滞后之间的矛盾。

据熟悉旭日集团的人士介绍,旭日升在销售渠道建设时,不论是进入哪一个城市,不论是什么职位,集团都无一例外地从冀州派遣本地人马,但是相应的制度规范却没有建立起来,总部与网点之间只有激励机制,而没有约束机制。

旭日集团采取了按照回款多少来评定工作考核的管理思想,而忽视了市场通路的精细化建设。有报道说,旭日集团原来很多从冀州出来的业务员为了配合企业的考核,私自和经销商达成"君子协议":只要你答应我的回款要求,我就可以答应你的返利条件;而且,我还可以从集团公司给你要政策,甚至还可以让你卖过期的产品。很多分公司的经理、业务员也根本不管市场上的铺货、分销和监督,而是住进了经销商包的酒店,除催款和不可能实现的"大胆"承诺外,就是和经销商一起欺骗企业。

(3) 变革

内忧外患之时,旭日升的管理层开始了大刀阔斧的变革。

第一步是给企业高层大换血,意在将原有的粗放、经验主义的管理向量化、标准化管理转变。据说,旭日集团当时引进了30多位博士、博士后和高级工程师,个个是战略管理、市场管理、品牌策划和产品研发方面的少壮派高手,其中集团的营销副总经理曾任可口可乐中国公司的销售主管。

> 第二步是把1 000多名原来一线的销售人员安排到生产部门，试图从平面管理向垂直管理转变。集团总部建立了物流、财务、技术3个垂直管理系统，直接对大区公司调控，各大区公司再对所属省公司垂直管理。这样的调动是集团成立8年来最大的一次人事调动。
>
> 第三步是把旭日集团的架构重新划分为五大事业部，包括饮料事业部、冰茶红酒事业部、茶叶事业部、资本经营事业部和纺织及其他事业部，实现多元化经营。
>
> 这般手段，可谓是"大破大立"。不料，悲剧也由此而生。
>
> （4）反思
>
> 大刀阔斧的改革还未让产品的市场表现"止跌回升"，组织内部就先乱了。
>
> 当"空降兵"进入旭日集团并担任要职之后，新老团队的隔阂日益加深，公司管理层当初怎么也没有想到会出现如此尴尬的局面。从国外回来的"洋领导"移植的成功模式在元老们那里碰壁，元老们经验性的决策在新人那里触礁。
>
> 由于公司最初没有明确的股权认证，大家都不愿自己的那一份被低估，元老们心里想的是"当初我比你的贡献大"，而新人们心里想的是"今天我的贡献比你大"。没有凝聚力的企业，就像临时拼凑起来的草台班子，很容易散崩。
>
> 国外管理专家有一个观点：企业领导在考虑实行变革时，一定要克制，不可往企业里投掷巨石。他们必须鼓励自己的员工采取不断往池塘中扔小圆石的策略。唯如此，所要求的大规模变革才能开展起来，同时又可以确保企业的健康肌体所受到的破坏最少。
>
> 旭日升的变革失败，给大家留下了太多值得深思的问题。
>
> （资料来源：唐莹.旭日升.变革的痛与思.中国经营报，2003-11-07.）

### 13.2.2 强制式变革、理性或自利式变革、教育或交流式变革

**1. 强制式变革**

这是一种靠实行强制手段进行的命令式变革，变革涉及者不参与变革方案的设计与制定。主要手段是动用领导机构强制性权力强制实施，对组织中出现的危机或混乱状态进行迅速清理。强制式变革的优点是行动迅速，能够在短时间内处理现有混乱，理清企业现状；缺点是由于有关人员对变革了解不足，推行中会出现高阻碍力，在常态下不受欢迎也不易成功。

**2. 理性或自利式变革**

这是基于人是理性且自利的基本假设，把自我利益当作最重要的激励手段而进行的一种变革模式。主要方式是通过各种努力使人们确信变革会对他们个人有利。这种变革让员工参加到具体的变革过程中，使每一个人都能表达自己的观点，自认为自己是变革的一部分，并能够明白变革能够给他们带来利益；而且在变革的过程中每个人都乐于知道事情进展如何，以及取得了怎样的进步，愿意发出信息和接收信息。同时这种变革还依赖于变革的领导者对整个变革过程进行权威性协调控制，对整个变革过程进行监控。这种变革的优点是可以提高决策质量，减少变革的员工障碍与风险，是较为理想的变革模式；缺点在于耗时长，员工不够理性而沟通不畅。

**3. 教育或交流式变革**

由于认识到战略变革是全员性的工程，为此，在企业内部需要构建领导者与员工之间相互

信赖与合作的关系,通过通报信息,进行广泛而深入地沟通与交流,使人们了解变革的必要性。应该避免由于信息沟通不畅,或者是信息缺乏和错误而使企业的战略在贯彻实施时遇到障碍。这种变革的优点是在有关人员对变革有充分的思想和能力准备之后才开始实施变革方案,所以助力较小;缺点是实施缓慢而困难,变革的方向和过程也常常不够清晰,且不能很好地解决企业战略变革的问题。

三种变革模式的比较如表13-1所示。

表13-1  三种变革模式的比较

| 风格类型 | 方法 | 优点 | 缺点 | 适应环境 |
| --- | --- | --- | --- | --- |
| 强制 | 强制命令 | 执行迅速 | 低责任心<br>低成功率 | 突变危机情况和专制文化条件下 |
| 理性与自利 | 参与和干预 | 增强责任感<br>过程有控制<br>提高决策质量 | 耗时、缓慢;<br>有操纵风险 | 长期的<br>全局性变革 |
| 教育与交流 | 互相信任、尊重 | 充分交流与沟通 | 耗时;方向不明;<br>进展不顺 | 渐进式变革 |

(资料来源:李福海.战略管理学[M].成都:四川大学出版社,2004:270,271.)

### 案例 13-4

## 杏花村的品牌再造

山西杏花村汾酒集团有限责任公司(以下简称汾酒集团)是以生产经营汾酒、竹叶青酒为主的大型国有独资企业,拥有中国驰名商标——杏花村。汾酒集团在20世纪90年代以前一直是全国白酒业的排头兵。但是,1995年以来,汾酒集团的业绩开始下滑,一度由同行业第一下滑至第十名左右。

2002年,汾酒集团开展了经营思想大讨论,认为"杏花村"驰名商标的形成是由于汾酒的深厚历史文化底蕴,是汾酒集团的巨大无形资产,是集团最核心、最优质的资源。集团业绩滑坡的原因是品牌管理不到位、决策缓慢、响应市场需求迟钝,使"杏花村"品牌、汾酒品牌、竹叶青品牌没有形成竞争合力。具体表现在:

一是品牌管理不到位,品牌形象保护不力。企业没有强有力的品牌管理部门,没有建立统一的品牌管理办法和开发品牌标准,使母子公司品牌交叉使用,驰名品牌、成熟品牌维护不力,而新开发品牌大多各自为政,难以形成规模,致使品牌竞争力没有得到有效发挥。

二是销售机构设置多而乱。企业自己的销售网络没有建立健全起来,难以控制渠道,销售政策政出多门且难以到位,使品牌竞争力难以有效发挥。

三是由于没有研究市场的机构,市场调研不充分,品牌作用在消费者心目中的反馈信息不全、不准,造成市场的消费定位不准,某些市场推广受限。

四是企业内部的决策指挥系统相对市场存在一定的滞后性,在很大程度上使新品开发、市场决策的实施受到影响,造成响应市场需求迟钝,使品牌效应难以快速体现。

五是企业内部还没有形成对维护品牌奖惩分明的管理机制,全员参与维护品牌的积极性还没有调动起来,在提供产品和服务中使品牌形象受到影响。

汾酒集团针对品牌管理中的问题,确定了"酒业为本,市场导向,品牌经营,内涵发展"的战略方针,实施了以提升品牌竞争力为核心的有效管理。其基本内涵是:为了提升品牌竞争力,进一步强化质量、营销、科技、采供、品牌、机制等方面的管理。生产制造保证品牌质量,营销过程发挥品牌优势,广告宣传提升品牌形象,文化底蕴支撑品牌内涵,持续提升品牌竞争力。

主要做法是:

(1) 转变观念,提高品牌意识

集团公司通过对各个层次的宣传,强化全体员工品牌观念,并将品牌建设纳入制度建设的序列,让员工认识到每一项工作、每一种行为、每一个产品都代表品牌形象,每一位员工都有保护、维护品牌的责任,树立"用心酿造,诚信天下"的汾酒文化理念。

(2) 优化组织机构,搞好品牌经营

汾酒集团在名牌再造中,坚持做到"三个统一",即品牌与品质的统一、品牌与品位的统一、品牌与品德的统一。并构建了有效的决策指挥系统。

①建立专业委员会。集团公司设立专业委员会,即营销委员会、财务管理委员会、物流管理委员会和技术管理委员会,分别负责营销、财务、物流及科技质量进步等经营管理方面的决策,同时负责向董事会提出意见。委员会由内部专家、外聘专家参与,由公司高管及相关部门负责人共同组成。

②设立管理中心。建立4个管理中心作为指挥平台,即营销、财务、物流、科技质量中心,通过中心的统筹运作,实现了跨部门、单位职能的统一,使集团公司管理趋于集中。

③建立经营运行会议制。为使管理中心与集团其他生产、经营、职能单位协调运作,经营运行会议制专门负责解决经营运行中的问题,保证体系统筹运作、协作高效。

(3) 加强品牌管理,为提升品牌竞争力提供资源保障

①强化品牌管理

为了加强品牌管理,集团公司在营销中心下设置品牌管理部,专门负责产品结构调整和无形资产的规划,负责工商联合开发品牌及OEM,牵头组织新品牌的调研、概念测试、包装设计、推广策划,与销售公司一道搞好市场推广,同时进行产品包装改进工作。

品牌管理部制定了《集团公司商标管理办法》及对分、子公司的《商标管理考核细则》,每月一检查、每季一考核,使集团的各类商标使用、管理和运作处于有序状态。注重做好商标的日常管理,及时设计、注册、续展,包括相似名称注册、域名注册、行业注册、副品牌注册、包装风格注册、形象注册及其他图形注册等。由专人负责对每期《商标公告》中与汾酒集团商标相似、相近的商标及时有效提出异议。到目前为止汾酒集团共注册商标110余个,提出商标异议30余个,积极维护品牌的知识产权。

制定了《工商联合开发品牌管理办法》,对开发品牌的资质、信誉、规模、技术、质量、包装、售后服务等各个方面进行了规定,砍掉了近百种不符合规定的品牌,取消了数十个合作企业的产品开发资格,有效地规范了品牌开发行为,维护了品牌形象。

加大打假力度,对消费者负责。针对市场上不断出现假冒"杏花村"汾酒、竹叶青等产品,汾酒集团专门成立了打假办公室,依靠工商、检察等执法部门,积极打击假冒商标的行为。建立集团本身的特情系统,制定打假举报奖励制度,有力地打击了制假行为,保护了"杏花

村"汾酒、竹叶青等品牌的合法权益,净化了市场环境。仅2003年查处经销汾酒系列产品的商家1 298家,查获假冒产品5 000余箱,总价值近百万元。

②有效开展品牌经营

汾酒集团遵循资源共享、优势互补、强强联合、互惠互利、双赢发展的原则,以品牌为核心,以无形资产和商誉折价入股为主要投资形式,通过注入技术、管理、文化,实现品牌的低成本扩张。一是介入啤酒领域。依托"杏花村"驰名品牌,以股份制和贴牌生产的形式,与山西三禾酿业有限公司联合组建汾酒集团公司啤酒有限责任公司,新产品——杏花村啤酒上市后,引起社会各界广泛关注,年销量已达3万吨。二是与各地白酒企业开展不同形式的合作。与集宁纳尔松酿业有限公司、商丘大富豪酒业有限公司、哈尔滨蓝天酒业有限公司开展品牌合作,合作企业年销量达3万吨。三是与经销商合作。共同成立粤晋辉煌工贸公司、郑州有限责任公司,聚合双方优势,发展当地市场。四是规范工商开发。精选开发商,逐步淘汰不规范及实力弱的开发商,与实力强劲的经销商建立长期合作机制。2004年与家乐福合作开发乐福酒,实现了占领大型终端的市场突破。

③广告策划及CI系统

广告是对品牌无形资产的投入,是维护品牌、提升品牌竞争力的重要举措之一。汾酒集团的广告策划由营销中心品牌策划部统一策划,强化对"杏花村"汾酒、竹叶青等驰名品牌的宣传,突出汾酒集团形象。从中央电视台、电台到各级地方电视台,从全国报刊到地方报刊,"杏花村"的商标反复出现。对重点市场利用灯箱、路牌、POP系列媒体扩大知名度,以汾酒专卖店展现自己的特色。对集团的广告投入、项目、时间、地点、形式、媒体等进行精心策划,由职能机构负责广告的实施、监控和投入产出概算、总结。2002年,品牌策划部对集团CI系统进行统一策划,规范和提升了"杏花村"汾酒、竹叶青等品牌的内涵和外延,同时设计和规范了集团生产基地形象,规范了集团视觉识别系统。经过广泛征求意见,形成了汾酒集团公司员工行为规范,并纳入员工考核奖励范围,统一了识别系统,为品牌的提升由形象到内在的升华奠定了坚实的基础。

(资料来源:山西杏花村汾酒集团有限责任公司.杏花村的品牌再造[J].企业管理,2005(6),40-43.)

## 13.3 战略变革成功要素

### 13.3.1 战略变革发生的障碍

在实践中,企业战略变革的发生极为困难。导致战略变革发生障碍的原因主要有以下三个方面[①]。

(1) 企业家的认知的刚性

企业家的认知包括了两个方面:认知结构(structure)与认知过程(process)。前者是指企

---

① 陈传明,刘海建.企业战略变革的理论与研究方法述评[J].经济管理·新管理,2005(14):58-64.

业家对于利益、风险、机会、控制等问题的认知,往往是规划式的或计划式的,并且是相对固定的;后者是指企业家对代表性、风险、个人自信程度等认知的过程,是逐渐的、循序渐进的。而当企业家的认知结构与认知过程逐渐固定的时候,便逐渐形成了企业家认知的刚性,导致企业战略很难实行变革。

(2) 资源的专属所定

Williamson 认为,企业存在投资专用性。企业的某一部分资产是专门与一定的战略相适应的。企业的资产包括有形资产、无形资产和人力资源。Williamson 主要强调了有形资产,而无形资产对于企业的专属锁定性质也非常明显。比如,可口可乐的核心能力在于饮料,不在于计算机;而 IBM 的核心能力却恰恰相反。消费者很难接受可口可乐公司生产计算机或 IBM 公司销售饮料,最主要的原因在于两者无形资产的性质不同。

(3) 风险厌恶心理

德国营销学家 Livitte 很早就用"营销近视症"来表示这一概念。所谓"营销近视症",是指企业往往更加关注眼前的利益。比如,当企业拥有多余的闲散资源的时候,企业一般不把这些资源用于新的市场拓展,而会把这些资源用于原有市场的精心开发,因为这样做风险比较小。按照 2002 年诺贝尔经济学奖获得者卡恩曼的说法,当企业面临风险的时候,往往回避风险,而不去进行更多的尝试,因为人把一件事情做失败造成的心理损失是把同样的事情做成功的心理收益的两倍。

### 13.3.2 战略变革成功要素

战略变革的成功实施需要诸多要素的支持以克服变革障碍,其中的核心要素是企业家精神,在企业家的带领下,企业全体成员适时转变经营理念,常怀危机意识,通过强有力的领导团队,推动战略变革的开展。

**1. 企业家精神**

企业家精神,或者说"企业家才能"是新古典经济学"生产四要素"之一。它对其他三个要素(劳动、资本和土地)进行"组织",以形成具体的生产经营过程。1929 年美国经济学家熊彼特提出的创新理论,实际上是一种企业家理论。他认为,企业家是对生产要素的原有组合进行革命性(创造性)破坏的人,即进行创新的人。创新是企业家,尤其是成功企业家的才能和素养,是其发展的理由。在企业家那里,具体的创新活动都是通过他和他的团队的每一次决策完成的。

与经理人相比,企业家是改革的引爆者,经理人则是企业家的稳定代言人。在经理人处理可预测风险的同时,企业家正面临着种种不可预测的风险。企业家建立新的组织结构,经理人则控制这个制度。企业家跨越未知的鸿沟,经理人则执行明确的任务。企业家可以察觉"不可能"的发展机会,经理人却只能预估成本。

**2. 转变经营理念**

不同的年代和时期,企业面对的环境以及自身的资源、能力都在改变,企业的经营理念也要与时俱进,如表 13-2 所示。

表 13-2  经营理念的转变

| 旧的特征 | 新的特征 |
| --- | --- |
| 适应未来 | 创造未来 |
| 价格竞争 | 价值竞争 |
| 产品质量思维 | 全面质量管理 |
| 产品优先 | 顾客优先 |
| 财务导向 | 综合导向 |

(资料来源:张鼎昆.突破:企业变革管理方略[M].北京:机械工业出版社,2004:3.)

### 3. 树立危机意识

危机意识能够帮助企业未雨绸缪,及时或预先发现战略管理中存在的问题,也能够使员工跳出对变革的抵制转而支持变革。在许多方面,危机意识激活了公司的变革。科特认为当公司75%管理者真实认为业务发展不能令人接受时,紧迫感和危机感能够驱动成功的变革发生。一旦多数关键员工相信应该变革时,变革就成为内在驱动力,容易达成变革目标[①]。

### 4. 建立强有力的领导团队

任何组织的变革都需要一个强有力的领导团队,可以说战略变革是"一把手工程",只有高层领导重视才能使战略变革获得成功。战略变革会触动某个部门或某个人的具体利益,同时不可避免地要改变职工以前的工作习惯和工作内容。这都要求有最高决策层的全力支持,才能达成统一的思想认识,团结一致,上下齐心协力地实施企业变革。另外,最高决策层的全力支持也会影响职工对新的管理思想与方法的学习热情,对改革有信心。

### 5. 注重变革的艺术性

对于变革的认识,人们有不同的看法,而且在很多情况下,变革往往会导致某些员工的既得利益受损。在这样的情况下,要使变革顺利进行,管理者必须合理地安排好变革的时间和进程,选择好时机。此外,在变革之前,还要充分考虑变革中可能产生的问题及其后果,提前采取预防措施。

## 案例 13-5

### 百度 17 年的兴衰史

(1) 百度的异军突起:2000—2005 年

① "百度"的诞生

百度成立于21世纪的第一天——2000年1月1日。在互联网世界里,在搜索引擎出现前,先后存在过两类入口——其一是浏览器,其二则是门户。事态的改变是从1999年Google的正式上线开始的,凭借一套"自动抓取网站信息"的机制以及更合理的网站排名规则,Google的搜索精准度、用户体验等都得以显著提升,人们也由此开始脱离了被动接受信息的模式。自此,互联网世界的"入口"从导航和门户网站开始渐渐转为搜索引擎。

Google的诞生,让当时已经在美国从事8年搜索技术工作的李彦宏意识到了"搜索引

---

① 黄旭.战略管理思维与要径[M].北京:机械工业出版社,2007:330.

擎"一定会是未来互联网发展的极大契机,中国互联网市场拥有巨大的潜力。于是,1999年下半年,李彦宏放弃在硅谷的高薪工作,决定回国创办中国自己的搜索引擎公司。

②百度的发展与突围

百度在成立之初,主要面向各类互联网网站提供一套搜索技术和工具。2000年5月,百度首次为门户网站——硅谷动力提供搜索技术服务,而后又向新浪、搜狐等门户巨头开始提供中文网页信息检索服务,此后,成立半年的百度迅速占领了中国80%的网站搜索技术服务市场,成为最主要的搜索技术提供商。然而好景不长,在2000—2001年期间,互联网迎来第一次"泡沫"和"崩盘",无数网站被关闭,许多域名都成了"死链接"。百度在美国的对标对象Inktodi股价从最高的243美元跌到不足1美元,被雅虎收购。

李彦宏迅速调整战略,将业务模型从面向企业提供搜索技术转为自行经营搜索引擎,正式推出独立搜索引擎baidu.com。在商业模式上百度仿效美国的Overture,在国内首创了"竞价排名"模式,即根据支付费用的多少来决定广告主在网站中的展示信息排名位置。与此同时,百度的盈利收入来源也从此前的主要从面向网站售卖技术服务变成了主要面向广告主售卖广告。然而,"竞价"这一方式,在为百度带来源源不断收入的同时,也给它带来了无数非议。

同期,百度也开始展现出了它"更懂中国用户"的一面,陆续上线了IE搜索伴侣、百度大富翁游戏、百度MP3、百度网盟等产品,这些产品每一个都各有其亮点。

③势如破竹的百度

从2002年发布MP3搜索,到2003年推出图片搜索、新闻搜索、Flash搜索以及建立全球最大的中文社区"百度贴吧",再到2004年收购了国内最大的个人上网导航网站hao123、推出文档搜索及"百度知道",作为一家互联网公司的百度在进军"知识搜索"领域这一阶段中的成长和发展,可以说是惊人的,几乎每一年都能获得用户数量和流量上的巨大增长。2005年8月5日,百度在美国纳斯达克成功上市,同时也创造了中国概念股的美国神话——百度首日股价涨幅就高达354%。

纵观百度初期的成长,是与其几个核心产品线的成功密不可分的。基于核心业务搜索引擎和竞价排名,辅以一系列各有特色同时又与"信息"紧密相关的新产品,百度成为一个拥有强大"信息分发"能力的入口及内容生态,跻身国内互联网领军公司之列。

(2)百度的多元化之路:2005—2009年

①百度的"多元化"战略

2005年上市之后,百度开始实行"多元化战略"模式。在2005—2009年期间,先后出现了21个产品线,不仅包括百度百科、百度知道、百度贴吧等明星产品,还包括百度空间、百度视频、百度地图、百度IM软件"百度Hi"等。其中,拥有过亿用户量的产品就达到了七八个之多。

此外,百度还先后针对两块极度重要的业务动过心思,一是电商,二是社交。然而一旦涉及线下供应链和更重的"运营"环节,百度从未有过一款成功产品,哪怕后来的百度外卖也是如此。在社交这条路上,除"贴吧"外,在博客(百度空间)、实名社交(百度说吧)、实时聊天(百度Hi)的尝试也都无疾而终。

②被人诟病的"百度"

这一时期的百度,在继续迅猛发展的同时,也已经开始显现出一些负面与隐患。公众与舆论界对于百度最大的诟病在于:"竞价排名"这种纯粹以利益导向的广告收入模式,是否会造成大量虚假不靠谱的商家通过广告投入就能够出现在百度搜索结果的首页的后果,从而误导大量普通用户的选择。

2009年,经由半年酝酿后,百度正式上线推出"凤巢"系统。"凤巢"在原有竞价排名规则的基础上引入了"质量度"(包括点击率、创意质量、账户表现等)。这看似优化了用户体验,却在之后再度被CCTV曝光,称其"本质未变,不透明的竞价排名不但无法省下推广费用,反让企业陷入广告投放方面的无底洞"。

而就此问题,百度内部也有不小争论,以时任百度副总裁俞军为代表的产品团队坚持要彻底改变、干掉一系列"灰色地带"的广告客户,而以时任百度COO沈皓瑜为代表的运营团队则强烈反对。长期以来,在百度内部,这两股代表销售、商业化的力量和代表用户、产品的力量势均力敌,他们彼此牵制、相互妥协。一直到2009年后,以俞军、边江、李健为代表的几代百度产品总监相继离职,百度内部的文化开始变成以"商业与收入"为导向。

③"多元化"背景下的百度及其困扰

自2005年8月上市后,在短短两年半时间内,百度已经迅速从单一的搜索引擎扩张到"巨无霸"公司。然而,在众多布局下,能够开花和结果的,却并不多。庞大的百度,营收来源是否可以不仅仅只依赖于"搜索"和"搜索广告"成了百度心中的一块大石,在此后的7年时间里,整个百度都受困于这一问题。

(3) 动荡中前行的百度帝国:2010—2016年

①竞争格局的扭转

2010年1月,Google发表声明,因为不愿接受政府对于Google.cn内容的审查,宣布退出中国。从那时起,在失去了Google这个重量级的竞争对手之后,百度所处的商业环境始终有惊无险,由此,百度似乎也失去了创新和发展的动力。从2010年到2016年,百度在产品上的进化似乎戛然而止,这6年间,百度似乎没有任何一款能够与早期的贴吧、知道等相提并论的产品面世。与此同时,失去了竞争对手的百度,开始显露出越来越大的野心和某种"霸权主义"作风。

②野心勃勃的百度

2009年8月,李彦宏在百度技术创新大会上首次提出了"框计算"的概念,即用户只要在百度搜索框中搜索某种服务,如视频或购票等,百度就能识别这种服务,将该需求直接匹配给最优的内容供应商或服务商来进行响应和处理。

2010年,在Google退出中国后,百度又进一步推出了移动开放平台以及移动框计算,背后的逻辑也是一样的——百度希望成为一切信息乃至服务的入口。

2011年,百度又推出了全新的首页,移动终端平台等产品,新上线的百度首页在传统的搜索框下,增加了导航通知、实时热点、应用、新鲜事四大模块,同时新首页页面将向所有站长、开发者、服务提供商开放。原本独立的搜索框彻底演变成全应用模式。

这一系列动作,成为百度自推出独立搜索引擎以来最引人注目的产品战略举措。此后,百度"野心勃勃"的布局还未完全得以落实,形势就有了新的变化,变化来自"移动端"。

③百度移动时代的开端

2012年开始,智能手机大大得到普及,互联网的"移动时代"加速到来。手机端的"入口"不再是搜索引擎,"应用程序及分发平台"以及"碎片信息、线下服务等的消费"成为这个时期竞争的关键,但这些此前均与百度无关。

面对互联网局势的变化,百度从投资布局到自身业务发展都开始了面向移动端的战略重心转移,陆续收购或投资了91无线、PPS视频、糯米、Uber等业务。在一系列布局和动作之后,百度也拥有了一系列基于移动端的拳头产品,如手机百度、百度地图、百度糯米等。

当时的百度,希望占据更多线下场景,连接更多线下服务。用百度自己的话来说,百度最终希望实现的是"以移动搜索、个人云和地图作为移动业务的突破口,提升移动应用分发能力,再聚合移动端业务,形成O2O闭环——搜索+分发(91)+LBS(地图和糯米)+支付(百度钱包)"。

④舆论漩涡中的百度

从2015年下半年开始,一方面,百度在移动端开始节节败退——从"糯米"到"外卖"都开始逐渐走下坡路;另一方面,由于自身内部的种种问题,百度开始一次又一次陷入舆论风波中,导致了自己面对的舆论环境越来越恶劣。

2015年最先爆发的是所谓"百度全家桶"事件,有用户发现如果自己在计算机上装了百度相关的软件,比如百度卫士、百度输入法、百度地图等,那么与百度有关的"全家桶"套餐软件将会被强制安装到计算机中。

2016年2月,百度爆出贴吧"血友病吧"被卖,一时间群情激愤,百度不得不公开道歉。而短短不到3个月,因为陕西青年魏则西之死,百度再一次被推上风口浪尖,包括央视等在内的国家媒体均对此事件予以了巨大关注,百度背负着巨大的压力。

2016年11月,百度爆出了2016年的最后一则负面大新闻——副总裁李明远被宣布因为"在百度收购某项目中与被收购公司负责人有私下巨额经济往来"而引咎辞职。李明远的离开,代表着2005年前后,曾经主导了百度PC时代产品辉煌的那一代百度产品人,至此全部离开百度。

上述一系列事件的背后,映射出的是百度从战略到组织架构,到内部管理方法,甚至组织文化等全方面的问题。

(4) 高举"人工智能"大旗的百度:2016年至今

作为一家有着强大技术基因的互联网公司,百度最大的困境其实在于:它从未能够在PC时代的搜索之外创造出新的、可规模化的收入来源。在互联网世界中,如果一家公司长期没有创新,很容易迅速被时代抛到身后。而从移动互联网时代到来以后,百度所面临的正是这样的局面:一方面,移动端的搜索与Web端的搜索全然不同,在移动端,百度不再是那个可以呼风唤雨的唯一入口;另一方面,其Web端的地位也不断遭遇着各种挑战,这些挑战有来自360等竞争对手的,有来自大众舆论的口诛笔伐的,也有来自医疗整改等政策层面的。

2016年,百度开始把视角转回到自己赖以起家的技术上面,更多地谈论起了人工智能。

①百度的人工智能布局

百度的人工智能布局可以追溯到2012年,拥有海量数据,天然在人工智能研究方面拥有优势的百度就启动了深度机器学习的研究工作。到了2014年,在此前深度学习项目的基础上,衍生出了"百度大脑"项目。

在某种意义上,互联网的第一时代,实现的是"人与信息"以及"人与人"之间的连接,而到了移动互联时代,更多的服务被接入进来,"连接人与服务"开始变成了这一时期互联网的主旋律。

人工智能之于互联网的意义在于,它能够极大地加速和辅助"人与服务的连接"。百度希望利用人工智能来全面优化百度现有或即将开展的一系列业务,比如"金融+人工智能""O2O+人工智能""内容生态+人工智能"等。2015年推出的百度虚拟助手"度秘"初步展现了百度在人工智能领域上的成果。

②内容生态的搭建

从2016年开始,内容创业就成为互联网圈内的热门话题,其背后的核心逻辑是,在信息泛滥的当下,相比传统的索引导航式流量入口,优质内容越来越有成为真正流量入口的趋势。

内容之战分为两个层次,一是优秀的内容生产者之争,二则是内容分发能力之争。围绕前者,除原有的百度百科、百度文库和贴吧外,百度在2013年推出了"百度百家",定位为依托百度流量的内容聚合平台,聚集了大量内容生产者。2015年年底,围绕着原有的"百度百家",百度进一步上线了"百家号",逻辑基本与头条号、微信公众号等相似,内容创作者生产内容,用户消费内容,百度提供广告分成,帮助内容生产者实现内容变现。2016年年底,百度又进一步开始整合百度百科的流量,借此来拉拢更多内容生产者。2017年2月6日,李彦宏公开发表了百度2017年度的内部信,其中反复提及"百度从本质来讲,最核心的东西还是在做内容分发""内容分发是我们的核心,我们之所以能够存在,我们之所以很多业务能够做得起来,是因为我们有内容分发这样一个坚强的大盘,这个道理大家一定要明白",并正式宣告了2017年百度的重心也将全面向"内容分发"倾斜。

(5) 尾声

百度无疑是PC时代中国互联网行业中最大的赢家,凭借自己的搜索与贴吧、知道、百科等一系列优秀的产品,百度迅速成为PC时代的巨无霸,并随之建立起来了一套非常成熟的商业逻辑,以至于到今天,百度的商业产品经理在互联网圈内仍然有着非常良好的口碑,而"搜索"与"商业产品"也被称为是百度最核心的两大产品。

然而,那些曾让你强大的事物,在新时代来临时更容易衰败。在互联网圈内,这一定律更是屡见不鲜,对百度而言,也是如此。自2010年开始,百度的"竞价排名"广告模式就始终饱受诟病,而移动互联网带来的冲击也让百度自身焦虑不已,于是,百度也奋力开启了一系列转型尝试,试图找到搜索和广告以外的一个全新支柱与增长点。

到了2017年,百度手中的底牌,似乎也是我们能看到的最后一张牌,变成了"人工智能"。2017年及之后的百度,真的能够在其寄予厚望的"人工智能"战场上带来突破性的成果,以此扭转连续多年来的不利局面吗?唯有拭目以待。

(本案例由作者根据网络资料整理)

## 本章小结

(1) 战略变革是企业为了实现持续成长,应对外部环境的变化而做出的形式、性质和状态上的转变。这种变革包含两层含义:企业战略内容方面的变革,包括企业的经营范围、资源配置、竞争优势以及这些因素之间的协同作用的变化;企业应对外部环境的变化以及企业应对战略内容发生变化所做出的变革。这种变革可体现为企业业务的变化,也可体现为企业组织层面的变化,甚至是两者的综合变化。

（2）企业战略变革是外部环境和内部条件相互作用的结果。影响企业战略变革的因素主要有：环境、企业成长、使命或愿景和领导者。这4个因素是企业战略变革的主客观及内外驱动因素。

（3）战略变革依照不同的判断标准可以做不同的分类，以战略演变态势可分为渐进式变革、激进式变革、混合式变革，以领导变革主体的行为方式可分为强制式变革、理性或自利式变革、教育或交流式变革。

（4）导致战略变革发生障碍的原因主要有以下3个方面：企业家的认知的刚性；资源的专属所定；风险厌恶心理。

（5）战略变革的成功实施需要诸多要素的支持，其中的核心要素是企业家精神，在企业家的带领下，企业全体成员适时转变经营理念，常怀危机意识，通过强有力的领导团队，推动战略变革的开展。

## 思考题

（1）企业实施战略变革的动因有哪些？分析一家企业的战略变革动因。

（2）如何实施战略变革？分析一家成功实施了战略变革的企业的具体做法。

# 主要参考文献

[1] HOSKISSON R,HITT M,WAN W,et al. Theory and Research in Strategic Management:Swings of A Pendulum[J]. Journal of Management,1999,25(3):417-456.
[2] RUMELT R,SCHENDEL D,TEECE D. Strategic Management and Economics[J]. Strategic Management Journal,1991,12(S2):5-29.
[3] 司徒达贤.战略管理新论——观念架构与分析方法[M].上海:复旦大学出版社,2003.
[4] 项保华.战略管理:艺术与实务[M].5版.北京:华夏出版社,2012.
[5] 项保华.战略管理:艺术与实务[M].3版.北京:华夏出版社,2001.
[6] 朱珺.战略创业视角下的双元型组织构建路径研究[D].南京工业大学硕士学位论文,2017.
[7] 张君,吾尔亚提·沙塔尔.诺基亚的衰落对我国电子企业的启示[J].电子测试,2013(20):263-264.
[8] 罗伯特·格兰特.公司战略管理[M].北京:光明日报出版社,2001.
[9] 希尔 C W L,琼斯 G R.战略管理[M].孙忠,译.北京:中国市场出版社,2005.
[10] 亨利·明茨伯格,等.战略历程:纵览战略管理学派[M].北京:机械工业出版社,2001.
[11] 约翰·米德尔顿,鲍勃·戈尔斯基.战略管理[M].北京:华夏出版社,2004.
[12] DRUCK P F. The Theory of the Business[J]. Harvard Business Review. 1994,72(5):95-104.
[13] 周三多,邹统钎.战略管理思想史[M].上海:复旦大学出版社,2003.
[14] PORTER M E. TOWARDS A Dynamic Theory of Strategy[J]. Strategic Management Journal,1991,12(S2):95-117.
[15] AMIT R,SCHOEMAKER P J H. Strategic assets and organizational rent[J]. Strategic Management Journal,1993,14(1):33-46.
[16] 李玉刚.战略管理[M].北京:科学出版社,2005.
[17] 斯蒂芬·P·罗宾斯.管理学[M].北京:中国人民大学出版社,1997.
[18] 周三多,陈传明,鲁明泓.管理学——原理与方法[M].上海:复旦大学出版社,2005.
[19] 项保华.企业战略管理:概念、技能与案例[M].北京:科学出版社,1994.
[20] 张震,朱兴珊,张品先,等.国内外大公司战略规划管理的经验与启示[J].国际石油经济,2017,25(05):10-16.
[21] 迈克尔·波特.竞争战略:分析产业和竞争者的技巧[M].北京:华夏出版社,1997.
[22] 吴昊.QQ教父马化腾传奇[M].北京:中国经济出版社,2011.
[23] 袁茵,钟锐钧.腾讯"微革命"[J].中国企业家,2012(1):50-52.
[24] 张军杰.中国互联网企业发展模式探析——以腾讯为例[J].经济与管理,2011,25(2):43-46.

[25] 张初愚,张乐.美国在线与腾讯的战略管理比较[J].经济管理,2003(01):86-88.
[26] 李鹏炜.市场细分与国内门户微博战略——以新浪、腾讯、搜狐、网易网为例[J].新闻前哨,2012(6):14-16.
[27] WERNERFELT B A. Resource-based View of the Firm[J]. Strategic Management Journal,1984,5(2):171-180.
[28] GRANT R M. The Resource-Based Theory of Competitive Advantage:Implications for Strategy Formulation[J]. California Management Review,1991,33(3):114-135.
[29] PORTER M E. From Competitive Advantage to Corporate Strategy[J]. Harvard business review,1989,5:43-59.
[30] 塞特斯·杜玛,海因斯·赖德.组织经济学:经济学分析方法在组织管理上的应用[M].北京:华夏出版社,2006.
[31] HILL C W L,HOSKISSON R E. Strategy and Structure in the Multiproduct Firm[J]. Academy of Management Review,1987,12(2):331-340.
[32] HOSKISSON R E,TURK T A. Corporate Restructuring:Governance and Control Limits of the Internal Capital Market[J]. Academy of Management Review,1990,15(3):459-477.
[33] TOSI H L,GOMEZ-MEJIA L R. The Decoupling of CEO Pay and Performance:An Agency Theory[J]. Administrative Science Quarterly,1989,34(2):169-189.
[34] 西宝.管理科学研究方法[M].北京:高等教育出版社,2008.
[35] 贾怀勤.管理研究方法[M].北京:机械工业出版社,2006.
[36] 石盛林,王娟,张静.基于企业家企业理论的事业战略理论模型[J].南京邮电大学学报(社会科学版),2017,19(02):46-55.
[37] 李怀祖.管理研究方法论[M].西安:西安交通大学出版社,2000.
[38] 黄伟芳,李晓阳.华为正传:华为的企业管理和战略精髓[M].北京:红旗出版社,2017.
[39] WOODRUFF R B. Customer Value:the Next Source for Competitive Advantage[J]. Journal of the Academy of Marketing Science,1997,25(2):139-153.
[40] CONNER K R. A HISTORICAL Comparison of Resource-Based Theory and Five Schools of Thought Within Industrial Organization Economics:Do We Have a New Theory of the Firm? [J]. Journal of Management,1991,17(1):121-154.
[41] SETH A,THOMAS H. Theories of the Firm:Implications for Strategy Research[J]. Journal of Management Studies,1994,31(2):165-192.
[42] 石盛林.战略管理理论演变:基于企业理论视角的回顾[J].科技进步与对策,2010,27(08):156-160.
[43] SLATER STANLEY F. Developing a Customer Value-Based Theory of the Firm[J]. Academy of Marketing Science,1997,25(2):162-167.
[44] BARNEY J. Firm Resources and Sustained Competitive Advantage[J]. Journal of Management,1991,17(1):99-120.
[45] 亚德里安·J·斯莱沃斯基,大卫·J·莫里森,劳伦斯·H·艾伯茨,等.发现利润区[M].北京:中信出版社,2000.
[46] 彼德·F·德鲁克.公司绩效测评[M].北京:中国人民大学出版社,剑桥:哈佛商学院出

版社,1999.

[47] KIM W C,Mauborgne Renée. Value Innovation:The Strategic Logic of High Growth[J]. Harvard business review,1997,75(1):103-112.

[48] ZEITHAML V A. Consumer Perceptions of Price,Quality,and Value:A Means-End Model and Synthesis of Evidence[J]. Journal of Marketing,1988,52(3):2-22.

[49] 罗海青,柳宏志.顾客价值评价实证研究[J].经济管理,2003(24):63-67.

[50] 菲利普·科特勒.营销管理:分析、计划、执行和控制[M].上海:上海人民出版社,1999.

[51] 叶家.浅谈海底捞火锅差异化战略[J].商场现代化,2016(06):65.

[52] 何丹涛.基于SWOT分析的苏宁云商转型战略研究[J].现代商贸工业,2015,36(03):107-109.

[53] 袁小明.小米科技公司的差异化战略[J].企业改革与管理,2013(11):43-45.

[54] JONES GARETH B,BUTLER JOHN E. Costs,Revenue,and Business-Level Strategy[J]. Academy of Management Review,1988,13(2):202-213.

[55] MURRAY A I. A Contingency View Of Porter's "Generic Strategies"[J]. Academy of Management Review. 1988,13(3):390-400.

[56] CAMPBELL-HUNT C. What have we learned about generic competitive strategy? A meta-analysis[J]. Strategic Management Journal,2000,21(2):127-154.

[57] 项保华.保持竞争优势的六个准则[J].企业管理,2002(7):34-35.

[58] 张娜.文化传媒企业盈利模式研究[D].天津财经大学硕士学位论文,2017.

[59] 杨丹华.云南上市公司成长路径探析——以云南白药集团股份有限公司为例[J].云南电大学报,2012,14(03):41-45.

[60] 杨子琳.力控科技:为客户提供全方位、立体化的产品和解决方案[J].自动化博览,2017(08):32-33.

[61] 纪欢丛.专业化战略下的内部资本市场运行机制及运行效果分析[D].青岛大学硕士学位论文,2018.

[62] 马若寒.刀片大王吉列[J].文史月刊,2008(12):66-67.

[63] 都振民.江苏五星电器有限公司营销战略研究[D].苏州大学硕士学位论文,2009.

[64] 刘修睿.浅析新能源政策影响下比亚迪公司战略定位及商业模式[J].中国集体经济,2018(36):63-65.

[65] 陈越.华润怡宝:体育营销,成就品牌进阶之路[J].经贸实践,2018(21):26-27.

[66] 姚国庆.博弈论[M].天津:南开大学出版社,2003.

[67] 陈瑞华.信息经济学[M].天津:南开大学出版社,2003.

[68] 拜瑞·J·内勒巴夫,亚当·M·布兰登勃格.合作竞争[M].合肥:安徽人民出版社,2000.

[69] BENGTSSON M,KOCK S. Cooperation and competition in relationships between competitors in business networks[J]. Journal of Business & Industrial Marketing,1999,14(3):178-194.

[70] 汤明哲.战略精论[M].北京:清华大学出版社,2004.

[71] 石盛林.百度与Google的竞合之"道"[J].企业活力,2006(03):10-11.

[72] 胡君.联想国际化案例研究[D].云南大学硕士学位论文,2015.

[73] 王钦.中国企业国际化战略选择——目标市场、进入方式与竞争战略[J].甘肃社会科学,2004(5):222-225.

[74] 朱玉杰,赵兰洋.内向与外向:企业国际化的联系机制及其启示[J].国际经济合作,2006(7):24-26.

[75] 户婧.华为的渐进式国际化征途:动因、战略、竞争力[J].中国集体经济,2008(07):79-80.

[76] 薛求知,朱吉庆.中国企业国际化经营:动因、战略与绩效——一个整合性分析框架与例证[J].上海管理科学,2008(01):1-5.

[77] 鲁桐.中国企业国际化实证研究:以工业企业为例[D]中国社会科学院研究生院博士学位论文,2001.

[78] JOHANSON JAN, VAHLNE JAN-ERIK. The Internationalization Process of the Firms:A Model of Knowledge Development and Increasing Foreign Market Commitment[J]. Jounal of International Business Studies,1977,8(1):25-34.

[79] 梁能.跨国经营概论[M].上海:上海人民出版社,1995.

[80] JOHANSON J, MATTSSON L G. Marketing Investments and Market Investments in Industrial Networks[J]. International Journal of Research in Marketing,1985,2(3):185-195.

[81] 程东升,刘丽丽.华为三十年:从"土狼"到"狮子"的生死蜕变[M].贵阳:贵州人民出版社,2016.

[82] WELCH L S, LUOSTARINEN R K. Inward-Outward Connections in Internationalization[J]. Journal of International Marketing,1993,1(1):44-56.

[83] 梁能.国际商务[M].上海:上海人民出版社,1999.

[84] 林建煌.战略管理[M]北京:中国人民大学出版社,2005.

[85] 陶勇.联想做大华为做强[M].北京:电子工业出版社,2018.

[86] 戴维·贝赞可.公司战略经济学[M].北京大学出版社,1997.

[87] 皮荣霞.多元化战略下格力电器的价值管理研究[D].北京交通大学硕士学位论文,2018.

[88] AGGARWAL R K, SAMWICK A A. Why Do Managers Diversify Their Firms? Agency Reconsidered[J]. Journal of Finance,2003,58(1):71-118.

[89] MAY D O. Do Managerial Motives Influence Firm Risk Reduction Strategies? [J]. Journal of Finance,1995,50(4):1291-1308.

[90] JENSEN M. Agency Costs of Free Cash Flow, Corporate Finance, and Takeovers[J]. American Economic Review,1999,76(2):323-329.

[91] DENIS DAVID, DIANE DENIS, ATULYA SARIN. Agency Problems, Equity Ownership, and Corporate Diversification[J]. Journal of Finance,1997,52(1):135-160.

[92] AMIHUD YAKAV, LEV BARUCH. Risk Reduction as a Managerial Motive for Conglomerate Mergers[J]. Bell Journal of Economics,1981,12(2):605-617.

[93] TEECE D J. Towards an Economic Theory of the Multiproduct Firm[J]. Journal of Economic Behavior & Organization,1982,3(1):39-63.

[94] 邓志旺.公司多元化战略决策研究:产业的视角[D].复旦大学博士学位论文,2004:21.

[95] 李舒雯.基于归核化战略视角的内部资本市场运作机制及效果分析[D].浙江工商大学硕士学位论文,2015.

[96] 李业昆.绩效管理系统研究[M].北京:华夏出版社,2007.

[97] 陈凌芹.绩效管理[M].北京:中国纺织出版社,2004.

[98] 段钢.基于战略管理的绩效考评[M].北京:机械工业出版社,2007.

[99] 韩福荣,田武.新版卓越绩效评价准则及其实施指南的修订情况及实施要点[J].标准科学,2010(05):85-88.

[100] 黄旭.企业战略变革研究[M].成都:四川大学出版社,2004.

[101] 肖小勇,肖洪广.企业战略管理理论发展动力研究[J].北京工业大学学报社科版.2003(4):17-22,24.

[102] 李福海.战略管理学[M].成都:四川大学出版社,2004.

[103] 山西杏花村汾酒集团有限责任公司.杏花村的品牌再造[J].企业管理,2005(6),40-43.

[104] 陈传明,刘海建.企业战略变革的理论与研究方法述评[J].经济管理·新管理,2005(14):58-64.

[105] 黄旭.战略管理思维与要径[M].北京:机械工业出版社,2007.